“十二五”普通高等教育本科国家级规划教材

线性代数

Linear Algebra

（理工类）（第四版）

主　编　孙　慧　肖马成

副主编　郭强辉　赵战兴　王　千　曲文萍

中国教育出版传媒集团

高等教育出版社·北京

内容提要

本书第二版为“十二五”普通高等教育本科国家级规划教材。本书体现了教学改革及教学内容的优化，针对应用型本科院校理工类专业的教学需求，适当降低理论深度，突出数学知识实用化的分析和运算方法，着重基本功的训练而不过分追求技巧，突出基本训练的题目，解决课程体系的系统性、严密性与应用型人才培养呈现多元化需求的关系，有利于学生的可持续发展，并体现新的教学理念。

本次修订保留第三版的特色，在不改变结构和难度的基础上，作了进一步完善，并适当增加了一些例题与习题。

本书主要内容有：行列式，矩阵，线性方程组，n 维向量空间，矩阵的特征值与特征向量，二次型。每章配有(A)(B)两部分习题，部分选自全国硕士研究生招生考试试题，并附有参考答案。书中带“*”号的内容，可由任课教师根据具体情况选讲。

本书配置了丰富的数字资源，包含数学史料、章自测题、期末复习题及参考答案、习题答案等，可以满足不同层次读者的需求。读者可扫描相应二维码查看。

本书适用于应用型本科及职教本科院校理工类专业学生，也可供有关人员学习参考。

图书在版编目（CIP）数据

线性代数：理工类 / 孙慧，肖马成主编；郭强辉等副主编. --4版. --北京：高等教育出版社，2025.8. --ISBN 978-7-04-065302-1

Ⅰ. O151.2

中国国家版本馆 CIP 数据核字第 2025YQ3056 号

Xianxing Daishu

策划编辑　贾翠萍　　责任编辑　刘　荣　　封面设计　李卫青　　版式设计　李彩丽
责任绘图　杨伟露　　责任校对　窦丽娜　　责任印制　刁　毅

出版发行	高等教育出版社	网　　址	http://www.hep.edu.cn
社　　址	北京市西城区德外大街4号		http://www.hep.com.cn
邮政编码	100120	网上订购	http://www.hepmall.com.cn
印　　刷	中农印务有限公司		http://www.hepmall.com
开　　本	787mm×1092mm　1/16		http://www.hepmall.cn
印　　张	13.75	版　　次	2009年1月第1版
字　　数	320千字		2025年8月第4版
购书热线	010-58581118	印　　次	2025年8月第1次印刷
咨询电话	400-810-0598	定　　价	34.10元

物 料 号　65302-00

前　言

本书自2009年出版以来已历经16年，其中第二版被评为“十二五”普通高等教育本科国家级规划教材，受到了广大读者好评。新时代新征程赋予高等教育新的历史使命和时代课题，党的二十大报告中强调指出，要加快建设高质量教育体系。故此，为满足新时代背景下高校人才培养和应用型本科的教学需求，编者经过反复研究讨论并在充分吸取使用者意见和建议的基础上，决定对本书进行修订。

本书依据新时代培养应用型人才的要求，在系统性、严密性方面有利于学生知识与能力的增长和可持续发展，尽可能体现新的教学理念。在本书编写中，有意识地注意解决系统性与实用性的关系，逻辑性与简洁性的关系，传统与创新的关系，学术语言与通俗表述的关系。本书强化概念与实例引入及直观解说，强调解决问题的思想方法，同时弱化技巧、构造性证明及纯数学定义。另外，本书特别注重教材的育人功能，增加了线性代数中重要理论方法产生的历史背景及代表性人物简介，以期增进学生对线性代数的理解和兴趣。

本书第四版秉承了前三版的内容体系与特色，结构、难度未作改变，本次修订主要是修改了部分内容的表述使其更加严密、精炼，部分章节增补了若干例题。习题则保持与前三版相同，仍然分为(A)(B)两部分，(A)部分题目比较基本、简单，(B)部分题目比较综合、难度较大。本书的例题和习题均有一部分选自历年的全国硕士研究生招生考试试题，其难度系数基本保持在0.4～0.8，既能让学生开阔视野，扩展深入学习的空间，也能为教师选题提供方便，从而使本书能较好地适应多元化教学的要求。

本书配备了丰富的数字资源，包括数学史料、自测题、习题参考答案等，此外，编者根据所在高校近年来线性代数期末试题整理了10套期末复习题与参考答案，以满足学生的不同需求。读者可以通过扫描相应二维码查看。

本书由南开大学、天津大学、吉林建筑科技学院、重庆工程学院等多所院校的老师根据目前应用型本科教学现状联合修订而成，由南开大学孙慧教授、肖马成教授担任主编负责统稿，王千负责第一、四章，孙慧负责第二章，曲文萍负责第三章，肖马成负责第五章，郭强辉负责第六章。此外，韩晓光、李茂林、李艳、赵战兴、邓春淘、薛玲、李素平参与了本版的修订工作。

本书恐怕仍有疏漏或不妥之处，衷心敬请读者指正。

编　者

2025年5月

目录

— 001 **第一章 行列式**
001 §1.1 二阶、三阶行列式
004 §1.2 n 阶行列式
009 §1.3 n 阶行列式的性质
014 §1.4 行列式按行(列)展开
027 §1.5 克拉默法则
030 习题一

— 036 **第二章 矩阵**
036 §2.1 矩阵的概念
039 §2.2 矩阵的运算
050 §2.3 逆矩阵
065 §2.4 分块矩阵
071 §2.5 矩阵的秩
075 习题二

— 081 **第三章 线性方程组**
081 §3.1 高斯消元法
085 §3.2 n 维向量组的线性相关性
097 §3.3 向量组的秩
101 §3.4 解线性方程组
110 §3.5 齐次线性方程组解的结构
117 §3.6 非齐次线性方程组解的结构
124 习题三

— 131 **第四章 n 维向量空间**
131 §4.1 向量空间

137 §4.2 $\mathbf{R}^n$ 中向量的内积、标准正交基和正交矩阵
142 §4.3 线性变换及其矩阵表示
146 习题四

— 150 **第五章 矩阵的特征值与特征向量**
150 §5.1 矩阵的特征值与特征向量
157 §5.2 相似矩阵·矩阵的特征值与特征向量的性质
165 §5.3 矩阵对角化及可对角化的条件
172 §5.4 实对称矩阵的对角化
182 习题五

— 186 **第六章 二次型**
186 §6.1 二次型及其矩阵表示
191 §6.2 二次型的标准形与规范形
204 §6.3 二次型与对称矩阵的正定性
208 习题六

— 211 **习题参考答案**

— 212 **期末复习题及参考答案**

— 213 **参考书目**

第一章　行列式

在线性代数中，行列式是一个基本工具，讨论很多问题都要用到它.本章先简单介绍二阶、三阶行列式的定义，再引入 n 阶行列式的定义，并讨论它的性质和计算方法，此外还要介绍用 n 阶行列式求解 n 元线性方程组的克拉默(Cramer)法则.

§1.1　二阶、三阶行列式

为了更好地理解 n 阶行列式的概念和性质，我们先介绍二阶与三阶行列式的一些知识.

一、二元线性方程组与二阶行列式

线性方程组的理论在数学中是基本的也是重要的内容.在初等数学里，二元一次线性方程组的一般形式为

$$\begin{cases} a_{11}x_1+a_{12}x_2=b_1, \\ a_{21}x_1+a_{22}x_2=b_2. \end{cases} \tag{1.1}$$

用消元法解方程组(1.1)时，为消去未知数 x_2，以 a_{22} 与 a_{12} 分别乘上列两个方程的两端，然后将所得两个方程相减，得

$$(a_{11}a_{22}-a_{12}a_{21})x_1=b_1a_{22}-a_{12}b_2.$$

类似地，消去 x_1，得

$$(a_{11}a_{22}-a_{12}a_{21})x_2=a_{11}b_2-b_1a_{21}.$$

当 $a_{11}a_{22}-a_{12}a_{21}\neq 0$ 时，求得方程组(1.1)的解为

$$x_1=\frac{b_1a_{22}-a_{12}b_2}{a_{11}a_{22}-a_{12}a_{21}},\quad x_2=\frac{a_{11}b_2-b_1a_{21}}{a_{11}a_{22}-a_{12}a_{21}}. \tag{1.2}$$

(1.2)式中的分子、分母都由四个数分两对相乘再相减而得，其中分母 $a_{11}a_{22}-a_{12}a_{21}$ 是由方程组(1.1)的四个系数确定的.把这四个系数按它们在方程组(1.1)中的位置，排成两行两列(横排称行，竖排称列)的数表

$$\begin{matrix} a_{11} & a_{12} \\ a_{21} & a_{22} \end{matrix} \tag{1.3}$$

表达式 $a_{11}a_{22}-a_{12}a_{21}$ 称为数表(1.3)所确定的二阶行列式，并记作

$$\begin{vmatrix} a_{11} & a_{12} \\ a_{21} & a_{22} \end{vmatrix}, \tag{1.4}$$

数 $a_{ij}(i=1,2;j=1,2)$ 称为行列式(1.4)的元素.元素 a_{ij} 的第一个下标 i 称为行标，表明该元素位于第 i 行；第二个下标 j 称为列标，表明该元素位于第 j 列.

上述二阶行列式的定义,可用对角线法则来记忆.参看图 1.1,把 a_{11} 到 a_{22} 的实连线称为主对角线,a_{12} 到 a_{21} 的虚连线称为副对角线,于是二阶行列式便是主对角线上的两元素之积减去副对角线上两元素之积所得的差.

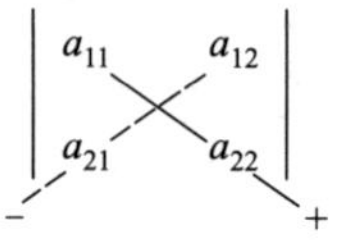

图 1.1

利用二阶行列式的概念,(1.2)式中的 x_1, x_2 的分子也可写成二阶行列式,即

$$b_1a_{22}-a_{12}b_2=\begin{vmatrix} b_1 & a_{12} \\ b_2 & a_{22} \end{vmatrix}, \quad a_{11}b_2-b_1a_{21}=\begin{vmatrix} a_{11} & b_1 \\ a_{21} & b_2 \end{vmatrix}.$$

若记

$$D=\begin{vmatrix} a_{11} & a_{12} \\ a_{21} & a_{22} \end{vmatrix}, \quad D_1=\begin{vmatrix} b_1 & a_{12} \\ b_2 & a_{22} \end{vmatrix}, \quad D_2=\begin{vmatrix} a_{11} & b_1 \\ a_{21} & b_2 \end{vmatrix},$$

则(1.2)式可写成

$$x_1=\frac{D_1}{D}=\frac{\begin{vmatrix} b_1 & a_{12} \\ b_2 & a_{22} \end{vmatrix}}{\begin{vmatrix} a_{11} & a_{12} \\ a_{21} & a_{22} \end{vmatrix}}, \quad x_2=\frac{D_2}{D}=\frac{\begin{vmatrix} a_{11} & b_1 \\ a_{21} & b_2 \end{vmatrix}}{\begin{vmatrix} a_{11} & a_{12} \\ a_{21} & a_{22} \end{vmatrix}}, \tag{1.5}$$

其中 $D\neq 0$.

上面的(1.5)式是容易记忆的:x_1, x_2 的分母 D 是由方程组(1.1)的系数所构成的二阶行列式(简称系数行列式),x_1 的分子 D_1 是用方程组(1.1)的常数项 b_1, b_2 替代 D 中的第一列 a_{11}, a_{21} 所得的二阶行列式,x_2 的分子 D_2 是用方程组(1.1)的常数项 b_1, b_2 替代 D 中的第二列 a_{12}, a_{22} 所得的二阶行列式.

例 1 求解方程组

$$\begin{cases} 4x_1+x_2=11, \\ 2x_1+3x_2=13. \end{cases}$$

解 因为

$$D=\begin{vmatrix} 4 & 1 \\ 2 & 3 \end{vmatrix}=12-2=10\neq 0,$$

$$D_1=\begin{vmatrix} 11 & 1 \\ 13 & 3 \end{vmatrix}=33-13=20,$$

$$D_2=\begin{vmatrix} 4 & 11 \\ 2 & 13 \end{vmatrix}=52-22=30,$$

所以

$$x_1=\frac{D_1}{D}=\frac{20}{10}=2,$$

$$x_2=\frac{D_2}{D}=\frac{30}{10}=3.$$

二、三阶行列式

我们用记号$\begin{vmatrix} a_{11} & a_{12} & a_{13} \\ a_{21} & a_{22} & a_{23} \\ a_{31} & a_{32} & a_{33} \end{vmatrix}$表示代数和

$$a_{11}a_{22}a_{33}+a_{12}a_{23}a_{31}+a_{13}a_{21}a_{32}-a_{11}a_{23}a_{32}-a_{12}a_{21}a_{33}-a_{13}a_{22}a_{31},$$

称其为三阶行列式，即

$$D=\begin{vmatrix} a_{11} & a_{12} & a_{13} \\ a_{21} & a_{22} & a_{23} \\ a_{31} & a_{32} & a_{33} \end{vmatrix}$$

$$=a_{11}a_{22}a_{33}+a_{12}a_{23}a_{31}+a_{13}a_{21}a_{32}-a_{11}a_{23}a_{32}-a_{12}a_{21}a_{33}-a_{13}a_{22}a_{31}. \tag{1.6}$$

上述定义表明三阶行列式含六项，每项均为不同行不同列的三个元素的乘积再冠以正号或负号，其规律遵循图 1.2 所示的对角线法则.图 1.2 中的三条实线对应平行于主对角线的连线，三条虚线对应平行于副对角线的连线，实线上三个元素的乘积冠以正号，虚线上三个元素的乘积冠以负号.上述计算三阶行列式的方法，亦称为“划线法”.等式(1.6)的右端，称为三阶行列式 D 的展开式.

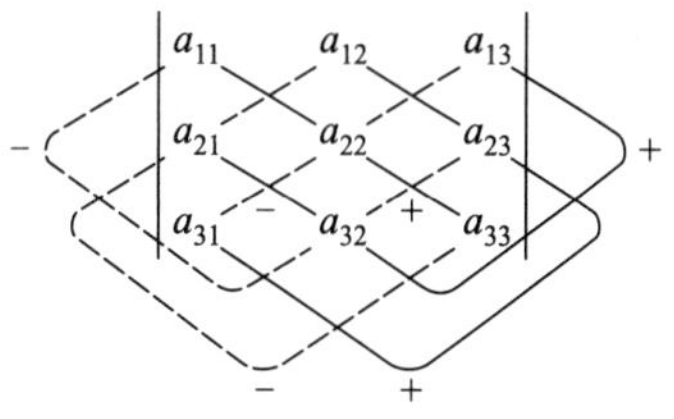

图 1.2

例 2 计算三阶行列式

$$D=\begin{vmatrix} 1 & -4 & 2 \\ 3 & 0 & -3 \\ -2 & 4 & 5 \end{vmatrix}.$$

解 按对角线法则，有

$$D=1\times0\times5+(-4)\times(-3)\times(-2)+2\times3\times4-$$
$$1\times(-3)\times4-(-4)\times3\times5-2\times0\times(-2)=72.$$

例 3 $\begin{vmatrix} a & 1 & 0 \\ 1 & a & 0 \\ 4 & 1 & 1 \end{vmatrix}>0$ 的充要条件是什么？

解 $\begin{vmatrix} a & 1 & 0 \\ 1 & a & 0 \\ 4 & 1 & 1 \end{vmatrix}=a^2-1$，故$\begin{vmatrix} a & 1 & 0 \\ 1 & a & 0 \\ 4 & 1 & 1 \end{vmatrix}>0$ 当且仅当 $a^2-1>0$，即$|a|>1$.因此可得，

$\begin{vmatrix} a & 1 & 0 \\ 1 & a & 0 \\ 4 & 1 & 1 \end{vmatrix}>0$ 的充要条件是$|a|>1$.

§1.2 n 阶行列式

为了给出 n 阶行列式的定义,我们需要先引进排列和逆序数的概念.

一、排列和逆序

定义 1.1 由 n 个不同正整数 $1,2,\cdots,n$ 组成的有序数组 $i_1i_2\cdots i_n$,称为一个 n **级排列**.

例如,2431 和 45213 分别为 4 级排列和 5 级排列.显然,由 1,2,3 这 3 个数字所构成的不同的 3 级排列共有 $3!=6$ 个,它们分别为 123,132,213,231,312,321.

不难看出,n 级排列共有 $1\cdot 2\cdot\cdots\cdot(n-1)\cdot n=n!$ 种.

定义 1.2 在排列 $i_1i_2\cdots i_n$ 中,如果有较大的数 i_t 排在较小的数 i_s 前面($i_t>i_s$),则称 i_t 与 i_s 构成一个**逆序**;一个 n 级排列中所有逆序的总数称为这个排列的**逆序数**,记为 $\tau(i_1i_2\cdots i_n)$.

例如,在 5 级排列 31542 中,其逆序有 31,32,54,52,42,故逆序数 $\tau(31542)=5$.又如,排列 35412 的逆序数 $\tau(35412)=7$.

我们称 n 级排列 $12\cdots n$ 为**自然顺序排列**(简称**自然排列**),容易看出自然排列的逆序数为 0.

例 1 求 n 级排列 $n(n-1)\cdots 321$ 的逆序数.

解 $\tau(n(n-1)\cdots 321)=(n-1)+(n-2)+\cdots+2+1=\dfrac{n(n-1)}{2}$.

定义 1.3 在一个排列中,若它的逆序数为奇数,则称这个排列为**奇排列**;若它的逆序数为偶数,则称这个排列为**偶排列**.我们规定,当逆序数为 0 时,它是偶排列.

例如,$\tau(31542)=5$,故 31542 为奇排列;$\tau(12345)=0$,故 12345 为偶排列.

在一个排列 $i_1\cdots i_s\cdots i_t\cdots i_n$ 中,如果仅将它的两个数字 i_s 与 i_t 对调位置,得到另一个排列 $i_1\cdots i_t\cdots i_s\cdots i_n$,这一变换称为一个对换,记为 (i_s,i_t).如排列 1423 经过对换 (4,3) 后得到排列 1324.不难发现,每经一次对换,排列的奇偶性就会改变.

定理 1.1 任意一个排列经过一次对换后改变奇偶性,即经过一次对换,奇排列变成偶排列,偶排列变成奇排列.

证 先证对换相邻两个数的情形.设排列为

$$a_1a_2\cdots a_jabb_1b_2\cdots b_k,$$

经过对换 (a,b) 后变为排列

$$a_1a_2\cdots a_jbab_1b_2\cdots b_k.$$

比较上面两个排列中的逆序,因只改变了 a 与 b 的次序,故当 $a<b$ 时,新排列比原排列增加一个逆序;当 $a>b$ 时,新排列比原排列减少一个逆序.因此,对换前后它们的奇偶性相反.

再证一般情形.设排列为

$$a_1a_2\cdots a_jai_1i_2\cdots i_sbb_1b_2\cdots b_k,$$

经过对换 (a,b) 后变为排列

$$a_1a_2\cdots a_jbi_1i_2\cdots i_sab_1b_2\cdots b_k.$$

新排列可以由原排列中先将 a 依次与 $i_1,i_2,\cdots,i_s$ 和 b 共作 $s+1$ 次相邻对换得到排列

$$a_1a_2\cdots a_ji_1i_2\cdots i_sbab_1b_2\cdots b_k,$$

然后再将 b 依次与 $i_s,i_{s-1},\cdots,i_1$ 共作 s 次相邻对换得到.也就是说,新排列可以由原排列经过 $2s+1$ 次相邻对换得到.而 $2s+1$ 是奇数，再由前面的结论可知,新排列与原排列的奇偶性相反.

推论　全部 n 级排列中,奇、偶排列各占一半,均为$\frac{n!}{2}$个.

定理 1.2　任意一个 n 级排列都可以经过有限次对换变成自然排列 $123\cdots n$,并且所作对换的次数与这个 n 级排列的奇偶性相同.

证明从略.

二、n 阶行列式的定义

为了得出 n 阶行列式的定义,我们先来研究三阶行列式的结构.由划线法知三阶行列式

$$\begin{vmatrix} a_{11} & a_{12} & a_{13} \\ a_{21} & a_{22} & a_{23} \\ a_{31} & a_{32} & a_{33} \end{vmatrix} = a_{11}a_{22}a_{33}+a_{12}a_{23}a_{31}+a_{13}a_{21}a_{32}-a_{11}a_{23}a_{32}-a_{12}a_{21}a_{33}-a_{13}a_{22}a_{31}.$$

由三阶行列式的展开式,可归纳出如下规律：

(1) 三阶行列式的每一项都是三个元素的乘积,它们分别位于不同的行和不同的列.如果不考虑各项前面的符号,每一项中各元素都可以写成第一个下标是自然排列、第二个下标是任意三级排列的形式.如,三阶行列式的每一项为 $a_{1j_1}a_{2j_2}a_{3j_3}$,由于 $j_1j_2j_3$ 是三级排列,因此,二阶行列式共有 3! 项.

(2) 行列式的展开式中每一项前面都有符号，其中正号项和负号项各占一半.当每项中各元素的第一个下标是自然排列时,第二个下标是偶排列,则该项取正号;第二个下标是奇排列,则该项取负号.

根据以上分析,三阶行列式可写成

$$\begin{vmatrix} a_{11} & a_{12} & a_{13} \\ a_{21} & a_{22} & a_{23} \\ a_{31} & a_{32} & a_{33} \end{vmatrix} = \sum_{j_1j_2j_3}(-1)^{\tau(j_1j_2j_3)}a_{1j_1}a_{2j_2}a_{3j_3},$$

这里 $\sum\limits_{j_1j_2j_3}$ 表示对所有的三级排列求和.

对三阶行列式的这些分析可以推广到 n 阶行列式情形，并得出 n 阶行列式的定义.

定义 1.4　由 n^2 个数 a_{ij} $(i,j=1,2,\cdots,n)$组成的记号

$$\begin{vmatrix} a_{11} & a_{12} & \cdots & a_{1n} \\ a_{21} & a_{22} & \cdots & a_{2n} \\ \vdots & \vdots & & \vdots \\ a_{n1} & a_{n2} & \cdots & a_{nn} \end{vmatrix}$$

称为 n **阶行列式**，a_{ij} 称为(i,j)元素，并规定它的值等于 $\sum\limits_{j_1j_2\cdots j_n}(-1)^{\tau(j_1j_2\cdots j_n)}a_{1j_1}a_{2j_2}\cdots a_{nj_n}$，即所有取自不同行不同列的 n 个数的乘积

$$a_{1j_1}a_{2j_2}\cdots a_{nj_n} \tag{1.7}$$

的代数和.这里 $j_1j_2\cdots j_n$ 取遍所有 n 级排列，所以上述代数和含有 $n!$ 项，每一项(1.7) 都按下列法则带有符号：

当 $j_1j_2\cdots j_n$ 为奇排列时，(1.7) 式带负号；当 $j_1j_2\cdots j_n$ 为偶排列时，(1.7) 式带正号.可见，n 阶行列式

$$\begin{vmatrix} a_{11} & a_{12} & \cdots & a_{1n} \\ a_{21} & a_{22} & \cdots & a_{2n} \\ \vdots & \vdots & & \vdots \\ a_{n1} & a_{n2} & \cdots & a_{nn} \end{vmatrix} = \sum_{j_1j_2\cdots j_n}(-1)^{\tau(j_1j_2\cdots j_n)}a_{1j_1}a_{2j_2}\cdots a_{nj_n}.$$

另外，由定理1.1的推论知，n 阶行列式冠以正号的项和冠以负号的项(不算元素本身所带的负号) 各为$\frac{n!}{2}$.

上述行列式有时简记为 $\det(a_{ij})$，或记为 D.规定一阶行列式 $|a|=a$.

例如，四阶行列式

$$D=\begin{vmatrix} a_{11} & a_{12} & a_{13} & a_{14} \\ a_{21} & a_{22} & a_{23} & a_{24} \\ a_{31} & a_{32} & a_{33} & a_{34} \\ a_{41} & a_{42} & a_{43} & a_{44} \end{vmatrix} = \sum_{j_1j_2j_3j_4}(-1)^{\tau(j_1j_2j_3j_4)}a_{1j_1}a_{2j_2}a_{3j_3}a_{4j_4}$$

所表示的代数和中共有 4! 项.如其中 $a_{11}a_{22}a_{33}a_{44}$ 行标排列为 1234，元素取自不同的行；列标排列为 1234，元素取自不同的列，并且逆序数 $\tau(1234)=0$，所以乘积 $a_{11}a_{22}a_{33}a_{44}$ 为 D 中的一项，且其前面应冠以正号.再如 $a_{14}a_{23}a_{31}a_{42}$ 行标排列为 1234，元素取自不同的行；列标为 4312，元素取自不同的列，且逆序数 $\tau(4312)=5$，即 4312 为奇排列，所以乘积 $a_{14}a_{23}a_{31}a_{42}$ 为 D 中的一项，且其前面应冠以负号.又如，考察乘积 $a_{11}a_{24}a_{33}a_{44}$，有两个元素取自第 4 列，所以它不是 D 中的一项.

例 2 计算行列式

$$D=\begin{vmatrix} 1 & 0 & 0 & 0 \\ 0 & 2 & 0 & 0 \\ 0 & 0 & 3 & 0 \\ 0 & 0 & 0 & 4 \end{vmatrix}.$$

解 $$\begin{vmatrix} 1 & 0 & 0 & 0 \\ 0 & 2 & 0 & 0 \\ 0 & 0 & 3 & 0 \\ 0 & 0 & 0 & 4 \end{vmatrix}=(-1)^{\tau(1234)}a_{11}a_{22}a_{33}a_{44}=1\times 2\times 3\times 4=24.$$

例 3 证明 n 阶行列式

(1) $$\begin{vmatrix} d_1 & 0 & \cdots & 0 \\ 0 & d_2 & \cdots & 0 \\ \vdots & \vdots & & \vdots \\ 0 & 0 & \cdots & d_n \end{vmatrix} = d_1 d_2 \cdots d_n;$$

(2) $$\begin{vmatrix} 0 & \cdots & 0 & d_1 \\ 0 & \cdots & d_2 & 0 \\ \vdots & & \vdots & \vdots \\ d_n & \cdots & 0 & 0 \end{vmatrix} = (-1)^{\frac{n(n-1)}{2}} d_1 d_2 \cdots d_n.$$

证　(1)是显然的，下面只证(2).

若记 $a_{i,n-i+1}=d_i$，则依行列式定义有

$$\begin{vmatrix} 0 & \cdots & 0 & d_1 \\ 0 & \cdots & d_2 & 0 \\ \vdots & & \vdots & \vdots \\ d_n & \cdots & 0 & 0 \end{vmatrix} = \begin{vmatrix} 0 & \cdots & 0 & a_{1n} \\ 0 & \cdots & a_{2,n-1} & 0 \\ \vdots & & \vdots & \vdots \\ a_{n1} & \cdots & 0 & 0 \end{vmatrix}$$

$$= (-1)^{\tau(n(n-1)\cdots 21)} a_{1n} a_{2,n-1} \cdots a_{n1} = (-1)^{\frac{n(n-1)}{2}} d_1 d_2 \cdots d_n.$$

形如例 3(1)左端的行列式称为**对角形行列式**(或简称**对角行列式**)，换句话说，主对角线以外的元素全为零的行列式，称为对角形行列式.对角形行列式可简记为

$$\begin{vmatrix} d_1 & & & \\ & d_2 & & \\ & & \ddots & \\ & & & d_n \end{vmatrix}.$$

注　形如例 3(2)左端的行列式，如四阶行列式

$$D = \begin{vmatrix} & & & 1 \\ & & 2 & \\ & 3 & & \\ 4 & & & \end{vmatrix},$$

不是对角行列式.

主对角线以下的元素都为 0 的行列式

$$D = \begin{vmatrix} a_{11} & a_{12} & \cdots & a_{1n} \\ 0 & a_{22} & \cdots & a_{2n} \\ \vdots & \vdots & & \vdots \\ 0 & 0 & \cdots & a_{nn} \end{vmatrix}$$

称为**上三角形行列式**；主对角线以上的元素都为 0 的行列式

$$D = \begin{vmatrix} a_{11} & 0 & \cdots & 0 \\ a_{21} & a_{22} & \cdots & 0 \\ \vdots & \vdots & & \vdots \\ a_{n1} & a_{n2} & \cdots & a_{nn} \end{vmatrix}$$

称为**下三角形行列式**.上三角形行列式与下三角形行列式统称为三角形行列式.

显然,对角形行列式,既是上三角形行列式,又是下三角形行列式.

例 4 计算下三角形行列式

$$D=\begin{vmatrix} a_{11} & 0 & \cdots & 0 \\ a_{21} & a_{22} & \cdots & 0 \\ \vdots & \vdots & & \vdots \\ a_{n1} & a_{n2} & \cdots & a_{nn} \end{vmatrix}.$$

解 n 阶行列式共有 $n!$ 项，由于下三角形行列式 D 中有很多元素为零，所以 D 的这 $n!$ 项中，必有很多项为零，因此我们仅考察有哪些项不为零即可.

记一般项为

$$(-1)^{\tau(j_1 j_2\cdots j_n)}a_{1j_1}a_{2j_2}\cdots a_{nj_n}.$$

一般项中第一个元素取自第一行,但第一行中只有 a_{11} 可能不为零,因而 $j_1=1$,即 D 中只有含 a_{11} 的那些项可能不为零,其他项均为零;一般项中第二个元素 a_{2j_2} 取自第二行,第二行中仅有 a_{21} 和 a_{22} 可能不为零,因第一个元素已取自第一列,因此,第二个元素不能再取自第一列,即不能取 a_{21},所以第二个元素只能取 a_{22},从而 $j_2=2$,即 D 中只有含 $a_{11}a_{22}$ 的那些项可能不为零,其他各项均为零;依此类推,可得 $j_3=3, j_4=4, \cdots, j_n=n$.因此,$D$ 中只有 $a_{11}a_{22}\cdots a_{nn}$ 这一项可能不为零,其他项均为零.由于 $\tau(12\cdots n)=0$.因此,这一项应取正号,于是

$$D=\begin{vmatrix} a_{11} & 0 & \cdots & 0 \\ a_{21} & a_{22} & \cdots & 0 \\ \vdots & \vdots & & \vdots \\ a_{n1} & a_{n2} & \cdots & a_{nn} \end{vmatrix}=a_{11}a_{22}\cdots a_{nn},$$

即下三角形行列式的值等于主对角线上各元素的乘积.

用类似的方法可以证明,上三角形行列式的值也等于主对角线上各元素的乘积.

例 5 已知 $f(x)=\begin{vmatrix} x & 1 & 1 & 2 \\ 1 & x & 1 & -1 \\ 3 & 2 & x & 1 \\ 1 & 1 & 2x & 1 \end{vmatrix}$,求 x^3 的系数.

解 由 n 阶行列式的定义,$f(x)$ 是一个 x 的多项式函数,且最高次幂为 x^3.显然含 x^3 的项只有两项:$(-1)^{\tau(1234)}a_{11}a_{22}a_{33}a_{44}$ 与 $(-1)^{\tau(1243)}a_{11}a_{22}a_{34}a_{43}$,即 x^3 与 $-2x^3$.所以，$f(x)$ 中 x^3 的系数为 -1.

定理 1.3 n 阶行列式的一般项可以写为

$$(-1)^{m+l}a_{i_1 j_1}a_{i_2 j_2}\cdots a_{i_n j_n},$$

其中 $i_1 i_2\cdots i_n$ 和 $j_1 j_2\cdots j_n$ 都是 n 级排列,m 和 l 分别为排列 $i_1 i_2\cdots i_n$ 和 $j_1 j_2\cdots j_n$ 的逆序数.

***证** 在乘积 $a_{i_1 j_1}a_{i_2 j_2}\cdots a_{i_n j_n}$ 中,交换任意两个元素的位置,那么两个下标所对应的 n 级排列也同时作变换,行标所对应的排列和列标所对应的排列将同时改变奇偶性,于是和 $m+l$ 的奇偶性不变.我们总可以经过有限次对换,使得乘积 $a_{i_1 j_1}a_{i_2 j_2}\cdots a_{i_n j_n}$ 变为 $a_{1s_1}a_{2s_2}\cdots a_{ns_n}$,并且

$$(-1)^{m+l}a_{i_1j_1}a_{i_2j_2}\cdots a_{i_nj_n}=(-1)^{\tau(12\cdots n)+\tau(s_1s_2\cdots s_n)}a_{1s_1}a_{2s_2}\cdots a_{ns_n}$$
$$=(-1)^{\tau(s_1s_2\cdots s_n)}a_{1s_1}a_{2s_2}\cdots a_{ns_n}.$$

由定理 1.3,我们不难看出,n 阶行列式的定义也可记为

$$\begin{vmatrix} a_{11} & a_{12} & \cdots & a_{1n} \\ a_{21} & a_{22} & \cdots & a_{2n} \\ \vdots & \vdots & & \vdots \\ a_{n1} & a_{n2} & \cdots & a_{nn} \end{vmatrix}=\sum_{i_1i_2\cdots i_n}(-1)^{\tau(i_1i_2\cdots i_n)}a_{i_11}a_{i_22}\cdots a_{i_nn},$$

其中 $\sum\limits_{i_1i_2\cdots i_n}$ 表示对所有的 n 级排列求和.

§ 1.3 n 阶行列式的性质

定义 1.5 把行列式的行与列互换后所得到的行列式,称为原行列式 D 的**转置行列式**,记作 D^{T} 或 D'.

如果 $D=\begin{vmatrix} a_{11} & a_{12} & \cdots & a_{1n} \\ a_{21} & a_{22} & \cdots & a_{2n} \\ \vdots & \vdots & & \vdots \\ a_{n1} & a_{n2} & \cdots & a_{nn} \end{vmatrix}$,则 $D^{\mathrm{T}}=\begin{vmatrix} a_{11} & a_{21} & \cdots & a_{n1} \\ a_{12} & a_{22} & \cdots & a_{n2} \\ \vdots & \vdots & & \vdots \\ a_{1n} & a_{2n} & \cdots & a_{nn} \end{vmatrix}$.

由定义可以看出,行列式 D 与 D^{T} 有以下两个特点:

(1) D 与 D^{T} 的主对角线上的元素都相同,它们是 $a_{11},a_{22},\cdots,a_{nn}$;

(2) 元素 $a_{ij}(i\neq j)$在 D 中是第 i 行第 j 列的元素,而在 D^{T} 中则是第 j 行第 i 列的元素.

不难看出,D^{T} 的转置行列式为 D,于是,行列式 D 与 D^{T} 互为转置行列式.

性质 1 行列式与它的转置行列式相等.

证 设行列式 $D=\det(a_{ij})$,故 D 的转置行列式

$$D^{\mathrm{T}}=\begin{vmatrix} a_{11} & a_{21} & \cdots & a_{n1} \\ a_{12} & a_{22} & \cdots & a_{n2} \\ \vdots & \vdots & & \vdots \\ a_{1n} & a_{2n} & \cdots & a_{nn} \end{vmatrix}.$$

令 $a_{ij}=b_{ji}\ (i,j=1,2,\cdots,n)$,于是

$$\begin{aligned} D^{\mathrm{T}}&=\begin{vmatrix} b_{11} & b_{12} & \cdots & b_{1n} \\ b_{21} & b_{22} & \cdots & b_{2n} \\ \vdots & \vdots & & \vdots \\ b_{n1} & b_{n2} & \cdots & b_{nn} \end{vmatrix} \\ &=\sum_{i_1i_2\cdots i_n}(-1)^{\tau(i_1i_2\cdots i_n)}b_{i_11}b_{i_22}\cdots b_{i_nn} \\ &=\sum_{i_1i_2\cdots i_n}(-1)^{\tau(i_1i_2\cdots i_n)}a_{1i_1}a_{2i_2}\cdots a_{ni_n} \\ &=D. \end{aligned}$$

性质 2 行列式某行(列)元素的公因子可提到行列式符号之外,即

$$\begin{vmatrix} a_{11} & a_{12} & \cdots & a_{1n} \\ \vdots & \vdots & & \vdots \\ \lambda a_{i1} & \lambda a_{i2} & \cdots & \lambda a_{in} \\ \vdots & \vdots & & \vdots \\ a_{n1} & a_{n2} & \cdots & a_{nn} \end{vmatrix} = \lambda \begin{vmatrix} a_{11} & a_{12} & \cdots & a_{1n} \\ \vdots & \vdots & & \vdots \\ a_{i1} & a_{i2} & \cdots & a_{in} \\ \vdots & \vdots & & \vdots \\ a_{n1} & a_{n2} & \cdots & a_{nn} \end{vmatrix}.$$

证 左端 $=\sum\limits_{j_1 j_2 \cdots j_n} (-1)^{\tau(j_1 j_2 \cdots j_n)} a_{1j_1} a_{2j_2} \cdots (\lambda a_{ij_i}) \cdots a_{nj_n}$

$=\lambda \sum\limits_{j_1 j_2 \cdots j_n} (-1)^{\tau(j_1 j_2 \cdots j_n)} a_{1j_1} a_{2j_2} \cdots a_{ij_i} \cdots a_{nj_n}$

$=$ 右端.

推论 行列式中某一行(列)为零,则行列式为零.

性质 3 若行列式的某一行(列)的元素都是两数之和,则行列式可按此行(列)拆成两个行列式之和,即

$$\begin{vmatrix} a_{11} & a_{12} & \cdots & a_{1n} \\ \vdots & \vdots & & \vdots \\ b_{s1}+c_{s1} & b_{s2}+c_{s2} & \cdots & b_{sn}+c_{sn} \\ \vdots & \vdots & & \vdots \\ a_{n1} & a_{n2} & \cdots & a_{nn} \end{vmatrix} = \begin{vmatrix} a_{11} & a_{12} & \cdots & a_{1n} \\ \vdots & \vdots & & \vdots \\ b_{s1} & b_{s2} & \cdots & b_{sn} \\ \vdots & \vdots & & \vdots \\ a_{n1} & a_{n2} & \cdots & a_{nn} \end{vmatrix} + \begin{vmatrix} a_{11} & a_{12} & \cdots & a_{1n} \\ \vdots & \vdots & & \vdots \\ c_{s1} & c_{s2} & \cdots & c_{sn} \\ \vdots & \vdots & & \vdots \\ a_{n1} & a_{n2} & \cdots & a_{nn} \end{vmatrix}.$$

***证** 左端 $=\sum\limits_{j_1 \cdots j_s \cdots j_n} (-1)^{\tau(j_1 \cdots j_s \cdots j_n)} a_{1j_1} \cdots (b_{sj_s} + c_{sj_s}) \cdots a_{nj_n}$

$=\sum\limits_{j_1 \cdots j_s \cdots j_n} [(-1)^{\tau(j_1 \cdots j_s \cdots j_n)} a_{1j_1} \cdots b_{sj_s} \cdots a_{nj_n} +$

$(-1)^{\tau(j_1 \cdots j_s \cdots j_n)} a_{1j_1} \cdots c_{sj_s} \cdots a_{nj_n}]$

$=\sum\limits_{j_1 \cdots j_s \cdots j_n} (-1)^{\tau(j_1 \cdots j_s \cdots j_n)} a_{1j_1} \cdots b_{sj_s} \cdots a_{nj_n} +$

$\sum\limits_{j_1 \cdots j_s \cdots j_s} (-1)^{\tau(j_1 \cdots j_s \cdots j_n)} a_{1j_1} \cdots c_{sj_s} \cdots a_{nj_n} =$ 右端.

性质 4 互换行列式中两行(列),行列式变号.

***证** 记

$$D = \begin{vmatrix} a_{11} & a_{12} & \cdots & a_{1n} \\ \vdots & \vdots & & \vdots \\ a_{i1} & a_{i2} & \cdots & a_{in} \\ \vdots & \vdots & & \vdots \\ a_{k1} & a_{k2} & \cdots & a_{kn} \\ \vdots & \vdots & & \vdots \\ a_{n1} & a_{n2} & \cdots & a_{nn} \end{vmatrix},$$

交换其第 i 行和第 k 行得

$$D_1=\begin{vmatrix} a_{11} & a_{12} & \cdots & a_{1n} \\ \vdots & \vdots & & \vdots \\ a_{k1} & a_{k2} & \cdots & a_{kn} \\ \vdots & \vdots & & \vdots \\ a_{i1} & a_{i2} & \cdots & a_{in} \\ \vdots & \vdots & & \vdots \\ a_{n1} & a_{n2} & \cdots & a_{nn} \end{vmatrix}\begin{matrix} \\ \\ \text{第 } i \text{ 行} \\ \\ \text{第 } k \text{ 行} \\ \\ \\ \end{matrix}.$$

根据行列式的定义可知

$$\begin{aligned} D &= \sum (-1)^t a_{1p_1}\cdots a_{ip_i}\cdots a_{kp_k}\cdots a_{np_n} \\ &= \sum (-1)^{t\pm1} a_{1p_1}\cdots a_{kp_k}\cdots a_{ip_i}\cdots a_{np_n} = -D_1, \end{aligned}$$

其中 $t=\tau(p_1\cdots p_i\cdots p_k\cdots p_n)$.

性质 5 如果行列式中有两行(列)对应元素都相等,则行列式为零.

证 把相同的两行(列)互换,利用性质 4 可得 $D=-D$,故 $D=0$.

性质 6 行列式中两行(列)成比例,则行列式为零.

证 由性质 2、性质 5 即得.

性质 7 把行列式的某一行(列)的各元素乘同一数加到另一行(列)对应的元素上,行列式的值不变.

证 由性质 3、性质 6 即得.

为了表述方便,我们用 $r_i(c_i)$ 表示行列式的第 i 行(列),交换 i 和 j 两行(列)记作 $r_i\leftrightarrow r_j(c_i\leftrightarrow c_j)$;第 i 行(列)乘 k,记作 $kr_i(kc_i)$;把第 j 行(列)乘 k 加到第 i 行(列)上,记作 $kr_j+r_i(kc_j+c_i)$.利用行列式的性质计算行列式可以使计算简化,下面举例说明.

例 1 计算行列式

$$D=\begin{vmatrix} 3 & 6 & 12 \\ 2 & -3 & 0 \\ 5 & 1 & 2 \end{vmatrix}.$$

解 先将第一行的公因子 3 提出来,得

$$\begin{vmatrix} 3 & 6 & 12 \\ 2 & -3 & 0 \\ 5 & 1 & 2 \end{vmatrix}=3\begin{vmatrix} 1 & 2 & 4 \\ 2 & -3 & 0 \\ 5 & 1 & 2 \end{vmatrix},$$

再计算

$$D=\begin{vmatrix} 3 & 6 & 12 \\ 2 & -3 & 0 \\ 5 & 1 & 2 \end{vmatrix}=3\begin{vmatrix} 1 & 2 & 4 \\ 2 & -3 & 0 \\ 5 & 1 & 2 \end{vmatrix}\xlongequal[-5r_1+r_3]{-2r_1+r_2}3\begin{vmatrix} 1 & 2 & 4 \\ 0 & -7 & -8 \\ 0 & -9 & -18 \end{vmatrix}$$

$$\xlongequal[-r_2]{-\frac{1}{9}r_3}27\begin{vmatrix} 1 & 2 & 4 \\ 0 & 7 & 8 \\ 0 & 1 & 2 \end{vmatrix}\xlongequal{r_2\leftrightarrow r_3}-27\begin{vmatrix} 1 & 2 & 4 \\ 0 & 1 & 2 \\ 0 & 7 & 8 \end{vmatrix}$$

$$\xlongequal{-7r_2+r_3} -27\begin{vmatrix}1 & 2 & 4\\0 & 1 & 2\\0 & 0 & -6\end{vmatrix}=162.$$

例 2 计算行列式

$$D=\begin{vmatrix}1 & -1 & 0 & 2\\2 & 0 & 1 & 4\\-1 & -1 & 0 & -2\\1 & -1 & 0 & 3\end{vmatrix}.$$

解 $$D=\begin{vmatrix}1 & -1 & 0 & 2\\2 & 0 & 1 & 4\\-1 & -1 & 0 & -2\\1 & -1 & 0 & 3\end{vmatrix}\xlongequal[-r_1+r_4]{\substack{-2r_1+r_2\\r_1+r_3}}\begin{vmatrix}1 & -1 & 0 & 2\\0 & 2 & 1 & 0\\0 & -2 & 0 & 0\\0 & 0 & 0 & 1\end{vmatrix}$$

$$\xlongequal{r_2\leftrightarrow r_3}-\begin{vmatrix}1 & -1 & 0 & 2\\0 & -2 & 0 & 0\\0 & 2 & 1 & 0\\0 & 0 & 0 & 1\end{vmatrix}\xlongequal{r_2+r_3}-\begin{vmatrix}1 & -1 & 0 & 2\\0 & -2 & 0 & 0\\0 & 0 & 1 & 0\\0 & 0 & 0 & 1\end{vmatrix}=2.$$

例 3 计算下列四阶行列式：

(1) $D_1=\begin{vmatrix}1 & 2 & 3 & 4\\2 & 3 & 4 & 1\\3 & 4 & 1 & 2\\4 & 1 & 2 & 3\end{vmatrix}$；　　(2) $D_2=\begin{vmatrix}7 & 1 & 1 & 1\\1 & 7 & 1 & 1\\1 & 1 & 7 & 1\\1 & 1 & 1 & 7\end{vmatrix}$.

解 (1) $$D_1=\begin{vmatrix}1 & 2 & 3 & 4\\2 & 3 & 4 & 1\\3 & 4 & 1 & 2\\4 & 1 & 2 & 3\end{vmatrix}\xlongequal{c_2+c_3+c_4+c_1}\begin{vmatrix}10 & 2 & 3 & 4\\10 & 3 & 4 & 1\\10 & 4 & 1 & 2\\10 & 1 & 2 & 3\end{vmatrix}$$

$$\xlongequal{\frac{1}{10}c_1}10\begin{vmatrix}1 & 2 & 3 & 4\\1 & 3 & 4 & 1\\1 & 4 & 1 & 2\\1 & 1 & 2 & 3\end{vmatrix}\xlongequal[-r_1+r_4]{\substack{-r_1+r_2\\-r_1+r_3}}10\begin{vmatrix}1 & 2 & 3 & 4\\0 & 1 & 1 & -3\\0 & 2 & -2 & -2\\0 & -1 & -1 & -1\end{vmatrix}$$

$$\xlongequal{\substack{-2r_2+r_3\\r_2+r_4}}10\begin{vmatrix}1 & 2 & 3 & 4\\0 & 1 & 1 & -3\\0 & 0 & -4 & 4\\0 & 0 & 0 & -4\end{vmatrix}=160.$$

(2) $$D_2=\begin{vmatrix}7 & 1 & 1 & 1\\1 & 7 & 1 & 1\\1 & 1 & 7 & 1\\1 & 1 & 1 & 7\end{vmatrix}\xlongequal{r_2+r_3+r_4+r_1}\begin{vmatrix}10 & 10 & 10 & 10\\1 & 7 & 1 & 1\\1 & 1 & 7 & 1\\1 & 1 & 1 & 7\end{vmatrix}$$

$$\xlongequal{\frac{1}{10}r_1}10\begin{vmatrix}1&1&1&1\\1&7&1&1\\1&1&7&1\\1&1&1&7\end{vmatrix}=10\begin{vmatrix}1&1&1&1\\0&6&0&0\\0&0&6&0\\0&0&0&6\end{vmatrix}=10\times 6^3=2\ 160.$$

注　行和或列和相同的行列式,第一步均可利用这一特点进行化简.

例 4　计算 n 阶行列式

$$D_n=\begin{vmatrix}a&b&b&\cdots&b\\b&a&b&\cdots&b\\b&b&a&\cdots&b\\\vdots&\vdots&\vdots&&\vdots\\b&b&b&\cdots&a\end{vmatrix}.$$

解　$$D_n\xlongequal[(i=2,3,\cdots,n)]{r_i+r_1}\begin{vmatrix}a+(n-1)b&a+(n-1)b&a+(n-1)b&\cdots&a+(n-1)b\\b&a&b&\cdots&b\\b&b&a&\cdots&b\\\vdots&\vdots&\vdots&&\vdots\\b&b&b&\cdots&a\end{vmatrix}$$

$$=[a+(n-1)b]\begin{vmatrix}1&1&1&\cdots&1\\b&a&b&\cdots&b\\b&b&a&\cdots&b\\\vdots&\vdots&\vdots&&\vdots\\b&b&b&\cdots&a\end{vmatrix}$$

$$\xlongequal[(i=2,3,\cdots,n)]{-c_1+c_i}[a+(n-1)b]\begin{vmatrix}1&0&0&\cdots&0\\b&a-b&0&\cdots&0\\b&0&a-b&\cdots&0\\\vdots&\vdots&\vdots&&\vdots\\b&0&0&\cdots&a-b\end{vmatrix}$$

$$=[a+(n-1)b](a-b)^{n-1}.$$

注　本例中,行列式 D_n 的各列(行)元素之和相等,采用上述方法可求出 D_n 的值.此方法对这种形式的行列式计算具有一般性,即对各列(行)元素之和均相等的行列式均可用上述方法计算.

设 n 阶行列式 $D=\det(a_{ij})$,如果 $a_{ij}=-a_{ji}(i,j=1,2,\cdots,n)$,则称 D 为**反对称行列式**.

例 5　试证奇数阶反对称行列式

$$D=\begin{vmatrix}0&a_{12}&\cdots&a_{1n}\\-a_{12}&0&\cdots&a_{2n}\\\vdots&\vdots&&\vdots\\-a_{1n}&-a_{2n}&\cdots&0\end{vmatrix}=0.$$

证

$$D=D^{\mathrm{T}}=\begin{vmatrix}0 & -a_{12} & \cdots & -a_{1n}\\ a_{12} & 0 & \cdots & -a_{2n}\\ \vdots & \vdots & & \vdots\\ a_{1n} & a_{2n} & \cdots & 0\end{vmatrix}=(-1)^n\begin{vmatrix}0 & a_{12} & \cdots & a_{1n}\\ -a_{12} & 0 & \cdots & a_{2n}\\ \vdots & \vdots & & \vdots\\ -a_{1n} & -a_{2n} & \cdots & 0\end{vmatrix}=(-1)^nD,$$

因为 n 是一个奇数,所以 $D=-D$,故 $D=0$.

例 6 证明

$$\begin{vmatrix}b_1+c_1 & c_1+a_1 & a_1+b_1\\ b_2+c_2 & c_2+a_2 & a_2+b_2\\ b_3+c_3 & c_3+a_3 & a_3+b_3\end{vmatrix}=2\begin{vmatrix}a_1 & b_1 & c_1\\ a_2 & b_2 & c_2\\ a_3 & b_3 & c_3\end{vmatrix}.$$

证

$$\begin{vmatrix}b_1+c_1 & c_1+a_1 & a_1+b_1\\ b_2+c_2 & c_2+a_2 & a_2+b_2\\ b_3+c_3 & c_3+a_3 & a_3+b_3\end{vmatrix}\xlongequal[c_3+c_1]{c_2+c_1}\begin{vmatrix}2(a_1+b_1+c_1) & c_1+a_1 & a_1+b_1\\ 2(a_2+b_2+c_2) & c_2+a_2 & a_2+b_2\\ 2(a_3+b_3+c_3) & c_3+a_3 & a_3+b_3\end{vmatrix}$$

$$\xlongequal{\text{性质 2}}2\begin{vmatrix}a_1+b_1+c_1 & c_1+a_1 & a_1+b_1\\ a_2+b_2+c_2 & c_2+a_2 & a_2+b_2\\ a_3+b_3+c_3 & c_3+a_3 & a_3+b_3\end{vmatrix}\xlongequal{-c_2+c_1}2\begin{vmatrix}b_1 & c_1+a_1 & a_1+b_1\\ b_2 & c_2+a_2 & a_2+b_2\\ b_3 & c_3+a_3 & a_3+b_3\end{vmatrix}$$

$$\xlongequal[\text{性质 5}]{\text{性质 3}}2\begin{vmatrix}b_1 & c_1+a_1 & a_1\\ b_2 & c_2+a_2 & a_2\\ b_3 & c_3+a_3 & a_3\end{vmatrix}\xlongequal[\text{性质 5}]{\text{性质 3}}2\begin{vmatrix}b_1 & c_1 & a_1\\ b_2 & c_2 & a_2\\ b_3 & c_3 & a_3\end{vmatrix}\xlongequal{\text{性质 4}}2\begin{vmatrix}a_1 & b_1 & c_1\\ a_2 & b_2 & c_2\\ a_3 & b_3 & c_3\end{vmatrix}.$$

§1.4 行列式按行(列)展开

一、余子式与代数余子式

利用行列式的性质,可以简化行列式的计算.如果能将高阶行列式转化为低阶行列式,也可以简化行列式的计算.那么,能否在计算行列式时把高阶行列式降为阶数较低的行列式来计算呢?行列式按行(列)展开定理,就解决了这一问题.为此,先介绍余子式和代数余子式的概念.

定义 1.6 在 n 阶行列式 $D=\det(a_{ij})$ 中,划去元素 a_{ij} $(i,j=1,2,\cdots,n)$ 所在的第 i 行和第 j 列元素,余下的元素按照原来顺序排列而成的 $n-1$ 阶行列式,称为元素 a_{ij} 的**余子式**,记作 M_{ij}.在 M_{ij} 前面添加符号 $(-1)^{i+j}$,称为元素 a_{ij} 的**代数余子式**,记作 A_{ij},即 $A_{ij}=(-1)^{i+j}M_{ij}$.

例如,四阶行列式

$$D=\begin{vmatrix}a_{11} & a_{12} & a_{13} & a_{14}\\ a_{21} & a_{22} & a_{23} & a_{24}\\ a_{31} & a_{32} & a_{33} & a_{34}\\ a_{41} & a_{42} & a_{43} & a_{44}\end{vmatrix}$$

中 a_{23} 的余子式是

$$M_{23}=\begin{vmatrix}a_{11}&a_{12}&a_{14}\\a_{31}&a_{32}&a_{34}\\a_{41}&a_{42}&a_{44}\end{vmatrix},$$

a_{23} 的代数余子式是

$$A_{23}=(-1)^{2+3}M_{23}=-\begin{vmatrix}a_{11}&a_{12}&a_{14}\\a_{31}&a_{32}&a_{34}\\a_{41}&a_{42}&a_{44}\end{vmatrix}.$$

例 1 设

$$D=\begin{vmatrix}4&3&6\\5&2&1\\7&2&8\end{vmatrix},$$

求出元素 a_{21},a_{32} 的余子式和代数余子式.

解 元素 a_{21} 的余子式和代数余子式分别为

$$M_{21}=\begin{vmatrix}3&6\\2&8\end{vmatrix}=12,\quad A_{21}=(-1)^{2+1}\begin{vmatrix}3&6\\2&8\end{vmatrix}=-12.$$

元素 a_{32} 的余子式和代数余子式分别为

$$M_{32}=\begin{vmatrix}4&6\\5&1\end{vmatrix}=-26,\quad A_{32}=(-1)^{3+2}\begin{vmatrix}4&6\\5&1\end{vmatrix}=-\begin{vmatrix}4&6\\5&1\end{vmatrix}=26.$$

引理 一个 n 阶行列式 $D=\det(a_{ij})$,如果其中第 i 行所有元素除了 a_{ij} 外都为零,那么这个行列式等于 a_{ij} 与它的代数余子式的乘积,即

$$D=a_{ij}A_{ij}.$$

证 当 $i=1,j=1$ 时,行列式

$$D=\begin{vmatrix}a_{11}&0&\cdots&0\\a_{21}&a_{22}&\cdots&a_{2n}\\\vdots&\vdots&&\vdots\\a_{n1}&a_{n2}&\cdots&a_{nn}\end{vmatrix},$$

由行列式定义可知

$$\begin{aligned}D&=\sum_{j_1j_2\cdots j_n}(-1)^{\tau(j_1j_2\cdots j_n)}a_{1j_1}a_{2j_2}\cdots a_{nj_n}\\&=\sum_{1j_2\cdots j_n}(-1)^{\tau(1j_2\cdots j_n)}a_{11}a_{2j_2}\cdots a_{nj_n}\\&=a_{11}\sum_{j_2\cdots j_n}(-1)^{\tau(j_2\cdots j_n)}a_{2j_2}\cdots a_{nj_n}\\&=a_{11}M_{11}=a_{11}A_{11}.\end{aligned}$$

对于一般的情形,可记

$$D=\begin{vmatrix}a_{11}&\cdots&a_{1j}&\cdots&a_{1n}\\\vdots&&\vdots&&\vdots\\0&\cdots&a_{ij}&\cdots&0\\\vdots&&\vdots&&\vdots\\a_{n1}&\cdots&a_{nj}&\cdots&a_{nn}\end{vmatrix}.$$

为了利用上面的结果，我们将 D 的第 i 行依次与第 $i-1$ 行、第 $i-2$ 行……第 1 行互换，这样通过 $i-1$ 次行互换，a_{ij} 就换到了第 1 行.类似地，我们可以再用 $j-1$ 次列互换将 a_{ij} 换到第 1 行第 1 列的位置，记为 a_{11}'，变换后的新行列式记为 D_1.于是根据行列式的性质可知所得行列式 $D_1=(-1)^{i+j-2}D$，而 a_{11}' 在 D_1 中的余子式正是 a_{ij} 在 D 中的余子式，于是由前面的结论可知

$$D_1=a_{11}'M_{11}'=a_{ij}M_{ij}=(-1)^{i+j-2}D,$$

故 $D=(-1)^{i+j}a_{ij}M_{ij}=a_{ij}A_{ij}$.

二、行列式按行(列)展开定理

定理 1.4 n 阶行列式 $D=\det(a_{ij})$ 等于它的任意一行(列)的各元素与其对应的代数余子式乘积的和，即

$$D=a_{i1}A_{i1}+a_{i2}A_{i2}+\cdots+a_{in}A_{in}\quad (i=1,2,\cdots,n),$$

或

$$D=a_{1j}A_{1j}+a_{2j}A_{2j}+\cdots+a_{nj}A_{nj}\quad (j=1,2,\cdots,n).$$

证
$$D=\begin{vmatrix} a_{11} & \cdots & a_{1j} & \cdots & a_{1n} \\ \vdots & & \vdots & & \vdots \\ a_{i1}+0+\cdots+0 & \cdots & 0+\cdots+a_{ij}+\cdots0 & \cdots & 0+0+\cdots+a_{in} \\ \vdots & & \vdots & & \vdots \\ a_{n1} & \cdots & a_{nj} & \cdots & a_{nn} \end{vmatrix}$$

$$=\begin{vmatrix} a_{11} & \cdots & a_{1j} & \cdots & a_{1n} \\ \vdots & & \vdots & & \vdots \\ a_{i1} & \cdots & 0 & \cdots & 0 \\ \vdots & & \vdots & & \vdots \\ a_{n1} & \cdots & a_{nj} & \cdots & a_{nn} \end{vmatrix}+\cdots+\begin{vmatrix} a_{11} & \cdots & a_{1j} & \cdots & a_{1n} \\ \vdots & & \vdots & & \vdots \\ 0 & \cdots & a_{ij} & \cdots & 0 \\ \vdots & & \vdots & & \vdots \\ a_{n1} & \cdots & a_{nj} & \cdots & a_{nn} \end{vmatrix}+\cdots+$$

$$\begin{vmatrix} a_{11} & \cdots & a_{1j} & \cdots & a_{1n} \\ \vdots & & \vdots & & \vdots \\ 0 & \cdots & 0 & \cdots & a_{in} \\ \vdots & & \vdots & & \vdots \\ a_{n1} & \cdots & a_{nj} & \cdots & a_{nn} \end{vmatrix}$$

$$=a_{i1}A_{i1}+a_{i2}A_{i2}+\cdots+a_{in}A_{in}.$$

类似地，按列将行列式拆开可以证明

$$D=a_{1j}A_{1j}+a_{2j}A_{2j}+\cdots+a_{nj}A_{nj}\quad (j=1,2,\cdots,n).$$

定理 1.5 n 阶行列式 D 的某一行(列)的元素与另一行(列)对应元素的代数余子式乘积之和等于零，即

$$a_{i1}A_{s1}+a_{i2}A_{s2}+\cdots+a_{in}A_{sn}=0\quad (i\neq s,\ i,s=1,2,\cdots,n),$$

或

$$a_{1j}A_{1t}+a_{2j}A_{2t}+\cdots+a_{nj}A_{nt}=0 \quad (j\neq t,\ j,t=1,2,\cdots,n).$$

证 设将行列式 D 中第 s 行的元素换为第 i 行($i\neq s$)的对应元素，得到有两行相同的行列式 D_1，由行列式的性质 4 得到 $D_1=0$.再将 D_1 按第 s 行展开，则

$$a_{i1}A_{s1}+a_{i2}A_{s2}+\cdots+a_{in}A_{sn}=0 \quad (i\neq s,\ i,s=1,2,\cdots,n).$$

同理可得 D 按列展开的情形.

综合上面两个定理的结论，得到

$$\sum_{j=1}^{n}a_{ij}A_{sj}=\begin{cases}D, & i=s,\\ 0, & i\neq s\end{cases} \quad (i,s=1,2,\cdots,n); \tag{1.8}$$

$$\sum_{i=1}^{n}a_{ij}A_{it}=\begin{cases}D, & j=t,\\ 0, & j\neq t\end{cases} \quad (j,t=1,2,\cdots,n). \tag{1.9}$$

三、行列式的计算方法

行列式有多种算法，这里主要介绍如下几种：

(1) 定义法.按照行列式的定义直接求解.

(2) 化为三角形行列式法.应用行列式的某些性质，将行列式化为上(下)三角形行列式，然后直接计算其值.

(3) 降阶法.首先利用行列式的性质降低行列式的阶数，然后再计算行列式.具体做法是：首先应用行列式的性质，使行列式的某一行(列)仅有一个元素不为 0，然后将行列式按该行(列)展开计算.

(4) 递推法.从原行列式 D_n 出发，利用行列式的性质找出它和一个或几个同结构的较低阶的行列式 $D_1,D_2,\cdots$之间的递推关系式，然后由这个关系式逐步推出 D_n 与低阶行列式 $D_1,D_2,\cdots$的关系.行列式 $D_1,D_2,\cdots$往往可以明显地求出.故由此可以最终计算出 D_n 的值或表达式.

(5) 归纳法.一般在证明一个 n 阶行列式等于某一结果时使用此方法.

除上述几种方法外，还有许多计算行列式的方法，例如拆项法、加边法、反证法，在此就不再一一介绍了.另外，在实际解题过程中，往往不只是单纯使用某一种或两种方法，多数情况下是几种方法交替使用.

例 2 计算行列式

$$D=\begin{vmatrix}1 & 2 & 3 & 4\\ 1 & 0 & 1 & 2\\ 3 & -1 & -1 & 0\\ 1 & 2 & 0 & -5\end{vmatrix}.$$

解 将 D 按第三列展开，则有

$$D=3\times A_{13}+1\times A_{23}+(-1)\times A_{33}+0\times A_{43},$$

其中

$$A_{13}=(-1)^{1+3}\begin{vmatrix}1 & 0 & 2\\ 3 & -1 & 0\\ 1 & 2 & -5\end{vmatrix}=19,\quad A_{23}=(-1)^{2+3}\begin{vmatrix}1 & 2 & 4\\ 3 & -1 & 0\\ 1 & 2 & -5\end{vmatrix}=-63,$$

$$A_{33}=(-1)^{3+3}\begin{vmatrix}1&2&4\\1&0&2\\1&2&-5\end{vmatrix}=18,\quad A_{43}=(-1)^{4+3}\begin{vmatrix}1&2&4\\1&0&2\\3&-1&0\end{vmatrix}=-10.$$

所以

$$D=3\times19+1\times(-63)+(-1)\times18+0\times(-10)=-24.$$

行列式按一行(列)展开,可以把较高阶的行列式化简为较低阶的行列式进行计算.在实际计算时,当然希望所取行(列)中含零元素最多为好,这样可省去很多计算.为此,在计算行列式时,常常利用行列式的性质,先把某一行(列)中的大部分元素都化为零,然后再利用按行(列)展开定理,把原行列式变成较低阶的行列式.如例 2 可将 D 的第一列利用行列式性质化为仅左上角元素不为零，再展开计算则更简单，即

$$D=\begin{vmatrix}1&2&3&4\\1&0&1&2\\3&-1&-1&0\\1&2&0&-5\end{vmatrix}\xlongequal[-r_1+r_4]{\substack{-r_1+r_2\\-3r_1+r_3}}\begin{vmatrix}1&2&3&4\\0&-2&-2&-2\\0&-7&-10&-12\\0&0&-3&-9\end{vmatrix}$$

$$=\begin{vmatrix}2&2&2\\7&10&12\\0&-3&-9\end{vmatrix}=6\times\begin{vmatrix}1&1&1\\7&10&12\\0&-1&-3\end{vmatrix}\xlongequal{-7r_1+r_2}6\times\begin{vmatrix}1&1&1\\0&3&5\\0&-1&-3\end{vmatrix}$$

$$=6\times\begin{vmatrix}3&5\\-1&-3\end{vmatrix}=-24.$$

例 3 求下列行列式:

(1) $\begin{vmatrix}2&1&1&1\\1&2&1&1\\1&1&2&1\\1&1&1&2\end{vmatrix}$;　　(2) $\begin{vmatrix}2&-1&3&5\\0&x&0&6\\0&3&x^2&0\\0&2&0&x^3\end{vmatrix}$.

解 (1)

$$\begin{vmatrix}2&1&1&1\\1&2&1&1\\1&1&2&1\\1&1&1&2\end{vmatrix}\xlongequal[r_4+r_1]{\substack{r_2+r_1\\r_3+r_1}}\begin{vmatrix}5&5&5&5\\1&2&1&1\\1&1&2&1\\1&1&1&2\end{vmatrix}\xlongequal{\frac{1}{5}r_1}5\times\begin{vmatrix}1&1&1&1\\1&2&1&1\\1&1&2&1\\1&1&1&2\end{vmatrix}$$

$$\xlongequal[-r_1+r_4]{\substack{-r_1+r_2\\-r_1+r_3}}5\times\begin{vmatrix}1&1&1&1\\0&1&0&0\\0&0&1&0\\0&0&0&1\end{vmatrix}=5\times1\times1\times1\times1=5.$$

(2)

$$\begin{vmatrix}2&-1&3&5\\0&x&0&6\\0&3&x^2&0\\0&2&0&x^3\end{vmatrix}\xlongequal{\text{按 }c_1\text{ 展开}}2\times\begin{vmatrix}x&0&6\\3&x^2&0\\2&0&x^3\end{vmatrix}\xlongequal{\text{按 }c_2\text{ 展开}}2x^2\times\begin{vmatrix}x&6\\2&x^3\end{vmatrix}$$

$$=2x^2(x^4-12)=2x^6-24x^2.$$

例 4 填空题.

行列式$\begin{vmatrix}\lambda & -1 & 0 & 0\\ 0 & \lambda & -1 & 0\\ 0 & 0 & \lambda & -1\\ 4 & 3 & 2 & \lambda+1\end{vmatrix}=$________.

解 按第一列展开,得

$$\begin{aligned}\text{原式}&=\lambda\begin{vmatrix}\lambda & -1 & 0\\ 0 & \lambda & -1\\ 3 & 2 & \lambda+1\end{vmatrix}-4\begin{vmatrix}-1 & 0 & 0\\ \lambda & -1 & 0\\ 0 & \lambda & -1\end{vmatrix}\\ &=\lambda\left(\lambda\begin{vmatrix}\lambda & -1\\ 2 & \lambda+1\end{vmatrix}+3\begin{vmatrix}-1 & 0\\ \lambda & -1\end{vmatrix}\right)+4\\ &=\lambda^2\begin{vmatrix}\lambda & -1\\ 2 & \lambda+1\end{vmatrix}+3\lambda+4\\ &=\lambda^4+\lambda^3+2\lambda^2+3\lambda+4.\end{aligned}$$

应填 $\lambda^4+\lambda^3+2\lambda^2+3\lambda+4$.

例 5 解方程

$$\begin{vmatrix}0 & 1 & x & 1\\ 1 & 0 & 1 & x\\ x & 1 & 0 & 1\\ 1 & x & 1 & 0\end{vmatrix}=0.$$

解 因为

$$\begin{aligned}\begin{vmatrix}0 & 1 & x & 1\\ 1 & 0 & 1 & x\\ x & 1 & 0 & 1\\ 1 & x & 1 & 0\end{vmatrix}&\xlongequal[r_4+r_1]{r_2+r_1,\ r_3+r_1}\begin{vmatrix}x+2 & x+2 & x+2 & x+2\\ 1 & 0 & 1 & x\\ x & 1 & 0 & 1\\ 1 & x & 1 & 0\end{vmatrix}=(x+2)\begin{vmatrix}1 & 1 & 1 & 1\\ 1 & 0 & 1 & x\\ x & 1 & 0 & 1\\ 1 & x & 1 & 0\end{vmatrix}\\ &\xlongequal[-r_1+r_4]{-r_1+r_2}(x+2)\begin{vmatrix}1 & 1 & 1 & 1\\ 0 & -1 & 0 & x-1\\ x & 1 & 0 & 1\\ 0 & x-1 & 0 & -1\end{vmatrix}\\ &\xlongequal{\text{按 } c_3 \text{ 展开}}(-1)^{1+3}(x+2)\begin{vmatrix}0 & -1 & x-1\\ x & 1 & 1\\ 0 & x-1 & -1\end{vmatrix}\\ &\xlongequal{\text{按 } c_1 \text{ 展开}}(-1)^{2+1}x(x+2)\begin{vmatrix}-1 & x-1\\ x-1 & -1\end{vmatrix}=x^4-4x^2,\end{aligned}$$

所以

$$x^4-4x^2=0.$$

方程的解为

$$x_1=x_2=0,\quad x_3=2,\quad x_4=-2.$$

例 6 计算 n 阶行列式

$$D=\begin{vmatrix} x & y & 0 & \cdots & 0 & 0 \\ 0 & x & y & \cdots & 0 & 0 \\ 0 & 0 & x & \cdots & 0 & 0 \\ \vdots & \vdots & \vdots & & \vdots & \vdots \\ 0 & 0 & 0 & \cdots & x & y \\ y & 0 & 0 & \cdots & 0 & x \end{vmatrix}\quad (n\geqslant 2).$$

解 将 D 按第一列展开,得

$$D=x\begin{vmatrix} x & y & \cdots & 0 & 0 \\ 0 & x & \cdots & 0 & 0 \\ \vdots & \vdots & & \vdots & \vdots \\ 0 & 0 & \cdots & x & y \\ 0 & 0 & \cdots & 0 & x \end{vmatrix}+y\cdot(-1)^{n+1}\begin{vmatrix} y & 0 & \cdots & 0 & 0 \\ x & y & \cdots & 0 & 0 \\ 0 & x & \cdots & 0 & 0 \\ \vdots & \vdots & & \vdots & \vdots \\ 0 & 0 & \cdots & x & y \end{vmatrix}$$

$$=x^n+(-1)^{n+1}y^n.$$

例 7 计算 n 阶行列式

$$D_n=\begin{vmatrix} 9 & 5 & 0 & \cdots & 0 & 0 \\ 4 & 9 & 5 & \cdots & 0 & 0 \\ 0 & 4 & 9 & \cdots & 0 & 0 \\ \vdots & \vdots & \vdots & & \vdots & \vdots \\ 0 & 0 & 0 & \cdots & 9 & 5 \\ 0 & 0 & 0 & \cdots & 4 & 9 \end{vmatrix}.$$

解 将 D_n 按第一列展开,得

$$D_n=9D_{n-1}-4\begin{vmatrix} 5 & 0 & 0 & \cdots & 0 & 0 \\ 4 & 9 & 5 & \cdots & 0 & 0 \\ \vdots & \vdots & \vdots & & \vdots & \vdots \\ 0 & 0 & 0 & \cdots & 9 & 5 \\ 0 & 0 & 0 & \cdots & 4 & 9 \end{vmatrix}_{n-1}=9D_{n-1}-20D_{n-2},$$

此即递推公式.可以将其变形为

$$D_n-5D_{n-1}=4(D_{n-1}-5D_{n-2}),$$

并由此递推,得到

$$D_n-5D_{n-1}=4^2(D_{n-2}-5D_{n-3})=\cdots=4^{n-2}(D_2-5D_1)=4^{n-2}(61-45)=4^n.$$

由递推公式还可以得到

$$D_n-4D_{n-1}=5(D_{n-1}-4D_{n-2})=\cdots=5^{n-2}(D_2-4D_1)=5^{n-2}(61-36)=5^n.$$

于是,

$$\left.\begin{aligned} D_n-5D_{n-1}=4^n \\ D_n-4D_{n-1}=5^n \end{aligned}\right\}\Rightarrow D_n=5^{n+1}-4^{n+1}.$$

例 8 证明范德蒙德(Vandermonde)行列式

$$D_n=\begin{vmatrix}1&1&1&\cdots&1\\a_1&a_2&a_3&\cdots&a_n\\a_1^2&a_2^2&a_3^2&\cdots&a_n^2\\\vdots&\vdots&\vdots&&\vdots\\a_1^{n-1}&a_2^{n-1}&a_3^{n-1}&\cdots&a_n^{n-1}\end{vmatrix}=\prod_{1\leqslant j<i\leqslant n}(a_i-a_j).$$

*证 用数学归纳法.

(1) 当 $n=2$ 时，$\begin{vmatrix}1&1\\a_1&a_2\end{vmatrix}=a_2-a_1$，结论显然成立.

(2) 假设对于 $n-1$ 阶范德蒙德行列式,结论成立,来证对于 n 阶范德蒙德行列式,结论成立.为此依次将 D_n 的第 $n-1$ 行乘 $-a_1$ 加到第 n 行，第 $n-2$ 行乘 $-a_1$ 加到第 $n-1$ 行……第1 行乘 $-a_1$ 加到第 2 行，再按第 1 列展开,得

$$D_n=\begin{vmatrix}1&1&\cdots&1\\0&a_2-a_1&\cdots&a_n-a_1\\0&a_2^2-a_1a_2&\cdots&a_n^2-a_1a_n\\\vdots&\vdots&&\vdots\\0&a_2^{n-1}-a_1a_2^{n-2}&\cdots&a_n^{n-1}-a_1a_n^{n-2}\end{vmatrix}$$

$$=(a_2-a_1)(a_3-a_1)\cdots(a_n-a_1)\begin{vmatrix}1&1&\cdots&1\\a_2&a_3&\cdots&a_n\\a_2^2&a_3^2&\cdots&a_n^2\\\vdots&\vdots&&\vdots\\a_2^{n-2}&a_3^{n-2}&\cdots&a_n^{n-2}\end{vmatrix}.$$

再由归纳假设，则

$$\begin{aligned}D_n&=(a_2-a_1)(a_3-a_1)\cdots(a_n-a_1)\prod_{2\leqslant j<i\leqslant n}(a_i-a_j)\\&=\prod_{1\leqslant j<i\leqslant n}(a_i-a_j).\end{aligned}$$

利用此结果可直接计算出范德蒙德行列式的值,如四阶范德蒙德行列式

$$\begin{vmatrix}1&1&1&1\\2&3&4&5\\4&9&16&25\\8&27&64&125\end{vmatrix}=(3-2)(4-2)(5-2)(4-3)(5-3)(5-4)=12.$$

另外,不难看出 n 阶范德蒙德行列式

$$\begin{vmatrix}1&1&1&\cdots&1\\a_1&a_2&a_3&\cdots&a_n\\a_1^2&a_2^2&a_3^2&\cdots&a_n^2\\\vdots&\vdots&\vdots&&\vdots\\a_1^{n-1}&a_2^{n-1}&a_3^{n-1}&\cdots&a_n^{n-1}\end{vmatrix}=0\Leftrightarrow a_1,a_2,\cdots,a_n \text{ 中至少有两个相等}.$$

***例 9** 证明 n 阶行列式

$$D_n=\begin{vmatrix}1+a_1 & 1 & 1 & \cdots & 1\\ 1 & 1+a_2 & 1 & \cdots & 1\\ 1 & 1 & 1+a_3 & \cdots & 1\\ \vdots & \vdots & \vdots & & \vdots\\ 1 & 1 & 1 & \cdots & 1+a_n\end{vmatrix}=a_1a_2\cdots a_n\left(1+\sum_{i=1}^{n}\frac{1}{a_i}\right),$$

其中 $a_i\neq 0\ (i=1,2,\cdots,n)$.

证 方法 1 化为"爪形"行列式.若行列式除了对角元素外其余元素均相同,先将每一行(或每一列)元素都减去第一行(或第一列)化行列式为"爪形",即除第一行、第一列和对角线有元素外,其余元素均为零,然后将行列式化为上(或下)三角形行列式.

$$D_n=\begin{vmatrix}1+a_1 & 1 & 1 & \cdots & 1\\ 1 & 1+a_2 & 1 & \cdots & 1\\ 1 & 1 & 1+a_3 & \cdots & 1\\ \vdots & \vdots & \vdots & & \vdots\\ 1 & 1 & 1 & \cdots & 1+a_n\end{vmatrix}\xlongequal[i=2,3\cdots,n]{r_i-r_1}\begin{vmatrix}1+a_1 & 1 & 1 & \cdots & 1\\ -a_1 & a_2 & 0 & \cdots & 0\\ -a_1 & 0 & a_3 & \cdots & 0\\ \vdots & \vdots & \vdots & & \vdots\\ -a_1 & 0 & 0 & \cdots & a_n\end{vmatrix}$$

$$\xlongequal[j=1,2,\cdots,n]{\frac{c_j}{a_j}}a_1a_2\cdots a_n\begin{vmatrix}1+\frac{1}{a_1} & \frac{1}{a_2} & \frac{1}{a_3} & \cdots & \frac{1}{a_n}\\ -1 & 1 & 0 & \cdots & 0\\ -1 & 0 & 1 & \cdots & 0\\ \vdots & \vdots & \vdots & & \vdots\\ -1 & 0 & 0 & \cdots & 1\end{vmatrix}$$

$$\xlongequal{c_2+\cdots+c_n+c_1}a_1a_2\cdots a_n\begin{vmatrix}1+\sum_{i=1}^{n}\frac{1}{a_i} & \frac{1}{a_2} & \frac{1}{a_3} & \cdots & \frac{1}{a_n}\\ 0 & 1 & 0 & \cdots & 0\\ 0 & 0 & 1 & \cdots & 0\\ \vdots & \vdots & \vdots & & \vdots\\ 0 & 0 & 0 & \cdots & 1\end{vmatrix}$$

$$=a_1a_2\cdots a_n\left(1+\sum_{i=1}^{n}\frac{1}{a_i}\right).$$

方法 2 用数学归纳法.

当 $n=1$ 时,$D_1=1+a_1=a_1\left(1+\frac{1}{a_1}\right)$,结论成立.

假设当 $n=k$ 时结论成立,即 $D_k=a_1a_2\cdots a_k\left(1+\sum_{i=1}^{k}\frac{1}{a_i}\right)$.对 $n=k+1$,将 D_{k+1} 按最后一列拆开,得

$$D_{k+1}=\begin{vmatrix}1+a_1&1&\cdots&1&1\\1&1+a_2&\cdots&1&1\\\vdots&\vdots&&\vdots&\vdots\\1&1&\cdots&1+a_k&1\\1&1&\cdots&1&1\end{vmatrix}+\begin{vmatrix}1+a_1&1&\cdots&1&0\\1&1+a_2&\cdots&1&0\\\vdots&\vdots&&\vdots&0\\1&1&\cdots&1+a_k&0\\1&1&\cdots&1&a_{k+1}\end{vmatrix}$$

$$=\begin{vmatrix}a_1&0&\cdots&0&0\\0&a_2&\cdots&0&0\\\vdots&\vdots&&\vdots&0\\0&0&\cdots&a_k&0\\1&1&\cdots&1&1\end{vmatrix}+a_{k+1}D_k=a_1a_2\cdots a_k+a_{k+1}D_k$$

$$=a_1a_2\cdots a_k+a_{k+1}a_1a_2\cdots a_k\left(1+\sum_{i=1}^{k}\frac{1}{a_i}\right)=a_1a_2\cdots a_{k+1}\left(1+\sum_{i=1}^{k+1}\frac{1}{a_i}\right),$$

所以当 $n=k+1$ 时结论成立,故原命题得证.

方法 3 用拆项法.行列式主对角线上元素都是两项之和 $1+a_i(i=1,2,\cdots,n)$,其余元素可以看成 $1+0$.这样,行列式的每列都可以看成由两个子列所组成:第 1 子列元素均为 1,第 2 子列元素为 a_i 或零,即

$$D_n=\begin{vmatrix}1+a_1&1&1&\cdots&1\\1&1+a_2&1&\cdots&1\\1&1&1+a_3&\cdots&1\\\vdots&\vdots&\vdots&&\vdots\\1&1&1&\cdots&1+a_n\end{vmatrix}=\begin{vmatrix}1+a_1&1+0&1+0&\cdots&1+0\\1+0&1+a_2&1+0&\cdots&1+0\\1+0&1+0&1+a_3&\cdots&1+0\\\vdots&\vdots&\vdots&&\vdots\\1+0&1+0&1+0&\cdots&1+a_n\end{vmatrix}.$$

利用行列式性质 3,行列式 D_n 可以拆成 2^n 个行列式之和,其中包含着两列或两列以上元素皆为 1 的行列式都等于零,只剩下 $n+1$ 个行列式不为零.于是

$$D_n=\begin{vmatrix}a_1&0&0&\cdots&0\\0&a_2&0&\cdots&0\\0&0&a_3&\cdots&0\\\vdots&\vdots&\vdots&&\vdots\\0&0&0&\cdots&a_n\end{vmatrix}+\begin{vmatrix}1&0&0&\cdots&0\\1&a_2&0&\cdots&0\\1&0&a_3&\cdots&0\\\vdots&\vdots&\vdots&&\vdots\\1&0&0&\cdots&a_n\end{vmatrix}+$$

$$\begin{vmatrix}a_1&1&0&\cdots&0\\0&1&0&\cdots&0\\0&1&a_3&\cdots&0\\\vdots&\vdots&\vdots&&\vdots\\0&1&0&\cdots&a_n\end{vmatrix}+\begin{vmatrix}a_1&0&1&\cdots&0\\0&a_2&1&\cdots&0\\0&0&1&\cdots&0\\\vdots&\vdots&\vdots&&\vdots\\0&0&1&\cdots&0\end{vmatrix}+\cdots+$$

$$\begin{vmatrix} a_1 & 0 & 0 & \cdots & 1 \\ 0 & a_2 & 0 & \cdots & 1 \\ 0 & 0 & a_3 & \cdots & 1 \\ \vdots & \vdots & \vdots & & \vdots \\ 0 & 0 & 0 & \cdots & 1 \end{vmatrix}$$

$$=a_1a_2\cdots a_n+a_2a_3\cdots a_n+a_1a_3\cdots a_n+\cdots+a_1a_2\cdots a_{n-1}$$

$$=a_1a_2\cdots a_n\left(1+\sum_{i=1}^{n}\frac{1}{a_i}\right)\quad (a_i\neq 0,i=1,2,\cdots,n).$$

方法 4 用升阶法.给行列式 D_n 增加一行一列,得

$$D_n=\begin{vmatrix} 1+a_1 & 1 & 1 & \cdots & 1 \\ 1 & 1+a_2 & 1 & \cdots & 1 \\ 1 & 1 & 1+a_3 & \cdots & 1 \\ \vdots & \vdots & \vdots & & \vdots \\ 1 & 1 & 1 & \cdots & 1+a_n \end{vmatrix}=\begin{vmatrix} 1 & 1 & 1 & \cdots & 1 \\ 0 & 1+a_1 & 1 & \cdots & 1 \\ 0 & 1 & 1+a_2 & \cdots & 1 \\ \vdots & \vdots & \vdots & & \vdots \\ 0 & 1 & 1 & \cdots & 1+a_n \end{vmatrix}.$$

将第 1 行乘 -1,并分别加到第 2 行……第 $n+1$ 行;然后把第 2 列的公因子 a_1,第 3 列的公因子 a_2……第 $n+1$ 列的公因子 a_n 提出来,得到

$$D_n=\begin{vmatrix} 1 & 1 & 1 & \cdots & 1 \\ -1 & a_1 & 0 & \cdots & 0 \\ -1 & 0 & a_2 & \cdots & 0 \\ \vdots & \vdots & \vdots & & \vdots \\ -1 & 0 & 0 & \cdots & a_n \end{vmatrix}=a_1a_2\cdots a_n\begin{vmatrix} 1 & \frac{1}{a_1} & \frac{1}{a_2} & \cdots & \frac{1}{a_n} \\ -1 & 1 & 0 & \cdots & 0 \\ -1 & 0 & 1 & \cdots & 0 \\ \vdots & \vdots & \vdots & & \vdots \\ -1 & 0 & 0 & \cdots & 1 \end{vmatrix},$$

将第 2 列、第 3 列……第 $n+1$ 列加到第 1 列,得到上三角形行列式:

$$D_n=a_1a_2\cdots a_n\begin{vmatrix} 1+\sum_{i=1}^{n}\frac{1}{a_i} & \frac{1}{a_1} & \frac{1}{a_2} & \cdots & \frac{1}{a_n} \\ 0 & 1 & 0 & \cdots & 0 \\ 0 & 0 & 1 & \cdots & 0 \\ \vdots & \vdots & \vdots & & \vdots \\ 0 & 0 & 0 & \cdots & 1 \end{vmatrix}$$

$$=a_1a_2\cdots a_n\left(1+\sum_{i=1}^{n}\frac{1}{a_i}\right)\quad (a_i\neq 0;i=1,2,\cdots,n).$$

例 10 填空题.

n 阶行列式 $\begin{vmatrix} 2 & 0 & \cdots & 0 & 2 \\ -1 & 2 & \cdots & 0 & 2 \\ \vdots & \vdots & & \vdots & \vdots \\ 0 & 0 & \cdots & 2 & 2 \\ 0 & 0 & \cdots & -1 & 2 \end{vmatrix}=$________.

解 记 $D_n=\begin{vmatrix} 2 & 0 & \cdots & 0 & 2 \\ -1 & 2 & \cdots & 0 & 2 \\ \vdots & \vdots & & \vdots & \vdots \\ 0 & 0 & \cdots & 2 & 2 \\ 0 & 0 & \cdots & -1 & 2 \end{vmatrix}_n$,下标表示阶数,按第 1 列展开得

$$D_n=2\begin{vmatrix} 2 & 0 & \cdots & 0 & 2 \\ -1 & 2 & \cdots & 0 & 2 \\ \vdots & \vdots & & \vdots & \vdots \\ 0 & 0 & \cdots & 2 & 2 \\ 0 & 0 & \cdots & -1 & 2 \end{vmatrix}_{n-1}+\begin{vmatrix} 0 & 0 & \cdots & 0 & 2 \\ -1 & 2 & \cdots & 0 & 2 \\ \vdots & \vdots & & \vdots & \vdots \\ 0 & 0 & \cdots & 2 & 2 \\ 0 & 0 & \cdots & -1 & 2 \end{vmatrix}_{n-1}$$

$$=2D_{n-1}+(-1)^n 2(-1)^{n-2}=2D_{n-1}+2,$$

所以

$$D_n+2=2(D_{n-1}+2),$$

于是递推可得

$$D_n+2=2^{n-2}(D_2+2).$$

而 $D_2=\begin{vmatrix} 2 & 2 \\ -1 & 2 \end{vmatrix}=6$,故

$$D_n+2=2^{n-2}\cdot 8=2^{n+1},\quad 即\quad D_n=2^{n+1}-2.$$

应填 $2^{n+1}-2$.

例 11 设行列式 $D=\begin{vmatrix} 3 & 1 & -1 & 2 \\ -5 & 1 & 3 & -4 \\ 2 & 0 & 1 & -1 \\ 1 & -5 & 3 & -3 \end{vmatrix}$,$D$ 的(i,j)元素的代数余子式记做 A_{ij},求 $A_{31}+3A_{32}-2A_{33}+2A_{34}$ 的值.

解 由行列式按一行展开定理知,$A_{31}+3A_{32}-2A_{33}+2A_{34}$ 等于用 1,3,−2,2 替换 D 的第 3 行对应元素所得的行列式,即

$$A_{31}+3A_{32}-2A_{33}+2A_{34}=\begin{vmatrix} 3 & 1 & -1 & 2 \\ -5 & 1 & 3 & -4 \\ 1 & 3 & -2 & 2 \\ 1 & -5 & 3 & -3 \end{vmatrix}\xlongequal{c_3+c_4}\begin{vmatrix} 3 & 1 & -1 & 1 \\ -5 & 1 & 3 & -1 \\ 1 & 3 & -2 & 0 \\ 1 & -5 & 3 & 0 \end{vmatrix}$$

$$\xlongequal{r_1+r_2}\begin{vmatrix} 3 & 1 & -1 & 1 \\ -2 & 2 & 2 & 0 \\ 1 & 3 & -2 & 0 \\ 1 & -5 & 3 & 0 \end{vmatrix}=2\begin{vmatrix} 1 & -1 & -1 \\ 1 & 3 & -2 \\ 1 & -5 & 3 \end{vmatrix}=24.$$

*四、行列式的拉普拉斯展开定理

定理 1.6 设 n 阶行列式

$$D=\begin{vmatrix} a_{11} & a_{12} & \cdots & a_{1n} \\ a_{21} & a_{22} & \cdots & a_{2n} \\ \vdots & \vdots & & \vdots \\ a_{n1} & a_{n2} & \cdots & a_{nn} \end{vmatrix},$$

在其中任意取定 r $(1\leqslant r\leqslant n-1)$行，然后在这 r 行中任选 r 列，构成一个 r 阶子式.显然，这样的 r 阶子式共有 $t=C_n^r=\dfrac{n!}{r!\ (n-r)!}$个，将其记为 $M_1,M_2,\cdots,M_t$，而其代数余子式(划去 r 阶子式元素所在的行与列所得的 $n-r$ 阶行列式，并带上相应正负号，参见文献[6])记为 $A_1,A_2,\cdots,A_t$，那么

$$D=M_1A_1+M_2A_2+\cdots+M_tA_t=\sum_{i=1}^{t}M_iA_i.$$

上述定理是行列式按一行(或一列)元素展开定理的推广.通常也把上述定理称为行列式的拉普拉斯(Laplace)定理.

例 12 证明

$$\begin{vmatrix} a_{11} & a_{12} & c_{11} & c_{12} \\ a_{21} & a_{22} & c_{21} & c_{22} \\ 0 & 0 & b_{11} & b_{12} \\ 0 & 0 & b_{21} & b_{22} \end{vmatrix}=\begin{vmatrix} a_{11} & a_{12} \\ a_{21} & a_{22} \end{vmatrix}\cdot\begin{vmatrix} b_{11} & b_{12} \\ b_{21} & b_{22} \end{vmatrix}.$$

证 方法 1 由行列式按一列展开定理，有

$$\begin{aligned}\text{左边}&=a_{11}\begin{vmatrix} a_{22} & c_{21} & c_{22} \\ 0 & b_{11} & b_{12} \\ 0 & b_{21} & b_{22} \end{vmatrix}-a_{21}\begin{vmatrix} a_{12} & c_{11} & c_{12} \\ 0 & b_{11} & b_{12} \\ 0 & b_{21} & b_{22} \end{vmatrix}\\ &=a_{11}a_{22}\begin{vmatrix} b_{11} & b_{12} \\ b_{21} & b_{22} \end{vmatrix}-a_{21}a_{12}\begin{vmatrix} b_{11} & b_{12} \\ b_{21} & b_{22} \end{vmatrix}\\ &=(a_{11}a_{22}-a_{21}a_{12})\begin{vmatrix} b_{11} & b_{12} \\ b_{21} & b_{22} \end{vmatrix}=\begin{vmatrix} a_{11} & a_{12} \\ a_{21} & a_{22} \end{vmatrix}\cdot\begin{vmatrix} b_{11} & b_{12} \\ b_{21} & b_{22} \end{vmatrix}\\ &=\text{右边}.\end{aligned}$$

方法 2 取定左边 4 阶行列式的第 3,4 两行，这两行共有 $C_4^2=\dfrac{4\times 3}{2!}=6$ 个 2 阶子式，但只有一个 2 阶子式 $M=\begin{vmatrix} b_{11} & b_{12} \\ b_{21} & b_{22} \end{vmatrix}$可能不为零，其余 5 个 2 阶子式全为零.而 M 的余子式为 $N=\begin{vmatrix} a_{11} & a_{12} \\ a_{21} & a_{22} \end{vmatrix}$，代数余子式 $A=(-1)^{(3+4)+(3+4)}N=N$，于是，由行列式的拉普拉斯展开定理，得

$$\begin{vmatrix} a_{11} & a_{12} & c_{11} & c_{12} \\ a_{21} & a_{22} & c_{21} & c_{22} \\ 0 & 0 & b_{11} & b_{12} \\ 0 & 0 & b_{21} & b_{22} \end{vmatrix}=MA=MN=\begin{vmatrix} b_{11} & b_{12} \\ b_{21} & b_{22} \end{vmatrix}\cdot\begin{vmatrix} a_{11} & a_{12} \\ a_{21} & a_{22} \end{vmatrix}=\text{右边}.$$

§1.5 克拉默法则

本节利用 n 阶行列式概念以及行列式的按行(列)展开的有关定理，讨论如何求含有 n 个方程的 n 元线性方程组的解，给出了解线性方程组的克拉默法则.

定理 1.7(克拉默法则) 如果线性方程组

$$\begin{cases} a_{11}x_1+a_{12}x_2+\cdots+a_{1n}x_n=b_1, \\ a_{21}x_1+a_{22}x_2+\cdots+a_{2n}x_n=b_2, \\ \cdots\cdots\cdots\cdots \\ a_{n1}x_1+a_{n2}x_2+\cdots+a_{nn}x_n=b_n \end{cases} \tag{1.10}$$

的系数行列式

$$D=\begin{vmatrix} a_{11} & a_{12} & \cdots & a_{1n} \\ a_{21} & a_{22} & \cdots & a_{2n} \\ \vdots & \vdots & & \vdots \\ a_{n1} & a_{n2} & \cdots & a_{nn} \end{vmatrix}\neq 0,$$

则这个方程组有唯一解

$$x_j=\frac{D_j}{D}\quad (j=1,2,\cdots,n), \tag{1.11}$$

其中 $D_j\,(j=1,2,\cdots,n)$ 是把系数行列式 D 中第 j 列的元素用方程组(1.10)的常数项 b_1, $b_2,\cdots,b_n$ 替换所得的 n 阶行列式，即

$$D_j=\begin{vmatrix} a_{11} & \cdots & a_{1,j-1} & b_1 & a_{1,j+1} & \cdots & a_{1n} \\ a_{21} & \cdots & a_{2,j-1} & b_2 & a_{2,j+1} & \cdots & a_{2n} \\ \vdots & & \vdots & \vdots & \vdots & & \vdots \\ a_{n1} & \cdots & a_{n,j-1} & b_n & a_{n,j+1} & \cdots & a_{nn} \end{vmatrix}\quad (j=1,2,\cdots,n).$$

***证** 首先将线性方程组(1.10)缩写为

$$\sum_{j=1}^{n}a_{ij}x_j=b_i\quad (i=1,2,\cdots,n),$$

并记为方程组(1,10)′.

以系数行列式 D 的第 $j\,(j=1,2,\cdots,n)$ 列的代数余子式 $A_{1j},A_{2j},\cdots,A_{nj}$ 分别乘方程组(1.10)的第一个、第二个……第 n 个方程两端，然后分别相加，得

$$\begin{aligned} &(a_{11}A_{1j}+a_{21}A_{2j}+\cdots+a_{n1}A_{nj})x_1+\cdots+ \\ &(a_{1j}A_{1j}+a_{2j}A_{2j}+\cdots+a_{nj}A_{nj})x_j+\cdots+ \\ &(a_{1n}A_{1j}+a_{2n}A_{2j}+\cdots+a_{nn}A_{nj})x_n \\ =\;&b_1A_{1j}+b_2A_{2j}+\cdots+b_nA_{nj}. \end{aligned}$$

由§1.4(1.8)式的结论，上式中 x_j 的系数等于 D，$x_s\,(s\neq j)$ 的系数等于零.等式右端等于 D 中第 j 列元素以常数项 $b_1,b_2,\cdots,b_n$ 替换后的行列式 D_j，即

$$Dx_j=D_j\quad (j=1,2,\cdots,n). \tag{1.12}$$

如果方程组(1.10)有解，则其解必满足方程组(1.12)，而当 $D\neq 0$ 时，方程组(1.12)只

有形如(1.11)式的解 $x_j=\dfrac{D_j}{D}\ (j=1,2,\cdots,n)$.

另一方面，将(1.11)式代入方程组(1.10)′，验证它满足方程组(1.10)：将 $x_j=\dfrac{D_j}{D}$ 代入 $\sum\limits_{j=1}^{n}a_{ij}x_j=b_i$ 的左端，得

$$\begin{aligned}\text{左端}&=\sum_{j=1}^{n}a_{ij}\frac{D_j}{D}=\frac{1}{D}\sum_{j=1}^{n}a_{ij}D_j=\frac{1}{D}\sum_{j=1}^{n}a_{ij}\sum_{s=1}^{n}b_sA_{sj}\\&=\frac{1}{D}\sum_{j=1}^{n}\sum_{s=1}^{n}a_{ij}b_sA_{sj}=\frac{1}{D}\sum_{s=1}^{n}b_s\left(\sum_{j=1}^{n}a_{ij}A_{sj}\right)=\frac{1}{D}Db_i=b_i\\&=\text{右端}\quad(i=1,2,\cdots,n).\end{aligned}$$

所以，(1.11)式是方程组(1.10)的解.

综上所述，得到：当方程组(1.10)的系数行列式 $D\neq0$ 时，有且仅有唯一解

$$x_j=\frac{D_j}{D}\quad(j=1,2,\cdots,n),$$

其中

$$D_j=\begin{vmatrix}a_{11}&\cdots&a_{1,j-1}&b_1&a_{1,j+1}&\cdots&a_{1n}\\a_{21}&\cdots&a_{2,j-1}&b_2&a_{2,j+1}&\cdots&a_{2n}\\\vdots&&\vdots&\vdots&\vdots&&\vdots\\a_{n1}&\cdots&a_{n,j-1}&b_n&a_{n,j+1}&\cdots&a_{nn}\end{vmatrix}.$$

例 1 解线性方程组

$$\begin{cases}x_1-x_2+x_3-2x_4=2,\\2x_1-x_3+4x_4=4,\\3x_1+2x_2+x_3=-1,\\-x_1+2x_2-x_3+2x_4=-4.\end{cases}$$

解 方程组的系数行列式

$$D=\begin{vmatrix}1&-1&1&-2\\2&0&-1&4\\3&2&1&0\\-1&2&-1&2\end{vmatrix}=-2\neq0,$$

并且

$$D_1=\begin{vmatrix}2&-1&1&-2\\4&0&-1&4\\-1&2&1&0\\-4&2&-1&2\end{vmatrix}=-2,\quad D_2=\begin{vmatrix}1&2&1&-2\\2&4&-1&4\\3&-1&1&0\\-1&-4&-1&2\end{vmatrix}=4,$$

$$D_3=\begin{vmatrix}1&-1&2&-2\\2&0&4&4\\3&2&-1&0\\-1&2&-4&2\end{vmatrix}=0,\quad D_4=\begin{vmatrix}1&-1&1&2\\2&0&-1&4\\3&2&1&-1\\-1&2&-1&-4\end{vmatrix}=-1,$$

所以

$$x_1=\frac{D_1}{D}=1,\quad x_2=\frac{D_2}{D}=-2,\quad x_3=\frac{D_3}{D}=0,\quad x_4=\frac{D_4}{D}=\frac{1}{2}.$$

注 用克拉默法则解线性方程组需有两个前提条件：

(1) 线性方程组的方程个数与未知量的个数相等；

(2) 线性方程组的系数行列式不等于零.

当一个线性方程组满足这两个条件时，该方程组的解存在且是唯一的.

在线性方程组中，有一种特殊的线性方程组，它们的右端常数项全为零.这种常数项全为零的方程组，称为齐次线性方程组.显然齐次线性方程组总是有解的，因为 $x_j=0\ (j=1,2,\cdots,n)$ 就是它的解，这种解称为**零解**.而齐次线性方程组的解 $x_j\ (j=1,2,\cdots,n)$ 不全为零时，称为齐次线性方程组的**非零解**.

对于方程个数与未知量个数相同的齐次线性方程组，运用克拉默法则可得如下结论：

定理 1.8 如果齐次线性方程组

$$\begin{cases}a_{11}x_1+a_{12}x_2+\cdots+a_{1n}x_n=0,\\ a_{21}x_1+a_{22}x_2+\cdots+a_{2n}x_n=0,\\ \cdots\cdots\cdots\cdots\\ a_{n1}x_1+a_{n2}x_2+\cdots+a_{nn}x_n=0\end{cases}\tag{1.13}$$

的系数行列式 $D\neq0$，则齐次线性方程组(1.13)仅有零解.

证 因为 $D\neq0$，根据克拉默法则，方程组(1.13)有唯一解

$$x_j=\frac{D_j}{D}\quad(j=1,2,\cdots,n),$$

又由于行列式 $D_j\,(j=1,2,\cdots,n)$ 中有一列元素全为零，因而 $D_j=0\ (j=1,2,\cdots,n)$，所以齐次线性方程组(1.13)仅有零解

$$x_j=\frac{D_j}{D}=0\quad(j=1,2,\cdots,n).$$

推论 若齐次线性方程组(1.13)有非零解，则它的系数行列式 $D=0$.

在第三章，我们将证明：如果齐次线性方程组(1.13)的系数行列式 $D=0$，则它一定有非零解.也就是说，齐次线性方程组(1.13)有非零解的充要条件是其系数行列式 $D=0$.

例 2 若齐次线性方程组

$$\begin{cases}(5-\lambda)x_1+2x_2+2x_3=0,\\ 2x_1+(6-\lambda)x_2=0,\\ 2x_1+(4-\lambda)x_3=0\end{cases}$$

有非零解，试确定 λ 的值.

解 若齐次线性方程组有非零解，系数行列式一定等于零，即

$$D=\begin{vmatrix}5-\lambda & 2 & 2\\ 2 & 6-\lambda & 0\\ 2 & 0 & 4-\lambda\end{vmatrix}=(5-\lambda)(2-\lambda)(8-\lambda)=0,$$

解得 $\lambda=2,5,8$.

习题一

(A)

1. 计算下列二阶行列式：

(1) $\begin{vmatrix} 2 & 1 \\ -1 & 2 \end{vmatrix}$；　(2) $\begin{vmatrix} 6 & 9 \\ 8 & 12 \end{vmatrix}$；　(3) $\begin{vmatrix} a & b \\ a^2 & b^2 \end{vmatrix}$；　(4) $\begin{vmatrix} x-1 & 1 \\ x^2 & x^2+x+1 \end{vmatrix}$.

2. 计算下列三阶行列式：

(1) $\begin{vmatrix} 1 & 2 & 3 \\ 3 & 1 & 2 \\ 2 & 3 & 1 \end{vmatrix}$；　(2) $\begin{vmatrix} 1 & 1 & 1 \\ 3 & 1 & 4 \\ 8 & 9 & 5 \end{vmatrix}$；　(3) $\begin{vmatrix} 1 & 0 & -1 \\ 3 & 5 & 0 \\ 0 & 4 & 1 \end{vmatrix}$；　(4) $\begin{vmatrix} 0 & a & 0 \\ b & 0 & c \\ 0 & d & 0 \end{vmatrix}$.

3. 当 k 取何值时，$\begin{vmatrix} k & 3 & 4 \\ -1 & k & 0 \\ 0 & k & 1 \end{vmatrix}=0$？

4. 求下列排列的逆序数：

(1) 51324；　(2) 426315；　(3) 7654321；　(4) 36715284.

5. 下列各元素乘积是否是五阶行列式 $|a_{ij}|$ 中的一项？如果是，该项应取什么符号？

(1) $a_{15}a_{24}a_{33}a_{42}a_{51}$；(2) $a_{11}a_{22}a_{33}a_{45}a_{51}$；(3) $a_{31}a_{24}a_{53}a_{12}a_{45}$；(4) $a_{54}a_{12}a_{41}a_{25}a_{33}$.

6. 选择 i,j 使 $a_{13}a_{2i}a_{34}a_{42}a_{5j}$ 成为五阶行列式 $|a_{ij}|$ 中带有负号的项.

7. 用行列式的定义计算下列行列式：

(1) $\begin{vmatrix} 0 & 0 & \cdots & 0 & 1 \\ 0 & 0 & \cdots & 2 & 0 \\ \vdots & \vdots & & \vdots & \vdots \\ 0 & n-1 & \cdots & 0 & 0 \\ n & 0 & \cdots & 0 & 0 \end{vmatrix}$；　(2) $\begin{vmatrix} 0 & 0 & \cdots & 0 & 1 & 0 \\ 0 & 0 & \cdots & 2 & 0 & 0 \\ \vdots & \vdots & & \vdots & \vdots & \vdots \\ n-1 & 0 & \cdots & 0 & 0 & 0 \\ 0 & 0 & \cdots & 0 & 0 & n \end{vmatrix}$；

(3) $\begin{vmatrix} 0 & 0 & 1 & 0 \\ 0 & 2 & 0 & 0 \\ 3 & 0 & 8 & 0 \\ 7 & 2 & 8 & 4 \end{vmatrix}$；　(4) $\begin{vmatrix} 0 & 0 & 0 & 5 & 5 \\ 0 & 0 & 4 & 1 & 0 \\ 0 & 3 & 2 & 0 & 0 \\ 2 & 3 & 0 & 0 & 0 \\ 4 & 0 & 0 & 0 & 1 \end{vmatrix}$.

8. 利用行列式的性质计算下列行列式：

(1) $\begin{vmatrix} 1 & 2 & 3 \\ 2 & 1 & 2 \\ 1 & -1 & 1 \end{vmatrix}$；　(2) $\begin{vmatrix} 246 & 427 & 327 \\ 1\,014 & 543 & 443 \\ -342 & 721 & 621 \end{vmatrix}$；

(3) $\begin{vmatrix} 1 & 1 & 1 & 1 \\ 1 & -1 & 1 & 1 \\ 1 & 1 & -1 & 1 \\ 1 & 1 & 1 & -1 \end{vmatrix}$；　(4) $\begin{vmatrix} -2 & 2 & -4 & 0 \\ 4 & -1 & 3 & 5 \\ 3 & 1 & -2 & -3 \\ 2 & 0 & 5 & 1 \end{vmatrix}$；

(5) $\begin{vmatrix} 1+x & 1 & 1 & 1 \\ 1 & 1-x & 1 & 1 \\ 1 & 1 & 1+y & 1 \\ 1 & 1 & 1 & 1-y \end{vmatrix}$； (6) $\begin{vmatrix} a & b & c & d \\ a & a+b & a+b+c & a+b+c+d \\ a & 2a+b & 3a+2b+c & 4a+3b+2c+d \\ a & 3a+b & 6a+3b+c & 10a+6b+3c+d \end{vmatrix}$.

9. 用行列式的性质证明：

(1) $\begin{vmatrix} a_1+kb_1 & b_1+c_1 & c_1 \\ a_2+kb_2 & b_2+c_2 & c_2 \\ a_3+kb_3 & b_3+c_3 & c_3 \end{vmatrix} = \begin{vmatrix} a_1 & b_1 & c_1 \\ a_2 & b_2 & c_2 \\ a_3 & b_3 & c_3 \end{vmatrix}$；

(2) $\begin{vmatrix} -ab & ac & ae \\ bd & -cd & de \\ bf & cf & -ef \end{vmatrix} = 4abcdef$；

(3) $\begin{vmatrix} 1+x & 1 & 1 & 1 \\ 1 & 1+x & 1 & 1 \\ 1 & 1 & 1+y & 1 \\ 1 & 1 & 1 & 1+y \end{vmatrix} = x^2y^2+2xy^2+2x^2y$；

(4) $\begin{vmatrix} by+az & bz+ax & bx+ay \\ bx+ay & by+az & bz+ax \\ bz+ax & bx+ay & by+az \end{vmatrix} = (a^3+b^3)\begin{vmatrix} x & y & z \\ z & x & y \\ y & z & x \end{vmatrix}$.

10. 解下列方程：

(1) $\begin{vmatrix} 1 & 1 & 2 & 3 \\ 2 & 2-x^2 & 2 & 3 \\ 2 & 3 & 1 & 5 \\ 2 & 3 & 1 & 9-x^2 \end{vmatrix} = 0$； (2) $\begin{vmatrix} 0 & 1 & x & 1 \\ 1 & 0 & 1 & x \\ x & 1 & 0 & 1 \\ 1 & x & 1 & 0 \end{vmatrix} = 0$.

11. 求行列式

$$\begin{vmatrix} -2 & 3 & 1 \\ 7 & 0 & -6 \\ 9 & 11 & -4 \end{vmatrix}$$

中元素 7 和 -4 的余子式及代数余子式.

12. 按第三行展开以下各行列式，并计算其值：

(1) $\begin{vmatrix} 5 & -2 & 8 & -3 \\ -3 & -1 & 2 & 4 \\ 0 & 2 & 3 & 0 \\ 1 & 0 & 5 & -2 \end{vmatrix}$； (2) $\begin{vmatrix} 1 & 0 & -1 & -1 \\ 0 & -1 & -1 & 1 \\ a_1 & a_2 & a_3 & a_4 \\ 1 & -1 & 1 & 0 \end{vmatrix}$.

13. 设 $D=\begin{vmatrix} 3 & -5 & 2 & 1 \\ 1 & 1 & 0 & -5 \\ -1 & 3 & 1 & 3 \\ 2 & -4 & -1 & -3 \end{vmatrix}$，$D$ 中元素 a_{ij} 的余子式和代数余子式依次记作 M_{ij} 和 A_{ij}，求 $A_{11}+A_{12}+A_{13}+A_{14}$ 及 $M_{11}+M_{21}+M_{31}+M_{41}$.

14. 计算下列行列式：

(1) $\begin{vmatrix} 1 & 1 & 1 & 1 \\ a & b & c & d \\ a^2 & b^2 & c^2 & d^2 \\ a^3 & b^3 & c^3 & d^3 \end{vmatrix}$； (2) $\begin{vmatrix} a_1 & x & x & \cdots & x & x \\ x & a_2 & x & \cdots & x & x \\ \vdots & \vdots & \vdots & & \vdots & \vdots \\ x & x & x & \cdots & a_{n-1} & x \\ x & x & x & \cdots & x & a_n \end{vmatrix}$；

(3) $\begin{vmatrix} 1 & 2 & 3 & 4 & \cdots & n \\ 1 & 1 & 2 & 3 & \cdots & n-1 \\ 1 & x & 1 & 2 & \cdots & n-2 \\ 1 & x & x & 1 & \cdots & n-3 \\ \vdots & \vdots & \vdots & \vdots & & \vdots \\ 1 & x & x & x & \cdots & 2 \\ 1 & x & x & x & \cdots & 1 \end{vmatrix}$； (4) $\begin{vmatrix} x & -1 & 0 & \cdots & 0 & 0 \\ 0 & x & -1 & \cdots & 0 & 0 \\ \vdots & \vdots & \vdots & & \vdots & \vdots \\ 0 & 0 & 0 & \cdots & x & -1 \\ a_n & a_{n-1} & a_{n-2} & \cdots & a_2 & a_1+x \end{vmatrix}$；

(5) $\begin{vmatrix} 1 & 2 & 3 & \cdots & n-1 & n \\ 2 & 3 & 4 & \cdots & n & 1 \\ 3 & 4 & 5 & \cdots & 1 & 2 \\ \vdots & \vdots & \vdots & & \vdots & \vdots \\ n & 1 & 2 & \cdots & n-2 & n-1 \end{vmatrix}$.

15. 用克拉默法则解下列线性方程组：

(1) $\begin{cases} 2x_1+3x_2=1, \\ 3x_1+7x_2=2; \end{cases}$ (2) $\begin{cases} 6x_1-4x_2=10, \\ 5x_1+7x_2=29; \end{cases}$

(3) $\begin{cases} 3x_1-4x_2+2x_3=1, \\ 5x_1-2x_2+7x_3=22, \\ 2x_1-5x_2+4x_3=4; \end{cases}$ (4) $\begin{cases} 4x_1+5x_2+4x_3=31, \\ 5x_1+x_2+2x_3=29, \\ 3x_1-x_2+x_3=10; \end{cases}$

(5) $\begin{cases} 2x_1+x_2-5x_3+x_4=8, \\ x_1-3x_2-6x_4=9, \\ 2x_2-x_3+2x_4=-5, \\ x_1+4x_2-7x_3+6x_4=0; \end{cases}$ (6) $\begin{cases} x_1-x_2+x_3-2x_4=2, \\ 2x_1-x_3+4x_4=4, \\ 3x_1+2x_2+x_3=-1, \\ -x_1+2x_2-x_3+2x_4=-4. \end{cases}$

16. 判断下列齐次线性方程组是否有非零解：

(1) $\begin{cases} x_1+3x_2-9x_3+7x_4=0, \\ -3x_1-x_2+8x_3+x_4=0, \\ x_1-x_2+5x_3-x_4=0, \\ x_1+x_2-2x_3+3x_4=0; \end{cases}$ (2) $\begin{cases} 2x_1-2x_2+x_4=0, \\ 2x_1+3x_2+x_3-3x_4=0, \\ 3x_1+4x_2-x_3+2x_4=0, \\ x_1+3x_2+x_3-x_4=0. \end{cases}$

17. 若齐次线性方程组

$$\begin{cases} (3-\lambda)x+4y=0, \\ 5x+(2-\lambda)y=0 \end{cases}$$

有非零解，则 λ 应取何值？

18. 当 k 为何值时，齐次方程组

$$\begin{cases} kx+z=0, \\ 2x+ky+z=0, \\ kx-2y+z=0 \end{cases}$$

仅有零解？

(B)

1. 填空题.

(1) 设 $\begin{vmatrix} a_{11} & a_{12} & a_{13} \\ a_{21} & a_{22} & a_{23} \\ a_{31} & a_{32} & a_{33} \end{vmatrix}=a$，则 $\begin{vmatrix} 3a_{11} & 3a_{12} & 3a_{13} \\ a_{31}+a_{11} & a_{32}+a_{12} & a_{33}+a_{13} \\ 2a_{21} & 2a_{22} & 2a_{23} \end{vmatrix}=$________；

(2) 行列式 $\begin{vmatrix} a_1+b_1 & a_1+b_2 & a_1+b_3 \\ a_2+b_1 & a_2+b_2 & a_2+b_3 \\ a_3+b_1 & a_3+b_2 & a_3+b_3 \end{vmatrix}=$__________；

(3) 行列式 $\begin{vmatrix} 1 & 1 & 1 & 0 \\ 1 & 1 & 0 & 1 \\ 1 & 0 & 1 & 1 \\ 0 & 1 & 1 & 1 \end{vmatrix}=$__________；

(4) 行列式 $\begin{vmatrix} 1 & -1 & 1 & x-1 \\ 1 & -1 & x+1 & -1 \\ 1 & x-1 & 1 & -1 \\ x+1 & -1 & 1 & -1 \end{vmatrix}=$______________；

(5) 设行列式 $D=\begin{vmatrix} 3 & 0 & 4 & 0 \\ 2 & 2 & 2 & 2 \\ 0 & -7 & 0 & 0 \\ 5 & 3 & -2 & 2 \end{vmatrix}$，则第四行各元素的余子式之和为______________；

(6) 行列式 $\begin{vmatrix} b+c & a+c & a+b \\ a & b & c \\ a^2 & b^2 & c^2 \end{vmatrix}=$________；

(7) 设 n 阶行列式 $D=a\neq0$，且 D 的每行元素之和为 b，则行列式 D 的第 1 列元素的代数余子式之和为________.

2. 单项选择题.

(1) 四阶行列式 $\begin{vmatrix} a_1 & 0 & 0 & b_1 \\ 0 & a_2 & b_2 & 0 \\ 0 & b_3 & a_3 & 0 \\ b_4 & 0 & 0 & a_4 \end{vmatrix}$ 等于(　　)；

(A) $a_1a_2a_3a_4-b_1b_2b_3b_4$　　(B) $a_1a_2a_3a_4+b_1b_2b_3b_4$

(C) $(a_1a_2-b_1b_2)(a_3a_4-b_3b_4)$　　(D) $(a_2a_3-b_2b_3)(a_1a_4-b_1b_4)$

(2) 设行列式 $\begin{vmatrix} x+2 & 1 & 1 & 1 \\ 1 & x+2 & 1 & 1 \\ 1 & 1 & x+2 & 1 \\ 1 & 1 & 1 & x+2 \end{vmatrix}=0$，则 x 为(　　)；

(A) 5 或 −1　　(B) −5 或 1　　(C) 5 或 1　　(D) −5 或 −1

(3) 若行列式 $\begin{vmatrix} a_{11} & a_{12} & \cdots & a_{1n} \\ a_{21} & a_{22} & \cdots & a_{2n} \\ \vdots & \vdots & & \vdots \\ a_{n1} & a_{n2} & \cdots & a_{nn} \end{vmatrix}$ 为 a，则 $\begin{vmatrix} -a_{11} & -a_{12} & \cdots & -a_{1n} \\ -a_{21} & -a_{22} & \cdots & -a_{2n} \\ \vdots & \vdots & & \vdots \\ -a_{n1} & -a_{n2} & \cdots & -a_{nn} \end{vmatrix}=$(　　)；

(A) $-a$　　(B) $(-1)^n a$　　(C) a　　(D) a^{-1}

(4) 设 M_{ij}，A_{ij} 分别是 n 阶行列式 $D=\det(a_{ij})$ 中元素 a_{ij} 的余子式和代数余子式，则 $M_{i,j+1}+A_{i,j+1}=$(　　)；

(A) 0　　(B) $M_{i,j+1}$

(C) $2M_{i,j+1}$　　(D) $(1+(-1)^{i+j+1})M_{i,j+1}$

(5) 当 a,b 满足( )时,齐次线性方程组 $\begin{cases} ax_1+x_2+x_3=0, \\ x_1+bx_2+x_3=0, \\ x_1+3bx_2+x_3=0 \end{cases}$ 有唯一解;

(A) $a\neq 1$ 且 $b\neq 0$ (B) $a\neq 1$ 或 $b\neq 0$

(C) $a=1$ 或 $b=0$ (D) $a\neq 1, b\in \mathbf{R}$

(6) 设齐次方程组 $\begin{cases} kx_1+2x_2+x_3=0, \\ 2x_1+kx_2 \qquad =0, \\ x_1-x_2+x_3=0 \end{cases}$ 有非零解,则 k 的取值为( );

(A) 2 (B) 3 或 -2 (C) 3 (D) -3 或 2

(7) 行列式 $\begin{vmatrix} 0 & a & b & 0 \\ a & 0 & 0 & b \\ 0 & c & d & 0 \\ c & 0 & 0 & d \end{vmatrix}=$( ).

(A) $(ad-bc)^2$ (B) $-(ad-bc)^2$

(C) $a^2d^2-b^2c^2$ (D) $-a^2d^2+b^2c^2$

3. 设 $f(x)=\begin{vmatrix} x & 1 & 2 & 3 \\ 3 & x & 1 & 2 \\ 2 & 3 & x & 1 \\ 1 & 2 & 3 & 4 \end{vmatrix}$,求 $f(4)$.

4. 计算下列 n 阶行列式:

(1) $D_n=\begin{vmatrix} 0 & 1 & 1 & \cdots & 1 & 1 \\ 1 & 0 & 1 & \cdots & 1 & 1 \\ 1 & 1 & 0 & \cdots & 1 & 1 \\ \vdots & \vdots & \vdots & & \vdots & \vdots \\ 1 & 1 & 1 & \cdots & 0 & 1 \\ 1 & 1 & 1 & \cdots & 1 & 0 \end{vmatrix}$;

(2) $D_n=\begin{vmatrix} 1+a & 1 & 1 & \cdots & 1 \\ 2 & 2+a & 2 & \cdots & 2 \\ 3 & 3 & 3+a & \cdots & 3 \\ \vdots & \vdots & \vdots & & \vdots \\ n & n & n & \cdots & n+a \end{vmatrix}$;

(3) $D_n=\begin{vmatrix} a_0 & 1 & 1 & \cdots & 1 \\ 1 & a_1 & 0 & \cdots & 0 \\ 1 & 0 & a_2 & \cdots & 0 \\ \vdots & \vdots & \vdots & & \vdots \\ 1 & 0 & 0 & \cdots & a_{n-1} \end{vmatrix}$,其中 $a_0a_1a_2\cdots a_{n-1}\neq 0$;

(4) $D_n=\begin{vmatrix} 1+x_1y_1 & 1+x_1y_2 & \cdots & 1+x_1y_n \\ 1+x_2y_1 & 1+x_2y_2 & \cdots & 1+x_2y_n \\ \vdots & \vdots & & \vdots \\ 1+x_ny_1 & 1+x_ny_2 & \cdots & 1+x_ny_n \end{vmatrix}$.

5. 解关于 x 的方程 $\begin{vmatrix} 1 & 1 & 1 & \cdots & 1 \\ 1 & 1-x & 1 & \cdots & 1 \\ 1 & 1 & 2-x & \cdots & 1 \\ \vdots & \vdots & \vdots & & \vdots \\ 1 & 1 & 1 & \cdots & (n-1)-x \end{vmatrix}=0$.

6. 用克拉默法则解下列线性方程组：

(1) $\begin{cases} 2x_1-x_2+3x_3+2x_4=6, \\ 3x_1-3x_2+3x_3+2x_4=5, \\ 3x_1-x_2-x_3+2x_4=3, \\ 3x_1-x_2+3x_3-x_4=4; \end{cases}$

(2) $\begin{cases} x_1+x_2+x_3+x_4=0, \\ x_2+x_3+x_4+x_5=0, \\ x_1+2x_2+3x_3=2, \\ x_2+2x_3+3x_4=-2, \\ x_3+2x_4+3x_5=2; \end{cases}$

(3) $\begin{cases} 5x_1+6x_2=1, \\ x_1+5x_2+6x_3=-2, \\ x_2+5x_3+6x_4=2, \\ x_3+5x_4+6x_5=-2, \\ x_4+5x_5=-4. \end{cases}$

7. 证明题.

(1) 证明 $\begin{vmatrix} a^2 & ab & b^2 \\ 2a & a+b & 2b \\ 1 & 1 & 1 \end{vmatrix}=(a-b)^3$；

(2) 证明 $\begin{vmatrix} 1 & 1 & 1 \\ a & b & c \\ bc & ca & ab \end{vmatrix}=(a-b)(b-c)(c-a)$；

(3) 若齐次线性方程组

$$\begin{cases} \lambda x_1+\lambda x_2+2x_3=0, \\ \lambda x_1+(2\lambda-1)x_2+3x_3=0, \\ \lambda x_1+\lambda x_2+(\lambda+3)x_3=0 \end{cases}$$

有非零解，证明 $\lambda=0$ 或 $\lambda=\pm 1$.

第一章
自测题

第一章
典型例题
讲解

行列式的
简要发展史

第二章　矩阵

矩阵是最基本的数学概念之一，矩阵及其运算是线性代数的重要内容，是数学研究与应用的一个重要工具.矩阵在自然科学、工程技术、经济管理等许多领域有着广泛的应用.

本章将介绍矩阵的概念、矩阵的运算、几类常用的特殊矩阵、逆矩阵、矩阵的初等变换及矩阵的秩等内容.

§2.1　矩阵的概念

一个线性方程组包含的主要信息可以用一个称为矩阵的矩形阵列表示.例如，给出方程组

$$\begin{cases} x_1+x_2-x_3=0, \\ 2x_1+x_2=4, \\ 3x_1-2x_2+x_3=2, \end{cases} \tag{2.1}$$

把每个变量的系数写成对齐的一列，于是有矩阵

$$\begin{pmatrix} 1 & 1 & -1 \\ 2 & 1 & 0 \\ 3 & -2 & 1 \end{pmatrix},$$

并称其为方程组(2.1)的系数矩阵.下面引进的矩阵记号将为解方程组带来很多方便.

定义 2.1　由 $m\times n$ 个数 $a_{ij}(i=1,2,\cdots,m;j=1,2,\cdots,n)$ 排成的 m 行 n 列的数表

$$\begin{matrix} a_{11} & a_{12} & \cdots & a_{1n} \\ a_{21} & a_{22} & \cdots & a_{2n} \\ \vdots & \vdots & & \vdots \\ a_{m1} & a_{m2} & \cdots & a_{mn} \end{matrix}$$

称为 m 行 n 列**矩阵**，简称 $m\times n$ 矩阵.为表示它是一个整体，总是加一个括号，并用大写黑体字母表示它，记作

$$\boldsymbol{A}=\begin{pmatrix} a_{11} & a_{12} & \cdots & a_{1n} \\ a_{21} & a_{22} & \cdots & a_{2n} \\ \vdots & \vdots & & \vdots \\ a_{m1} & a_{m2} & \cdots & a_{mn} \end{pmatrix},$$

这 $m\times n$ 个数称为矩阵 $\boldsymbol{A}$ 的**元素**，简称为**元**，数 a_{ij} 位于矩阵 $\boldsymbol{A}$ 的第 i 行第 j 列，称为矩阵 $\boldsymbol{A}$ 的 (i,j) 元素，以数 a_{ij} 为 (i,j) 元素的矩阵可简记作 (a_{ij}) 或 $(a_{ij})_{m\times n}$. $m\times n$ 矩阵 $\boldsymbol{A}$ 也记作 $\boldsymbol{A}_{m\times n}$.

两个矩阵的行数相等、列数也相等时，就称它们是**同型矩阵**.如果 $\boldsymbol{A}=(a_{ij})$ 与 $\boldsymbol{B}=(b_{ij})$ 都是 $m\times n$ 矩阵，并且它们的对应元素相等，即

$$a_{ij}=b_{ij}\quad (i=1,2,\cdots,m;j=1,2,\cdots,n),$$

那么就称矩阵 $\boldsymbol{A}$ 与矩阵 $\boldsymbol{B}$ 相等,记作

$$\boldsymbol{A}=\boldsymbol{B}.$$

每个元素都是实数的矩阵称为**实矩阵**,元素中含有复数的矩阵称为**复矩阵**.本书中的矩阵除特别说明外,都指实矩阵.

例 1 m 个变量 $y_1,y_2,\cdots,y_m$ 与 n 个变量 $x_1,x_2,\cdots,x_n$ 之间的关系式

$$\begin{cases}y_1=a_{11}x_1+a_{12}x_2+\cdots+a_{1n}x_n,\\ y_2=a_{21}x_1+a_{22}x_2+\cdots+a_{2n}x_n,\\ \cdots\cdots\cdots\cdots\\ y_m=a_{m1}x_1+a_{m2}x_2+\cdots+a_{mn}x_n\end{cases}\tag{2.2}$$

表示一个从变量 $x_1,x_2,\cdots,x_n$ 到变量 $y_1,y_2,\cdots,y_m$ 的**线性变换**,其中 a_{ij} 为常数.线性变换(2.2)的系数 a_{ij} 构成一个 $m\times n$ 矩阵 $\mathbf{A}=(a_{ij})_{m\times n}$.

给定了线性变换(2.2),它的系数所构成的矩阵(称为**系数矩阵**)也就确定了.反之,如果给出一个矩阵作为线性变换的系数矩阵,则线性变换也就确定下来了.因此,线性变换(2.2)和 $m\times n$ 矩阵之间存在着一一对应的关系.

例 2 矩阵 $\begin{pmatrix}\cos\varphi & -\sin\varphi\\ \sin\varphi & \cos\varphi\end{pmatrix}$ 对应的线性变换为

$$\begin{cases}x_1=x\cos\varphi-y\sin\varphi,\\ y_1=x\sin\varphi+y\cos\varphi,\end{cases}$$

它把平面上的向量 $\overrightarrow{OP}=\begin{pmatrix}x\\ y\end{pmatrix}$ 变为向量 $\overrightarrow{OP_1}=\begin{pmatrix}x_1\\ y_1\end{pmatrix}$.设 $\overrightarrow{OP}$ 的长度为 r,辐角为 θ,即设 $x=r\cos\theta$,$y=r\sin\theta$,则

$$\begin{cases}x_1=r(\cos\varphi\cos\theta-\sin\varphi\sin\theta)=r\cos(\theta+\varphi),\\ y_1=r(\sin\varphi\cos\theta+\cos\varphi\sin\theta)=r\sin(\theta+\varphi).\end{cases}$$

这说明 $\overrightarrow{OP_1}$ 的长度也为 r,辐角为 $\theta+\varphi$.因此上面的变换相当于将向量 $\overrightarrow{OP}$ 逆时针旋转角度 φ 的旋转变换.

下面我们介绍几种常用的特殊矩阵.

(1) 行矩阵和列矩阵

只有一行的矩阵

$$\mathbf{A}=(a_1\quad a_2\quad \cdots\quad a_n)$$

称为**行矩阵**,又称为 n **维行向量**.为避免元素间的混淆,行矩阵有时也记作 $\mathbf{A}=(a_1,a_2,\cdots,a_n)$.

只有一列的矩阵

$$\boldsymbol{B}=\begin{pmatrix}b_1\\ b_2\\ \vdots\\ b_m\end{pmatrix}$$

称为**列矩阵**,又称为 m **维列向量**.

(2) 零矩阵

若一个矩阵的所有元素都为零,则称这个矩阵为**零矩阵**.例如,一个 $m\times n$ 的零矩阵为

$$\begin{pmatrix} 0 & 0 & \cdots & 0 \\ 0 & 0 & \cdots & 0 \\ \vdots & \vdots & & \vdots \\ 0 & 0 & \cdots & 0 \end{pmatrix}_{m\times n},$$

记作 $\boldsymbol{O}_{m\times n}$,在不会引起混淆的情形下,也可记为 $\boldsymbol{O}$.

(3) 方阵

行数与列数相同的矩阵称为**方阵**,例如

$$\boldsymbol{A}=\begin{pmatrix} a_{11} & a_{12} & \cdots & a_{1n} \\ a_{21} & a_{22} & \cdots & a_{2n} \\ \vdots & \vdots & & \vdots \\ a_{n1} & a_{n2} & \cdots & a_{nn} \end{pmatrix}$$

为 $n\times n$ 矩阵,常称为 n **阶方阵**或 n **阶矩阵**,n 阶方阵 $\boldsymbol{A}$ 也记作 $\boldsymbol{A}_n$.在 n 阶方阵 $\boldsymbol{A}$ 中,从左上角 a_{11} 到右下角 a_{nn} 的线段称为方阵的**主对角线**.主对角线上的元素称为**主对角元**.

(4) 三角形矩阵

主对角线下(上)方的元素全为零的方阵称为**上(下)三角形矩阵**.例如矩阵

$$\begin{pmatrix} a_{11} & a_{12} & \cdots & a_{1n} \\ 0 & a_{22} & \cdots & a_{2n} \\ \vdots & \vdots & & \vdots \\ 0 & 0 & \cdots & a_{nn} \end{pmatrix} \quad (\text{其中 } a_{ij}=0, i>j, i,j=1,2,\cdots,n)$$

为 n 阶上三角形矩阵.而矩阵

$$\begin{pmatrix} a_{11} & 0 & \cdots & 0 \\ a_{21} & a_{22} & \cdots & 0 \\ \vdots & \vdots & & \vdots \\ a_{n1} & a_{n2} & \cdots & a_{nn} \end{pmatrix} \quad (\text{其中 } a_{ij}=0, i<j, i,j=1,2,\cdots,n)$$

为 n 阶下三角形矩阵.

注 n 阶上三角形矩阵可简记为

$$\begin{pmatrix} a_{11} & a_{12} & \cdots & a_{1n} \\ & a_{22} & \cdots & a_{2n} \\ & & \ddots & \vdots \\ & & & a_{nn} \end{pmatrix}.$$

类似地,n 阶下三角形矩阵可简记为

$$\begin{pmatrix} a_{11} & & & \\ a_{21} & a_{22} & & \\ \vdots & \vdots & \ddots & \\ a_{n1} & a_{n2} & \cdots & a_{nn} \end{pmatrix}.$$

(5) 对角矩阵

主对角元以外的元素全为零的方阵称为**对角矩阵**,例如

$$\boldsymbol{\Lambda}=\begin{pmatrix}\lambda_1 & 0 & \cdots & 0\\ 0 & \lambda_2 & \cdots & 0\\ \vdots & \vdots & & \vdots\\ 0 & 0 & \cdots & \lambda_n\end{pmatrix}$$

为 n 阶对角矩阵.对角矩阵可简记为

$$\boldsymbol{\Lambda}=\begin{pmatrix}\lambda_1 & & & \\ & \lambda_2 & & \\ & & \ddots & \\ & & & \lambda_n\end{pmatrix},$$

或

$$\boldsymbol{\Lambda}=\operatorname{diag}(\lambda_1,\lambda_2,\cdots,\lambda_n).$$

(6) 数量矩阵

主对角元全相等的对角矩阵称为**数量矩阵**.例如

$$\begin{pmatrix}\lambda & 0 & \cdots & 0\\ 0 & \lambda & \cdots & 0\\ \vdots & \vdots & & \vdots\\ 0 & 0 & \cdots & \lambda\end{pmatrix}_{n\times n}\quad (其中\ \lambda\ 为常数)$$

为 n 阶数量矩阵.

(7) 单位矩阵

主对角元全等于 1 的对角矩阵称为**单位矩阵**.例如

$$\begin{pmatrix}1 & 0 & \cdots & 0\\ 0 & 1 & \cdots & 0\\ \vdots & \vdots & & \vdots\\ 0 & 0 & \cdots & 1\end{pmatrix}_{n\times n}$$

为 n 阶**单位矩阵**,记为 $\boldsymbol{E}_n$,在不会引起混淆的情形下,也可记为 $\boldsymbol{E}$.

§ 2.2 矩阵的运算

一、矩阵的线性运算

例 1 某地区大范围遭受冻灾,某慈善机构决定向甲、乙、丙三个城市分三天发放棉被、饼干、饮用水三种救援物资.第一天的发放情况如下:

	棉被/万床	饼干/万箱	饮用水/万箱
甲	3	5	4
乙	4	4	4
丙	2	3	2

如果甲、乙、丙三个城市分别编号为 1,2,3;棉被、饼干、饮用水三种物资也分别编号为 1,2,3,那么我们可以将上面的信息以下列矩阵表示:

$$\boldsymbol{A}=\begin{pmatrix}3&5&4\\4&4&4\\2&3&2\end{pmatrix},$$

其中(i,j)元素$(i,j=1,2,3)$表示向第 i 个城市发放第 j 种救援物资的数量.

如果我们把第二天的发放情况

	棉被/万床	饼干/万箱	饮用水/万箱
甲	1	5	8
乙	0	5	7
丙	1	3	3

也用矩阵表示为

$$\boldsymbol{B}=\begin{pmatrix}1&5&8\\0&5&7\\1&3&3\end{pmatrix},$$

则前两天累计发放量

	棉被/万床	饼干/万箱	饮用水/万箱
甲	4	10	12
乙	4	9	11
丙	3	6	5

可用矩阵表示为

$$\boldsymbol{C}=\begin{pmatrix}3+1&5+5&4+8\\4+0&4+5&4+7\\2+1&3+3&2+3\end{pmatrix}=\begin{pmatrix}4&10&12\\4&9&11\\3&6&5\end{pmatrix}.$$

从上面的例子我们不难理解下面给出的矩阵加法的定义.

定义 2.2 设有 $m\times n$ 矩阵 $\boldsymbol{A}=(a_{ij})$ 和 $\boldsymbol{B}=(b_{ij})$,将矩阵 $\boldsymbol{A}$ 与 $\boldsymbol{B}$ 的和记作 $\boldsymbol{A}+\boldsymbol{B}$,定义

$$\boldsymbol{A}+\boldsymbol{B}=\begin{pmatrix}a_{11}+b_{11}&a_{12}+b_{12}&\cdots&a_{1n}+b_{1n}\\a_{21}+b_{21}&a_{22}+b_{22}&\cdots&a_{2n}+b_{2n}\\\vdots&\vdots&&\vdots\\a_{m1}+b_{m1}&a_{m2}+b_{m2}&\cdots&a_{mn}+b_{mn}\end{pmatrix}.$$

注 只有当两个矩阵同型时，这两个矩阵才能进行加法运算.

显然，对任意的 $m\times n$ 矩阵 $\boldsymbol{A}_{m\times n}$ 都有

$$\boldsymbol{A}_{m\times n}+\boldsymbol{O}_{m\times n}=\boldsymbol{O}_{m\times n}+\boldsymbol{A}_{m\times n}=\boldsymbol{A}_{m\times n}.$$

在例 1 中，若第三天发放的每种物资量都是第一天发放量的 2 倍，则不难看出第三天发放的物资量可以用矩阵表示为

$$\boldsymbol{D}=\begin{pmatrix}2\times 3 & 2\times 5 & 2\times 4\\ 2\times 4 & 2\times 4 & 2\times 4\\ 2\times 2 & 2\times 3 & 2\times 2\end{pmatrix}=\begin{pmatrix}6 & 10 & 8\\ 8 & 8 & 8\\ 4 & 6 & 4\end{pmatrix}.$$

更一般地，我们可以对数与矩阵的乘积运算作如下定义.

定义 2.3 数 λ 与矩阵 $\boldsymbol{A}$ 的乘积记作 $\lambda\boldsymbol{A}$，定义

$$\lambda\boldsymbol{A}=\begin{pmatrix}\lambda a_{11} & \lambda a_{12} & \cdots & \lambda a_{1n}\\ \lambda a_{21} & \lambda a_{22} & \cdots & \lambda a_{2n}\\ \vdots & \vdots & & \vdots\\ \lambda a_{m1} & \lambda a_{m2} & \cdots & \lambda a_{mn}\end{pmatrix}.$$

注 数与矩阵的乘积简称为数乘.

通常将矩阵的加法与数乘这两种运算统称为矩阵的**线性运算**，线性运算有下列规律：

定理 2.1 设 $\boldsymbol{A},\boldsymbol{B},\boldsymbol{C}$ 是同型矩阵，λ 与 μ 为实数，则有

(1) $\boldsymbol{A}+\boldsymbol{B}=\boldsymbol{B}+\boldsymbol{A}$；

(2) $(\boldsymbol{A}+\boldsymbol{B})+\boldsymbol{C}=\boldsymbol{A}+(\boldsymbol{B}+\boldsymbol{C})$；

(3) $\boldsymbol{A}+\boldsymbol{O}=\boldsymbol{A}$；

(4) $\lambda(\boldsymbol{A}+\boldsymbol{B})=\lambda\boldsymbol{A}+\lambda\boldsymbol{B}$；

(5) $(\lambda+\mu)\boldsymbol{A}=\lambda\boldsymbol{A}+\mu\boldsymbol{A}$；

(6) $\lambda(\mu\boldsymbol{A})=(\lambda\mu)\boldsymbol{A}$.

利用矩阵加法、数乘的定义及数的运算法则，很容易证明(1)—(6).我们只证明(1)，其余作为练习，读者自己证明.

证 (1) 设 $\boldsymbol{A}=(a_{ij})_{m\times n}$，$\boldsymbol{B}=(b_{ij})_{m\times n}$，于是

$$\begin{aligned}\boldsymbol{A}+\boldsymbol{B}&=(a_{ij})_{m\times n}+(b_{ij})_{m\times n}\\&=(a_{ij}+b_{ij})_{m\times n}\\&=(b_{ij}+a_{ij})_{m\times n}\\&=(b_{ij})_{m\times n}+(a_{ij})_{m\times n}\\&=\boldsymbol{B}+\boldsymbol{A}.\end{aligned}$$

矩阵的减法 $\boldsymbol{A}-\boldsymbol{B}$ 规定为 $\boldsymbol{A}+(-1)\boldsymbol{B}$.

例 2 设 $\boldsymbol{A}=\begin{pmatrix}4 & 0 & 5\\ -1 & 3 & 2\end{pmatrix}$，$\boldsymbol{B}=\begin{pmatrix}1 & 1 & 1\\ 3 & 5 & 7\end{pmatrix}$，求 $\boldsymbol{A}-2\boldsymbol{B}$.

解 $2\boldsymbol{B}=2\begin{pmatrix}1 & 1 & 1\\ 3 & 5 & 7\end{pmatrix}=\begin{pmatrix}2 & 2 & 2\\ 6 & 10 & 14\end{pmatrix}$，

$$\boldsymbol{A}-2\boldsymbol{B}=\begin{pmatrix}4 & 0 & 5\\ -1 & 3 & 2\end{pmatrix}-\begin{pmatrix}2 & 2 & 2\\ 6 & 10 & 14\end{pmatrix}=\begin{pmatrix}2 & -2 & 3\\ -7 & -7 & -12\end{pmatrix}.$$

二、矩阵的乘法

例 3 设有两个线性变换:变量 y_1,y_2,y_3 到变量 z_1,z_2 的线性变换

$$\begin{cases}z_1=a_{11}y_1+a_{12}y_2+a_{13}y_3,\\ z_2=a_{21}y_1+a_{22}y_2+a_{23}y_3\end{cases}\tag{2.3}$$

和变量 x_1,x_2 到变量 y_1,y_2,y_3 的线性变换

$$\begin{cases}y_1=b_{11}x_1+b_{12}x_2,\\ y_2=b_{21}x_1+b_{22}x_2,\\ y_3=b_{31}x_1+b_{32}x_2.\end{cases}\tag{2.4}$$

若想得到从 x_1,x_2 到 z_1,z_2 的线性变换,可将(2.4)式代入(2.3)式,得

$$\begin{cases}z_1=(a_{11}b_{11}+a_{12}b_{21}+a_{13}b_{31})x_1+(a_{11}b_{12}+a_{12}b_{22}+a_{13}b_{32})x_2,\\ z_2=(a_{21}b_{11}+a_{22}b_{21}+a_{23}b_{31})x_1+(a_{21}b_{12}+a_{22}b_{22}+a_{23}b_{32})x_2.\end{cases}\tag{2.5}$$

线性变换(2.5)可看成先作线性变换(2.4)再作线性变换(2.3)的结果.我们把线性变换(2.5)称为线性变换(2.3)与(2.4)的乘积,相应地把线性变换(2.5)所对应的矩阵定义为线性变换(2.3)与(2.4)所对应的矩阵的乘积,即

$$\begin{pmatrix}a_{11}&a_{12}&a_{13}\\ a_{21}&a_{22}&a_{23}\end{pmatrix}\begin{pmatrix}b_{11}&b_{12}\\ b_{21}&b_{22}\\ b_{31}&b_{32}\end{pmatrix}=\begin{pmatrix}a_{11}b_{11}+a_{12}b_{21}+a_{13}b_{31}&a_{11}b_{12}+a_{12}b_{22}+a_{13}b_{32}\\ a_{21}b_{11}+a_{22}b_{21}+a_{23}b_{31}&a_{21}b_{12}+a_{22}b_{22}+a_{23}b_{32}\end{pmatrix}.$$

定义 2.4 设 $\boldsymbol{A}=(a_{ij})$ 是 $m\times s$ 矩阵,$\boldsymbol{B}=(b_{ij})$ 是 $s\times n$ 矩阵,定义矩阵 $\boldsymbol{A}$ 与矩阵 $\boldsymbol{B}$ 的乘积是一个 $m\times n$ 矩阵 $\boldsymbol{C}=(c_{ij})$,其中

$$c_{ij}=a_{i1}b_{1j}+a_{i2}b_{2j}+\cdots+a_{is}b_{sj}=\sum_{k=1}^{s}a_{ik}b_{kj}\quad(i=1,2,\cdots,m;j=1,2,\cdots,n).$$

并把此乘积记作

$$\boldsymbol{C}=\boldsymbol{AB}.$$

容易验证,对任意 $m\times n$ 矩阵 $\boldsymbol{A}_{m\times n}$,

$$\boldsymbol{E}_m\boldsymbol{A}_{m\times n}=\boldsymbol{A}_{m\times n}\boldsymbol{E}_n=\boldsymbol{A}_{m\times n}.$$

注 由矩阵乘积的定义可见:

① 只有当矩阵 $\boldsymbol{A}$ 的列数等于矩阵 $\boldsymbol{B}$ 的行数时,乘积 $\boldsymbol{AB}$ 才有意义,否则 $\boldsymbol{AB}$ 无意义.而且 $\boldsymbol{C}=\boldsymbol{AB}$ 有意义时,$\boldsymbol{C}$ 的行数等于 $\boldsymbol{A}$ 的行数,$\boldsymbol{C}$ 的列数等于 $\boldsymbol{B}$ 的列数.

② 由①知 $\boldsymbol{AB}$ 有意义时,$\boldsymbol{BA}$ 未必有意义;即使 $\boldsymbol{AB}$,$\boldsymbol{BA}$ 都有意义,两者也未必相等,即矩阵乘积不满足交换律:一般地,$\boldsymbol{AB}\neq\boldsymbol{BA}$.

③ 若 $\boldsymbol{A}\neq\boldsymbol{O}$,$\boldsymbol{B}\neq\boldsymbol{O}$,则 $\boldsymbol{AB}$ 可能为零矩阵.例如

$$\boldsymbol{A}=\begin{pmatrix}1&1\\ -1&-1\end{pmatrix}\neq\boldsymbol{O},\quad \boldsymbol{B}=\begin{pmatrix}-1&-1\\ 1&1\end{pmatrix}\neq\boldsymbol{O},$$

而

$$\boldsymbol{AB}=\begin{pmatrix}1&1\\ -1&-1\end{pmatrix}\begin{pmatrix}-1&-1\\ 1&1\end{pmatrix}=\begin{pmatrix}0&0\\ 0&0\end{pmatrix},$$

即矩阵乘积不满足消去律.

例 4 在例 1 中若已知棉被的价格为 120(元/床),饼干的价格为 260(元/箱),饮用水的价格为 24(元/箱),我们可以把上面的价格表用矩阵表示为

$$\boldsymbol{P}=\begin{pmatrix}120\\260\\24\end{pmatrix}.$$

把第一天的发放各种物资的量也用矩阵表示为

$$\boldsymbol{A}=\begin{pmatrix}3&5&4\\4&4&4\\2&3&2\end{pmatrix}.$$

我们把矩阵 $\boldsymbol{A}$ 与矩阵 $\boldsymbol{P}$ 相乘得

$$\boldsymbol{AP}=\begin{pmatrix}3&5&4\\4&4&4\\2&3&2\end{pmatrix}\begin{pmatrix}120\\260\\24\end{pmatrix}=\begin{pmatrix}1\,756\\1\,616\\1\,068\end{pmatrix}.$$

由结果可知第一天向城市甲发放的物资价值为 1 756 万元,向城市乙发放的物资价值为 1 616 万元,向城市丙发放的物资价值为 1 068 万元.

例 5 设 $\boldsymbol{A}=\begin{pmatrix}1&1\\-2&-2\end{pmatrix}$ 和 $\boldsymbol{B}=\begin{pmatrix}2&0\\-2&0\end{pmatrix}$,求 $\boldsymbol{AB}$ 及 $\boldsymbol{BA}$.

解

$$\boldsymbol{AB}=\begin{pmatrix}1&1\\-2&-2\end{pmatrix}\begin{pmatrix}2&0\\-2&0\end{pmatrix}=\begin{pmatrix}0&0\\0&0\end{pmatrix},$$

$$\boldsymbol{BA}=\begin{pmatrix}2&0\\-2&0\end{pmatrix}\begin{pmatrix}1&1\\-2&-2\end{pmatrix}=\begin{pmatrix}2&2\\-2&-2\end{pmatrix}.$$

乘法一般不满足交换律是矩阵代数与普通实数代数的重要差别.

矩阵的乘法运算有下列性质:

(1) $\boldsymbol{A}(\boldsymbol{BC})=(\boldsymbol{AB})\boldsymbol{C}$ (结合律);

(2) $\boldsymbol{A}(\boldsymbol{B}+\boldsymbol{C})=\boldsymbol{AB}+\boldsymbol{AC}$ (左分配律);

(3) $(\boldsymbol{B}+\boldsymbol{C})\boldsymbol{A}=\boldsymbol{BA}+\boldsymbol{CA}$ (右分配律);

(4) $\lambda(\boldsymbol{AB})=(\lambda\boldsymbol{A})\boldsymbol{B}=\boldsymbol{A}(\lambda\boldsymbol{B})$,$\lambda$ 为任意数;

(5) $\boldsymbol{E}_m\boldsymbol{A}=\boldsymbol{AE}_n=\boldsymbol{A}$,$\boldsymbol{A}$ 为 $m\times n$ 矩阵.

证 设(1)中

$$\boldsymbol{A}=(a_{ij})_{m\times n},\quad \boldsymbol{B}=(b_{ij})_{n\times p},\quad \boldsymbol{C}=(c_{ij})_{p\times q},$$

那么$(\boldsymbol{AB})\boldsymbol{C}$ 与 $\boldsymbol{A}(\boldsymbol{BC})$都是 $m\times q$ 矩阵,下面我们来证明它们的对应元素相等.令

$$\boldsymbol{AB}=\boldsymbol{U}=(u_{il}),\quad \boldsymbol{BC}=\boldsymbol{V}=(v_{kj}),$$

由矩阵的乘法知

$$u_{il}=\sum_{k=1}^{n}a_{ik}b_{kl},\quad v_{kj}=\sum_{l=1}^{p}b_{kl}c_{lj},$$

由此$(\boldsymbol{AB})\boldsymbol{C}=\boldsymbol{UC}$ 的第 i 行第 j 列的元素是

$$\sum_{l=1}^{p} u_{il}c_{lj}=\sum_{l=1}^{p}\left(\sum_{k=1}^{n} a_{ik}b_{kl}\right)c_{lj}=\sum_{l=1}^{p}\sum_{k=1}^{n} a_{ik}b_{kl}c_{lj}.$$

类似地，$\boldsymbol{A}(\boldsymbol{BC})=\boldsymbol{AV}$ 的第 i 行第 j 列的元素是

$$\sum_{k=1}^{n} a_{ik}v_{kj}=\sum_{k=1}^{n} a_{ik}\left(\sum_{l=1}^{p} b_{kl}c_{lj}\right)=\sum_{k=1}^{n}\sum_{l=1}^{p} a_{ik}b_{kl}c_{lj}.$$

由于双重求和符号可以交换次序，所以

$$\sum_{l=1}^{p}\sum_{k=1}^{n} a_{ik}b_{kl}c_{lj}=\sum_{k=1}^{n}\sum_{l=1}^{p} a_{ik}b_{kl}c_{lj}.$$

至此我们证明了(1)中等式两端的矩阵为同型矩阵并且对应元素相等，由矩阵相等的定义可知(1)中等式即矩阵的乘法结合律成立.

(2)—(5)的证明思路与(1)类似，留给有兴趣的读者自行完成.

方阵的幂 若 $\boldsymbol{A}$ 是 n 阶方阵，k 是正整数，则 $\boldsymbol{A}^k$ 表示 k 个 $\boldsymbol{A}$ 的乘积：

$$\boldsymbol{A}^k=\underbrace{\boldsymbol{AA}\cdots\boldsymbol{A}}_{k\text{个}}.$$

称 $\boldsymbol{A}^k$ 为 $\boldsymbol{A}$ 的 k 次幂.

不难验证方阵的幂有下列性质：若 $\boldsymbol{A}$ 为 n 阶方阵，k,l 为正整数，则

$$\boldsymbol{A}^k\boldsymbol{A}^l=\boldsymbol{A}^{k+l},$$

$$(\boldsymbol{A}^k)^l=\boldsymbol{A}^{kl}.$$

例 6 证明 $\begin{pmatrix}\cos\varphi & -\sin\varphi\\ \sin\varphi & \cos\varphi\end{pmatrix}^n=\begin{pmatrix}\cos n\varphi & -\sin n\varphi\\ \sin n\varphi & \cos n\varphi\end{pmatrix}$.

证 用数学归纳法.当 $n=1$ 时，等式显然成立.设 $n=k$ 时等式成立，即

$$\begin{pmatrix}\cos\varphi & -\sin\varphi\\ \sin\varphi & \cos\varphi\end{pmatrix}^k=\begin{pmatrix}\cos k\varphi & -\sin k\varphi\\ \sin k\varphi & \cos k\varphi\end{pmatrix},$$

要证 $n=k+1$ 时成立.此时有

$$\begin{aligned}&\begin{pmatrix}\cos\varphi & -\sin\varphi\\ \sin\varphi & \cos\varphi\end{pmatrix}^{k+1}\\
=&\begin{pmatrix}\cos\varphi & -\sin\varphi\\ \sin\varphi & \cos\varphi\end{pmatrix}^k\begin{pmatrix}\cos\varphi & -\sin\varphi\\ \sin\varphi & \cos\varphi\end{pmatrix}\\
=&\begin{pmatrix}\cos k\varphi & -\sin k\varphi\\ \sin k\varphi & \cos k\varphi\end{pmatrix}\begin{pmatrix}\cos\varphi & -\sin\varphi\\ \sin\varphi & \cos\varphi\end{pmatrix}\\
=&\begin{pmatrix}\cos k\varphi\cos\varphi-\sin k\varphi\sin\varphi & -\cos k\varphi\sin\varphi-\sin k\varphi\cos\varphi\\ \sin k\varphi\cos\varphi+\cos k\varphi\sin\varphi & -\sin k\varphi\sin\varphi+\cos k\varphi\cos\varphi\end{pmatrix}\\
=&\begin{pmatrix}\cos(k+1)\varphi & -\sin(k+1)\varphi\\ \sin(k+1)\varphi & \cos(k+1)\varphi\end{pmatrix},\end{aligned}$$

于是等式成立.

方阵多项式 设 $\boldsymbol{A}$ 为 n 阶方阵，$f(x)=a_0x^m+a_1x^{m-1}+\cdots+a_{m-1}x+a_m$ 为 x 的 m 次多项式，称 n 阶方阵

$$f(\boldsymbol{A})=a_0\boldsymbol{A}^m+a_1\boldsymbol{A}^{m-1}+\cdots+a_{m-1}\boldsymbol{A}+a_m\boldsymbol{E}$$

为 $\boldsymbol{A}$ 的方阵多项式.

显然,如果 $\boldsymbol{A}$,$f(x)$给定,则容易求出 $f(\boldsymbol{A})$.

例 7 设 $f(x)=x^2-5x+3$,$\boldsymbol{A}=\begin{pmatrix}2&-1\\-3&3\end{pmatrix}$,求 $f(\boldsymbol{A})$.

解 由题设,得

$$\begin{aligned}f(\boldsymbol{A})&=\boldsymbol{A}^2-5\boldsymbol{A}+3\boldsymbol{E}\\&=\begin{pmatrix}2&-1\\-3&3\end{pmatrix}^2-5\begin{pmatrix}2&-1\\-3&3\end{pmatrix}+\begin{pmatrix}3&0\\0&3\end{pmatrix}\\&=\begin{pmatrix}0&0\\0&0\end{pmatrix}.\end{aligned}$$

例 8 设 $\boldsymbol{A}$ 为 n 阶数量矩阵,$\boldsymbol{B}$ 为任意 n 阶矩阵.证明 $\boldsymbol{A}$ 与 $\boldsymbol{B}$ 可交换,即

$$\boldsymbol{AB}=\boldsymbol{BA}.$$

证 设 $\boldsymbol{A}=\begin{pmatrix}a&&&\\&a&&\\&&\ddots&\\&&&a\end{pmatrix}$,显然 $\boldsymbol{A}=a\boldsymbol{E}$,于是

$$\begin{aligned}\boldsymbol{AB}&=(a\boldsymbol{E})\boldsymbol{B}=a(\boldsymbol{EB})\\&=a(\boldsymbol{BE})=\boldsymbol{B}(a\boldsymbol{E})\\&=\boldsymbol{BA}.\end{aligned}$$

注 由此例知:数量矩阵与同阶矩阵的乘法可交换.

例 9 试证两个 n 阶上(下)三角形矩阵的乘积仍是上(下)三角形矩阵.

证 假设 $\boldsymbol{A}$,$\boldsymbol{B}$ 都是 n 阶上三角形矩阵.令

$$\boldsymbol{A}=\begin{pmatrix}a_{11}&a_{12}&\cdots&a_{1n}\\0&a_{22}&\cdots&a_{2n}\\\vdots&\vdots&&\vdots\\0&0&\cdots&a_{nn}\end{pmatrix},\quad \boldsymbol{B}=\begin{pmatrix}b_{11}&b_{12}&\cdots&b_{1n}\\0&b_{22}&\cdots&b_{2n}\\\vdots&\vdots&&\vdots\\0&0&\cdots&b_{nn}\end{pmatrix},$$

$$\boldsymbol{AB}=\boldsymbol{C}=\begin{pmatrix}c_{11}&c_{12}&\cdots&c_{1n}\\c_{21}&c_{22}&\cdots&c_{2n}\\\vdots&\vdots&&\vdots\\c_{n1}&c_{n2}&\cdots&c_{nn}\end{pmatrix}.$$

由矩阵乘法知

$$c_{ij}=a_{i1}b_{1j}+a_{i2}b_{2j}+\cdots+a_{in}b_{nj}=\sum_{k=1}^{n}a_{ik}b_{kj}\quad(i,j=1,2,\cdots,n).$$

由假设,当 $i>j$ 时,$a_{ij}=b_{ij}=0$,故 c_{ij} 中各项都含因子 0,所以 $c_{ij}=0\ (i>j)$.于是矩阵 $\boldsymbol{C}$ 为上三角形矩阵.

用同样方法可证明 $\boldsymbol{A}$,$\boldsymbol{B}$ 都是下三角形矩阵的情形.

线性方程组的矩阵形式 设线性方程组

$$\begin{cases}a_{11}x_1+a_{12}x_2+\cdots+a_{1n}x_n=b_1,\\ a_{21}x_1+a_{22}x_2+\cdots+a_{2n}x_n=b_2,\\ \cdots\cdots\cdots\cdots\\ a_{m1}x_1+a_{m2}x_2+\cdots+a_{mn}x_n=b_m,\end{cases}$$

令

$$\boldsymbol{A}=\begin{pmatrix}a_{11}&a_{12}&\cdots&a_{1n}\\ a_{21}&a_{22}&\cdots&a_{2n}\\ \vdots&\vdots&&\vdots\\ a_{m1}&a_{m2}&\cdots&a_{mn}\end{pmatrix},\quad \boldsymbol{x}=\begin{pmatrix}x_1\\ x_2\\ \vdots\\ x_n\end{pmatrix},\quad \boldsymbol{b}=\begin{pmatrix}b_1\\ b_2\\ \vdots\\ b_m\end{pmatrix},$$

而且称 $\boldsymbol{A}$ 为上述线性方程组的系数矩阵，依据矩阵乘积的定义，上述线性方程组的矩阵形式为

$$\boldsymbol{A}\boldsymbol{x}=\boldsymbol{b}.$$

三、矩阵的转置

定义 2.5 设 $m\times n$ 矩阵 $\boldsymbol{A}=(a_{ij})$，称 $n\times m$ 矩阵

$$\boldsymbol{A}^{\mathrm{T}}=\begin{pmatrix}a_{11}&a_{21}&\cdots&a_{m1}\\ a_{12}&a_{22}&\cdots&a_{m2}\\ \vdots&\vdots&&\vdots\\ a_{1n}&a_{2n}&\cdots&a_{mn}\end{pmatrix}$$

为 $\boldsymbol{A}$ 的**转置矩阵**，转置矩阵 $\boldsymbol{A}^{\mathrm{T}}$ 也可写为 $\boldsymbol{A}'$.

由上述定义可见，将 $\boldsymbol{A}$ 的行与列互换即得到转置矩阵 $\boldsymbol{A}^{\mathrm{T}}$.

例 10 设

$$\boldsymbol{A}=\begin{pmatrix}a&b\\ c&d\end{pmatrix},\quad \boldsymbol{B}=\begin{pmatrix}-5&2\\ 1&-3\\ 0&4\end{pmatrix},\quad \boldsymbol{C}=\begin{pmatrix}1&1&1&1\\ -3&5&-2&7\end{pmatrix},$$

则

$$\boldsymbol{A}^{\mathrm{T}}=\begin{pmatrix}a&c\\ b&d\end{pmatrix},\quad \boldsymbol{B}^{\mathrm{T}}=\begin{pmatrix}-5&1&0\\ 2&-3&4\end{pmatrix},\quad \boldsymbol{C}^{\mathrm{T}}=\begin{pmatrix}1&-3\\ 1&5\\ 1&-2\\ 1&7\end{pmatrix}.$$

矩阵的转置运算具有下列性质：

(1) $(\boldsymbol{A}^{\mathrm{T}})^{\mathrm{T}}=\boldsymbol{A}$；

(2) $(\boldsymbol{A}+\boldsymbol{B})^{\mathrm{T}}=\boldsymbol{A}^{\mathrm{T}}+\boldsymbol{B}^{\mathrm{T}}$；

(3) $(\lambda\boldsymbol{A})^{\mathrm{T}}=\lambda\boldsymbol{A}^{\mathrm{T}}$，$\lambda$ 为任意数；

(4) $(\boldsymbol{A}\boldsymbol{B})^{\mathrm{T}}=\boldsymbol{B}^{\mathrm{T}}\boldsymbol{A}^{\mathrm{T}}$.

依据矩阵转置的定义，读者很容易证明(1)—(3)，以下证明(4).

证 (4)设 $\boldsymbol{A}=(a_{ij})_{m\times n}$，$\boldsymbol{B}=(b_{ij})_{n\times s}$，故 $\boldsymbol{AB}$ 为 $m\times s$ 矩阵，于是 $(\boldsymbol{AB})^{\mathrm{T}}$ 为 $s\times m$ 矩阵. 另外，$\boldsymbol{A}^{\mathrm{T}}$ 为 $n\times m$ 矩阵，$\boldsymbol{B}^{\mathrm{T}}$ 为 $s\times n$ 矩阵，故 $\boldsymbol{B}^{\mathrm{T}}\boldsymbol{A}^{\mathrm{T}}$ 为 $s\times m$ 矩阵，所以 $(\boldsymbol{AB})^{\mathrm{T}}$ 和 $\boldsymbol{B}^{\mathrm{T}}\boldsymbol{A}^{\mathrm{T}}$ 是同型矩阵.

再证 $(\boldsymbol{AB})^{\mathrm{T}}$ 与 $\boldsymbol{B}^{\mathrm{T}}\boldsymbol{A}^{\mathrm{T}}$ 的对应元素相等.设 $(\boldsymbol{AB})^{\mathrm{T}}$ 的 (i,j) 元素为 c_{ij}，$\boldsymbol{B}^{\mathrm{T}}\boldsymbol{A}^{\mathrm{T}}$ 的 (i,j) 元素为 d_{ij}，则 c_{ij} 为矩阵 $\boldsymbol{AB}$ 的第 j 行第 i 列元素，也就是矩阵 $\boldsymbol{A}$ 的第 j 行 $(a_{j1},a_{j2},\cdots,a_{jn})$ 与 $\boldsymbol{B}$ 的第 i 列 $\begin{pmatrix} b_{1i} \\ b_{2i} \\ \vdots \\ b_{ni} \end{pmatrix}$ 的对应元素乘积之和：

$$c_{ij}=a_{j1}b_{1i}+a_{j2}b_{2i}+\cdots+a_{jn}b_{ni}=\sum_{k=1}^{n} a_{jk}b_{ki}；$$

d_{ij} 为矩阵 $\boldsymbol{B}^{\mathrm{T}}$ 的第 i 行（即 $\boldsymbol{B}$ 的第 i 列）$(b_{1i},b_{2i},\cdots,b_{ni})$ 与 $\boldsymbol{A}^{\mathrm{T}}$ 的第 j 列（即 $\boldsymbol{A}$ 的第 j 行）$\begin{pmatrix} a_{j1} \\ a_{j2} \\ \vdots \\ a_{jn} \end{pmatrix}$ 的对应元素乘积之和，即

$$\begin{aligned} d_{ij} &= b_{1i}a_{j1}+b_{2i}a_{j2}+\cdots+b_{ni}a_{jn} \\ &= a_{j1}b_{1i}+a_{j2}b_{2i}+\cdots+a_{jn}b_{ni} \\ &= \sum_{k=1}^{n} a_{jk}b_{ki}=c_{ij}, \end{aligned}$$

故 $(\boldsymbol{AB})^{\mathrm{T}}=\boldsymbol{B}^{\mathrm{T}}\boldsymbol{A}^{\mathrm{T}}$.

注 性质(4)可以推广为多个矩阵乘积转置的情形，有

$$(\boldsymbol{A}_1\boldsymbol{A}_2\cdots\boldsymbol{A}_l)^{\mathrm{T}}=\boldsymbol{A}_l^{\mathrm{T}}\cdots\boldsymbol{A}_2^{\mathrm{T}}\boldsymbol{A}_1^{\mathrm{T}}.$$

定义 2.6 设 $\boldsymbol{A}$ 是 n 阶方阵，若 $\boldsymbol{A}^{\mathrm{T}}=\boldsymbol{A}$，则称 $\boldsymbol{A}$ 为 n 阶**对称矩阵**；若 $\boldsymbol{A}^{\mathrm{T}}=-\boldsymbol{A}$，则称 $\boldsymbol{A}$ 为 n 阶**反对称矩阵**.

由定义不难证明下面的定理.

定理 2.2 (1) 对称矩阵的和、数乘、方幂仍为对称矩阵；

(2) 反对称矩阵的和、数乘仍为反对称矩阵；

(3) 设 $\boldsymbol{A}$ 为反对称矩阵，则当 k 为奇数时，$\boldsymbol{A}^k$ 为反对称矩阵；当 k 为偶数时，$\boldsymbol{A}^k$ 为对称矩阵；

(4) 设 $\boldsymbol{A}=(a_{ij})$ 为 n 阶方阵，则

$\boldsymbol{A}$ 为对称矩阵 $\Leftrightarrow a_{ij}=a_{ji}\ (i,j=1,2,\cdots,n)$；

$\boldsymbol{A}$ 为反对称矩阵 $\Leftrightarrow a_{ij}=-a_{ji}\ (i,j=1,2,\cdots,n)$.

证明留给读者作为练习.

例 11 设 $\boldsymbol{A}$ 为 $m\times n$ 矩阵，试证 $\boldsymbol{AA}^{\mathrm{T}}$，$\boldsymbol{A}^{\mathrm{T}}\boldsymbol{A}$ 都是对称矩阵.

证 显然 $\boldsymbol{AA}^{\mathrm{T}}$ 为 m 阶方阵，$\boldsymbol{A}^{\mathrm{T}}\boldsymbol{A}$ 为 n 阶方阵.而且

$$(\boldsymbol{AA}^{\mathrm{T}})^{\mathrm{T}}=(\boldsymbol{A}^{\mathrm{T}})^{\mathrm{T}}\boldsymbol{A}^{\mathrm{T}}=\boldsymbol{AA}^{\mathrm{T}},\quad (\boldsymbol{A}^{\mathrm{T}}\boldsymbol{A})^{\mathrm{T}}=\boldsymbol{A}^{\mathrm{T}}(\boldsymbol{A}^{\mathrm{T}})^{\mathrm{T}}=\boldsymbol{A}^{\mathrm{T}}\boldsymbol{A}.$$

可见，$\boldsymbol{AA}^{\mathrm{T}}$，$\boldsymbol{A}^{\mathrm{T}}\boldsymbol{A}$ 均为对称矩阵.

例 12 设 $\boldsymbol{A},\boldsymbol{B}$ 是 n 阶对称矩阵，证明 $\boldsymbol{AB}$ 为对称矩阵的充要条件是 $\boldsymbol{AB}=\boldsymbol{BA}$.

证 必要性.由题设 $\boldsymbol{A},\boldsymbol{B},\boldsymbol{AB}$ 皆为对称矩阵，于是 $\boldsymbol{A}^{\mathrm{T}}=\boldsymbol{A},\boldsymbol{B}^{\mathrm{T}}=\boldsymbol{B},(\boldsymbol{AB})^{\mathrm{T}}=\boldsymbol{AB}$.因为 $(\boldsymbol{AB})^{\mathrm{T}}=\boldsymbol{B}^{\mathrm{T}}\boldsymbol{A}^{\mathrm{T}}=\boldsymbol{BA}$，所以 $\boldsymbol{AB}=\boldsymbol{BA}$，必要性得证.

充分性.由题设 $\boldsymbol{A},\boldsymbol{B}$ 为对称矩阵，故 $\boldsymbol{A}^{\mathrm{T}}=\boldsymbol{A},\boldsymbol{B}^{\mathrm{T}}=\boldsymbol{B}$，又因为 $\boldsymbol{AB}=\boldsymbol{BA}$，所以

$$(\boldsymbol{AB})^{\mathrm{T}}=\boldsymbol{B}^{\mathrm{T}}\boldsymbol{A}^{\mathrm{T}}=\boldsymbol{BA}=\boldsymbol{AB},$$

即 $\boldsymbol{AB}$ 为对称矩阵.充分性得证.

例 13 试证任一 n 阶方阵都可表示为一个对称矩阵与一个反对称矩阵之和.

证 假设 n 阶方阵 $\boldsymbol{A}=\boldsymbol{B}+\boldsymbol{C}$，其中 $\boldsymbol{B}$ 为对称矩阵，$\boldsymbol{C}$ 为反对称矩阵.由 $\boldsymbol{A}=\boldsymbol{B}+\boldsymbol{C}$，得 $\boldsymbol{A}^{\mathrm{T}}=(\boldsymbol{B}+\boldsymbol{C})^{\mathrm{T}}=\boldsymbol{B}^{\mathrm{T}}+\boldsymbol{C}^{\mathrm{T}}=\boldsymbol{B}-\boldsymbol{C}$.由线性方程组

$$\begin{cases}\boldsymbol{A}=\boldsymbol{B}+\boldsymbol{C},\\ \boldsymbol{A}^{\mathrm{T}}=\boldsymbol{B}-\boldsymbol{C},\end{cases}$$

解得

$$\boldsymbol{B}=\frac{\boldsymbol{A}+\boldsymbol{A}^{\mathrm{T}}}{2},\quad \boldsymbol{C}=\frac{\boldsymbol{A}-\boldsymbol{A}^{\mathrm{T}}}{2}.$$

而

$$\boldsymbol{B}^{\mathrm{T}}=\left(\frac{\boldsymbol{A}+\boldsymbol{A}^{\mathrm{T}}}{2}\right)^{\mathrm{T}}=\frac{\boldsymbol{A}^{\mathrm{T}}+\boldsymbol{A}}{2}=\boldsymbol{B},$$

可见 $\boldsymbol{B}$ 确实为对称矩阵.而

$$\boldsymbol{C}^{\mathrm{T}}=\left(\frac{\boldsymbol{A}-\boldsymbol{A}^{\mathrm{T}}}{2}\right)^{\mathrm{T}}=\frac{\boldsymbol{A}^{\mathrm{T}}-\boldsymbol{A}}{2}=-\boldsymbol{C},$$

故 $\boldsymbol{C}$ 确实为反对称矩阵.而 $\boldsymbol{A}=\boldsymbol{B}+\boldsymbol{C}$，即

$$\boldsymbol{A}=\left(\frac{\boldsymbol{A}+\boldsymbol{A}^{\mathrm{T}}}{2}\right)+\left(\frac{\boldsymbol{A}-\boldsymbol{A}^{\mathrm{T}}}{2}\right),$$

其中$\dfrac{\boldsymbol{A}+\boldsymbol{A}^{\mathrm{T}}}{2}$为对称矩阵，$\dfrac{\boldsymbol{A}-\boldsymbol{A}^{\mathrm{T}}}{2}$为反对称矩阵.

四、方阵的行列式

定义 2.7 由 n 阶方阵 $\boldsymbol{A}$ 的元素所构成的行列式(各元素的位置不变)，称为**方阵 $\boldsymbol{A}$ 的行列式**，记作 $|\boldsymbol{A}|$ 或 $\det\boldsymbol{A}$.

例如，n 阶单位矩阵 $\boldsymbol{E}_n$ 的行列式

$$|\boldsymbol{E}_n|=\begin{vmatrix}1&0&\cdots&0\\0&1&\cdots&0\\\vdots&\vdots&&\vdots\\0&0&\cdots&1\end{vmatrix}=1.$$

定理 2.3 设 $\boldsymbol{A},\boldsymbol{B}$ 为 n 阶方阵，λ 为数，则

(1) $|\boldsymbol{A}^{\mathrm{T}}|=|\boldsymbol{A}|$；

(2) $|\lambda\boldsymbol{A}|=\lambda^n|\boldsymbol{A}|$；

(3) $|\boldsymbol{AB}|=|\boldsymbol{A}||\boldsymbol{B}|$.

上述定理中(1)(2)由转置矩阵、数乘的定义及行列式性质不难证明.(3)的证明要用到行列式的拉普拉斯展开定理,超出教学基本要求,有兴趣的读者可参考一般的线性代数教材.

注　由上述定理中(3)可知,对于 n 阶方阵 $\boldsymbol{A},\boldsymbol{B}$,我们有

$$|\boldsymbol{AB}|=|\boldsymbol{A}|\,|\boldsymbol{B}|=|\boldsymbol{B}|\,|\boldsymbol{A}|=|\boldsymbol{BA}|,$$

也就是说,虽然一般说来,对 n 阶矩阵 $\boldsymbol{A}$ 和 $\boldsymbol{B}$,未必有 $\boldsymbol{AB}=\boldsymbol{BA}$,但总有 $|\boldsymbol{AB}|=|\boldsymbol{BA}|$.

定义 2.8　由行列式 $|\boldsymbol{A}|$ 的每个元素 $a_{ij}\ (i,j=1,2,\cdots,n)$ 的代数余子式 A_{ij} 按下列方式排成的矩阵

$$\boldsymbol{A}^*=\begin{pmatrix} A_{11} & A_{21} & \cdots & A_{n1} \\ A_{12} & A_{22} & \cdots & A_{n2} \\ \vdots & \vdots & & \vdots \\ A_{1n} & A_{2n} & \cdots & A_{nn} \end{pmatrix},$$

称为矩阵 $\boldsymbol{A}$ 的**伴随矩阵**.

例 14　设 $\boldsymbol{A}=\begin{pmatrix} 1 & -1 & -1 \\ 2 & -1 & -3 \\ 3 & 2 & -5 \end{pmatrix}$,求 $\boldsymbol{A}$ 的伴随矩阵 $\boldsymbol{A}^*$ 及 $\boldsymbol{AA}^*$,并计算 $\boldsymbol{A}$ 所确定的行列式 $|\boldsymbol{A}|$.

解　根据代数余子式定义

$$A_{11}=M_{11}=\begin{vmatrix} -1 & -3 \\ 2 & -5 \end{vmatrix}=11,\quad A_{21}=-M_{21}=-\begin{vmatrix} -1 & -1 \\ 2 & -5 \end{vmatrix}=-7,$$

$$A_{31}=M_{31}=\begin{vmatrix} -1 & -1 \\ -1 & -3 \end{vmatrix}=2,\quad A_{12}=-M_{12}=-\begin{vmatrix} 2 & -3 \\ 3 & -5 \end{vmatrix}=1,$$

$$A_{22}=M_{22}=\begin{vmatrix} 1 & -1 \\ 3 & -5 \end{vmatrix}=-2,\quad A_{32}=-M_{32}=-\begin{vmatrix} 1 & -1 \\ 2 & -3 \end{vmatrix}=1,$$

$$A_{13}=M_{13}=\begin{vmatrix} 2 & -1 \\ 3 & 2 \end{vmatrix}=7,\quad A_{23}=-M_{23}=-\begin{vmatrix} 1 & -1 \\ 3 & 2 \end{vmatrix}=-5,$$

$$A_{33}=M_{33}=\begin{vmatrix} 1 & -1 \\ 2 & -1 \end{vmatrix}=1,$$

由伴随矩阵的定义可知

$$\boldsymbol{A}^*=\begin{pmatrix} A_{11} & A_{21} & A_{31} \\ A_{12} & A_{22} & A_{32} \\ A_{13} & A_{23} & A_{33} \end{pmatrix}=\begin{pmatrix} 11 & -7 & 2 \\ 1 & -2 & 1 \\ 7 & -5 & 1 \end{pmatrix}.$$

并且

$$\boldsymbol{AA}^*=\begin{pmatrix} 1 & -1 & -1 \\ 2 & -1 & -3 \\ 3 & 2 & -5 \end{pmatrix}\begin{pmatrix} 11 & -7 & 2 \\ 1 & -2 & 1 \\ 7 & -5 & 1 \end{pmatrix}=\begin{pmatrix} 3 & 0 & 0 \\ 0 & 3 & 0 \\ 0 & 0 & 3 \end{pmatrix}.$$

由方阵的行列式的定义知

$$|\boldsymbol{A}|=\begin{vmatrix} 1 & -1 & -1 \\ 2 & -1 & -3 \\ 3 & 2 & -5 \end{vmatrix}=3.$$

在上例中,我们经过计算可以得到 $\boldsymbol{AA}^*=|\boldsymbol{A}|\boldsymbol{E}$.一般地,有如下定理:

定理 2.4 若 $\boldsymbol{A}$ 为 n 阶方阵,$\boldsymbol{A}^*$ 为 $\boldsymbol{A}$ 的伴随矩阵,则有

$$\boldsymbol{AA}^*=\boldsymbol{A}^*\boldsymbol{A}=|\boldsymbol{A}|\boldsymbol{E}_n.$$

证 设 $\boldsymbol{A}=(a_{ij})$,记 $\boldsymbol{AA}^*=(b_{ij})$,则

$$b_{ij}=a_{i1}A_{j1}+a_{i2}A_{j2}+\cdots+a_{in}A_{jn}=|\boldsymbol{A}|\delta_{ij},$$

故

$$\boldsymbol{AA}^*=(|\boldsymbol{A}|\delta_{ij})=|\boldsymbol{A}|\delta_{ij}=|\boldsymbol{A}|\boldsymbol{E}_n.$$

类似可证 $\boldsymbol{A}^*\boldsymbol{A}=|\boldsymbol{A}|\boldsymbol{E}_n$,于是定理得证.

注 符号 $\delta_{ij}=\begin{cases}1, & i=j,\\ 0, & i\neq j\end{cases}$ $(i,j=1,2,\cdots,n)$.

§2.3 逆矩阵

矩阵代数提供了对矩阵方程进行运算的工具以及许多与普通的实数代数相似的重要公式.本节将研究矩阵中与非零实数倒数(即乘法逆)类似的问题.

我们知道实数 5 的倒数是$\dfrac{1}{5}$或 5^{-1},它满足

$$5^{-1}\cdot 5=5\cdot 5^{-1}=1.$$

在上节的学习中我们已经了解单位矩阵 $\boldsymbol{E}$ 在矩阵乘法中"扮演"着类似于实数乘法中 1 的角色,那么矩阵乘法中的逆矩阵应该满足什么条件呢?

例 1 若 $\boldsymbol{A}=\begin{pmatrix}2 & 5\\ -3 & -7\end{pmatrix}$,$\boldsymbol{C}=\begin{pmatrix}-7 & -5\\ 3 & 2\end{pmatrix}$,则

$$\boldsymbol{AC}=\begin{pmatrix}2 & 5\\ -3 & -7\end{pmatrix}\begin{pmatrix}-7 & -5\\ 3 & 2\end{pmatrix}=\begin{pmatrix}1 & 0\\ 0 & 1\end{pmatrix},$$

$$\boldsymbol{CA}=\begin{pmatrix}-7 & -5\\ 3 & 2\end{pmatrix}\begin{pmatrix}2 & 5\\ -3 & -7\end{pmatrix}=\begin{pmatrix}1 & 0\\ 0 & 1\end{pmatrix},$$

即 $\boldsymbol{AC}=\boldsymbol{CA}=\boldsymbol{E}$.

定义 2.9 对于 n 阶矩阵 $\boldsymbol{A}$,如果存在 n 阶矩阵 $\boldsymbol{B}$,使得

$$\boldsymbol{AB}=\boldsymbol{BA}=\boldsymbol{E},$$

则称矩阵 $\boldsymbol{A}$ 是**可逆矩阵**或称 $\boldsymbol{A}$ 是**可逆的**,称矩阵 $\boldsymbol{B}$ 为 $\boldsymbol{A}$ 的**逆矩阵**.

实际上,矩阵 $\boldsymbol{B}$ 是由 $\boldsymbol{A}$ 唯一确定的,我们有

定理 2.5 设 $\boldsymbol{A}$ 为 n 阶可逆矩阵,则 $\boldsymbol{A}$ 的逆矩阵是唯一的.

证 设 n 阶矩阵 $\boldsymbol{B}$,$\boldsymbol{C}$ 都是 $\boldsymbol{A}$ 的逆矩阵,由定义知

$$\boldsymbol{AB}=\boldsymbol{BA}=\boldsymbol{E},$$

$$\boldsymbol{AC}=\boldsymbol{CA}=\boldsymbol{E}.$$

于是

$$\begin{aligned}\boldsymbol{B}&=\boldsymbol{BE}=\boldsymbol{B}(\boldsymbol{AC})=(\boldsymbol{BA})\boldsymbol{C}\\ &=\boldsymbol{EC}=\boldsymbol{C}.\end{aligned}$$

可见，若 $\boldsymbol{A}$ 可逆，那么 $\boldsymbol{A}$ 的逆矩阵是唯一的.将 $\boldsymbol{A}$ 的逆矩阵记为 $\boldsymbol{A}^{-1}$，于是

$$\boldsymbol{A}\boldsymbol{A}^{-1}=\boldsymbol{A}^{-1}\boldsymbol{A}=\boldsymbol{E}.$$

方阵的逆矩阵满足下述运算规律：

定理 2.6 (1) 若 $\boldsymbol{A}$ 是可逆矩阵，则 $\boldsymbol{A}^{-1}$ 也可逆，并且 $(\boldsymbol{A}^{-1})^{-1}=\boldsymbol{A}$；

(2) 若 $\boldsymbol{A}$ 是可逆矩阵且 $\lambda\neq 0$，则矩阵 $\lambda\boldsymbol{A}$ 也可逆，并且 $(\lambda\boldsymbol{A})^{-1}=\dfrac{1}{\lambda}\boldsymbol{A}^{-1}$.

(3) 若 $\boldsymbol{A}$ 和 $\boldsymbol{B}$ 都是 n 阶可逆矩阵，则 $\boldsymbol{AB}$ 也可逆，并且 $(\boldsymbol{AB})^{-1}=\boldsymbol{B}^{-1}\boldsymbol{A}^{-1}$；

(4) 若 $\boldsymbol{A}$ 是可逆矩阵，则 $\boldsymbol{A}^{\mathrm{T}}$ 也可逆，并且 $(\boldsymbol{A}^{\mathrm{T}})^{-1}=(\boldsymbol{A}^{-1})^{\mathrm{T}}$.

证 (1) 我们需要找到矩阵 $\boldsymbol{B}$ 使得

$$\boldsymbol{A}^{-1}\boldsymbol{B}=\boldsymbol{B}\boldsymbol{A}^{-1}=\boldsymbol{E}.$$

由于 $\boldsymbol{A}^{-1}\boldsymbol{A}=\boldsymbol{A}\boldsymbol{A}^{-1}=\boldsymbol{E}$，故 $\boldsymbol{A}$ 满足上面的方程，因此 $\boldsymbol{A}^{-1}$ 可逆且 $\boldsymbol{A}$ 是它的逆矩阵.

(2) 对矩阵 $\lambda\boldsymbol{A}(\lambda\neq 0)$，有

$$(\lambda\boldsymbol{A})\left(\frac{1}{\lambda}\boldsymbol{A}^{-1}\right)=\boldsymbol{A}\boldsymbol{A}^{-1}=\boldsymbol{E},$$

$$\left(\frac{1}{\lambda}\boldsymbol{A}^{-1}\right)(\lambda\boldsymbol{A})=\boldsymbol{A}^{-1}\boldsymbol{A}=\boldsymbol{E},$$

因此矩阵 $\lambda\boldsymbol{A}$ 可逆，并且 $(\lambda\boldsymbol{A})^{-1}=\dfrac{1}{\lambda}\boldsymbol{A}^{-1}$.

(3) 我们应用乘法结合律：

$$(\boldsymbol{AB})(\boldsymbol{B}^{-1}\boldsymbol{A}^{-1})=\boldsymbol{A}(\boldsymbol{B}\boldsymbol{B}^{-1})\boldsymbol{A}^{-1}=\boldsymbol{A}\boldsymbol{E}\boldsymbol{A}^{-1}=\boldsymbol{A}\boldsymbol{A}^{-1}=\boldsymbol{E}.$$

类似地，可以证明 $(\boldsymbol{B}^{-1}\boldsymbol{A}^{-1})\boldsymbol{AB}=\boldsymbol{E}$.因此 $\boldsymbol{AB}$ 是可逆的，且其逆矩阵为 $\boldsymbol{B}^{-1}\boldsymbol{A}^{-1}$.

(4) 由矩阵转置的运算规律我们有

$$(\boldsymbol{A}^{-1})^{\mathrm{T}}\boldsymbol{A}^{\mathrm{T}}=(\boldsymbol{A}\boldsymbol{A}^{-1})^{\mathrm{T}}=\boldsymbol{E}^{\mathrm{T}}=\boldsymbol{E}.$$

类似地，可以证明 $\boldsymbol{A}^{\mathrm{T}}(\boldsymbol{A}^{-1})^{\mathrm{T}}=\boldsymbol{E}$.因此 $\boldsymbol{A}^{\mathrm{T}}$ 是可逆的，且其逆矩阵为 $(\boldsymbol{A}^{-1})^{\mathrm{T}}$.

例 2 假设 $\boldsymbol{A},\boldsymbol{B}$ 为可逆矩阵，试证：$(\boldsymbol{AB})^{-1}=\boldsymbol{A}^{-1}\boldsymbol{B}^{-1}$ 的充要条件是 $\boldsymbol{AB}=\boldsymbol{BA}$.

证 必要性.假设 $\boldsymbol{A},\boldsymbol{B}$ 都可逆，且 $(\boldsymbol{AB})^{-1}=\boldsymbol{A}^{-1}\boldsymbol{B}^{-1}$，证明 $\boldsymbol{AB}=\boldsymbol{BA}$.事实上，由 $(\boldsymbol{AB})^{-1}=\boldsymbol{A}^{-1}\boldsymbol{B}^{-1}$，得

$$[(\boldsymbol{AB})^{-1}]^{-1}=(\boldsymbol{A}^{-1}\boldsymbol{B}^{-1})^{-1},$$

而

$$\text{左边}=[(\boldsymbol{AB})^{-1}]^{-1}=\boldsymbol{AB},$$
$$\text{右边}=(\boldsymbol{A}^{-1}\boldsymbol{B}^{-1})^{-1}=(\boldsymbol{B}^{-1})^{-1}(\boldsymbol{A}^{-1})^{-1}=\boldsymbol{BA},$$

所以 $\boldsymbol{AB}=\boldsymbol{BA}$.

充分性.假设 $\boldsymbol{A},\boldsymbol{B}$ 都可逆，且 $\boldsymbol{AB}=\boldsymbol{BA}$，证明 $(\boldsymbol{AB})^{-1}=\boldsymbol{A}^{-1}\boldsymbol{B}^{-1}$.事实上，

$$(\boldsymbol{AB})^{-1}=(\boldsymbol{BA})^{-1}=\boldsymbol{A}^{-1}\boldsymbol{B}^{-1}.$$

以下讨论如何利用逆矩阵解线性方程组.

定理 2.7 若 $\boldsymbol{A}$ 是 n 阶可逆矩阵，则对每一个 n 维列向量 $\boldsymbol{b}$，方程组 $\boldsymbol{Ax}=\boldsymbol{b}$ 有唯一的解 $\boldsymbol{x}=\boldsymbol{A}^{-1}\boldsymbol{b}$.

证 取任意一个 n 维列向量 $\boldsymbol{b}$，若以 $\boldsymbol{A}^{-1}\boldsymbol{b}$ 替代 $\boldsymbol{x}$，则有

$$\boldsymbol{A}\boldsymbol{x}=\boldsymbol{A}(\boldsymbol{A}^{-1}\boldsymbol{b})=(\boldsymbol{A}\boldsymbol{A}^{-1})\boldsymbol{b}=\boldsymbol{E}\boldsymbol{b}=\boldsymbol{b},$$

所以 $\boldsymbol{A}^{-1}\boldsymbol{b}$ 是方程组 $\boldsymbol{A}\boldsymbol{x}=\boldsymbol{b}$ 的解.下面证唯一性,若 $\boldsymbol{u}$ 也是方程组 $\boldsymbol{A}\boldsymbol{x}=\boldsymbol{b}$ 的解,则有 $\boldsymbol{A}\boldsymbol{u}=\boldsymbol{b}$,两边同时左乘 $\boldsymbol{A}^{-1}$ 得

$$\boldsymbol{A}^{-1}\boldsymbol{A}\boldsymbol{u}=\boldsymbol{A}^{-1}\boldsymbol{b},\quad \boldsymbol{E}\boldsymbol{u}=\boldsymbol{A}^{-1}\boldsymbol{b},\quad \boldsymbol{u}=\boldsymbol{A}^{-1}\boldsymbol{b}.$$

对于可逆矩阵 $\boldsymbol{A}$ 我们如何求它的逆矩阵 $\boldsymbol{A}^{-1}$ 呢? 下面我们将介绍两种求可逆矩阵的逆矩阵的方法.

一、求逆矩阵方法 1:伴随矩阵法

定理 2.8 n 阶矩阵 $\boldsymbol{A}$ 可逆的充要条件是 $|\boldsymbol{A}|\neq 0$;而且若矩阵 $\boldsymbol{A}$ 可逆,则

$$\boldsymbol{A}^{-1}=\frac{1}{|\boldsymbol{A}|}\boldsymbol{A}^{*},$$

其中 $\boldsymbol{A}^{*}$ 为矩阵 $\boldsymbol{A}$ 的伴随矩阵.

证 必要性.若矩阵 $\boldsymbol{A}$ 可逆,则 $\boldsymbol{A}\boldsymbol{A}^{-1}=\boldsymbol{E}$,两边取行列式,得 $|\boldsymbol{A}|\,|\boldsymbol{A}^{-1}|=1$,因而 $|\boldsymbol{A}|\neq 0$.

充分性.由定理 2.4 有

$$\boldsymbol{A}\boldsymbol{A}^{*}=\boldsymbol{A}^{*}\boldsymbol{A}=|\boldsymbol{A}|\boldsymbol{E}.$$

若 $|\boldsymbol{A}|\neq 0$,则

$$\boldsymbol{A}\left(\frac{1}{|\boldsymbol{A}|}\boldsymbol{A}^{*}\right)=\left(\frac{1}{|\boldsymbol{A}|}\boldsymbol{A}^{*}\right)\boldsymbol{A}=\boldsymbol{E}.$$

所以,按逆矩阵的定义,知 $\boldsymbol{A}$ 可逆,且有

$$\boldsymbol{A}^{-1}=\frac{1}{|\boldsymbol{A}|}\boldsymbol{A}^{*}.$$

注 可逆矩阵也称为非奇异矩阵,不可逆矩阵也称为奇异矩阵.

例 3 求二阶非奇异矩阵 $\boldsymbol{A}=\begin{pmatrix} a & b \\ c & d \end{pmatrix}$ 的逆矩阵.

解 由题设知 $|\boldsymbol{A}|=ad-bc\neq 0$,按定义有 $\boldsymbol{A}^{*}=\begin{pmatrix} d & -b \\ -c & a \end{pmatrix}$,由定理 2.8 可知,

$$\boldsymbol{A}^{-1}=\frac{1}{|\boldsymbol{A}|}\boldsymbol{A}^{*}=\frac{1}{ad-bc}\begin{pmatrix} d & -b \\ -c & a \end{pmatrix}.$$

注 上述结果在矩阵运算中会经常用到,读者应将其当作公式记住.

例 4 解方程组

$$\begin{cases} 3x_1+4x_2=3, \\ 5x_1+6x_2=7. \end{cases}$$

解 该方程组的矩阵形式就是 $\boldsymbol{A}\boldsymbol{x}=\boldsymbol{b}$,其中 $\boldsymbol{A}=\begin{pmatrix} 3 & 4 \\ 5 & 6 \end{pmatrix}$,$\boldsymbol{x}=\begin{pmatrix} x_1 \\ x_2 \end{pmatrix}$,$\boldsymbol{b}=\begin{pmatrix} 3 \\ 7 \end{pmatrix}$.由于 $|\boldsymbol{A}|=-2\neq 0$,所以 $\boldsymbol{A}$ 可逆,因此有 $\boldsymbol{x}=\boldsymbol{A}^{-1}\boldsymbol{b}$.再由上例可知

$$\boldsymbol{A}^{-1}=\frac{1}{-2}\begin{pmatrix} 6 & -4 \\ -5 & 3 \end{pmatrix}=\begin{bmatrix} -3 & 2 \\ \frac{5}{2} & -\frac{3}{2} \end{bmatrix}.$$

于是

$$x = A^{-1}b = \begin{pmatrix} -3 & 2 \\ \frac{5}{2} & -\frac{3}{2} \end{pmatrix}\begin{pmatrix} 3 \\ 7 \end{pmatrix} = \begin{pmatrix} 5 \\ -3 \end{pmatrix}.$$

例 5 求方阵

$$A = \begin{pmatrix} 1 & 2 & 3 \\ 2 & 2 & 1 \\ 3 & 4 & 3 \end{pmatrix}$$

的逆矩阵.

解 求得 $|A| = 2 \neq 0$，于是矩阵 A 可逆.又

$$A^* = \begin{pmatrix} A_{11} & A_{21} & A_{31} \\ A_{12} & A_{22} & A_{32} \\ A_{13} & A_{23} & A_{33} \end{pmatrix} = \begin{pmatrix} M_{11} & -M_{21} & M_{31} \\ -M_{12} & M_{22} & -M_{32} \\ M_{13} & -M_{23} & M_{33} \end{pmatrix} = \begin{pmatrix} 2 & 6 & -4 \\ -3 & -6 & 5 \\ 2 & 2 & -2 \end{pmatrix},$$

故

$$A^{-1} = \frac{1}{|A|}A^* = \begin{pmatrix} 1 & 3 & -2 \\ -\frac{3}{2} & -3 & \frac{5}{2} \\ 1 & 1 & -1 \end{pmatrix}.$$

从上例的计算中我们不难发现，随着矩阵 A 的阶数的增大，利用伴随矩阵求 A^{-1} 的计算量迅速增加，那么对于高阶矩阵我们是不是有更好的方法来求矩阵的逆矩阵呢？下面介绍的初等变换法就比较适合求高阶矩阵的逆矩阵.

在介绍利用初等变换法求矩阵的逆矩阵之前，为了更好地理解这种算法，我们需要介绍一些新的概念.

定义 2.10 矩阵的以下三种变换称为矩阵的**初等行变换**：

(1) 对调两行(对调 i，j 两行，记作 $r_i \leftrightarrow r_j$)；

(2) 非零数 k 乘某行中的所有元素(第 i 行乘 k，记作 $k \times r_i$ 或 kr_i)；

(3) 把某一行的所有元素的 l 倍加到另一行对应的元素上去(第 j 行的 l 倍加到第 i 行上，记作 $lr_j + r_i$).

把定义中的“行”换成“列”，即得到矩阵**初等列变换**的定义(所有记号是把“r”换成“c”).

矩阵的初等行变换与初等列变换，统称为**初等变换**.

显然，矩阵的三种初等行变换都是可逆的，且其逆变换是同一类型的初等变换：变换 $r_i \leftrightarrow r_j$ 的逆变换就是它本身，变换 $k \times r_i$ 的逆变换为 $\frac{1}{k} \times r_i$，变换 $lr_j + r_i$ 的逆变换为 $-lr_j + r_i$.

如果矩阵 A 经过有限次初等行变换变成矩阵 B，就称矩阵 A 与 B **行等价**；如果矩阵 A 经过有限次初等列变换变成矩阵 B，就称矩阵 A 与 B **列等价**；如果矩阵 A 经过有限次初等变换变成矩阵 B，就称矩阵 A 与 B **等价**.

矩阵之间的等价关系具有下列性质：

(1) 反身性：任意矩阵 A 与其本身等价；

(2) 对称性:若矩阵 $\boldsymbol{A}$ 与 $\boldsymbol{B}$ 等价,则 $\boldsymbol{B}$ 与 $\boldsymbol{A}$ 等价;

(3) 传递性:若矩阵 $\boldsymbol{A}$ 与 $\boldsymbol{B}$ 等价,$\boldsymbol{B}$ 与 $\boldsymbol{C}$ 等价,则 $\boldsymbol{A}$ 与 $\boldsymbol{C}$ 等价.

通过初等变换,我们通常可以把一个矩阵化为与之等价且形式比较简单的矩阵.

定义 2.11 满足下面两个条件的矩阵称为**行阶梯形矩阵**,常简称为**阶梯形矩阵**:

(1) 非零行(元素不全为零的行)的行下标小于零行(元素全为零的行)的行下标;

(2) 设矩阵有 r 个非零行,且第 i 个非零行的第一个非零元素所在的列号为 t_i $(i=1,2,\cdots,r)$,则 $t_1<t_2<\cdots<t_r$.

例如,

$$\begin{pmatrix} 1 & 2 & 4 & 3 \\ 0 & -1 & 5 & 7 \\ 0 & 0 & 3 & 2 \end{pmatrix},\quad \begin{pmatrix} 0 & 2 & 1 & 0 \\ 0 & 0 & -1 & 3 \\ 0 & 0 & 0 & 0 \end{pmatrix},\quad \begin{pmatrix} 3 & 1 & -1 & 2 & 2 & 0 \\ 0 & 2 & 1 & 3 & -2 & 1 \\ 0 & 0 & 0 & 2 & 1 & 2 \\ 0 & 0 & 0 & 0 & 0 & 0 \end{pmatrix}$$

都是阶梯形矩阵.

定理 2.9 任何矩阵都可以经过有限次初等行变换化为阶梯形矩阵.

具体做法如下:设

$$\boldsymbol{A}=(a_{ij})_{m\times n}=\begin{pmatrix} a_{11} & a_{12} & \cdots & a_{1n} \\ a_{21} & a_{22} & \cdots & a_{2n} \\ \vdots & \vdots & & \vdots \\ a_{m1} & a_{m2} & \cdots & a_{mn} \end{pmatrix}.$$

(1) 若 $\boldsymbol{A}$ 中所有元素都为零,即 $\boldsymbol{A}$ 为零矩阵,显然零矩阵为阶梯形矩阵;

(2) 若 $\boldsymbol{A}$ 不是零矩阵.

当 $\boldsymbol{A}$ 中第一列元素 $a_{11},a_{21},\cdots,a_{m1}$ 不全为零时,不妨设 $a_{11}\neq 0$(否则,可调换 $\boldsymbol{A}$ 中行的位置,使之不为零).用 $-\dfrac{a_{i1}}{a_{11}}$ 乘第一行各元素加到第 i 行$(i=2,3,\cdots,m)$的对应元素上,得矩阵 $\boldsymbol{A}_1$.即

$$\boldsymbol{A}\to\boldsymbol{A}_1=\begin{pmatrix} a_{11} & a_{12} & \cdots & a_{1n} \\ 0 & a'_{22} & \cdots & a'_{2n} \\ \vdots & \vdots & & \vdots \\ 0 & a'_{m2} & \cdots & a'_{mn} \end{pmatrix}.$$

若 $\boldsymbol{A}_1$ 中除第一行外,其余各行全为零,$\boldsymbol{A}_1$ 即为阶梯形矩阵.如若不然,不妨设 $a'_{22}\neq 0$,用上述方法得矩阵 $\boldsymbol{A}_2$,即

$$\boldsymbol{A}\to\boldsymbol{A}_1\to\boldsymbol{A}_2=\begin{pmatrix} a_{11} & a_{12} & \cdots & a_{1n} \\ 0 & a'_{22} & \cdots & a'_{2n} \\ \vdots & \vdots & & \vdots \\ 0 & 0 & \cdots & a''_{mn} \end{pmatrix}.$$

按上述方法继续下去,经过有限次初等行变换,矩阵 $\boldsymbol{A}$ 即可化为阶梯形矩阵.

若 $\boldsymbol{A}$ 中的第一列元素全为零,我们考虑第二列;若第二列元素也全为零,考虑第三列,如

此继续下去.

以上对矩阵 $\boldsymbol{A}$ 的化简过程,实际上就是对定理的证明.

对阶梯形矩阵还可以进一步化简.我们对阶梯形矩阵再施行有限次列交换,$\boldsymbol{A}$ 可进一步化为如下形式的矩阵

$$\boldsymbol{C}_r=\begin{pmatrix} c_{11} & c_{12} & \cdots & c_{1r} & c_{1,r+1} & \cdots & c_{1n} \\ 0 & c_{22} & \cdots & c_{2r} & c_{2,r+1} & \cdots & c_{2n} \\ \vdots & \vdots & & \vdots & \vdots & & \vdots \\ 0 & 0 & \cdots & c_{rr} & c_{r,r+1} & \cdots & c_{rn} \\ 0 & 0 & \cdots & 0 & 0 & \cdots & 0 \\ \vdots & \vdots & & \vdots & \vdots & & \vdots \\ 0 & 0 & \cdots & 0 & 0 & \cdots & 0 \end{pmatrix}_{m\times n},$$

其中 $c_{11},c_{22},\cdots,c_{rr}$ 不等于零.将 $\boldsymbol{C}_r$ 的第 r 行首非零元素化为 1,然后将第 r 行各元素分别乘 $-c_{ir}$ $(i=1,2,\cdots,r-1)$ 加到第 i 行对应元素上,使第 r 列除第 r 个元素外的其余各元素都化为零.接下去,按此方法将第 $r-1$ 列除第 $r-1$ 个元素化为 1 外其余元素也都化为零;继续下去,可将矩阵 $\boldsymbol{C}_r$ 化为前 r 列中除行数与列数相同的元素为 1 外,其余元素均为零的矩阵,再经过适当的列变换化为

$$\boldsymbol{F}_r=\begin{pmatrix} 1 & 0 & \cdots & 0 & 0 & \cdots & 0 \\ 0 & 1 & \cdots & 0 & 0 & \cdots & 0 \\ \vdots & \vdots & & \vdots & \vdots & & \vdots \\ 0 & 0 & \cdots & 1 & 0 & \cdots & 0 \\ 0 & 0 & \cdots & 0 & 0 & \cdots & 0 \\ \vdots & \vdots & & \vdots & \vdots & & \vdots \\ 0 & 0 & \cdots & 0 & 0 & \cdots & 0 \end{pmatrix}_{m\times n} \text{第 } r \text{ 行}.$$

于是如下定理成立:

定理 2.10 设 $\boldsymbol{A}$ 是一个 m 行 n 列矩阵:

$$\boldsymbol{A}=\begin{pmatrix} a_{11} & a_{12} & \cdots & a_{1n} \\ a_{21} & a_{22} & \cdots & a_{2n} \\ \vdots & \vdots & & \vdots \\ a_{m1} & a_{m2} & \cdots & a_{mn} \end{pmatrix},$$

我们通过有限次初等变换,可以把 $\boldsymbol{A}$ 化成以下形式

$$\boldsymbol{F}=\begin{pmatrix} 1 & 0 & \cdots & 0 & 0 & \cdots & 0 \\ 0 & 1 & \cdots & 0 & 0 & \cdots & 0 \\ \vdots & \vdots & & \vdots & \vdots & & \vdots \\ 0 & 0 & \cdots & 1 & 0 & \cdots & 0 \\ 0 & 0 & \cdots & 0 & 0 & \cdots & 0 \\ \vdots & \vdots & & \vdots & \vdots & & \vdots \\ 0 & 0 & \cdots & 0 & 0 & \cdots & 0 \end{pmatrix}_{m\times n} \text{第 } r \text{ 行},$$

这里 $r\geqslant 0, r\leqslant m, r\leqslant n$.我们称矩阵 $\boldsymbol{F}$ 为矩阵 $\boldsymbol{A}$ 的**标准形**.

我们通过一个例题来说明定理 2.10.

例 6 设矩阵

$$\boldsymbol{A}=\begin{pmatrix}0&-1&4&1&1\\3&-5&5&-3&2\\1&-2&3&-1&1\\2&-3&2&-2&1\end{pmatrix},$$

用初等变换的方法化矩阵 $\boldsymbol{A}$ 为标准形.

解 (1) 首先对矩阵 $\boldsymbol{A}$ 施以初等行变换,将其化为阶梯形矩阵:

$$\boldsymbol{A}\xrightarrow{r_1\leftrightarrow r_3}\begin{pmatrix}1&-2&3&-1&1\\3&-5&5&-3&2\\0&-1&4&1&1\\2&-3&2&-2&1\end{pmatrix}\xrightarrow[-2r_1+r_4]{-3r_1+r_2}\begin{pmatrix}1&-2&3&-1&1\\0&1&-4&0&-1\\0&-1&4&1&1\\0&1&-4&0&-1\end{pmatrix}$$

$$\xrightarrow[-r_2+r_4]{r_2+r_3}\begin{pmatrix}1&-2&3&-1&1\\0&1&-4&0&-1\\0&0&0&1&0\\0&0&0&0&0\end{pmatrix}.$$

(2) 再将阶梯形矩阵化为标准形:

$$\boldsymbol{A}\to\begin{pmatrix}1&-2&3&-1&1\\0&1&-4&0&-1\\0&0&0&1&0\\0&0&0&0&0\end{pmatrix}\xrightarrow{c_3\leftrightarrow c_4}\begin{pmatrix}1&-2&-1&3&1\\0&1&0&-4&-1\\0&0&1&0&0\\0&0&0&0&0\end{pmatrix}$$

$$\xrightarrow[2r_2+r_1]{r_3+r_1}\begin{pmatrix}1&0&0&-5&-1\\0&1&0&-4&-1\\0&0&1&0&0\\0&0&0&0&0\end{pmatrix}\xrightarrow[5c_1+c_4]{4c_2+c_4}\begin{pmatrix}1&0&0&0&-1\\0&1&0&0&-1\\0&0&1&0&0\\0&0&0&0&0\end{pmatrix}$$

$$\xrightarrow[c_1+c_5]{c_2+c_5}\begin{pmatrix}1&0&0&0&0\\0&1&0&0&0\\0&0&1&0&0\\0&0&0&0&0\end{pmatrix}.$$

从上面的定理及例题中我们可以看出,矩阵的初等变换是一个很有力的工具,但是用来证明命题时却显得不够简洁.下面我们要介绍的初等矩阵将使这一问题得到解决.

例 7 设

$$\boldsymbol{P}_1=\begin{pmatrix}1&0&0\\0&1&0\\2&0&1\end{pmatrix},\quad \boldsymbol{P}_2=\begin{pmatrix}0&0&1\\0&1&0\\1&0&0\end{pmatrix},\quad \boldsymbol{P}_3=\begin{pmatrix}1&0&0\\0&1&0\\0&0&2\end{pmatrix},\quad \boldsymbol{A}=\begin{pmatrix}a&b&c\\d&e&f\\g&h&i\end{pmatrix},$$

计算 $\boldsymbol{P}_1\boldsymbol{A},\boldsymbol{P}_2\boldsymbol{A}$ 与 $\boldsymbol{P}_3\boldsymbol{A}$,说明这些乘积可由 $\boldsymbol{A}$ 进行哪种初等行变换得到.

解 我们有

$$\boldsymbol{P}_1\boldsymbol{A}=\begin{pmatrix} a & b & c \\ d & e & f \\ 2a+g & 2b+h & 2c+i \end{pmatrix},\quad \boldsymbol{P}_2\boldsymbol{A}=\begin{pmatrix} g & h & i \\ d & e & f \\ a & b & c \end{pmatrix},\quad \boldsymbol{P}_3\boldsymbol{A}=\begin{pmatrix} a & b & c \\ d & e & f \\ 2g & 2h & 2i \end{pmatrix}.$$

对 $\boldsymbol{A}$ 作第三种初等行变换 $2r_1+r_3$ 可得到 $\boldsymbol{P}_1\boldsymbol{A}$，记作 $\boldsymbol{A}\xrightarrow{2r_1+r_3}\boldsymbol{P}_1\boldsymbol{A}$；对 $\boldsymbol{A}$ 作第一种初等行变换 $r_1\leftrightarrow r_3$ 可得到 $\boldsymbol{P}_2\boldsymbol{A}$，记作 $\boldsymbol{A}\xrightarrow{r_1\leftrightarrow r_3}\boldsymbol{P}_2\boldsymbol{A}$；对 $\boldsymbol{A}$ 作第二种初等行变换 $2r_3$ 可得到 $\boldsymbol{P}_3\boldsymbol{A}$，记作 $\boldsymbol{A}\xrightarrow{2r_3}\boldsymbol{P}_3\boldsymbol{A}$.

定义 2.12　单位矩阵经过一次初等变换得到的矩阵称为**初等矩阵**.

初等矩阵有下面三种类型：

(1) 交换 n 阶单位矩阵的第 i 行(列)和第 j 行(列)得到的初等矩阵记为

$$\boldsymbol{P}(i,j)=\begin{pmatrix}
1 &&&&&&&&&& \\
& \ddots &&&&&&&&& \\
&& 1 &&&&&&&& \\
&&& 0 && \cdots && 1 &&& \\
&&&& 1 &&&&&& \\
&&& \vdots && \ddots && \vdots &&& \\
&&&&&& 1 &&&& \\
&&& 1 && \cdots && 0 &&& \\
&&&&&&&& 1 && \\
&&&&&&&&& \ddots & \\
&&&&&&&&&& 1
\end{pmatrix}\begin{matrix} \\ \\ \\ \text{第 } i \text{ 行} \\ \\ \\ \\ \text{第 } j \text{ 行} \\ \\ \\ \\ \end{matrix};$$

(2) n 阶单位矩阵第 i 行(列)的元素都乘非零常数 k 得到的初等矩阵记为

$$\boldsymbol{P}(i(k))=\begin{pmatrix}
1 &&&&&& \\
& \ddots &&&&& \\
&& 1 &&&& \\
&&& k &&& \\
&&&& 1 && \\
&&&&& \ddots & \\
&&&&&& 1
\end{pmatrix}\begin{matrix} \\ \\ \\ \text{第 } i \text{ 行} \\ \\ \\ \\ \end{matrix}\quad (k\neq 0);$$

(3) 将 n 阶单位矩阵的第 j 行(第 i 列)乘数 l 再加到第 i 行(第 j 列)的对应元素上得到的初等矩阵记为

$$\boldsymbol{P}(i,j(l))=\begin{pmatrix}
1 &&&&&& \\
& \ddots &&&&& \\
&& 1 & \cdots & l && \\
&&& \ddots & \vdots && \\
&&&& 1 && \\
&&&&& \ddots & \\
&&&&&& 1
\end{pmatrix}\begin{matrix} \\ \\ \text{第 } i \text{ 行} \\ \\ \text{第 } j \text{ 行} \\ \\ \\ \end{matrix}.$$

通过验算容易看出：交换一个 $m\times n$ 矩阵 $\boldsymbol{A}$ 的第 i 行和第 j 行(或第 i 列和第 j 列)，相当于把矩阵 $\boldsymbol{A}$ 左乘 m 阶初等矩阵 $\boldsymbol{P}(i,j)$(或右乘 n 阶初等矩阵 $\boldsymbol{P}(i,j)$)；把 $\boldsymbol{A}$ 的第 i 行(或第 i 列)乘数 k，相当于把矩阵 $\boldsymbol{A}$ 左乘 m 阶初等矩阵 $\boldsymbol{P}(i(k))$(或右乘 n 阶初等矩阵 $\boldsymbol{P}(i(k))$)；把 $\boldsymbol{A}$ 的第 j 行(或第 i 列)乘数 l 后加到第 i 行(或第 j 列)，相当于把矩阵 $\boldsymbol{A}$ 左乘 m 阶初等矩阵 $\boldsymbol{P}(i,j(l))$(或右乘 n 阶初等矩阵 $\boldsymbol{P}(i,j(l))$).

因为 $|\boldsymbol{P}(i,j)|=-1\neq 0$，$|\boldsymbol{P}(i(k))|=k\neq 0$，$|\boldsymbol{P}(i,j(l))|=1\neq 0$，所以初等矩阵是可逆的，而且容易验证初等矩阵的逆矩阵仍是初等矩阵，有

$$\boldsymbol{P}(i,j)^{-1}=\boldsymbol{P}(i,j),\quad \boldsymbol{P}(i(k))^{-1}=\boldsymbol{P}(i(1/k)),\quad \boldsymbol{P}(i,j(l))^{-1}=\boldsymbol{P}(i,j(-l)).$$

下面的定理也不难证明.

定理 2.11 假设对方阵 $\boldsymbol{A}$ 施行一次初等变换后得到矩阵 $\boldsymbol{A}_1$，那么 $\boldsymbol{A}$ 可逆当且仅当 $\boldsymbol{A}_1$ 可逆.

证 设 $\boldsymbol{A}_1$ 是通过对 $\boldsymbol{A}$ 施行一次初等行变换后得到的矩阵，那么存在一个对应的初等矩阵 $\boldsymbol{P}$，使得

$$\boldsymbol{A}_1=\boldsymbol{PA}. \tag{2.6}$$

由于初等矩阵 $\boldsymbol{P}$ 是可逆的，(2.6)式说明当 $\boldsymbol{A}$ 可逆时，$\boldsymbol{A}_1$ 是两个可逆矩阵的乘积，因而 $\boldsymbol{A}_1$ 也可逆．另一方面，在(2.6)式两端同时左乘 $\boldsymbol{P}^{-1}$ 得

$$\boldsymbol{P}^{-1}\boldsymbol{A}_1=\boldsymbol{P}^{-1}\boldsymbol{PA}=\boldsymbol{EA}=\boldsymbol{A}. \tag{2.7}$$

因为 $\boldsymbol{P}^{-1}$ 可逆，由(2.7)式得，当 $\boldsymbol{A}_1$ 可逆时，$\boldsymbol{A}$ 也可逆.

对 $\boldsymbol{A}$ 施行一次初等列变换后得到矩阵 $\boldsymbol{A}_1$ 的情形可类似证明.

上面定理说明，矩阵是否可逆这一性质不因施行初等变换而改变.

定理 2.12 n 阶矩阵 $\boldsymbol{A}$ 可逆的充要条件是存在有限个初等矩阵 $\boldsymbol{P}_1,\boldsymbol{P}_2,\cdots,\boldsymbol{P}_m$，使得 $\boldsymbol{A}=\boldsymbol{P}_1\boldsymbol{P}_2\cdots\boldsymbol{P}_m$.

证 先证充分性.设 $\boldsymbol{A}=\boldsymbol{P}_1\boldsymbol{P}_2\cdots\boldsymbol{P}_m$，由于初等矩阵可逆，故有限个初等矩阵的乘积仍可逆.所以 $\boldsymbol{A}$ 可逆.

再证必要性.设 n 阶矩阵 $\boldsymbol{A}$ 可逆，且 $\boldsymbol{A}$ 的标准形是 $\boldsymbol{F}$，由于 $\boldsymbol{A}$ 与 $\boldsymbol{F}$ 等价，知对 $\boldsymbol{F}$ 施行有限次初等变换可化为 $\boldsymbol{A}$，即有初等矩阵 $\boldsymbol{P}_1,\boldsymbol{P}_2,\cdots,\boldsymbol{P}_m$，使得

$$\boldsymbol{A}=\boldsymbol{P}_1\cdots\boldsymbol{P}_s\boldsymbol{F}\boldsymbol{P}_{s+1}\cdots\boldsymbol{P}_m.$$

因为 $\boldsymbol{A}$ 可逆，则 $|\boldsymbol{A}|\neq 0$，再由初等矩阵的可逆性知 $|\boldsymbol{P}_i|\neq 0\ (i=1,2,\cdots,m)$，故 $|\boldsymbol{F}|\neq 0$，于是 $\boldsymbol{F}=\boldsymbol{E}$，从而有 $\boldsymbol{A}=\boldsymbol{P}_1\boldsymbol{P}_2\cdots\boldsymbol{P}_m$.

推论 方阵 $\boldsymbol{A}$ 可逆的充要条件是 $\boldsymbol{A}$ 行等价于 $\boldsymbol{E}$.

证 先证必要性.由定理 2.12 可知若方阵 $\boldsymbol{A}$ 可逆，则存在有限个初等矩阵 $\boldsymbol{P}_1,\boldsymbol{P}_2,\cdots,\boldsymbol{P}_m$，使得

$$\boldsymbol{A}=\boldsymbol{P}_1\boldsymbol{P}_2\cdots\boldsymbol{P}_m. \tag{2.8}$$

(2.8)式两端同时左乘 $\boldsymbol{P}_m^{-1}\cdots\boldsymbol{P}_2^{-1}\boldsymbol{P}_1^{-1}$ 得

$$\boldsymbol{P}_m^{-1}\cdots\boldsymbol{P}_2^{-1}\boldsymbol{P}_1^{-1}\boldsymbol{A}=\boldsymbol{E}.$$

由于初等矩阵的逆还是初等矩阵，故 $\boldsymbol{A}$ 行等价于 $\boldsymbol{E}$.

反之，若 $\boldsymbol{A}$ 行等价于 $\boldsymbol{E}$，则 $\boldsymbol{A}$ 经过有限次初等行变换可化为 $\boldsymbol{E}$.由于初等变换不改变矩阵的可逆性，故方阵 $\boldsymbol{A}$ 可逆.

上述定理给我们提供了另一种计算矩阵 $\boldsymbol{A}$ 的逆矩阵 $\boldsymbol{A}^{-1}$ 的方法.因为可逆矩阵 $\boldsymbol{A}$ 行等价于 $\boldsymbol{E}$,则存在初等矩阵 $\boldsymbol{P}_1,\boldsymbol{P}_2,\cdots,\boldsymbol{P}_l$,使得

$$\boldsymbol{P}_l\cdots\boldsymbol{P}_2\boldsymbol{P}_1\boldsymbol{A}=\boldsymbol{E}. \tag{2.9}$$

由于 $\boldsymbol{P}_l\cdots\boldsymbol{P}_2\boldsymbol{P}_1$ 是可逆矩阵的乘积,故也是可逆的,在(2.9)式两端同时左乘$(\boldsymbol{P}_l\cdots\boldsymbol{P}_2\boldsymbol{P}_1)^{-1}$,可得

$$(\boldsymbol{P}_l\cdots\boldsymbol{P}_2\boldsymbol{P}_1)^{-1}(\boldsymbol{P}_l\cdots\boldsymbol{P}_2\boldsymbol{P}_1)\boldsymbol{A}=(\boldsymbol{P}_l\cdots\boldsymbol{P}_2\boldsymbol{P}_1)^{-1}\boldsymbol{E},$$

$$\boldsymbol{A}=(\boldsymbol{P}_l\cdots\boldsymbol{P}_2\boldsymbol{P}_1)^{-1},$$

于是

$$\boldsymbol{A}^{-1}=[(\boldsymbol{P}_l\cdots\boldsymbol{P}_2\boldsymbol{P}_1)^{-1}]^{-1}=\boldsymbol{P}_l\cdots\boldsymbol{P}_2\boldsymbol{P}_1=\boldsymbol{P}_l\cdots\boldsymbol{P}_2\boldsymbol{P}_1\boldsymbol{E}.$$

这就是说,$\boldsymbol{A}^{-1}$ 可由依次以 $\boldsymbol{P}_1,\boldsymbol{P}_2,\cdots,\boldsymbol{P}_l$ 作用于 $\boldsymbol{E}$ 得到,它们就是(2.9)式中把 $\boldsymbol{A}$ 经初等行变换变为 $\boldsymbol{E}$ 的同一行变换序列.

二、求逆矩阵方法 2:初等变换法

设 $\boldsymbol{A}=(a_{ij})$ 为 n 阶矩阵,我们把 $\boldsymbol{A}$ 和 $\boldsymbol{E}$ 排在一起构成 $n\times 2n$ 矩阵

$$(\boldsymbol{A},\boldsymbol{E})=\left(\begin{array}{cccc:cccc} a_{11} & a_{12} & \cdots & a_{1n} & 1 & 0 & \cdots & 0 \\ a_{21} & a_{22} & \cdots & a_{2n} & 0 & 1 & \cdots & 0 \\ \vdots & \vdots & & \vdots & \vdots & \vdots & & \vdots \\ a_{n1} & a_{n2} & \cdots & a_{nn} & 0 & 0 & \cdots & 1 \end{array}\right),$$

对此矩阵施以初等行变换,相当于对 $\boldsymbol{A}$ 和 $\boldsymbol{E}$ 施加同一变换.由上面的讨论可知,当 $\boldsymbol{A}$ 为可逆矩阵时,这一系列的初等行变换把 $\boldsymbol{A}$ 变成 $\boldsymbol{E}$ 的同时把右边的 $\boldsymbol{E}$ 变成了 $\boldsymbol{A}^{-1}$.即

$$(\boldsymbol{A},\boldsymbol{E})\xrightarrow{\text{初等行变换}}\cdots\longrightarrow(\boldsymbol{E},\boldsymbol{A}^{-1}).$$

例 8 用初等变换法求矩阵 $\boldsymbol{A}=\begin{pmatrix} 0 & 1 & 2 \\ 1 & 0 & 3 \\ 4 & -3 & 8 \end{pmatrix}$ 的逆矩阵.

解 $(\boldsymbol{A},\boldsymbol{E})=\left(\begin{array}{ccc:ccc} 0 & 1 & 2 & 1 & 0 & 0 \\ 1 & 0 & 3 & 0 & 1 & 0 \\ 4 & -3 & 8 & 0 & 0 & 1 \end{array}\right)\to\left(\begin{array}{ccc:ccc} 1 & 0 & 3 & 0 & 1 & 0 \\ 0 & 1 & 2 & 1 & 0 & 0 \\ 4 & -3 & 8 & 0 & 0 & 1 \end{array}\right)$

$$\to\left(\begin{array}{ccc:ccc} 1 & 0 & 3 & 0 & 1 & 0 \\ 0 & 1 & 2 & 1 & 0 & 0 \\ 0 & 0 & 2 & 3 & -4 & 1 \end{array}\right)\to\left(\begin{array}{ccc:ccc} 1 & 0 & 3 & 0 & 1 & 0 \\ 0 & 1 & 2 & 1 & 0 & 0 \\ 0 & 0 & 1 & \frac{3}{2} & -2 & \frac{1}{2} \end{array}\right)$$

$$\to\left(\begin{array}{ccc:ccc} 1 & 0 & 3 & 0 & 1 & 0 \\ 0 & 1 & 0 & -2 & 4 & -1 \\ 0 & 0 & 1 & \frac{3}{2} & -2 & \frac{1}{2} \end{array}\right)\to\left(\begin{array}{ccc:ccc} 1 & 0 & 0 & -\frac{9}{2} & 7 & -\frac{3}{2} \\ 0 & 1 & 0 & -2 & 4 & -1 \\ 0 & 0 & 1 & \frac{3}{2} & -2 & \frac{1}{2} \end{array}\right),$$

于是 $A^{-1}=\begin{pmatrix}-\frac{9}{2} & 7 & -\frac{3}{2}\\ -2 & 4 & -1\\ \frac{3}{2} & -2 & \frac{1}{2}\end{pmatrix}$.

注 用初等变换法求逆矩阵，只施以初等行变换，不能兼作初等列变换.

三、解矩阵方程

通过下列一些例题给出解矩阵方程的方法.

例 9 设三阶矩阵

$$A=\begin{pmatrix}1&2&3\\2&2&1\\3&4&3\end{pmatrix},\quad B=\begin{pmatrix}2&5\\3&1\\4&3\end{pmatrix},$$

且满足 $AX=B$，求矩阵 X.

解 **方法 1** 原方程左乘 A^{-1} 可得 $X=A^{-1}B$. 首先用初等变换求 A 的逆矩阵.

$$(A,E)=\begin{pmatrix}1&2&3&1&0&0\\2&2&1&0&1&0\\3&4&3&0&0&1\end{pmatrix}\to\begin{pmatrix}1&2&3&1&0&0\\0&-2&-5&-2&1&0\\0&-2&-6&-3&0&1\end{pmatrix}$$

$$\to\begin{pmatrix}1&2&3&1&0&0\\0&-2&-5&-2&1&0\\0&0&-1&-1&-1&1\end{pmatrix}\to\begin{pmatrix}1&0&-2&-1&1&0\\0&-2&-5&-2&1&0\\0&0&1&1&1&-1\end{pmatrix}$$

$$\to\begin{pmatrix}1&0&0&1&3&-2\\0&1&0&-\frac{3}{2}&-3&\frac{5}{2}\\0&0&1&1&1&-1\end{pmatrix},$$

故 $A^{-1}=\begin{pmatrix}1&3&-2\\-\frac{3}{2}&-3&\frac{5}{2}\\1&1&-1\end{pmatrix}$. 所以 $X=A^{-1}B=\begin{pmatrix}3&2\\-2&-3\\1&3\end{pmatrix}$.

方法 2 由(2.9)式可知，对可逆矩阵 A 存在有限个初等矩阵 $P_1,P_2,\cdots,P_l$，使得 $P_l\cdots P_2P_1A=E$，所以 $A^{-1}=P_l\cdots P_2P_1E$，故可以用初等行变换使得 $(A,E)\to(E,A^{-1})$. 因为 $X=A^{-1}B=P_l\cdots P_2P_1B$，所以用同样的初等行变换可得 $(A,B)\to(E,A^{-1}B)$. 利用这种方法可得

$$(A,B)=\begin{pmatrix}1&2&3&2&5\\2&2&1&3&1\\3&4&3&4&3\end{pmatrix}\to\begin{pmatrix}1&2&3&2&5\\0&-2&-5&-1&-9\\0&-2&-6&-2&-12\end{pmatrix}$$

$$\to\begin{pmatrix}1&2&3&2&5\\0&-2&-5&-1&-9\\0&0&-1&-1&-3\end{pmatrix}\to\begin{pmatrix}1&0&-2&1&-4\\0&-2&-5&-1&-9\\0&0&1&1&3\end{pmatrix}$$

$$\rightarrow\begin{pmatrix}1&0&0&3&2\\0&1&0&-2&-3\\0&0&1&1&3\end{pmatrix},$$

所以 $\boldsymbol{X}=\boldsymbol{A}^{-1}\boldsymbol{B}=\begin{pmatrix}3&2\\-2&-3\\1&3\end{pmatrix}$.

例 10 假设矩阵 $\boldsymbol{A}$ 和 $\boldsymbol{B}$ 满足关系式 $\boldsymbol{AB}=\boldsymbol{A}+2\boldsymbol{B}$,其中 $\boldsymbol{A}=\begin{pmatrix}4&2&3\\1&1&0\\-1&2&3\end{pmatrix}$,求矩阵 $\boldsymbol{B}$.

解 由等式 $\boldsymbol{AB}=\boldsymbol{A}+2\boldsymbol{B}$,得 $(\boldsymbol{A}-2\boldsymbol{E})\boldsymbol{B}=\boldsymbol{A}$,其中 $\boldsymbol{E}$ 是单位矩阵.矩阵

$$\boldsymbol{A}-2\boldsymbol{E}=\begin{pmatrix}2&2&3\\1&-1&0\\-1&2&1\end{pmatrix},$$

而

$$|\boldsymbol{A}-2\boldsymbol{E}|=\begin{vmatrix}2&2&3\\1&-1&0\\-1&2&1\end{vmatrix}=-1\neq 0,$$

所以 $\boldsymbol{A}-2\boldsymbol{E}$ 可逆.对等式 $(\boldsymbol{A}-2\boldsymbol{E})\boldsymbol{B}=\boldsymbol{A}$ 两边同时左乘 $(\boldsymbol{A}-2\boldsymbol{E})^{-1}$,得 $\boldsymbol{B}=(\boldsymbol{A}-2\boldsymbol{E})^{-1}\boldsymbol{A}$.再求出

$$(\boldsymbol{A}-2\boldsymbol{E})^{-1}=\begin{pmatrix}1&-4&-3\\1&-5&-3\\-1&6&4\end{pmatrix},$$

于是

$$\boldsymbol{B}=(\boldsymbol{A}-2\boldsymbol{E})^{-1}\boldsymbol{A}=\begin{pmatrix}1&-4&-3\\1&-5&-3\\-1&6&4\end{pmatrix}\begin{pmatrix}4&2&3\\1&1&0\\-1&2&3\end{pmatrix}=\begin{pmatrix}3&-8&-6\\2&-9&-6\\-2&12&9\end{pmatrix}.$$

例 11 设四阶矩阵

$$\boldsymbol{B}=\begin{pmatrix}0&-1&0&0\\0&0&-1&0\\0&0&0&-1\\0&0&0&0\end{pmatrix},\quad \boldsymbol{C}=\begin{pmatrix}2&1&3&4\\0&2&1&3\\0&0&2&1\\0&0&0&2\end{pmatrix},$$

且矩阵 $\boldsymbol{A}$ 满足等式 $\boldsymbol{A}(\boldsymbol{E}-\boldsymbol{C}^{-1}\boldsymbol{B})^{\mathrm{T}}\boldsymbol{C}^{\mathrm{T}}=\boldsymbol{E}+\boldsymbol{A}$.其中 $\boldsymbol{E}$ 为四阶单位矩阵,求矩阵 $\boldsymbol{A}$.

解 对于矩阵方程,首先将其化简,然后再代入具体数值进行计算.因为

$$(\boldsymbol{E}-\boldsymbol{C}^{-1}\boldsymbol{B})^{\mathrm{T}}\boldsymbol{C}^{\mathrm{T}}=[\boldsymbol{C}(\boldsymbol{E}-\boldsymbol{C}^{-1}\boldsymbol{B})]^{\mathrm{T}}=(\boldsymbol{C}-\boldsymbol{B})^{\mathrm{T}},$$

所以

$$\boldsymbol{A}(\boldsymbol{E}-\boldsymbol{C}^{-1}\boldsymbol{B})^{\mathrm{T}}\boldsymbol{C}^{\mathrm{T}}=\boldsymbol{A}(\boldsymbol{C}-\boldsymbol{B})^{\mathrm{T}}=\boldsymbol{E}+\boldsymbol{A},$$

$$\boldsymbol{A}(\boldsymbol{C}-\boldsymbol{B})^{\mathrm{T}}-\boldsymbol{A}=\boldsymbol{E},\quad \boldsymbol{A}(\boldsymbol{C}-\boldsymbol{B}-\boldsymbol{E})^{\mathrm{T}}=\boldsymbol{E},$$

于是

$$A=[(C-B-E)^{T}]^{-1}.$$

将 B,C,E 代入上式，得

$$A=\left\{\left[\begin{pmatrix}2&1&3&4\\0&2&1&3\\0&0&2&1\\0&0&0&2\end{pmatrix}-\begin{pmatrix}0&-1&0&0\\0&0&-1&0\\0&0&0&-1\\0&0&0&0\end{pmatrix}-\begin{pmatrix}1&0&0&0\\0&1&0&0\\0&0&1&0\\0&0&0&1\end{pmatrix}\right]^{T}\right\}^{-1}$$

$$=\begin{pmatrix}1&0&0&0\\2&1&0&0\\3&2&1&0\\4&3&2&1\end{pmatrix}^{-1}=\begin{pmatrix}1&0&0&0\\-2&1&0&0\\1&-2&1&0\\0&1&-2&1\end{pmatrix}.$$

例 12 设矩阵

$$A=\begin{pmatrix}1&1&-1\\-1&1&1\\1&-1&1\end{pmatrix},$$

矩阵 X 满足 $A^{*}X=A^{-1}+2X$，其中 A^{*} 是 A 的伴随矩阵，求矩阵 X.

解 若利用给出的矩阵方程直接计算 X，会很烦琐.应利用矩阵运算的一些性质进行化简，特别是要用到公式 $AA^{*}=|A|E$.

由等式 $A^{*}X=A^{-1}+2X$，得

$$A^{*}X-2X=A^{-1},$$

即

$$(A^{*}-2E)X=A^{-1}.$$

再用矩阵 A 同时左乘上式两端，得

$$(AA^{*}-2A)X=E.$$

利用公式 $AA^{*}=|A|E$，于是，$(|A|E-2A)X=E$，所以 $X=(|A|E-2A)^{-1}$，而 $|A|=4$，故

$$|A|E-2A=2\begin{pmatrix}1&-1&1\\1&1&-1\\-1&1&1\end{pmatrix}.$$

于是

$$X=\frac{1}{2}\begin{pmatrix}1&-1&1\\1&1&-1\\-1&1&1\end{pmatrix}^{-1}=\frac{1}{4}\begin{pmatrix}1&1&0\\0&1&1\\1&0&1\end{pmatrix}.$$

例 13 设矩阵 $A=\begin{pmatrix}a&1&0\\1&a&-1\\0&1&a\end{pmatrix}$，且 $A^{3}=O$.

(1) 求 a 的值；

(2) 若矩阵 X 满足

$$X-XA^{2}-AX+AXA^{2}=E,$$

其中 E 为三阶单位矩阵，求 X.

解 (1) 因为 $\boldsymbol{A}^3=\boldsymbol{O}$,所以

$$|\boldsymbol{A}|=\begin{vmatrix} a & 1 & 0 \\ 1 & a & -1 \\ 0 & 1 & a \end{vmatrix}=a^3=0,$$

得 $a=0$,且 $\boldsymbol{A}=\begin{pmatrix} 0 & 1 & 0 \\ 1 & 0 & -1 \\ 0 & 1 & 0 \end{pmatrix}$.检验可知,$\boldsymbol{A}^3=\boldsymbol{O}$.

(2) 由等式 $\boldsymbol{X}-\boldsymbol{X}\boldsymbol{A}^2-\boldsymbol{A}\boldsymbol{X}+\boldsymbol{A}\boldsymbol{X}\boldsymbol{A}^2=\boldsymbol{E}$ 变形得

$$\boldsymbol{X}-\boldsymbol{A}\boldsymbol{X}-\boldsymbol{X}\boldsymbol{A}^2+\boldsymbol{A}\boldsymbol{X}\boldsymbol{A}^2=\boldsymbol{E},$$

即

$$(\boldsymbol{E}-\boldsymbol{A})\boldsymbol{X}-(\boldsymbol{E}-\boldsymbol{A})\boldsymbol{X}\boldsymbol{A}^2=\boldsymbol{E},$$
$$(\boldsymbol{E}-\boldsymbol{A})(\boldsymbol{X}-\boldsymbol{X}\boldsymbol{A}^2)=\boldsymbol{E},$$
$$(\boldsymbol{E}-\boldsymbol{A})\boldsymbol{X}(\boldsymbol{E}-\boldsymbol{A}^2)=\boldsymbol{E}.$$

而

$$\boldsymbol{E}-\boldsymbol{A}=\begin{pmatrix} 1 & -1 & 0 \\ -1 & 1 & 1 \\ 0 & -1 & 1 \end{pmatrix},\quad \boldsymbol{E}-\boldsymbol{A}^2=\begin{pmatrix} 0 & 0 & 1 \\ 0 & 1 & 0 \\ -1 & 0 & 2 \end{pmatrix},$$

求出

$$(\boldsymbol{E}-\boldsymbol{A})^{-1}=\begin{pmatrix} 1 & -1 & 0 \\ -1 & 1 & 1 \\ 0 & -1 & 1 \end{pmatrix}^{-1}=\begin{pmatrix} 2 & 1 & -1 \\ 1 & 1 & -1 \\ 1 & 1 & 0 \end{pmatrix},$$

$$(\boldsymbol{E}-\boldsymbol{A}^2)^{-1}=\begin{pmatrix} 0 & 0 & 1 \\ 0 & 1 & 0 \\ -1 & 0 & 2 \end{pmatrix}^{-1}=\begin{pmatrix} 2 & 0 & -1 \\ 0 & 1 & 0 \\ 1 & 0 & 0 \end{pmatrix},$$

所以

$$\begin{aligned}\boldsymbol{X}&=(\boldsymbol{E}-\boldsymbol{A})^{-1}(\boldsymbol{E}-\boldsymbol{A}^2)^{-1}\\&=\begin{pmatrix} 2 & 1 & -1 \\ 1 & 1 & -1 \\ 1 & 1 & 0 \end{pmatrix}\begin{pmatrix} 2 & 0 & -1 \\ 0 & 1 & 0 \\ 1 & 0 & 0 \end{pmatrix}\\&=\begin{pmatrix} 3 & 1 & -2 \\ 1 & 1 & -1 \\ 2 & 1 & -1 \end{pmatrix}.\end{aligned}$$

***例 14** 设矩阵 $\boldsymbol{A}$ 的伴随矩阵

$$\boldsymbol{A}^*=\begin{pmatrix} 1 & 0 & 0 & 0 \\ 0 & 1 & 0 & 0 \\ 1 & 0 & 1 & 0 \\ 0 & -3 & 0 & 8 \end{pmatrix},$$

且 $\boldsymbol{A}\boldsymbol{B}\boldsymbol{A}^{-1}=\boldsymbol{B}\boldsymbol{A}^{-1}+3\boldsymbol{E}$,其中 $\boldsymbol{E}$ 为四阶单位矩阵,求矩阵 $\boldsymbol{B}$.

解 此类题应利用矩阵运算的一些性质，将原式变形化简，然后再代入进行具体数值计算.

方法 1 对等式 $\boldsymbol{ABA}^{-1}=\boldsymbol{BA}^{-1}+3\boldsymbol{E}$ 两端同时右乘矩阵 $\boldsymbol{A}$，得

$$\boldsymbol{AB}=(\boldsymbol{BA}^{-1}+3\boldsymbol{E})\boldsymbol{A}=\boldsymbol{B}+3\boldsymbol{A},$$

即

$$\boldsymbol{AB}-\boldsymbol{B}=3\boldsymbol{A}.$$

从而$(\boldsymbol{A}-\boldsymbol{E})\boldsymbol{B}=3\boldsymbol{A}$，故 $\boldsymbol{A}^{-1}(\boldsymbol{A}-\boldsymbol{E})\boldsymbol{B}=3\boldsymbol{E}$，即$(\boldsymbol{E}-\boldsymbol{A}^{-1})\boldsymbol{B}=3\boldsymbol{E}$. 而 $\boldsymbol{A}^{-1}=\dfrac{1}{|\boldsymbol{A}|}\boldsymbol{A}^*$，于是 $\left(\boldsymbol{E}-\dfrac{1}{|\boldsymbol{A}|}\boldsymbol{A}^*\right)\boldsymbol{B}=3\boldsymbol{E}$.

再由公式 $\boldsymbol{AA}^*=|\boldsymbol{A}|\boldsymbol{E}$，得 $|\boldsymbol{A}|\,|\boldsymbol{A}^*|=|\boldsymbol{A}|^n$. 当 $\boldsymbol{A}$ 可逆时，显然，$|\boldsymbol{A}^*|=|\boldsymbol{A}|^{n-1}$（可以证明：$\boldsymbol{A}$ 不可逆时，此等式亦成立），其中 n 为矩阵 $\boldsymbol{A}$ 的阶数. 又

$$|\boldsymbol{A}^*|=\begin{vmatrix}1&0&0&0\\0&1&0&0\\1&0&1&0\\0&-3&0&8\end{vmatrix}=8,$$

而 $|\boldsymbol{A}^*|=|\boldsymbol{A}|^3$，所以 $|\boldsymbol{A}|=\sqrt[3]{8}=2$. 由 $\left(\boldsymbol{E}-\dfrac{1}{|\boldsymbol{A}|}\boldsymbol{A}^*\right)\boldsymbol{B}=3\boldsymbol{E}$ 得$(2\boldsymbol{E}-\boldsymbol{A}^*)\boldsymbol{B}=6\boldsymbol{E}$. 再由

$$|2\boldsymbol{E}-\boldsymbol{A}^*|=\begin{vmatrix}1&0&0&0\\0&1&0&0\\-1&0&1&0\\0&3&0&-6\end{vmatrix}=-6\neq 0,$$

知 $2\boldsymbol{E}-\boldsymbol{A}^*$ 可逆，于是 $\boldsymbol{B}=6(2\boldsymbol{E}-\boldsymbol{A}^*)^{-1}$. 求出

$$(2\boldsymbol{E}-\boldsymbol{A}^*)^{-1}=\begin{pmatrix}1&0&0&0\\0&1&0&0\\1&0&1&0\\0&\dfrac{1}{2}&0&-\dfrac{1}{6}\end{pmatrix},$$

所以

$$\boldsymbol{B}=\begin{pmatrix}6&0&0&0\\0&6&0&0\\6&0&6&0\\0&3&0&-1\end{pmatrix}.$$

方法 2 由公式 $|\boldsymbol{A}^*|=|\boldsymbol{A}|^{n-1}$，有 $|\boldsymbol{A}|^3=8$，得 $|\boldsymbol{A}|=2$. 再由公式 $\boldsymbol{AA}^*=|\boldsymbol{A}|\boldsymbol{E}$，得

$$\boldsymbol{A}=|\boldsymbol{A}|(\boldsymbol{A}^*)^{-1}=2\begin{pmatrix}1&0&0&0\\0&1&0&0\\1&0&1&0\\0&-3&0&8\end{pmatrix}^{-1}$$

$$=2\begin{pmatrix}1&0&0&0\\0&1&0&0\\-1&0&1&0\\0&\frac{3}{8}&0&\frac{1}{8}\end{pmatrix}=\begin{pmatrix}2&0&0&0\\0&2&0&0\\-2&0&2&0\\0&\frac{3}{4}&0&\frac{1}{4}\end{pmatrix}.$$

显然 $\boldsymbol{A}-\boldsymbol{E}$ 为可逆矩阵,于是由$(\boldsymbol{A}-\boldsymbol{E})\boldsymbol{B}\boldsymbol{A}^{-1}=3\boldsymbol{E}$,得

$$\boldsymbol{B}=3(\boldsymbol{A}-\boldsymbol{E})^{-1}\boldsymbol{A}.$$

由 $\boldsymbol{A}-\boldsymbol{E}=\begin{pmatrix}1&0&0&0\\0&1&0&0\\-2&0&1&0\\0&\frac{3}{4}&0&-\frac{3}{4}\end{pmatrix}$,得$(\boldsymbol{A}-\boldsymbol{E})^{-1}=\begin{pmatrix}1&0&0&0\\0&1&0&0\\2&0&1&0\\0&1&0&-\frac{4}{3}\end{pmatrix}$,因此

$$\boldsymbol{B}=3\begin{pmatrix}1&0&0&0\\0&1&0&0\\2&0&1&0\\0&1&0&-\frac{4}{3}\end{pmatrix}\begin{pmatrix}2&0&0&0\\0&2&0&0\\-2&0&2&0\\0&\frac{3}{4}&0&\frac{1}{4}\end{pmatrix}=\begin{pmatrix}6&0&0&0\\0&6&0&0\\6&0&6&0\\0&3&0&-1\end{pmatrix}.$$

§ 2.4 分块矩阵

在这节里,我们将介绍矩阵运算的一种重要的方法——矩阵的分块.这种方法在处理某些较高阶的矩阵时常常被用到.

设 $\boldsymbol{A}$ 是一个矩阵.我们在它的行或列之间加上一些线,把这个矩阵分成若干小矩阵,每个小矩阵称为 $\boldsymbol{A}$ 的**子块**,由这些子块构成的矩阵称为**分块矩阵**.应当注意的是,一般说来矩阵的分块方法并不唯一,如下例所示.

例 1 设矩阵 $\boldsymbol{A}$ 是一个 3×4 矩阵:

$$\boldsymbol{A}=\begin{pmatrix}a_{11}&a_{12}&a_{13}&a_{14}\\a_{21}&a_{22}&a_{23}&a_{24}\\a_{31}&a_{32}&a_{33}&a_{34}\end{pmatrix},$$

可以把它分为四块

$$\boldsymbol{A}=\left(\begin{array}{cc:cc}a_{11}&a_{12}&a_{13}&a_{14}\\a_{21}&a_{22}&a_{23}&a_{24}\\\hdashline a_{31}&a_{32}&a_{33}&a_{34}\end{array}\right),$$

并简单地记成

$$\boldsymbol{A}=\begin{pmatrix}\boldsymbol{A}_{11}&\boldsymbol{A}_{12}\\\boldsymbol{A}_{21}&\boldsymbol{A}_{22}\end{pmatrix},$$

其中

$$\boldsymbol{A}_{11}=\begin{pmatrix}a_{11}&a_{12}\\a_{21}&a_{22}\end{pmatrix},\quad \boldsymbol{A}_{12}=\begin{pmatrix}a_{13}&a_{14}\\a_{23}&a_{24}\end{pmatrix},\quad \boldsymbol{A}_{21}=(a_{31},a_{32}),\quad \boldsymbol{A}_{22}=(a_{33},a_{34}).$$

也可以把 $\boldsymbol{A}$ 分成三块,如

$$\boldsymbol{A}=\left(\begin{array}{c:cc:c} a_{11} & a_{12} & a_{13} & a_{14} \\ a_{21} & a_{22} & a_{23} & a_{24} \\ a_{31} & a_{32} & a_{33} & a_{34} \end{array}\right)=(\boldsymbol{A}_{11},\boldsymbol{A}_{12},\boldsymbol{A}_{13}).$$

还有许多其他分块的方法,读者可以自己动手尝试.

下面我们来介绍分块矩阵的运算.

一、分块矩阵的加法与数量乘法

根据矩阵的加法和数乘的定义,若矩阵 $\boldsymbol{A},\boldsymbol{B}$ 是两个同型矩阵,并且对 $\boldsymbol{A},\boldsymbol{B}$ 都用同样的分法来分块:

$$\boldsymbol{A}=\begin{pmatrix} \boldsymbol{A}_{11} & \cdots & \boldsymbol{A}_{1q} \\ \vdots & & \vdots \\ \boldsymbol{A}_{p1} & \cdots & \boldsymbol{A}_{pq} \end{pmatrix},\quad \boldsymbol{B}=\begin{pmatrix} \boldsymbol{B}_{11} & \cdots & \boldsymbol{B}_{1q} \\ \vdots & & \vdots \\ \boldsymbol{B}_{p1} & \cdots & \boldsymbol{B}_{pq} \end{pmatrix},$$

而 λ 是一个数,那么

$$\boldsymbol{A}+\boldsymbol{B}=\begin{pmatrix} \boldsymbol{A}_{11}+\boldsymbol{B}_{11} & \cdots & \boldsymbol{A}_{1q}+\boldsymbol{B}_{1q} \\ \vdots & & \vdots \\ \boldsymbol{A}_{p1}+\boldsymbol{B}_{p1} & \cdots & \boldsymbol{A}_{pq}+\boldsymbol{B}_{pq} \end{pmatrix},$$

$$\lambda\boldsymbol{A}=\begin{pmatrix} \lambda\boldsymbol{A}_{11} & \cdots & \lambda\boldsymbol{A}_{1q} \\ \vdots & & \vdots \\ \lambda\boldsymbol{A}_{p1} & \cdots & \lambda\boldsymbol{A}_{pq} \end{pmatrix}.$$

这就是说,两个同类型的矩阵 $\boldsymbol{A},\boldsymbol{B}$,如果按同一种方法进行分块,那么 $\boldsymbol{A}$ 与 $\boldsymbol{B}$ 相加时,只需要把对应的子块相加;用一个数乘一个分块矩阵时,只需用这个数遍乘各子块.换句话说,此时可以将这些子块如同矩阵元素一样运算.

二、分块矩阵的乘法

计算分块矩阵 $\boldsymbol{A}$ 与 $\boldsymbol{B}$ 的乘积 $\boldsymbol{AB}$ 时,也可用通常的矩阵乘法法则进行,就如每一块都是数一样,只要 $\boldsymbol{A}$ 的列的分法与 $\boldsymbol{B}$ 的行的分法一致.

设 $\boldsymbol{A}$ 为 $m\times l$ 矩阵,$\boldsymbol{B}$ 为 $l\times n$ 矩阵,分别分块成

$$\boldsymbol{A}=\begin{pmatrix} \boldsymbol{A}_{11} & \cdots & \boldsymbol{A}_{1t} \\ \vdots & & \vdots \\ \boldsymbol{A}_{s1} & \cdots & \boldsymbol{A}_{st} \end{pmatrix},\quad \boldsymbol{B}=\begin{pmatrix} \boldsymbol{B}_{11} & \cdots & \boldsymbol{B}_{1r} \\ \vdots & & \vdots \\ \boldsymbol{B}_{t1} & \cdots & \boldsymbol{B}_{tr} \end{pmatrix},$$

其中 $\boldsymbol{A}_{i1},\boldsymbol{A}_{i2},\cdots,\boldsymbol{A}_{it}$ 的列数分别等于 $\boldsymbol{B}_{1j},\boldsymbol{B}_{2j},\cdots,\boldsymbol{B}_{tj}$ 的行数,那么

$$\boldsymbol{AB}=\begin{pmatrix} \boldsymbol{C}_{11} & \cdots & \boldsymbol{C}_{1r} \\ \vdots & & \vdots \\ \boldsymbol{C}_{s1} & \cdots & \boldsymbol{C}_{sr} \end{pmatrix},$$

其中 $C_{ij}=\sum_{k=1}^{t}A_{ik}B_{kj}\ (i=1,2,\cdots,s;j=1,2,\cdots,r)$.

例 2 设

$$A=\begin{pmatrix}2&-1&1&1&0\\1&1&-2&0&1\\0&0&0&2&-1\end{pmatrix},\quad B=\begin{pmatrix}1&0\\-2&1\\0&2\\-1&0\\1&2\end{pmatrix},$$

求 AB.

解 把 A,B 分块成

$$A=\left(\begin{array}{ccc:cc}2&-1&1&1&0\\1&1&-2&0&1\\\hdashline 0&0&0&2&-1\end{array}\right)=\begin{pmatrix}A_{11}&A_{12}\\A_{21}&A_{22}\end{pmatrix},\quad B=\left(\begin{array}{cc}1&0\\-2&1\\0&2\\\hdashline -1&0\\1&2\end{array}\right)=\begin{pmatrix}B_1\\B_2\end{pmatrix}.$$

A 的 5 列被分成 3 列一组和 2 列一组,B 的 5 行按同样方法分块——被分成 3 行一组和 2 行一组.于是乘积 AB 可以写成

$$AB=\begin{pmatrix}A_{11}&A_{12}\\A_{21}&A_{22}\end{pmatrix}\begin{pmatrix}B_1\\B_2\end{pmatrix}=\begin{pmatrix}A_{11}B_1+A_{12}B_2\\A_{21}B_1+A_{22}B_2\end{pmatrix}=\left(\begin{array}{cc}3&1\\0&-1\\\hdashline -3&-2\end{array}\right).$$

注 应该注意的是,在 AB 的表达式中的"小"乘积,每一项应把来自 A 的子矩阵写在左边,因为矩阵乘法是不可交换的.

三、分块矩阵的转置

设 $m\times n$ 矩阵 A 分块为 $A=\begin{pmatrix}A_{11}&A_{12}&\cdots&A_{1r}\\A_{21}&A_{22}&\cdots&A_{2r}\\\vdots&\vdots&&\vdots\\A_{s1}&A_{s2}&\cdots&A_{sr}\end{pmatrix}$,则

$$A^{\mathrm{T}}=\begin{pmatrix}A_{11}^{\mathrm{T}}&A_{21}^{\mathrm{T}}&\cdots&A_{s1}^{\mathrm{T}}\\A_{12}^{\mathrm{T}}&A_{22}^{\mathrm{T}}&\cdots&A_{s2}^{\mathrm{T}}\\\vdots&\vdots&&\vdots\\A_{1r}^{\mathrm{T}}&A_{2r}^{\mathrm{T}}&\cdots&A_{sr}^{\mathrm{T}}\end{pmatrix}.$$

四、分块矩阵的逆矩阵

设 A 为 n 阶矩阵,若 A 的分块矩阵只在主对角线上有非零子块,其余子块都为零矩阵,且在主对角线上的子块都是方阵,即

$$\boldsymbol{A}=\begin{pmatrix}\boldsymbol{A}_1 & & & \boldsymbol{O}\\ & \boldsymbol{A}_2 & & \\ & & \ddots & \\ \boldsymbol{O} & & & \boldsymbol{A}_s\end{pmatrix},$$

其中 $\boldsymbol{A}_i\ (i=1,2,\cdots,s)$都是方阵,那么称 $\boldsymbol{A}$ 为**分块对角矩阵**,或称 $\boldsymbol{A}$ 为**准对角矩阵**.

分块对角矩阵 $\boldsymbol{A}$ 的行列式

$$|\boldsymbol{A}|=|\boldsymbol{A}_1||\boldsymbol{A}_2|\cdots|\boldsymbol{A}_s|.$$

于是有$|\boldsymbol{A}|\neq 0\Leftrightarrow|\boldsymbol{A}_i|\neq 0\ (i=1,2,\cdots,s)$,即分块对角矩阵 $\boldsymbol{A}$ 可逆$\Leftrightarrow\boldsymbol{A}_1,\boldsymbol{A}_2,\cdots,\boldsymbol{A}_s$ 皆可逆.并且不难验证若分块对角矩阵 $\boldsymbol{A}$ 可逆,则

$$\boldsymbol{A}^{-1}=\begin{pmatrix}\boldsymbol{A}_1^{-1} & & & \boldsymbol{O}\\ & \boldsymbol{A}_2^{-1} & & \\ & & \ddots & \\ \boldsymbol{O} & & & \boldsymbol{A}_s^{-1}\end{pmatrix}.$$

例 3 设 $\boldsymbol{A}=\begin{pmatrix}2&0&0\\0&3&1\\0&5&2\end{pmatrix}$,求 $\boldsymbol{A}^{-1}$.

解 将 $\boldsymbol{A}$ 分块为

$$\boldsymbol{A}=\left(\begin{array}{c:cc}2&0&0\\ \hdashline 0&3&1\\0&5&2\end{array}\right)=\begin{pmatrix}\boldsymbol{A}_1&\boldsymbol{O}\\ \boldsymbol{O}&\boldsymbol{A}_2\end{pmatrix},$$

则

$$\boldsymbol{A}_1=(2),\quad \boldsymbol{A}_1^{-1}=\left(\frac{1}{2}\right),$$

$$\boldsymbol{A}_2=\begin{pmatrix}3&1\\5&2\end{pmatrix},\quad \boldsymbol{A}_2^{-1}=\begin{pmatrix}2&-1\\-5&3\end{pmatrix},$$

所以

$$\boldsymbol{A}^{-1}=\begin{pmatrix}\frac{1}{2}&0&0\\0&2&-1\\0&-5&3\end{pmatrix}.$$

例 4 假设矩阵

$$\boldsymbol{A}=\begin{pmatrix}1&0&-1&2\\0&1&1&-1\\0&0&1&0\\0&0&0&1\end{pmatrix},\quad \boldsymbol{B}=\begin{pmatrix}1&-1&0&1\\0&2&1&0\\1&-1&2&3\\0&-1&-1&2\end{pmatrix},$$

试用分块矩阵计算 $\boldsymbol{AB},\boldsymbol{A}^2$.

解 将矩阵 $\boldsymbol{A}$ 分块为

$$A=\left(\begin{array}{cc:cc}1&0&-1&2\\0&1&1&-1\\ \hdashline 0&0&1&0\\0&0&0&1\end{array}\right)=\begin{pmatrix}E_2&A_1\\O&E_2\end{pmatrix},$$

其中 E_2 为二阶单位矩阵，而 $A_1=\begin{pmatrix}-1&2\\1&-1\end{pmatrix}$，$O=\begin{pmatrix}0&0\\0&0\end{pmatrix}$；将 B 分块为

$$B=\left(\begin{array}{cc:cc}1&-1&0&1\\0&2&1&0\\ \hdashline 1&-1&2&3\\0&-1&-1&2\end{array}\right)=\begin{pmatrix}B_{11}&B_{12}\\B_{21}&B_{22}\end{pmatrix},$$

其中

$$B_{11}=\begin{pmatrix}1&-1\\0&2\end{pmatrix},\quad B_{12}=\begin{pmatrix}0&1\\1&0\end{pmatrix},$$

$$B_{21}=\begin{pmatrix}1&-1\\0&-1\end{pmatrix},\quad B_{22}=\begin{pmatrix}2&3\\-1&2\end{pmatrix},$$

于是

$$AB=\begin{pmatrix}E_2&A_1\\O&E_2\end{pmatrix}\begin{pmatrix}B_{11}&B_{12}\\B_{21}&B_{22}\end{pmatrix}=\begin{pmatrix}B_{11}+A_1B_{21}&B_{12}+A_1B_{22}\\B_{21}&B_{22}\end{pmatrix},$$

其中

$$\begin{aligned}B_{11}+A_1B_{21}&=\begin{pmatrix}1&-1\\0&2\end{pmatrix}+\begin{pmatrix}-1&2\\1&-1\end{pmatrix}\begin{pmatrix}1&-1\\0&-1\end{pmatrix}\\&=\begin{pmatrix}1&-1\\0&2\end{pmatrix}+\begin{pmatrix}-1&-1\\1&0\end{pmatrix}=\begin{pmatrix}0&-2\\1&2\end{pmatrix},\end{aligned}$$

$$\begin{aligned}B_{12}+A_1B_{22}&=\begin{pmatrix}0&1\\1&0\end{pmatrix}+\begin{pmatrix}-1&2\\1&-1\end{pmatrix}\begin{pmatrix}2&3\\-1&2\end{pmatrix}\\&=\begin{pmatrix}0&1\\1&0\end{pmatrix}+\begin{pmatrix}-4&1\\3&1\end{pmatrix}=\begin{pmatrix}-4&2\\4&1\end{pmatrix},\end{aligned}$$

故

$$AB=\begin{pmatrix}0&-2&-4&2\\1&2&4&1\\1&-1&2&3\\0&-1&-1&2\end{pmatrix}.$$

$$A^2=\begin{pmatrix}E_2&A_1\\O&E_2\end{pmatrix}\begin{pmatrix}E_2&A_1\\O&E_2\end{pmatrix}=\begin{pmatrix}E_2&A_1+A_1\\O&E_2\end{pmatrix}=\begin{pmatrix}1&0&-2&4\\0&1&2&-2\\0&0&1&0\\0&0&0&1\end{pmatrix}.$$

例 5 假设 $X=\begin{pmatrix}O&C\\D&O\end{pmatrix}$ 为分块矩阵，其中 C,D 可逆，求 X 的逆矩阵.

解 设 $\boldsymbol{X}^{-1}=\begin{pmatrix}\boldsymbol{X}_{11} & \boldsymbol{X}_{12}\\ \boldsymbol{X}_{21} & \boldsymbol{X}_{22}\end{pmatrix}$,有

$$\boldsymbol{E}=\boldsymbol{X}\boldsymbol{X}^{-1}=\begin{pmatrix}\boldsymbol{O} & \boldsymbol{C}\\ \boldsymbol{D} & \boldsymbol{O}\end{pmatrix}\begin{pmatrix}\boldsymbol{X}_{11} & \boldsymbol{X}_{12}\\ \boldsymbol{X}_{21} & \boldsymbol{X}_{22}\end{pmatrix}=\begin{pmatrix}\boldsymbol{C}\boldsymbol{X}_{21} & \boldsymbol{C}\boldsymbol{X}_{22}\\ \boldsymbol{D}\boldsymbol{X}_{11} & \boldsymbol{D}\boldsymbol{X}_{12}\end{pmatrix}.$$

将单位矩阵 $\boldsymbol{E}$ 分块,于是

$$\begin{pmatrix}\boldsymbol{C}\boldsymbol{X}_{21} & \boldsymbol{C}\boldsymbol{X}_{22}\\ \boldsymbol{D}\boldsymbol{X}_{11} & \boldsymbol{D}\boldsymbol{X}_{12}\end{pmatrix}=\begin{pmatrix}\boldsymbol{E} & \boldsymbol{O}\\ \boldsymbol{O} & \boldsymbol{E}\end{pmatrix},$$

故

$$\boldsymbol{C}\boldsymbol{X}_{21}=\boldsymbol{E},\quad \boldsymbol{C}\boldsymbol{X}_{22}=\boldsymbol{O},\quad \boldsymbol{D}\boldsymbol{X}_{11}=\boldsymbol{O},\quad \boldsymbol{D}\boldsymbol{X}_{12}=\boldsymbol{E}.$$

由于 $\boldsymbol{C},\boldsymbol{D}$ 可逆,得

$$\boldsymbol{X}_{21}=\boldsymbol{C}^{-1},\quad \boldsymbol{X}_{22}=\boldsymbol{O},\quad \boldsymbol{X}_{11}=\boldsymbol{O},\quad \boldsymbol{X}_{12}=\boldsymbol{D}^{-1}.$$

所以

$$\boldsymbol{X}^{-1}=\begin{pmatrix}\boldsymbol{O} & \boldsymbol{D}^{-1}\\ \boldsymbol{C}^{-1} & \boldsymbol{O}\end{pmatrix}.$$

有两种分块矩阵在讨论问题时比较重要,那就是按行分块和按列分块.

如一个 $m\times n$ 矩阵 $\boldsymbol{A}=(a_{ij})$,若把每行视为一个子块,由一个行向量构成,将第 i 行记作

$$\boldsymbol{\alpha}_i^{\mathrm{T}}=(a_{i1},a_{i2},\cdots,a_{in}),$$

则矩阵 $\boldsymbol{A}$ 可记为

$$\boldsymbol{A}=\begin{pmatrix}\boldsymbol{\alpha}_1^{\mathrm{T}}\\ \boldsymbol{\alpha}_2^{\mathrm{T}}\\ \vdots\\ \boldsymbol{\alpha}_m^{\mathrm{T}}\end{pmatrix}.$$

若把每列视为一个子块,由一个列向量构成,将第 j 列记作

$$\boldsymbol{\beta}_j=(a_{1j},a_{2j},\cdots,a_{mj})^{\mathrm{T}},$$

则矩阵 $\boldsymbol{A}$ 可记为

$$\boldsymbol{A}=(\boldsymbol{\beta}_1,\boldsymbol{\beta}_2,\cdots,\boldsymbol{\beta}_n).$$

有了矩阵按行、按列分块,我们可以更好地理解矩阵的乘法.设 $\boldsymbol{A}$ 为 $m\times s$ 矩阵,$\boldsymbol{B}$ 为 $s\times n$ 矩阵,将 $\boldsymbol{A}$ 按行分成 m 块,将 $\boldsymbol{B}$ 按列分成 n 块,则有

$$\begin{aligned}\boldsymbol{AB}&=\begin{pmatrix}\boldsymbol{\alpha}_1^{\mathrm{T}}\\ \boldsymbol{\alpha}_2^{\mathrm{T}}\\ \vdots\\ \boldsymbol{\alpha}_m^{\mathrm{T}}\end{pmatrix}(\boldsymbol{\beta}_1,\boldsymbol{\beta}_2,\cdots,\boldsymbol{\beta}_n)\\ &=\begin{pmatrix}\boldsymbol{\alpha}_1^{\mathrm{T}}\boldsymbol{\beta}_1 & \boldsymbol{\alpha}_1^{\mathrm{T}}\boldsymbol{\beta}_2 & \cdots & \boldsymbol{\alpha}_1^{\mathrm{T}}\boldsymbol{\beta}_n\\ \boldsymbol{\alpha}_2^{\mathrm{T}}\boldsymbol{\beta}_1 & \boldsymbol{\alpha}_2^{\mathrm{T}}\boldsymbol{\beta}_2 & \cdots & \boldsymbol{\alpha}_2^{\mathrm{T}}\boldsymbol{\beta}_n\\ \vdots & \vdots & & \vdots\\ \boldsymbol{\alpha}_m^{\mathrm{T}}\boldsymbol{\beta}_1 & \boldsymbol{\alpha}_m^{\mathrm{T}}\boldsymbol{\beta}_2 & \cdots & \boldsymbol{\alpha}_m^{\mathrm{T}}\boldsymbol{\beta}_n\end{pmatrix}=(c_{ij})_{m\times n}=\boldsymbol{C},\end{aligned}$$

其中

$$c_{ij}=\boldsymbol{\alpha}_i^{\mathrm{T}}\boldsymbol{\beta}_j=(a_{i1},a_{i2},\cdots,a_{is})\begin{pmatrix}b_{1j}\\b_{2j}\\\vdots\\b_{sj}\end{pmatrix}=\sum_{k=1}^{s}a_{ik}b_{kj}.$$

矩阵的按行、按列展开不仅能让我们进一步理解矩阵乘法的定义，也能为我们讨论一些问题提供方便.

***例 6** 证明矩阵 $\boldsymbol{A}_{n\times n}=\boldsymbol{O}_{n\times n}$ 的充要条件是 $\boldsymbol{A}^{\mathrm{T}}\boldsymbol{A}=\boldsymbol{O}_n$.

证 必要性是显然的，下证充分性.

设 $\boldsymbol{A}=(a_{ij})_{n\times n}$，把 $\boldsymbol{A}$ 按列分块记为 $\boldsymbol{A}=(\boldsymbol{\alpha}_1,\boldsymbol{\alpha}_2,\cdots,\boldsymbol{\alpha}_n)$，则

$$\boldsymbol{A}^{\mathrm{T}}\boldsymbol{A}=\begin{pmatrix}\boldsymbol{\alpha}_1^{\mathrm{T}}\\\boldsymbol{\alpha}_2^{\mathrm{T}}\\\vdots\\\boldsymbol{\alpha}_n^{\mathrm{T}}\end{pmatrix}(\boldsymbol{\alpha}_1,\boldsymbol{\alpha}_2,\cdots,\boldsymbol{\alpha}_n)=\begin{pmatrix}\boldsymbol{\alpha}_1^{\mathrm{T}}\boldsymbol{\alpha}_1 & \boldsymbol{\alpha}_1^{\mathrm{T}}\boldsymbol{\alpha}_2 & \cdots & \boldsymbol{\alpha}_1^{\mathrm{T}}\boldsymbol{\alpha}_n\\\boldsymbol{\alpha}_2^{\mathrm{T}}\boldsymbol{\alpha}_1 & \boldsymbol{\alpha}_2^{\mathrm{T}}\boldsymbol{\alpha}_2 & \cdots & \boldsymbol{\alpha}_2^{\mathrm{T}}\boldsymbol{\alpha}_n\\\vdots & \vdots & & \vdots\\\boldsymbol{\alpha}_n^{\mathrm{T}}\boldsymbol{\alpha}_1 & \boldsymbol{\alpha}_n^{\mathrm{T}}\boldsymbol{\alpha}_2 & \cdots & \boldsymbol{\alpha}_n^{\mathrm{T}}\boldsymbol{\alpha}_n\end{pmatrix}=(c_{ij})_{n\times n},$$

$$c_{ij}=\boldsymbol{\alpha}_i^{\mathrm{T}}\boldsymbol{\alpha}_j=(a_{1i},a_{2i},\cdots,a_{ni})\begin{pmatrix}a_{1j}\\a_{2j}\\\vdots\\a_{nj}\end{pmatrix}=\sum_{k=1}^{n}a_{ki}a_{kj}.$$

由于 $\boldsymbol{A}^{\mathrm{T}}\boldsymbol{A}=\boldsymbol{O}_n$，则 $c_{ij}=0$.特别地，对任意 i $(1\leqslant i\leqslant n)$都有

$$c_{ii}=\boldsymbol{\alpha}_i^{\mathrm{T}}\boldsymbol{\alpha}_i=(a_{1i},a_{2i},\cdots,a_{ni})\begin{pmatrix}a_{1i}\\a_{2i}\\\vdots\\a_{ni}\end{pmatrix}=\sum_{k=1}^{n}a_{ki}^2=0,$$

即 $a_{1i}=a_{2i}=\cdots=a_{ni}=0$.故 $\boldsymbol{A}_{n\times n}=\boldsymbol{O}_{n\times n}$.

§2.5 矩阵的秩

在§2.3 我们曾指出，任意给定的 $m\times n$ 矩阵 $\boldsymbol{A}$，都可以通过对其施以一系列初等变换，将其变为标准形式

$$\boldsymbol{F}=\begin{pmatrix}\boldsymbol{E}_r & \boldsymbol{O}\\\boldsymbol{O} & \boldsymbol{O}\end{pmatrix}_{m\times n},$$

其中数 r 是由 $\boldsymbol{A}$ 完全确定的，它便是矩阵的秩.本节我们将讨论矩阵的秩.

定义 2.13 在 $m\times n$ 矩阵 $\boldsymbol{A}$ 中，任取 k 行与 k 列($k\leqslant m,k\leqslant n$)，由位于这些行列交叉处的 k^2 个元素不改变它们在 $\boldsymbol{A}$ 中所处的位置次序而得到的 k 阶行列式，称为**矩阵 $\boldsymbol{A}$ 的 k 阶子式**.

定义 2.14 设在矩阵 $\boldsymbol{A}$ 中有一个不等于零的 r 阶子式 D，且所有 $r+1$ 阶子式(如果存在)都等于零，那么数 r 称为**矩阵 $\boldsymbol{A}$ 的秩**，记作 $r(\boldsymbol{A})$.规定零矩阵的秩等于零.

由行列式的性质可知，当 $\boldsymbol{A}$ 所有 $r+1$ 阶子式都等于零时，$\boldsymbol{A}$ 的所有阶数高于 $r+1$ 的子式也都是零.因此若 $\boldsymbol{A}$ 有某个 s 阶子式不为零，则 $s\leqslant r(\boldsymbol{A})$；若 $\boldsymbol{A}$ 的所有 t 阶子式全为零，则 $r(\boldsymbol{A})<t$.若 $\boldsymbol{A}$ 为 n 阶方阵，且 $|\boldsymbol{A}|\neq 0$，则由矩阵秩的定义，$r(\boldsymbol{A})=n$，此时称 $\boldsymbol{A}$ 为**满秩矩阵**.因此我们也称可逆矩阵为满秩矩阵，不可逆矩阵为**降秩矩阵**.

例 1 设 $\boldsymbol{A}=\begin{pmatrix}2&1&5\\3&-1&0\\1&0&1\end{pmatrix}$，求矩阵 $\boldsymbol{A}$ 的秩.

解 矩阵 $\boldsymbol{A}$ 只有一个三阶子式

$$|\boldsymbol{A}|=\begin{vmatrix}2&1&5\\3&-1&0\\1&0&1\end{vmatrix}=0,$$

并且存在二阶子式 $\begin{vmatrix}-1&0\\0&1\end{vmatrix}=-1\neq 0$.由矩阵秩的定义知 $r(\boldsymbol{A})=2$.

上面的例子是利用定义来求矩阵的秩.读者不难看出，对于一个行数、列数都很大的矩阵，用定义求矩阵的秩就比较麻烦了.下面我们介绍一种用初等变换求矩阵的秩的方法.

定理 2.13 若矩阵 $\boldsymbol{A}$ 与 $\boldsymbol{B}$ 等价，则 $\boldsymbol{A},\boldsymbol{B}$ 的秩相等.

*__证__ 由于对矩阵作初等列变换就相当于对其转置矩阵作初等行变换，因此我们仅需要证明每作一次初等行变换不改变矩阵的秩即可.

由矩阵秩的定义，不难证明第一与第二种初等变换不改变矩阵的秩，它们的证明留给读者，下面我们来证明第三种初等变换不改变矩阵的秩.设 $\boldsymbol{A}=(a_{ij})_{m\times n}$，$r(\boldsymbol{A})=r$，且

$$\boldsymbol{A}=(a_{ij})_{m\times n}=\begin{pmatrix}\boldsymbol{\alpha}_1\\ \vdots\\ \boldsymbol{\alpha}_i\\ \vdots\\ \boldsymbol{\alpha}_j\\ \vdots\\ \boldsymbol{\alpha}_m\end{pmatrix}\xrightarrow{kr_j+r_i}\begin{pmatrix}\boldsymbol{\alpha}_1\\ \vdots\\ \boldsymbol{\alpha}_i+k\boldsymbol{\alpha}_j\\ \vdots\\ \boldsymbol{\alpha}_j\\ \vdots\\ \boldsymbol{\alpha}_m\end{pmatrix}=\boldsymbol{B},$$

其中 $\boldsymbol{\alpha}_i$ 表示矩阵 $\boldsymbol{A}$ 的第 i 行.若能证明 $r(\boldsymbol{B})\leqslant r(\boldsymbol{A})$，且 $r(\boldsymbol{A})\leqslant r(\boldsymbol{B})$，则可得到 $r(\boldsymbol{A})=r(\boldsymbol{B})$.要证明 $r(\boldsymbol{B})\leqslant r(\boldsymbol{A})$，只需证明矩阵 $\boldsymbol{B}$ 的 s $(s>r)$阶子式 D_s 全为零即可.D_s 有三种情形：

(1) D_s 不含有 $\boldsymbol{B}$ 的第 i 行的元素，即 D_s 就是 $\boldsymbol{A}$ 的 s 阶子式，显然 $D_s=0$.

(2) D_s 既含有 $\boldsymbol{B}$ 的第 i 行的元素，又含有 $\boldsymbol{B}$ 的第 j 行的元素，则它具有下面的形式：

$$D_s=\begin{vmatrix}\vdots&\vdots&&\vdots\\ a_{it_1}+ka_{jt_1}&a_{it_2}+ka_{jt_2}&\cdots&a_{it_s}+ka_{jt_s}\\ \vdots&\vdots&&\vdots\\ a_{jt_1}&a_{jt_2}&\cdots&a_{jt_s}\\ \vdots&\vdots&&\vdots\end{vmatrix}.$$

由行列式的性质可知

$$D_s=\begin{vmatrix} \vdots & \vdots & & \vdots \\ a_{it_1} & a_{it_2} & \cdots & a_{it_s} \\ \vdots & \vdots & & \vdots \\ a_{jt_1} & a_{jt_2} & \cdots & a_{jt_s} \\ \vdots & \vdots & & \vdots \end{vmatrix}=0.$$

(3) D_s 含有 $\boldsymbol{B}$ 的第 i 行的元素，但不含有 $\boldsymbol{B}$ 的第 j 行的元素，由行列式性质知

$$D_s=\begin{vmatrix} \vdots & \vdots & & \vdots \\ a_{it_1}+ka_{jt_1} & a_{it_2}+ka_{jt_2} & \cdots & a_{it_s}+ka_{jt_s} \\ \vdots & \vdots & & \vdots \end{vmatrix}=D_{s1}+kD_{s2},$$

其中

$$D_{s1}=\begin{vmatrix} \vdots & \vdots & & \vdots \\ a_{it_1} & a_{it_2} & \cdots & a_{it_s} \\ \vdots & \vdots & & \vdots \end{vmatrix},\quad D_{s2}=\begin{vmatrix} \vdots & \vdots & & \vdots \\ a_{jt_1} & a_{jt_2} & \cdots & a_{jt_s} \\ \vdots & \vdots & & \vdots \end{vmatrix}.$$

D_{s1} 就是矩阵 $\boldsymbol{A}$ 的 s 阶子式，D_{s2} 或为矩阵 $\boldsymbol{A}$ 的 s 阶子式，或为矩阵 $\boldsymbol{A}$ 的 s 阶子式通过若干次交换行后所得到的行列式，因此它与 $\boldsymbol{A}$ 的 s 阶子式至多相差一个符号.不论哪种情况，都有 $D_{s1}=0$，$D_{s2}=0$，因此

$$D_s=D_{s1}+kD_{s2}=0.$$

所以矩阵 $\boldsymbol{B}$ 的 s $(s>r)$ 阶子式 D_s 全为零，因而

$$r(\boldsymbol{B})\leqslant r=r(\boldsymbol{A}).$$

显然，$\boldsymbol{B}\xrightarrow{-kr_j+r_i}\boldsymbol{A}$，故有

$$r(\boldsymbol{A})\leqslant r(\boldsymbol{B}).$$

因此 $r(\boldsymbol{A})=r(\boldsymbol{B})$.

定理 2.13 也可以理解为初等变换不改变矩阵的秩.根据此定理，要求矩阵 $\boldsymbol{A}$ 的秩，只需对 $\boldsymbol{A}$ 进行初等行变换，将其变为行阶梯形矩阵，其中非零行的行数即是该矩阵的秩.

另外，因为初等行变换都是可逆的变换，显然本定理的逆也是对的，于是得下述定理.

定理 2.14　两个行数、列数对应相等的矩阵等价的充要条件是它们的秩相等.

例 2　设 $\boldsymbol{A}=\begin{pmatrix} 1 & 0 & 2 & -1 & 0 \\ -1 & 1 & 3 & 0 & 2 \\ 0 & -2 & 1 & 1 & 1 \\ 2 & 0 & 4 & -2 & 0 \end{pmatrix}$，求矩阵 $\boldsymbol{A}$ 的秩.

解　对矩阵 $\boldsymbol{A}$ 作初等行变换

$$\boldsymbol{A}=\begin{pmatrix} 1 & 0 & 2 & -1 & 0 \\ -1 & 1 & 3 & 0 & 2 \\ 0 & -2 & 1 & 1 & 1 \\ 2 & 0 & 4 & -2 & 0 \end{pmatrix}\xrightarrow[-2r_1+r_4]{r_1+r_2}\begin{pmatrix} 1 & 0 & 2 & -1 & 0 \\ 0 & 1 & 5 & -1 & 2 \\ 0 & -2 & 1 & 1 & 1 \\ 0 & 0 & 0 & 0 & 0 \end{pmatrix}$$

$$\xrightarrow{2r_2+r_3}\begin{pmatrix}1&0&2&-1&0\\0&1&5&-1&2\\0&0&11&-1&5\\0&0&0&0&0\end{pmatrix}.$$

行阶梯形矩阵有三个非零行，故 $r(\boldsymbol{A})=3$.

例 3 填空题.

设矩阵 $\begin{pmatrix}a&-1&-1\\-1&a&-1\\-1&-1&a\end{pmatrix}$ 与 $\begin{pmatrix}1&1&0\\0&-1&1\\1&0&1\end{pmatrix}$ 等价，则 $a=$________.

解 因为两个行数、列数对应相等的矩阵等价的充要条件为秩相等.由矩阵秩的定义，不难看出矩阵 $\begin{pmatrix}1&1&0\\0&-1&1\\1&0&1\end{pmatrix}$ 的秩为 2，所以矩阵 $\begin{pmatrix}a&-1&-1\\-1&a&-1\\-1&-1&a\end{pmatrix}$ 的秩也应为 2.从而，根据矩阵秩的定义得行列式

$$\begin{vmatrix}a&-1&-1\\-1&a&-1\\-1&-1&a\end{vmatrix}=(a-2)(a+1)^2=0.$$

于是，当 $a=-1$ 时，矩阵 $\begin{pmatrix}a&-1&-1\\-1&a&-1\\-1&-1&a\end{pmatrix}=\begin{pmatrix}-1&-1&-1\\-1&-1&-1\\-1&-1&-1\end{pmatrix}$ 的秩为 1；

当 $a=2$ 时，矩阵 $\begin{pmatrix}a&-1&-1\\-1&a&-1\\-1&-1&a\end{pmatrix}=\begin{pmatrix}2&-1&-1\\-1&2&-1\\-1&-1&2\end{pmatrix}$ 的秩为 2.

所以，当 $a=2$ 时，两个矩阵等价.应填 2.

本节最后我们给出矩阵的秩的一些性质：

(1) 设 $\boldsymbol{A}$ 为 n 阶方阵，则有 $r(\boldsymbol{A}^{\mathrm{T}})=r(\boldsymbol{A})$.

(2) 设 $\boldsymbol{A}$ 为 $m\times n$ 矩阵，则有 $0\leqslant r(\boldsymbol{A})\leqslant\min\{m,n\}$.

(3) 设 $\boldsymbol{A}$ 为 $m\times n$ 矩阵，$\boldsymbol{P}$ 为 m 阶可逆矩阵，$\boldsymbol{Q}$ 为 n 阶可逆矩阵，则有 $r(\boldsymbol{PAQ})=r(\boldsymbol{A})$；特别地，$r(\boldsymbol{PA})=r(\boldsymbol{AQ})=r(\boldsymbol{A})$.

(4) 设 $\boldsymbol{A},\boldsymbol{B}$ 均为 $m\times n$ 矩阵，则有 $r(\boldsymbol{A}+\boldsymbol{B})\leqslant r(\boldsymbol{A})+r(\boldsymbol{B})$.

(5) 设 $\boldsymbol{A}$ 为 $m\times n$ 矩阵，$\boldsymbol{B}$ 为 $n\times s$ 矩阵，则有 $r(\boldsymbol{AB})\leqslant\min\{r(\boldsymbol{A}),r(\boldsymbol{B})\}$.

(6) 设 $\boldsymbol{A}$ 为 $m\times n$ 矩阵，$\boldsymbol{B}$ 为 $n\times s$ 矩阵，且 $\boldsymbol{AB}=\boldsymbol{O}$，则有 $r(\boldsymbol{A})+r(\boldsymbol{B})\leqslant n$.

其中性质(1)—(3)利用秩的定义和定理 2.13 可以容易证明，性质(4)—(6)的证明则需要用到第三章的知识，在此略过.

例 4 选择题.

已知 n 阶矩阵 $\boldsymbol{A},\boldsymbol{B},\boldsymbol{C}$ 满足 $\boldsymbol{ABC}=\boldsymbol{O}$，$\boldsymbol{E}$ 为 n 阶单位矩阵，记矩阵 $\begin{pmatrix}\boldsymbol{O}&\boldsymbol{A}\\\boldsymbol{BC}&\boldsymbol{E}\end{pmatrix}$，$\begin{pmatrix}\boldsymbol{AB}&\boldsymbol{C}\\\boldsymbol{O}&\boldsymbol{E}\end{pmatrix}$，

$\begin{pmatrix} \boldsymbol{E} & \boldsymbol{AB} \\ \boldsymbol{AB} & \boldsymbol{O} \end{pmatrix}$的秩分别为$\gamma_1,\gamma_2,\gamma_3$,则(　　).

(A) $\gamma_1\leqslant\gamma_2\leqslant\gamma_3$　　(B) $\gamma_1\leqslant\gamma_3\leqslant\gamma_2$　　(C) $\gamma_3\leqslant\gamma_1\leqslant\gamma_2$　　(D) $\gamma_2\leqslant\gamma_1\leqslant\gamma_3$

解　因为初等变换不改变矩阵的秩,故有

$$\gamma_1=r\begin{pmatrix} \boldsymbol{O} & \boldsymbol{A} \\ \boldsymbol{BC} & \boldsymbol{E} \end{pmatrix}=r\begin{pmatrix} -\boldsymbol{ABC} & \boldsymbol{O} \\ \boldsymbol{BC} & \boldsymbol{E} \end{pmatrix}=r\begin{pmatrix} \boldsymbol{O} & \boldsymbol{O} \\ \boldsymbol{BC} & \boldsymbol{E} \end{pmatrix}=n,$$

$$\gamma_2=r\begin{pmatrix} \boldsymbol{AB} & \boldsymbol{C} \\ \boldsymbol{O} & \boldsymbol{E} \end{pmatrix}=r(\boldsymbol{AB})+n,$$

$$\gamma_3=r\begin{pmatrix} \boldsymbol{E} & \boldsymbol{AB} \\ \boldsymbol{AB} & \boldsymbol{O} \end{pmatrix}=r\begin{pmatrix} \boldsymbol{E} & \boldsymbol{O} \\ \boldsymbol{AB} & -\boldsymbol{ABAB} \end{pmatrix}=r(\boldsymbol{ABAB})+n,$$

又由如上性质(5)可见,应该选择(B).

例 5　设$\boldsymbol{A}$为$m\times n$矩阵,$\boldsymbol{B}$为$n\times s$矩阵,$\boldsymbol{AB}=\boldsymbol{C}$,且$r(\boldsymbol{A})=n$,证明$r(\boldsymbol{B})=r(\boldsymbol{C})$.

证　因为$r(\boldsymbol{A})=n$,故有$m\geqslant n$,所以$\boldsymbol{A}$的标准形式为$\begin{bmatrix} \boldsymbol{E}_n \\ \boldsymbol{O} \end{bmatrix}$.由定理 2.12 可知,存在有限个初等矩阵$\boldsymbol{P}_1,\boldsymbol{P}_2,\cdots,\boldsymbol{P}_l$使得$\boldsymbol{P}_l\cdots\boldsymbol{P}_2\boldsymbol{P}_1\boldsymbol{A}=\begin{bmatrix} \boldsymbol{E}_n \\ \boldsymbol{O} \end{bmatrix}$.令$\boldsymbol{P}=\boldsymbol{P}_l\cdots\boldsymbol{P}_2\boldsymbol{P}_1$,显然$\boldsymbol{P}$可逆,且$\boldsymbol{PA}=\begin{bmatrix} \boldsymbol{E}_n \\ \boldsymbol{O} \end{bmatrix}$.于是,

$$\boldsymbol{PC}=\boldsymbol{PAB}=\begin{bmatrix} \boldsymbol{E}_n \\ \boldsymbol{O} \end{bmatrix}\boldsymbol{B}=\begin{pmatrix} \boldsymbol{B} \\ \boldsymbol{O} \end{pmatrix}.$$

因为$r(\boldsymbol{C})=r(\boldsymbol{PC})$,而$r(\boldsymbol{B})=r\begin{pmatrix} \boldsymbol{B} \\ \boldsymbol{O} \end{pmatrix}$,所以$r(\boldsymbol{B})=r(\boldsymbol{C})$.

习题二

(A)

1. 计算下列矩阵的乘积:

(1) $\begin{pmatrix} 1 & 3 \\ 1 & -1 \\ 2 & 5 \end{pmatrix}\begin{pmatrix} -2 & 1 \\ 3 & 2 \end{pmatrix}$;　　(2) $(2,3,-1)\begin{pmatrix} 1 \\ -1 \\ -1 \end{pmatrix}$;

(3) $\begin{pmatrix} 4 & 1 & 2 & -1 \\ 2 & 3 & 1 & 0 \end{pmatrix}\begin{pmatrix} 4 & 2 & -1 \\ -1 & 2 & 5 \\ 1 & 1 & 3 \\ -5 & 3 & 0 \end{pmatrix}\begin{pmatrix} -1 & 0 \\ 2 & 5 \\ 0 & 3 \end{pmatrix}$;

(4) $(x_1,x_2,x_3)\begin{pmatrix} a_{11} & a_{12} & a_{13} \\ a_{21} & a_{22} & a_{23} \\ a_{31} & a_{32} & a_{33} \end{pmatrix}\begin{pmatrix} x_1 \\ x_2 \\ x_3 \end{pmatrix}$.

2. 计算下列各矩阵：

(1) $\begin{pmatrix}3 & 2\\ -4 & -2\end{pmatrix}^5$；　　(2) $\begin{pmatrix}2 & 1 & 1\\ 3 & 1 & 0\\ 0 & 1 & 2\end{pmatrix}^2$；

(3) $\begin{pmatrix}1 & 1\\ 0 & 1\end{pmatrix}^n$；　　(4) $\begin{pmatrix}\lambda & 1 & 0\\ 0 & \lambda & 1\\ 0 & 0 & \lambda\end{pmatrix}^n$.

3. 设 $\boldsymbol{A}=\begin{pmatrix}1 & 2\\ 1 & 3\end{pmatrix}$，$\boldsymbol{B}=\begin{pmatrix}1 & 0\\ 1 & 2\end{pmatrix}$，问下列等式是否成立？

(1) $\boldsymbol{AB}=\boldsymbol{BA}$；

(2) $(\boldsymbol{A}+\boldsymbol{B})^2=\boldsymbol{A}^2+2\boldsymbol{AB}+\boldsymbol{B}^2$；

(3) $(\boldsymbol{A}+\boldsymbol{B})(\boldsymbol{A}-\boldsymbol{B})=\boldsymbol{A}^2-\boldsymbol{B}^2$.

4. 证明：若 $\boldsymbol{A}$ 为实对称方阵，且 $\boldsymbol{A}^2=\boldsymbol{O}$，则 $\boldsymbol{A}=\boldsymbol{O}$.

5. 证明：对任意 $m\times n$ 矩阵 $\boldsymbol{A}$，$\boldsymbol{A}^{\mathrm{T}}\boldsymbol{A}$ 与 $\boldsymbol{AA}^{\mathrm{T}}$ 都是对称方阵；而当 $\boldsymbol{A}$ 为 n 阶对称方阵时，则对任意 n 阶方阵 $\boldsymbol{C}$，$\boldsymbol{C}^{\mathrm{T}}\boldsymbol{AC}$ 为对称方阵.

6. 设 $\boldsymbol{A}$，$\boldsymbol{B}$，$\boldsymbol{C}$ 均为 n 阶方阵. 证明：如果

$$\boldsymbol{B}=\boldsymbol{E}+\boldsymbol{AB},\quad \boldsymbol{C}=\boldsymbol{A}+\boldsymbol{CA},$$

则 $\boldsymbol{B}-\boldsymbol{C}=\boldsymbol{E}$.

7. 用 $\boldsymbol{A}^*$ 表示 n 阶方阵 $\boldsymbol{A}$ 的伴随矩阵. 证明：

(1) $(\boldsymbol{A}^*)^{\mathrm{T}}=(\boldsymbol{A}^{\mathrm{T}})^*$；　(2) 若 $\boldsymbol{A}$ 为可逆矩阵，则 $(\boldsymbol{A}^{-1})^*=(\boldsymbol{A}^*)^{-1}$.

8. 求下列矩阵的逆矩阵：

(1) $\boldsymbol{A}=\begin{pmatrix}1 & 1\\ 2 & 3\end{pmatrix}$；　　(2) $\boldsymbol{A}=\begin{pmatrix}a & b\\ c & d\end{pmatrix}$，$ad-bc=1$；

(3) $\boldsymbol{A}=\begin{pmatrix}3 & -1 & 2\\ 1 & 4 & -3\\ 2 & 2 & 1\end{pmatrix}$；　　(4) $\boldsymbol{A}=\begin{pmatrix}\lambda_1 & & & \\ & \lambda_2 & & \\ & & \ddots & \\ & & & \lambda_n\end{pmatrix}$，$\lambda_1\lambda_2\cdots\lambda_n\neq 0$；

(5) $\boldsymbol{A}=\begin{pmatrix}1 & 1 & 1 & \cdots & 1\\ 0 & 1 & 1 & \cdots & 1\\ 0 & 0 & 1 & \cdots & 1\\ \vdots & \vdots & \vdots & & \vdots\\ 0 & 0 & 0 & \cdots & 1\end{pmatrix}$.

9. 解下列矩阵方程：

(1) $\begin{pmatrix}2 & 1\\ 5 & 3\end{pmatrix}\boldsymbol{X}=\begin{pmatrix}-2 & 1\\ 3 & 2\end{pmatrix}$；　　(2) $\boldsymbol{X}\begin{pmatrix}1 & 2 & -1\\ 3 & 4 & -2\\ 5 & -4 & 1\end{pmatrix}=\begin{pmatrix}2 & 1 & 4\\ 1 & -1 & 3\end{pmatrix}$；

(3) $\begin{pmatrix}0 & 1 & 0\\ 1 & 0 & 0\\ 0 & 0 & 1\end{pmatrix}\boldsymbol{X}\begin{pmatrix}1 & 0 & 0\\ 0 & 0 & 1\\ 0 & 1 & 0\end{pmatrix}=\begin{pmatrix}1 & -4 & 3\\ 2 & 0 & -1\\ 1 & -2 & 0\end{pmatrix}$.

10. 利用逆矩阵解下列线性方程组：

(1) $\begin{cases}8x_1+6x_2=2,\\ 5x_1+4x_2=-1;\end{cases}$　　(2) $\begin{cases}2x_1+2x_2+3x_3=1,\\ x_1-x_2=2,\\ -x_1+2x_2+x_3=0.\end{cases}$

11. 设 $\boldsymbol{A}=\begin{pmatrix}0&0&-1\\2&0&0\\-1&1&0\end{pmatrix}$，$\boldsymbol{AB}=2\boldsymbol{A}-\boldsymbol{B}$，求 $\boldsymbol{B}$.

12. 设 $\boldsymbol{A}$，$\boldsymbol{B}$ 均为 n 阶方阵，$\boldsymbol{E}$ 为 n 阶单位矩阵，证明：

(1) 若 $\boldsymbol{A}+\boldsymbol{B}=\boldsymbol{AB}$，则 $\boldsymbol{A}-\boldsymbol{E}$ 可逆；

(2) 若 $\boldsymbol{A}^2-3\boldsymbol{A}+4\boldsymbol{E}=\boldsymbol{O}$，则 $\boldsymbol{A}-\boldsymbol{E}$ 可逆，并求 $(\boldsymbol{A}-\boldsymbol{E})^{-1}$.

13. 计算下列矩阵的乘积：

(1) $\begin{pmatrix}1&2&1&0\\0&1&0&1\\0&0&2&1\\0&0&0&3\end{pmatrix}\begin{pmatrix}1&0&3&1\\0&1&2&-1\\0&0&-2&3\\0&0&0&-3\end{pmatrix}$；　　(2) $\begin{pmatrix}1&-1&0&0\\2&3&0&0\\0&1&0&0\\0&0&1&4\end{pmatrix}\begin{pmatrix}1&0&0&0\\-2&0&0&0\\0&3&2&1\\0&4&3&4\end{pmatrix}$.

14. 设 $\boldsymbol{A}=\begin{pmatrix}2&-1&0&0\\-3&2&0&0\\0&0&1&2\\0&0&-1&1\end{pmatrix}$，求 $|\boldsymbol{A}|$，$\boldsymbol{A}^4$ 及 $\boldsymbol{A}^{-1}$.

15. 用初等变换把下列矩阵化为标准形：

(1) $\boldsymbol{A}=\begin{pmatrix}1&-1&2\\3&2&1\\1&-2&0\end{pmatrix}$；　　(2) $\boldsymbol{A}=\begin{pmatrix}1&-1&2\\3&-3&1\end{pmatrix}$；

(3) $\boldsymbol{A}=\begin{pmatrix}1&3\\2&1\\1&-2\end{pmatrix}$；　　(4) $\boldsymbol{A}=\begin{pmatrix}1&2&-1&2&1\\2&3&1&4&4\\-3&-5&4&-6&-3\\5&9&0&8&5\end{pmatrix}$.

16. 求下列各矩阵的秩：

(1) $\boldsymbol{A}=\begin{pmatrix}3&2&1&1\\1&2&-3&2\\4&4&-2&3\end{pmatrix}$；　　(2) $\boldsymbol{A}=\begin{pmatrix}2&-1&3&3\\3&1&-5&0\\4&-1&1&3\\1&3&-13&-6\end{pmatrix}$；

(3) $\boldsymbol{A}=\begin{pmatrix}0&-5&2&1&-7\\1&2&-1&0&3\\2&-1&0&1&-1\\3&1&-1&1&2\end{pmatrix}$；　　(4) $\boldsymbol{A}=\begin{pmatrix}a_1b_1&a_1b_2&\cdots&a_1b_n\\a_2b_1&a_2b_2&\cdots&a_2b_n\\\vdots&\vdots&&\vdots\\a_nb_1&a_nb_2&\cdots&a_nb_n\end{pmatrix}$.

17. 设 $\boldsymbol{A}=\begin{pmatrix}1&1&0\\1&0&1\\0&1&1\end{pmatrix}$，$\boldsymbol{B}=\begin{pmatrix}a&1&1\\2&1&a\\1&1&a\end{pmatrix}$，且矩阵 $\boldsymbol{AB}$ 的秩为 2，求 a.

(B)

1. 填空题.

(1) 设 $\boldsymbol{A}=\begin{pmatrix}1&2&3\\2&4&-1\\3&1&2\end{pmatrix}$，$\boldsymbol{B}=\begin{pmatrix}1&1\\2&-1\\3&2\end{pmatrix}$，则 $\boldsymbol{AB}=$________，$\boldsymbol{B}^{\mathrm{T}}\boldsymbol{A}^{\mathrm{T}}=$________；

(2) 设 $\boldsymbol{A}=\begin{pmatrix}2&1&0&0\\5&3&0&0\\0&0&1&2\\0&0&4&7\end{pmatrix}$,则 $|\boldsymbol{A}|=$________,$\boldsymbol{A}^{-1}=$________;

(3) 设三阶方阵 $\boldsymbol{A}$ 的行列式 $|\boldsymbol{A}|=3$,则 $\left|\left(\dfrac{2}{3}\boldsymbol{A}\right)^{-1}\right|=$________;

(4) 设三阶方阵 $\boldsymbol{A}=\begin{pmatrix}1&2&1\\2&a&2\\3&4&5\end{pmatrix}$ 的秩为 2,则 $a=$________;

(5) 设四阶方阵 $\boldsymbol{A}$ 的行列式 $|\boldsymbol{A}|=2$,则 $\boldsymbol{A}$ 的伴随矩阵 $\boldsymbol{A}^*$ 的行列式 $|\boldsymbol{A}^*|=$________;

(6) 设 $\boldsymbol{A}=\begin{pmatrix}0&-1&0\\1&0&0\\0&0&-1\end{pmatrix}$,$\boldsymbol{B}=\boldsymbol{P}^{-1}\boldsymbol{A}\boldsymbol{P}$,其中 $\boldsymbol{P}$ 为三阶可逆矩阵,则 $\boldsymbol{B}^{2\,024}-2\boldsymbol{A}^2=$________;

(7) 设矩阵 $\boldsymbol{A}=(a_{ij})_{3\times3}$ 满足 $\boldsymbol{A}^*=\boldsymbol{A}^{\mathrm{T}}$,若 a_{11},a_{12},a_{13} 为三个相等的正数,则 a_{11} 为________;

(8) 设 $\boldsymbol{\alpha}$ 为三维列向量,$\boldsymbol{\alpha}^{\mathrm{T}}$ 是 $\boldsymbol{\alpha}$ 的转置.若 $\boldsymbol{\alpha}\boldsymbol{\alpha}^{\mathrm{T}}=\begin{pmatrix}1&-1&1\\-1&1&-1\\1&-1&1\end{pmatrix}$,则 $\boldsymbol{\alpha}^{\mathrm{T}}\boldsymbol{\alpha}=$________.

2. 单项选择题.

(1) 设 $\boldsymbol{A}=\begin{pmatrix}2&0&0\\0&1&2\\0&3&5\end{pmatrix}$,则 $\boldsymbol{A}^{-1}=$(　　);

(A) $\begin{pmatrix}2&0&0\\0&5&-2\\0&-3&1\end{pmatrix}$　　(B) $\begin{pmatrix}\frac{1}{2}&0&0\\0&-5&2\\0&3&-1\end{pmatrix}$

(C) $\begin{pmatrix}\frac{1}{2}&0&0\\0&5&-2\\0&-3&1\end{pmatrix}$　　(D) $\begin{pmatrix}2&0&0\\0&-5&2\\0&3&-1\end{pmatrix}$

(2) 设 $\boldsymbol{A}=(a_1,a_2,a_3)^{\mathrm{T}}$,$\boldsymbol{B}=(b_1,b_2,b_3)^{\mathrm{T}}$ 且 $\boldsymbol{A}\boldsymbol{B}^{\mathrm{T}}=\begin{pmatrix}2&1&1\\-2&-1&-1\\2&1&1\end{pmatrix}$,则 $\boldsymbol{A}^{\mathrm{T}}\boldsymbol{B}=$(　　);

(A) -1　　(B) 1　　(C) -2　　(D) 2

(3) 设 $\boldsymbol{A},\boldsymbol{B}$ 均为 n 阶方阵,则必有(　　);

(A) $|\boldsymbol{A}\boldsymbol{B}|=|\boldsymbol{B}\boldsymbol{A}|$　　(B) $|\boldsymbol{A}+\boldsymbol{B}|=|\boldsymbol{A}|+|\boldsymbol{B}|$

(C) $\boldsymbol{A}\boldsymbol{B}=\boldsymbol{B}\boldsymbol{A}$　　(D) $(\boldsymbol{A}\boldsymbol{B})^{\mathrm{T}}=\boldsymbol{A}^{\mathrm{T}}\boldsymbol{B}^{\mathrm{T}}$

(4) 设 $\boldsymbol{A}$ 为 n 阶可逆矩阵,则下列命题中错误的是(　　);

(A) $\boldsymbol{A}^{\mathrm{T}}$ 可逆　　(B) $\boldsymbol{A}^2$ 可逆

(C) $\boldsymbol{A}+\boldsymbol{E}$ 可逆　　(D) $-2\boldsymbol{A}$ 可逆

(5) 设 n 阶方阵 $\boldsymbol{A}$ 满足 $\boldsymbol{A}^2-\boldsymbol{A}-2\boldsymbol{E}=\boldsymbol{O}$,则(　　);

(A) $\boldsymbol{A}=2\boldsymbol{E}$　　(B) $\boldsymbol{A}=-\boldsymbol{E}$

(C) $\boldsymbol{A}-\boldsymbol{E}$ 可逆　　(D) $\boldsymbol{A}$ 不可逆

(6) 设 $\boldsymbol{A}$ 为 n 阶可逆矩阵,则 $(\boldsymbol{A}^*)^{-1}=($　　$)$;

(A) $\frac{1}{|\boldsymbol{A}|}\boldsymbol{A}$　　(B) $\frac{1}{|\boldsymbol{A}|}\boldsymbol{A}^*$　　(C) $\frac{1}{|\boldsymbol{A}^{-1}|}\boldsymbol{A}^{-1}$　　(D) $\frac{1}{|\boldsymbol{A}^*|}\boldsymbol{A}$

(7) 设 $\boldsymbol{A},\boldsymbol{B}$ 都是 n 阶非零矩阵,且 $\boldsymbol{AB}=\boldsymbol{O}$,则 $\boldsymbol{A}$ 和 $\boldsymbol{B}$ 的秩(　　);

(A) 必有一个等于零　　(B) 都小于 n

(C) 一个小于 n,一个等于 n　　(D) 都等于 n

(8) 设三阶矩阵 $\boldsymbol{A}=\begin{pmatrix} a & b & b \\ b & a & b \\ b & b & a \end{pmatrix}$,若 $\boldsymbol{A}$ 的伴随矩阵的秩等于 1,则必有(　　);

(A) $a=b$ 或 $a+2b=0$　　(B) $a=b$ 或 $a+2b\neq 0$

(C) $a\neq b$ 且 $a+2b=0$　　(D) $a\neq b$ 或 $a+2b\neq 0$

(9) 设 $\boldsymbol{A},\boldsymbol{B}$ 为 n 阶矩阵,$\boldsymbol{A}^*,\boldsymbol{B}^*$ 分别为 $\boldsymbol{A},\boldsymbol{B}$ 的伴随矩阵,分块矩阵 $\boldsymbol{C}=\begin{pmatrix} \boldsymbol{A} & \boldsymbol{O} \\ \boldsymbol{O} & \boldsymbol{B} \end{pmatrix}$,则 $\boldsymbol{C}$ 的伴随矩阵 $\boldsymbol{C}^*=($　　$)$.

(A) $\begin{pmatrix} |\boldsymbol{A}|\boldsymbol{A}^* & \boldsymbol{O} \\ \boldsymbol{O} & |\boldsymbol{B}|\boldsymbol{B}^* \end{pmatrix}$　　(B) $\begin{pmatrix} |\boldsymbol{B}|\boldsymbol{B}^* & \boldsymbol{O} \\ \boldsymbol{O} & |\boldsymbol{A}|\boldsymbol{A}^* \end{pmatrix}$

(C) $\begin{pmatrix} |\boldsymbol{A}|\boldsymbol{B}^* & \boldsymbol{O} \\ \boldsymbol{O} & |\boldsymbol{B}|\boldsymbol{A}^* \end{pmatrix}$　　(D) $\begin{pmatrix} |\boldsymbol{B}|\boldsymbol{A}^* & \boldsymbol{O} \\ \boldsymbol{O} & |\boldsymbol{A}|\boldsymbol{B}^* \end{pmatrix}$

3. 计算下列各题:

(1) 设 $\boldsymbol{A}$ 为 n 阶方阵,且满足 $\boldsymbol{AA}^{\mathrm{T}}=\boldsymbol{E}$,求 $|\boldsymbol{A}|$;

(2) 设四阶方阵 $\boldsymbol{A},\boldsymbol{B}$,其中 $\boldsymbol{A}=(\boldsymbol{A}_1,\boldsymbol{A}_2,\boldsymbol{A}_3,\boldsymbol{A}_4)$,$\boldsymbol{B}=(\boldsymbol{B}_1,\boldsymbol{A}_2,\boldsymbol{A}_3,\boldsymbol{A}_4)$,且 $|\boldsymbol{A}|=2$,$|\boldsymbol{B}|=1$,求 $|\boldsymbol{A}+\boldsymbol{B}|$;

(3) 设 $\boldsymbol{A}=\begin{pmatrix} 0 & a_1 & 0 & \cdots & 0 \\ 0 & 0 & a_2 & \cdots & 0 \\ \vdots & \vdots & \vdots & & \vdots \\ 0 & 0 & 0 & \cdots & a_{n-1} \\ a_n & 0 & 0 & \cdots & 0 \end{pmatrix}$,其中 $a_i\neq 0\ (i=1,2,\cdots,n)$,求 $\boldsymbol{A}^{-1}$;

(4) 设 3 阶方阵 $\boldsymbol{A}=\begin{pmatrix} a_{11} & a_{12} & a_{13} \\ 0 & a_{22} & a_{23} \\ 0 & 0 & a_{33} \end{pmatrix}$,其中 $a_{ii}\neq 0\ (i=1,2,3)$,$\boldsymbol{B}=\begin{pmatrix} 1 & 2 \\ 3 & -1 \\ 2 & 3 \end{pmatrix}$,求 $r(\boldsymbol{AB})$;

(5) 设矩阵 $\boldsymbol{A},\boldsymbol{B}$ 满足 $\boldsymbol{A}^*\boldsymbol{BA}=2\boldsymbol{BA}-8\boldsymbol{E}$,其中 $\boldsymbol{A}=\begin{pmatrix} 1 & 0 & 0 \\ 0 & -2 & 0 \\ 0 & 0 & 1 \end{pmatrix}$,求矩阵 $\boldsymbol{B}$;

(6) 设 $\boldsymbol{B}=\begin{pmatrix} 1 & -1 & 0 & 0 \\ 0 & 1 & -1 & 0 \\ 0 & 0 & 1 & -1 \\ 0 & 0 & 0 & 1 \end{pmatrix}$,$\boldsymbol{C}=\begin{pmatrix} 2 & 1 & 3 & 4 \\ 0 & 2 & 1 & 3 \\ 0 & 0 & 2 & 1 \\ 0 & 0 & 0 & 2 \end{pmatrix}$,矩阵 $\boldsymbol{X}$ 满足关系式

$$\boldsymbol{X}(\boldsymbol{E}-\boldsymbol{C}^{-1}\boldsymbol{B})^{\mathrm{T}}\boldsymbol{C}^{\mathrm{T}}=\boldsymbol{E},$$

求 $\boldsymbol{X}$;

(7) 已知 $\boldsymbol{\alpha}=(1,2,3)$,$\boldsymbol{\beta}=\left(1,\frac{1}{2},\frac{1}{3}\right)$,设 $\boldsymbol{A}=\boldsymbol{\alpha}^{\mathrm{T}}\boldsymbol{\beta}$,求 $\boldsymbol{A}^n$;

(8) 设矩阵 $\boldsymbol{A}=\begin{pmatrix}1 & 1 & -1\\ -1 & 1 & 1\\ 1 & -1 & 1\end{pmatrix}$，矩阵 $\boldsymbol{X}$ 满足 $\boldsymbol{A}^{*}\boldsymbol{X}=\boldsymbol{A}^{-1}+2\boldsymbol{X}$，其中 $\boldsymbol{A}^{*}$ 是 $\boldsymbol{A}$ 的伴随矩阵，求矩阵 $\boldsymbol{X}$.

4. 证明题.

(1) 设 $\boldsymbol{A}=\begin{pmatrix}a_{11} & a_{12} & \cdots & a_{1n}\\ a_{21} & a_{22} & \cdots & a_{2n}\\ \vdots & \vdots & & \vdots\\ a_{n1} & a_{n2} & \cdots & a_{nn}\end{pmatrix}\neq\boldsymbol{O}$，若 $a_{ij}=A_{ij}$，其中 A_{ij} 为 $|\boldsymbol{A}|$ 的元素 a_{ij} 的代数余子式($i,j=1,2,\cdots,n$)，证明 $|\boldsymbol{A}|\neq 0$；

(2) 设 $\boldsymbol{A}$ 为 n 阶方阵，且满足 $\boldsymbol{A}\boldsymbol{A}^{\mathrm{T}}=\boldsymbol{E}$ 及 $|\boldsymbol{A}|=-1$，证明 $|\boldsymbol{E}+\boldsymbol{A}|=0$；

(3) 设 $\boldsymbol{A}$ 为 n 阶方阵，n 是奇数且满足 $\boldsymbol{A}\boldsymbol{A}^{\mathrm{T}}=\boldsymbol{E}$ 及 $|\boldsymbol{A}|=1$，证明 $\boldsymbol{E}-\boldsymbol{A}$ 不可逆；

(4) 设 $\boldsymbol{A},\boldsymbol{B}$ 均为 n 阶矩阵，证明 $r(\boldsymbol{AB})\geqslant r(\boldsymbol{A})+r(\boldsymbol{B})-n$；

(5) 设 $\boldsymbol{A}=(a_{ij})_{m\times s}$，$\boldsymbol{B}=(b_{ij})_{s\times n}$，证明 $r(\boldsymbol{AB})\leqslant\min\{r(\boldsymbol{A}),r(\boldsymbol{B})\}$；

(6) 设 $\boldsymbol{A}$ 为 $m\times n$ 矩阵且 $m<n$，证明 $|\boldsymbol{A}^{\mathrm{T}}\boldsymbol{A}|=0$.

第二章
自测题

第二章
典型例题
讲解

矩阵的
简要发展史

第三章　线性方程组

线性方程组是线性代数中重要内容之一，它也是自然科学、经济管理等领域应用最多的数学内容之一.很多线性系统的研究最后往往要归结为线性方程组的求解问题，而且非线性系统有时也近似地简化为线性系统.本章将介绍线性方程组的有关概念、性质及解法，n 维向量的概念、线性运算，向量组的线性相关性等内容.

§3.1　高斯消元法

一、线性方程组的一般概念

由 n 个未知量、m 个方程组成的线性方程组的一般形式为

$$\begin{cases} a_{11}x_1+a_{12}x_2+\cdots+a_{1n}x_n=b_1, \\ a_{21}x_1+a_{22}x_2+\cdots+a_{2n}x_n=b_2, \\ \cdots\cdots\cdots\cdots \\ a_{m1}x_1+a_{m2}x_2+\cdots+a_{mn}x_n=b_m, \end{cases} \tag{3.1}$$

其中 $x_j\ (j=1,2,\cdots,n)$ 为未知量，$a_{ij}(i=1,2,\cdots,m;j=1,2,\cdots,n)$ 是第 i 个方程中未知量 x_j 的系数，$b_i(i=1,2,\cdots,m)$ 称为常数项，如果 $b_1,b_2,\cdots,b_m$ 不全为零，则称(3.1)式为非齐次线性方程组，否则称(3.1)式为齐次线性方程组.

由方程组(3.1)中未知量的系数组成的 $m\times n$ 矩阵

$$\boldsymbol{A}=\begin{pmatrix} a_{11} & a_{12} & \cdots & a_{1n} \\ a_{21} & a_{22} & \cdots & a_{2n} \\ \vdots & \vdots & & \vdots \\ a_{m1} & a_{m2} & \cdots & a_{mn} \end{pmatrix}$$

称为方程组(3.1)的系数矩阵.

方程组(3.1)的常数项可以组成一个 $m\times 1$ 矩阵，即列矩阵

$$\boldsymbol{b}=\begin{pmatrix} b_1 \\ b_2 \\ \vdots \\ b_m \end{pmatrix},$$

称

$$\overline{\boldsymbol{A}}=\begin{pmatrix} a_{11} & a_{12} & \cdots & a_{1n} & b_1 \\ a_{21} & a_{22} & \cdots & a_{2n} & b_2 \\ \vdots & \vdots & & \vdots & \vdots \\ a_{m1} & a_{m2} & \cdots & a_{mn} & b_m \end{pmatrix}$$

为方程组(3.1)的增广矩阵.

显然,方程组与它的增广矩阵是一一对应的.

如果存在一组常数 $c_1,c_2,\cdots,c_n$,使得当把 $x_1=c_1,x_2=c_2,\cdots,x_n=c_n$ 代入方程组(3.1)后,每个方程都成为恒等式,则称 $x_1=c_1,x_2=c_2,\cdots,x_n=c_n$ 为方程组(3.1)的一个解.如果两个线性方程组的解全相同,则称它们是同解方程组.

二、高斯消元法

利用消元法求解线性方程组的基本思想是通过方程组的一系列变换,消去一些方程中的若干个未知量(称为消元),把方程组化为易于求解的同解方程组.那么通过消元要把方程组化成怎样的简单形式?消元过程又要涉及哪些变换?我们将通过以下具体例题来回答.

例 1 求解线性方程组

$$\begin{cases} x_1+x_2+x_3=6, & ① \\ 2x_1+5x_3=17, & ② \\ 2x_1+x_2+3x_3=13, & ③ \\ 2x_1+6x_2-7x_3=-7. & ④ \end{cases}$$

解 我们知道,未知量个数愈少,方程组就愈容易求解.所以我们通过消元使方程组下边方程中未知量个数少于上边方程中未知量个数.先看未知量 x_1,由于最上边的方程①含 x_1,因此保留方程①不变,利用①及加减消元法消去下边各方程中的 x_1.为此方程②加上①的(−2)倍,方程③加上①的(−2)倍,方程④加上①的(−2)倍,把方程组化为

$$\begin{cases} x_1+x_2+x_3=6, & ⑤ \\ -2x_2+3x_3=5, & ⑥ \\ -x_2+x_3=1, & ⑦ \\ 4x_2-9x_3=-19. & ⑧ \end{cases}$$

在上述方程组中除了方程⑤外,后边的 3 个方程都不再含 x_1.按照上述思路,对后 3 个方程继续进行消元:再考虑 x_2,注意到方程⑦中 x_2 的系数为−1,为了运算方便将方程⑥与⑦交换位置,于是得到

$$\begin{cases} x_1+x_2+x_3=6, & ⑨ \\ -x_2+x_3=1, & ⑩ \\ -2x_2+3x_3=5, & ⑪ \\ 4x_2-9x_3=-19. & ⑫ \end{cases}$$

再利用方程⑩消去方程⑪⑫中的 x_2,为此,方程⑪加上方程⑩的(−2)倍,方程⑫加上方程⑩的 4 倍,得到方程组

$$\begin{cases} x_1+x_2+x_3=6, & ⑬ \\ -x_2+x_3=1, & ⑭ \\ x_3=3, & ⑮ \\ -5x_3=-15. & ⑯ \end{cases}$$

在上述方程组中，除了前边两个方程外，后边两个方程都不再含 x_1 和 x_2，因此对后两个方程关于 x_3 进行消元：方程⑯加上方程⑮的 5 倍，就把方程组化为

$$\begin{cases} x_1+x_2+x_3=6, & ⑰ \\ \quad -x_2+x_3=1, & ⑱ \\ \qquad\quad x_3=3, & ⑲ \\ \qquad\quad\ 0=0. & ⑳ \end{cases}$$

由于方程⑳是恒等式“$0=0$”，所以不再写出.我们把方程组（延用上述编号）

$$\begin{cases} x_1+x_2+x_3=6, & ⑰ \\ \quad -x_2+x_3=1, & ⑱ \\ \qquad\quad x_3=3 & ⑲ \end{cases}$$

称为阶梯形方程组.其中各方程所含未知量的个数，从上一方程到下一方程在逐步减少，因此它就是我们希望转化的形式.要求出方程组的解，只需逐步回代，即先将由⑲式中解出的 x_3 代入⑱，得 $x_2=2$，再把 $x_3=3$，$x_2=2$ 代入⑰得 $x_1=1$，于是得方程组的解为

$$x_1=1,\quad x_2=2,\quad x_3=3.$$

从例 1 看出利用消元法求解线性方程组的全过程：首先选取含 x_1 的方程作为方程组的第一个（一般是最上面的）方程（必要时可通过交换两个方程的位置，把含 x_1 的方程调到最上面），并利用第一个方程，消去它下边每个方程中的 x_1；然后在新方程组中，不考虑第一个方程，对余下方程重复以上做法，即选取第一个含 x_2 的方程作为第一个方程，并消去它下边每个方程中的 x_2；这样继续做下去，直到把方程组化为阶梯形方程组.这个过程我们称为正向消元，另一个过程是“回代”过程，即逆向求解：先从阶梯形方程组中的最后一个方程解出一个未知量，再代入上一个方程又解出一个未知量，依次向上代入直至求出方程组的解.消元过程和回代过程构成利用消元法解线性方程组的全过程.通常把这种消元法称为高斯(Gauss)消元法或简称为消元法.

归纳上述消元的过程，容易看出它实际上只是对方程组反复施行了三种变换，我们将其称为初等变换.

三、线性方程组的初等变换

定义 3.1 方程组的下列变换称为方程组的初等变换：

(1) 交换两个方程的位置；

(2) 用非零常数 k 乘方程的两端；

(3) 把一个方程的 l 倍加到另一个方程上去.

由初等代数知，线性方程组经过方程组的初等变换后得到同解方程组.

显然，线性方程组与它的增广矩阵是一一对应的，于是对线性方程组施行方程组的初等变换，相当于对它的增广矩阵施行初等行变换，反过来也成立.所以，用矩阵的初等行变换化方程组的增广矩阵为阶梯形矩阵，就相当于用线性方程组的初等变换化方程组为阶梯形方

程组.例如,用矩阵的初等行变换表示例 1 的消元过程:

$$\overline{\boldsymbol{A}}=\begin{pmatrix}1&1&1&6\\2&0&5&17\\2&1&3&13\\2&6&-7&-7\end{pmatrix}\xrightarrow[-2r_1+r_4]{\substack{-2r_1+r_2\\-2r_1+r_3}}\begin{pmatrix}1&1&1&6\\0&-2&3&5\\0&-1&1&1\\0&4&-9&-19\end{pmatrix}$$

$$\xrightarrow{r_2\leftrightarrow r_3}\begin{pmatrix}1&1&1&6\\0&-1&1&1\\0&-2&3&5\\0&4&-9&-19\end{pmatrix}\xrightarrow[4r_2+r_4]{-2r_2+r_3}\begin{pmatrix}1&1&1&6\\0&-1&1&1\\0&0&1&3\\0&0&-5&-15\end{pmatrix}$$

$$\xrightarrow{5r_3+r_4}\begin{pmatrix}1&1&1&6\\0&-1&1&1\\0&0&1&3\\0&0&0&0\end{pmatrix}=\overline{\boldsymbol{B}},$$

即将线性方程组的增广矩阵 $\overline{\boldsymbol{A}}$ 化成阶梯形矩阵 $\overline{\boldsymbol{B}}$.写出 $\overline{\boldsymbol{B}}$ 对应的线性方程组

$$\begin{cases}x_1+x_2+x_3=6,\\ \quad -x_2+x_3=1,\\ \qquad\qquad x_3=3,\end{cases}$$

它是原方程组的同解方程组,通过回代即可求出其解.

这种做法的优越性在由矩阵 $\overline{\boldsymbol{A}}$ 化为 $\overline{\boldsymbol{B}}$ 的过程中充分显示出来,它使得运算变得简捷,消元过程直观清楚.因此,今后用消元法解线性方程组,就是对线性方程组的增广矩阵 $\overline{\boldsymbol{A}}$ 施行初等行变换将其化成阶梯形矩阵,再写出该阶梯形矩阵所对应的线性方程组,然后通过回代求出方程组的解.

在将线性方程组的增广矩阵化成阶梯形矩阵的过程中,由于每行的首非零元素起着主要作用,所以把这些首非零元素称为主元素或主元.高斯消元法是利用每个主元素消去它下边的元素.如果不仅消去主元素下边的元素,也消去主元素上边的元素,则求解过程就不需要回代.它要求把增广矩阵化成行简化阶梯形矩阵,该行简化阶梯形矩阵也称为行最简形矩阵.

所谓行最简形矩阵,即在行阶梯形矩阵中,每行首非零元素都是 1 且它所在的列的其他元素全是零.例如,

$$\boldsymbol{P}=\begin{pmatrix}1&1&-1&5&3\\2&3&-4&13&8\\3&4&-5&18&11\end{pmatrix}\xrightarrow[-3r_1+r_3]{-2r_1+r_2}\begin{pmatrix}1&1&-1&5&3\\0&1&-2&3&2\\0&1&-2&3&2\end{pmatrix}$$

$$\xrightarrow{-r_2+r_3}\begin{pmatrix}1&1&-1&5&3\\0&1&-2&3&2\\0&0&0&0&0\end{pmatrix}\xrightarrow{-r_2+r_1}\begin{pmatrix}1&0&1&2&1\\0&1&-2&3&2\\0&0&0&0&0\end{pmatrix}=\boldsymbol{Q},$$

则 $\boldsymbol{Q}$ 为行最简形矩阵.

例 2　用高斯消元法解例 1 中的方程组：

$$\begin{cases} x_1+x_2+x_3=6, \\ 2x_1+5x_3=17, \\ 2x_1+x_2+3x_3=13, \\ 2x_1+6x_2-7x_3=-7. \end{cases}$$

解　在例 1 中已用初等行变换把增广矩阵 $\overline{\boldsymbol{A}}$ 化成了阶梯形矩阵：

$$\overline{\boldsymbol{A}} \longrightarrow \begin{pmatrix} 1 & 1 & 1 & 6 \\ 0 & -1 & 1 & 1 \\ 0 & 0 & 1 & 3 \\ 0 & 0 & 0 & 0 \end{pmatrix}.$$

现在先把主元素都变为 1，再把主元素上边的元素都化为零：

$$\begin{pmatrix} 1 & 1 & 1 & 6 \\ 0 & 1 & -1 & -1 \\ 0 & 0 & 1 & 3 \\ 0 & 0 & 0 & 0 \end{pmatrix} \xrightarrow[r_3+r_2]{-r_3+r_1} \begin{pmatrix} 1 & 1 & 0 & 3 \\ 0 & 1 & 0 & 2 \\ 0 & 0 & 1 & 3 \\ 0 & 0 & 0 & 0 \end{pmatrix} \xrightarrow{-r_2+r_1} \begin{pmatrix} 1 & 0 & 0 & 1 \\ 0 & 1 & 0 & 2 \\ 0 & 0 & 1 & 3 \\ 0 & 0 & 0 & 0 \end{pmatrix}.$$

上述矩阵对应的同解方程组为

$$\begin{cases} x_1=1, \\ x_2=2, \\ x_3=3, \end{cases}$$

由此可直接得到方程组的解：$x_1=1, x_2=2, x_3=3$.

注　例 1 是将线性方程组的增广矩阵用初等行变换化成阶梯形矩阵，再回代求出其解. 例 2 是将增广矩阵化成行最简形矩阵，可直接得到方程组的解. 通常将前一方法称为高斯消元法，后一方法称为高斯-若尔当(Gauss-Jordan)消元法. 一般所谓利用消元法解线性方程组，采用哪种方法均可.

§ 3.2　n 维向量组的线性相关性

向量是重要的数学概念，向量理论不仅为研究方程组提供了有力的工具，而且在物理学、力学及其他自然科学中也有着广泛的应用.

一、n 维向量的概念

定义 3.2　n 个数组成的一个有序数组 $\boldsymbol{\alpha}=(a_1,a_2,\cdots,a_n)$ 称为一个 n 维向量，其中 $a_i\ (i=1,2,\cdots,n)$ 称为 $\boldsymbol{\alpha}$ 的第 i 个分量(或第 i 个坐标). 每个分量都是实数的向量称为实向量，分量是复数的向量称为复向量. 本书只讨论实向量.

如果向量写成行的形式，如 $\boldsymbol{\alpha}=(a_1,a_2,\cdots,a_n)$，则称之为行向量.

如果向量写成列的形式,如 $\boldsymbol{\alpha}=\begin{pmatrix}a_1\\a_2\\\vdots\\a_n\end{pmatrix}$,则称之为列向量.

显然,若 $\boldsymbol{\alpha}$ 为行向量,则 $\boldsymbol{\alpha}^{\mathrm{T}}$ 是列向量;若 $\boldsymbol{\alpha}$ 为列向量,则 $\boldsymbol{\alpha}^{\mathrm{T}}$ 是行向量.

实际上,一个 n 维行向量就是一行 n 列的行矩阵,一个 n 维列向量就是 n 行一列的列矩阵.

例 1 在平面直角坐标系中,点 M 的坐标 (x,y) 就是二元有序数组,即二维向量,而有向线段 $\overrightarrow{OM}=\{x,y\}$ 就是二维向量的几何表示.可见一般 n 维向量的概念就是二维或三维向量的推广.

例 2 n 元线性方程组的解 $x_1=a_1,x_2=a_2,\cdots,x_n=a_n$,按未知量的顺序构成一个 n 维列向量

$$\boldsymbol{\alpha}=\begin{pmatrix}a_1\\a_2\\\vdots\\a_n\end{pmatrix},$$

$\boldsymbol{\alpha}$ 称为线性方程组的解向量.

例 3 设 $m\times n$ 矩阵

$$\boldsymbol{A}=\begin{pmatrix}a_{11}&a_{12}&\cdots&a_{1n}\\a_{21}&a_{22}&\cdots&a_{2n}\\\vdots&\vdots&&\vdots\\a_{m1}&a_{m2}&\cdots&a_{mn}\end{pmatrix}.$$

$\boldsymbol{A}$ 的每一行 $(a_{i1},a_{i2},\cdots,a_{in})$ $(i=1,2,\cdots,m)$ 是一个 n 维行向量,称为矩阵 $\boldsymbol{A}$ 的行向量;$\boldsymbol{A}$ 的每一列 $\begin{pmatrix}a_{1j}\\a_{2j}\\\vdots\\a_{mj}\end{pmatrix}$ $(j=1,2,\cdots,n)$ 是一个 m 维列向量,称为矩阵 $\boldsymbol{A}$ 的列向量.

零向量 每个分量都是零的向量称为零向量,记作 $\mathbf{0}$.

向量的相等 设两个 n 维向量 $\boldsymbol{\alpha}=(a_1,a_2,\cdots,a_n)^{\mathrm{T}}$,$\boldsymbol{\beta}=(b_1,b_2,\cdots,b_n)^{\mathrm{T}}$,如果 $a_i=b_i(i=1,2,\cdots,n)$,则称向量 $\boldsymbol{\alpha}$ 与 $\boldsymbol{\beta}$ 相等,记作 $\boldsymbol{\alpha}=\boldsymbol{\beta}$.

负向量 称向量 $(-a_1,-a_2,\cdots,-a_n)^{\mathrm{T}}$ 为向量 $\boldsymbol{\alpha}=(a_1,a_2,\cdots,a_n)^{\mathrm{T}}$ 的负向量,记作 $-\boldsymbol{\alpha}$,即 $-\boldsymbol{\alpha}=(-a_1,-a_2,\cdots,-a_n)^{\mathrm{T}}$.

二、n 维向量的线性运算

定义 3.3 设 n 维向量 $\boldsymbol{\alpha}=(a_1,a_2,\cdots,a_n)^{\mathrm{T}}$,$\boldsymbol{\beta}=(b_1,b_2,\cdots,b_n)^{\mathrm{T}}$,称向量 $(a_1+b_1,a_2+b_2,\cdots,a_n+b_n)^{\mathrm{T}}$ 为向量 $\boldsymbol{\alpha}$ 与 $\boldsymbol{\beta}$ 的和,记为 $\boldsymbol{\alpha}+\boldsymbol{\beta}$,即

$$\boldsymbol{\alpha}+\boldsymbol{\beta}=(a_1+b_1,a_2+b_2,\cdots,a_n+b_n)^{\mathrm{T}}.$$

定义 3.4 设 n 维向量 $\boldsymbol{\alpha}=(a_1,a_2,\cdots,a_n)^{\mathrm{T}}$，$k$ 为常数，称向量 $(ka_1,ka_2,\cdots,ka_n)^{\mathrm{T}}$ 为 k 与 $\boldsymbol{\alpha}$ 的乘积(简称数乘)，记为 $k\boldsymbol{\alpha}$，即

$$k\boldsymbol{\alpha}=(ka_1,ka_2,\cdots,ka_n)^{\mathrm{T}}.$$

向量的和与数乘统称为向量的线性运算.由定义 3.3 和定义 3.4 可得到向量的线性运算满足以下运算规律：

(1) $\boldsymbol{\alpha}+\boldsymbol{\beta}=\boldsymbol{\beta}+\boldsymbol{\alpha}$(交换律)；

(2) $(\boldsymbol{\alpha}+\boldsymbol{\beta})+\boldsymbol{\gamma}=\boldsymbol{\alpha}+(\boldsymbol{\beta}+\boldsymbol{\gamma})$(结合律)；

(3) $\boldsymbol{\alpha}+\mathbf{0}=\boldsymbol{\alpha}$；

(4) $\boldsymbol{\alpha}+(-\boldsymbol{\alpha})=\mathbf{0}$；

(5) $k(\boldsymbol{\alpha}+\boldsymbol{\beta})=k\boldsymbol{\alpha}+k\boldsymbol{\beta}$(分配律)；

(6) $(k+l)\boldsymbol{\alpha}=k\boldsymbol{\alpha}+l\boldsymbol{\alpha}$(分配律)；

(7) $(kl)\boldsymbol{\alpha}=k(l\boldsymbol{\alpha})=l(k\boldsymbol{\alpha})$(结合律)；

(8) $1\cdot\boldsymbol{\alpha}=\boldsymbol{\alpha}$，

其中 $\boldsymbol{\alpha},\boldsymbol{\beta},\boldsymbol{\gamma}$ 为任意 n 维向量，而 k,l 为任意常数.

由向量加法和数乘的定义，不难证明上述性质(1)—(8)，证明过程作为练习留给读者.

三、向量组的线性组合、线性表示、线性相关与线性无关的概念

定义 3.5 设 $\boldsymbol{\alpha}_1,\boldsymbol{\alpha}_2,\cdots,\boldsymbol{\alpha}_m$ 为 n 维向量，$k_1,k_2,\cdots,k_m$ 为数，称向量

$$k_1\boldsymbol{\alpha}_1+k_2\boldsymbol{\alpha}_2+\cdots+k_m\boldsymbol{\alpha}_m$$

为向量组 $\boldsymbol{\alpha}_1,\boldsymbol{\alpha}_2,\cdots,\boldsymbol{\alpha}_m$ 的一个线性组合.

若 n 维向量 $\boldsymbol{\alpha}$ 可以写成 $\boldsymbol{\alpha}_1,\boldsymbol{\alpha}_2,\cdots,\boldsymbol{\alpha}_m$ 的一个线性组合，则称 $\boldsymbol{\alpha}$ 可以被向量组 $\boldsymbol{\alpha}_1,\boldsymbol{\alpha}_2,\cdots,\boldsymbol{\alpha}_m$ 线性表示(或线性表出)，或称 $\boldsymbol{\alpha}$ 可由向量组 $\boldsymbol{\alpha}_1,\boldsymbol{\alpha}_2,\cdots,\boldsymbol{\alpha}_m$ 线性表示.即存在数 $k_1,k_2,\cdots,k_m$，使得

$$\boldsymbol{\alpha}=k_1\boldsymbol{\alpha}_1+k_2\boldsymbol{\alpha}_2+\cdots+k_m\boldsymbol{\alpha}_m$$

成立.

例如，对向量组 $\boldsymbol{\alpha}_1=(1,1,2)^{\mathrm{T}}$，$\boldsymbol{\alpha}_2=(0,-1,1)^{\mathrm{T}}$ 及 $\boldsymbol{\alpha}=(1,0,3)^{\mathrm{T}}$，有 $\boldsymbol{\alpha}=\boldsymbol{\alpha}_1+\boldsymbol{\alpha}_2$，则称 $\boldsymbol{\alpha}$ 可由 $\boldsymbol{\alpha}_1,\boldsymbol{\alpha}_2$ 线性表示，也称 $\boldsymbol{\alpha}$ 是 $\boldsymbol{\alpha}_1,\boldsymbol{\alpha}_2$ 的一个线性组合.

再例如，对向量组

$$\boldsymbol{e}_1=(1,0,0)^{\mathrm{T}},\quad \boldsymbol{e}_2=(0,1,0)^{\mathrm{T}},\quad \boldsymbol{e}_3=(0,0,1)^{\mathrm{T}},$$

零向量 $\mathbf{0}=(0,0,0)^{\mathrm{T}}=0\boldsymbol{e}_1+0\boldsymbol{e}_2+0\boldsymbol{e}_3$，可见零向量是 $\boldsymbol{e}_1,\boldsymbol{e}_2,\boldsymbol{e}_3$ 的线性组合.另外 $\boldsymbol{\alpha}=(1,2,0)^{\mathrm{T}}=1\boldsymbol{e}_1+2\boldsymbol{e}_2+0\boldsymbol{e}_3$，所以 $\boldsymbol{\alpha}$ 是 $\boldsymbol{e}_1,\boldsymbol{e}_2,\boldsymbol{e}_3$ 的线性组合，或称 $\boldsymbol{\alpha}$ 可由 $\boldsymbol{e}_1,\boldsymbol{e}_2,\boldsymbol{e}_3$ 线性表示.

显然，n 维零向量可被任何一组 n 维向量线性表示.

称向量组

$$\boldsymbol{e}_1=(1,0,0,\cdots,0)^{\mathrm{T}},$$

$$\boldsymbol{e}_2=(0,1,0,\cdots,0)^{\mathrm{T}},$$

$$\cdots$$

$$\boldsymbol{e}_n=(0,0,0,\cdots,1)^{\mathrm{T}}$$

为 n 维单位向量组.

对任一个 n 维向量 $\boldsymbol{\alpha}=(a_1,a_2,\cdots,a_n)^{\mathrm{T}}$ 都有

$$\boldsymbol{\alpha}=a_1\boldsymbol{e}_1+a_2\boldsymbol{e}_2+\cdots+a_n\boldsymbol{e}_n,$$

这就表明任一个 n 维向量 $\boldsymbol{\alpha}$ 都可由 n 维单位向量组线性表示.

定义 3.6 对 n 维向量组 $\boldsymbol{\alpha}_1,\boldsymbol{\alpha}_2,\cdots,\boldsymbol{\alpha}_m$，如果存在一组不全为零的数 $k_1,k_2,\cdots,k_m$，使得

$$k_1\boldsymbol{\alpha}_1+k_2\boldsymbol{\alpha}_2+\cdots+k_m\boldsymbol{\alpha}_m=\mathbf{0},$$

则称向量组 $\boldsymbol{\alpha}_1,\boldsymbol{\alpha}_2,\cdots,\boldsymbol{\alpha}_m$ 线性相关；否则，称向量组 $\boldsymbol{\alpha}_1,\boldsymbol{\alpha}_2,\cdots,\boldsymbol{\alpha}_m$ 线性无关，或者说当且仅当 $k_1=k_2=\cdots=k_m=0$ 时上式才成立，则称向量组 $\boldsymbol{\alpha}_1,\boldsymbol{\alpha}_2,\cdots,\boldsymbol{\alpha}_m$ 线性无关.

给出一组 n 维向量 $\boldsymbol{\alpha}_1,\boldsymbol{\alpha}_2,\cdots,\boldsymbol{\alpha}_m$，如何判定它们是线性相关还是线性无关？按照定义 3.6，通常是令

$$k_1\boldsymbol{\alpha}_1+k_2\boldsymbol{\alpha}_2+\cdots+k_m\boldsymbol{\alpha}_m=\mathbf{0},$$

若由此推出存在满足此式的数 $k_1,k_2,\cdots,k_m$ 不全为零，则 $\boldsymbol{\alpha}_1,\boldsymbol{\alpha}_2,\cdots,\boldsymbol{\alpha}_m$ 线性相关；若由此推出只有 $k_1=0,k_2=0,\cdots,k_m=0$，则 $\boldsymbol{\alpha}_1,\boldsymbol{\alpha}_2,\cdots,\boldsymbol{\alpha}_m$ 线性无关.

例 4 对三维向量组 $\boldsymbol{\alpha}_1=(1,-2,1)^{\mathrm{T}},\boldsymbol{\alpha}_2=(0,2,2)^{\mathrm{T}},\boldsymbol{\alpha}_3=(1,0,3)^{\mathrm{T}},\boldsymbol{\alpha}_4=(2,3,4)^{\mathrm{T}}$，有关系式

$$\boldsymbol{\alpha}_1+\boldsymbol{\alpha}_2-\boldsymbol{\alpha}_3+0\boldsymbol{\alpha}_4=\mathbf{0}$$

成立，按定义 3.6 可知向量组 $\boldsymbol{\alpha}_1,\boldsymbol{\alpha}_2,\boldsymbol{\alpha}_3,\boldsymbol{\alpha}_4$ 线性相关.

例 5 证明 n 维单位向量组

$$\boldsymbol{e}_1=\begin{pmatrix}1\\0\\\vdots\\0\end{pmatrix},\quad \boldsymbol{e}_2=\begin{pmatrix}0\\1\\\vdots\\0\end{pmatrix},\quad \cdots,\quad \boldsymbol{e}_n=\begin{pmatrix}0\\0\\\vdots\\1\end{pmatrix}$$

线性无关.

证 令 $k_1\boldsymbol{e}_1+k_2\boldsymbol{e}_2+\cdots+k_n\boldsymbol{e}_n=\mathbf{0}$，即

$$k_1\begin{pmatrix}1\\0\\\vdots\\0\end{pmatrix}+k_2\begin{pmatrix}0\\1\\\vdots\\0\end{pmatrix}+\cdots+k_n\begin{pmatrix}0\\0\\\vdots\\1\end{pmatrix}=\begin{pmatrix}0\\0\\\vdots\\0\end{pmatrix},$$

亦即

$$\begin{pmatrix}k_1\\k_2\\\vdots\\k_n\end{pmatrix}=\begin{pmatrix}0\\0\\\vdots\\0\end{pmatrix},$$

因此只有 $k_1=k_2=\cdots=k_n=0$. 由定义 3.6，可知 n 维单位向量组 $\boldsymbol{e}_1,\boldsymbol{e}_2,\cdots,\boldsymbol{e}_n$ 线性无关.

例 6 讨论向量组

$$\boldsymbol{\alpha}_1=\begin{pmatrix}1\\0\\1\end{pmatrix},\quad \boldsymbol{\alpha}_2=\begin{pmatrix}2\\3\\1\end{pmatrix},\quad \boldsymbol{\alpha}_3=\begin{pmatrix}4\\3\\3\end{pmatrix}$$

的线性相关性.

解　令 $k_1\boldsymbol{\alpha}_1+k_2\boldsymbol{\alpha}_2+k_3\boldsymbol{\alpha}_3=\mathbf{0}$,即

$$k_1\begin{pmatrix}1\\0\\1\end{pmatrix}+k_2\begin{pmatrix}2\\3\\1\end{pmatrix}+k_3\begin{pmatrix}4\\3\\3\end{pmatrix}=\begin{pmatrix}0\\0\\0\end{pmatrix},$$

所以

$$\begin{pmatrix}k_1+2k_2+4k_3\\ 3k_2+3k_3\\ k_1+k_2+3k_3\end{pmatrix}=\begin{pmatrix}0\\0\\0\end{pmatrix}.$$

因此

$$\begin{cases}k_1+2k_2+4k_3=0,\\ 3k_2+3k_3=0,\\ k_1+k_2+3k_3=0,\end{cases}$$

解得

$$\begin{cases}k_1=-2k_3,\\ k_2=-k_3.\end{cases}$$

由于 k_3 可以任意取值,所以方程组有非零解,即有不全为零的数 k_1,k_2,k_3 使得

$$k_1\boldsymbol{\alpha}_1+k_2\boldsymbol{\alpha}_2+k_3\boldsymbol{\alpha}_3=\mathbf{0}.$$

由定义 3.6,可知向量组 $\boldsymbol{\alpha}_1,\boldsymbol{\alpha}_2,\boldsymbol{\alpha}_3$ 线性相关.

例 7　设向量组 $\boldsymbol{\alpha}_1,\boldsymbol{\alpha}_2,\boldsymbol{\alpha}_3$ 线性无关,讨论向量组

$$\boldsymbol{\beta}_1=\boldsymbol{\alpha}_1+\boldsymbol{\alpha}_2+\boldsymbol{\alpha}_3,$$
$$\boldsymbol{\beta}_2=\boldsymbol{\alpha}_1+2\boldsymbol{\alpha}_2-\boldsymbol{\alpha}_3,$$
$$\boldsymbol{\beta}_3=\boldsymbol{\alpha}_1-\boldsymbol{\alpha}_2+2\boldsymbol{\alpha}_3$$

的线性相关性.

解　**方法 1**　利用定义.令 $k_1\boldsymbol{\beta}_1+k_2\boldsymbol{\beta}_2+k_3\boldsymbol{\beta}_3=\mathbf{0}$,由题设,有

$$k_1(\boldsymbol{\alpha}_1+\boldsymbol{\alpha}_2+\boldsymbol{\alpha}_3)+k_2(\boldsymbol{\alpha}_1+2\boldsymbol{\alpha}_2-\boldsymbol{\alpha}_3)+k_3(\boldsymbol{\alpha}_1-\boldsymbol{\alpha}_2+2\boldsymbol{\alpha}_3)=\mathbf{0},$$

写成 $\boldsymbol{\alpha}_1,\boldsymbol{\alpha}_2,\boldsymbol{\alpha}_3$ 的线性组合:

$$(k_1+k_2+k_3)\boldsymbol{\alpha}_1+(k_1+2k_2-k_3)\boldsymbol{\alpha}_2+(k_1-k_2+2k_3)\boldsymbol{\alpha}_3=\mathbf{0}.$$

因为 $\boldsymbol{\alpha}_1,\boldsymbol{\alpha}_2,\boldsymbol{\alpha}_3$ 线性无关,所以

$$\begin{cases}k_1+k_2+k_3=0,\\ k_1+2k_2-k_3=0,\\ k_1-k_2+2k_3=0.\end{cases}$$

由于方程组的系数行列式

$$\begin{vmatrix}1&1&1\\1&2&-1\\1&-1&2\end{vmatrix}=\begin{vmatrix}1&1&1\\0&1&-2\\0&-2&1\end{vmatrix}=-3\neq 0,$$

故齐次方程组只有零解 $k_1=k_2=k_3=0$，因此向量组 $\boldsymbol{\beta}_1,\boldsymbol{\beta}_2,\boldsymbol{\beta}_3$ 线性无关.

方法 2 利用矩阵秩的性质.令 $\boldsymbol{A}=(\boldsymbol{\alpha}_1,\boldsymbol{\alpha}_2,\boldsymbol{\alpha}_3)$，$\boldsymbol{B}=(\boldsymbol{\beta}_1,\boldsymbol{\beta}_2,\boldsymbol{\beta}_3)$，由题设知 $r(\boldsymbol{A})=3$，且

$$\boldsymbol{B}=(\boldsymbol{\beta}_1,\boldsymbol{\beta}_2,\boldsymbol{\beta}_3)=\boldsymbol{A}\begin{pmatrix}1&1&1\\1&2&-1\\1&-1&2\end{pmatrix}.$$

记 $\boldsymbol{P}=\begin{pmatrix}1&1&1\\1&2&-1\\1&-1&2\end{pmatrix}$，因为 $|\boldsymbol{P}|=-3\neq0$，所以 $\boldsymbol{P}$ 为可逆矩阵.

故由矩阵秩的性质有 $r(\boldsymbol{B})=r(\boldsymbol{AP})=r(\boldsymbol{A})=3$，所以 $\boldsymbol{\beta}_1,\boldsymbol{\beta}_2,\boldsymbol{\beta}_3$ 线性无关.

由定义 3.6，可得出以下结论：

(1) 对仅含一个向量 $\boldsymbol{\alpha}$ 的向量组，有 $\boldsymbol{\alpha}$ 线性相关$\Leftrightarrow\boldsymbol{\alpha}=\boldsymbol{0}$；$\boldsymbol{\alpha}$ 线性无关$\Leftrightarrow\boldsymbol{\alpha}\neq\boldsymbol{0}$（读者可按定义自己证明）.

(2) 任何含有零向量的向量组 $\boldsymbol{\alpha}_1,\boldsymbol{\alpha}_2,\cdots,\boldsymbol{\alpha}_m$ 必线性相关.

事实上，如果 $\boldsymbol{\alpha}_1=\boldsymbol{0}$，则有

$$1\boldsymbol{\alpha}_1+0\boldsymbol{\alpha}_2+\cdots+0\boldsymbol{\alpha}_m=\boldsymbol{0},$$

由于 $1,0,\cdots,0$ 不全为零，所以向量组 $\boldsymbol{\alpha}_1,\boldsymbol{\alpha}_2,\cdots,\boldsymbol{\alpha}_m$ 线性相关.

(3) 如果向量组 $\boldsymbol{\alpha}_1,\boldsymbol{\alpha}_2,\cdots,\boldsymbol{\alpha}_m$ 中有某个部分组线性相关，则向量组 $\boldsymbol{\alpha}_1,\boldsymbol{\alpha}_2,\cdots,\boldsymbol{\alpha}_m$ 必线性相关.

事实上，不妨设 $\boldsymbol{\alpha}_1,\boldsymbol{\alpha}_2,\cdots,\boldsymbol{\alpha}_s$ $(s<m)$ 是向量组 $\boldsymbol{\alpha}_1,\boldsymbol{\alpha}_2,\cdots,\boldsymbol{\alpha}_s,\boldsymbol{\alpha}_{s+1},\cdots,\boldsymbol{\alpha}_m$ 的一个部分组，且线性相关，由定义 3.6，有一组不全为零的数 $k_1,k_2,\cdots,k_s$ 使得

$$k_1\boldsymbol{\alpha}_1+k_2\boldsymbol{\alpha}_2+\cdots+k_s\boldsymbol{\alpha}_s=\boldsymbol{0},$$

从而有

$$k_1\boldsymbol{\alpha}_1+k_2\boldsymbol{\alpha}_2+\cdots+k_s\boldsymbol{\alpha}_s+0\boldsymbol{\alpha}_{s+1}+\cdots+0\boldsymbol{\alpha}_m=\boldsymbol{0}.$$

由于 $k_1,k_2,\cdots,k_s,0,\cdots,0$ 不全为 0，因此 $\boldsymbol{\alpha}_1,\boldsymbol{\alpha}_2,\cdots,\boldsymbol{\alpha}_s,\boldsymbol{\alpha}_{s+1},\cdots,\boldsymbol{\alpha}_m$ 线性相关.

(4) 如果向量组 $\boldsymbol{\alpha}_1,\boldsymbol{\alpha}_2,\cdots,\boldsymbol{\alpha}_m$ 线性无关，则它的任何一个部分组必线性无关.

事实上，设 $\boldsymbol{\alpha}_1,\boldsymbol{\alpha}_2,\cdots,\boldsymbol{\alpha}_s$ $(s<m)$ 是线性无关向量组 $\boldsymbol{\alpha}_1,\boldsymbol{\alpha}_2,\cdots,\boldsymbol{\alpha}_s,\boldsymbol{\alpha}_{s+1},\cdots,\boldsymbol{\alpha}_m$ 的一个部分组.假若 $\boldsymbol{\alpha}_1,\boldsymbol{\alpha}_2,\cdots,\boldsymbol{\alpha}_s$ 线性相关，由(3)可知，$\boldsymbol{\alpha}_1,\boldsymbol{\alpha}_2,\cdots,\boldsymbol{\alpha}_s,\boldsymbol{\alpha}_{s+1},\cdots,\boldsymbol{\alpha}_m$ 必线性相关，与题设矛盾.因此向量组 $\boldsymbol{\alpha}_1,\boldsymbol{\alpha}_2,\cdots,\boldsymbol{\alpha}_s,\boldsymbol{\alpha}_{s+1},\cdots,\boldsymbol{\alpha}_m$ 的部分组 $\boldsymbol{\alpha}_1,\boldsymbol{\alpha}_2,\cdots,\boldsymbol{\alpha}_s$ 线性无关.

四、向量组的线性相关性

定理 3.1 设向量组 $\boldsymbol{\alpha}_1,\boldsymbol{\alpha}_2,\cdots,\boldsymbol{\alpha}_m$ 线性无关，而向量组 $\boldsymbol{\alpha}_1,\boldsymbol{\alpha}_2,\cdots,\boldsymbol{\alpha}_m,\boldsymbol{\beta}$ 线性相关，则向量 $\boldsymbol{\beta}$ 可由向量组 $\boldsymbol{\alpha}_1,\boldsymbol{\alpha}_2,\cdots,\boldsymbol{\alpha}_m$ 线性表示，并且表示式唯一.

证 由题设，向量组 $\boldsymbol{\alpha}_1,\boldsymbol{\alpha}_2,\cdots,\boldsymbol{\alpha}_m,\boldsymbol{\beta}$ 线性相关，所以存在一组不全为零的数 $k_1,k_2,\cdots,k_m,k$ 使得

$$k_1\boldsymbol{\alpha}_1+k_2\boldsymbol{\alpha}_2+\cdots+k_m\boldsymbol{\alpha}_m+k\boldsymbol{\beta}=\boldsymbol{0},$$

则必有 $k\neq0$.因为假若 $k=0$，则有 $k_1,k_2,\cdots,k_m$ 不全为零，使得

$$k_1\boldsymbol{\alpha}_1+k_2\boldsymbol{\alpha}_2+\cdots+k_m\boldsymbol{\alpha}_m=\boldsymbol{0},$$

这与题设向量组 $\boldsymbol{\alpha}_1,\boldsymbol{\alpha}_2,\cdots,\boldsymbol{\alpha}_m$ 线性无关矛盾.因此有

$$\boldsymbol{\beta}=-\frac{k_1}{k}\boldsymbol{\alpha}_1-\frac{k_2}{k}\boldsymbol{\alpha}_2-\cdots-\frac{k_m}{k}\boldsymbol{\alpha}_m,$$

即 $\boldsymbol{\beta}$ 可由向量组 $\boldsymbol{\alpha}_1,\boldsymbol{\alpha}_2,\cdots,\boldsymbol{\alpha}_m$ 线性表示.

下面证明 $\boldsymbol{\beta}$ 的表示式唯一.

设 $\boldsymbol{\beta}$ 有两个表示式

$$\boldsymbol{\beta}=t_1\boldsymbol{\alpha}_1+t_2\boldsymbol{\alpha}_2+\cdots+t_m\boldsymbol{\alpha}_m, \tag{3.2}$$

$$\boldsymbol{\beta}=l_1\boldsymbol{\alpha}_1+l_2\boldsymbol{\alpha}_2+\cdots+l_m\boldsymbol{\alpha}_m, \tag{3.3}$$

(3.2)式减去(3.3)式,得

$$(t_1-l_1)\boldsymbol{\alpha}_1+(t_2-l_2)\boldsymbol{\alpha}_2+\cdots+(t_m-l_m)\boldsymbol{\alpha}_m=\boldsymbol{0}.$$

由于 $\boldsymbol{\alpha}_1,\boldsymbol{\alpha}_2,\cdots,\boldsymbol{\alpha}_m$ 线性无关,故

$$t_i-l_i=0,\quad t_i=l_i\quad (i=1,2,\cdots,m),$$

即 $\boldsymbol{\beta}$ 由向量组 $\boldsymbol{\alpha}_1,\boldsymbol{\alpha}_2,\cdots,\boldsymbol{\alpha}_m$ 线性表示的表示式唯一.

定理 3.2 向量组 $\boldsymbol{\alpha}_1,\boldsymbol{\alpha}_2,\cdots,\boldsymbol{\alpha}_m\,(m\geqslant 2)$线性相关的充要条件是该向量组中至少有一个向量可由其余向量线性表示.

证 必要性. 设 $\boldsymbol{\alpha}_1,\boldsymbol{\alpha}_2,\cdots,\boldsymbol{\alpha}_m$ 线性相关,所以存在一组不全为零的数 $k_1,k_2,\cdots,k_m$ 使得

$$k_1\boldsymbol{\alpha}_1+k_2\boldsymbol{\alpha}_2+\cdots+k_m\boldsymbol{\alpha}_m=\boldsymbol{0}.$$

不妨设 $k_i\neq 0\ (1\leqslant i\leqslant m)$,所以有

$$\boldsymbol{\alpha}_i=-\frac{k_1}{k_i}\boldsymbol{\alpha}_1-\cdots-\frac{k_{i-1}}{k_i}\boldsymbol{\alpha}_{i-1}-\frac{k_{i+1}}{k_i}\boldsymbol{\alpha}_{i+1}-\cdots-\frac{k_m}{k_i}\boldsymbol{\alpha}_m,$$

即 $\boldsymbol{\alpha}_i$ 可由其余向量线性表示.

充分性. 设向量组 $\boldsymbol{\alpha}_1,\boldsymbol{\alpha}_2,\cdots,\boldsymbol{\alpha}_m$ 中某个向量 $\boldsymbol{\alpha}_j\ (1\leqslant j\leqslant m)$可由该向量组的其余向量线性表示,即有

$$\boldsymbol{\alpha}_j=l_1\boldsymbol{\alpha}_1+\cdots+l_{j-1}\boldsymbol{\alpha}_{j-1}+l_{j+1}\boldsymbol{\alpha}_{j+1}+\cdots+l_m\boldsymbol{\alpha}_m,$$

于是

$$l_1\boldsymbol{\alpha}_1+\cdots+l_{j-1}\boldsymbol{\alpha}_{j-1}+(-1)\boldsymbol{\alpha}_j+l_{j+1}\boldsymbol{\alpha}_{j+1}+\cdots+l_m\boldsymbol{\alpha}_m=\boldsymbol{0}.$$

由于数 $l_1,\cdots,l_{j-1},-1,l_{j+1},\cdots,l_m$ 不全为零,由定义 3.6,可知向量组 $\boldsymbol{\alpha}_1,\boldsymbol{\alpha}_2,\cdots,\boldsymbol{\alpha}_m$ 线性相关.

定理 3.3 设 $m\times n$ 矩阵

$$\boldsymbol{A}=\begin{pmatrix} a_{11} & a_{12} & \cdots & a_{1n}\\ a_{21} & a_{22} & \cdots & a_{2n}\\ \vdots & \vdots & & \vdots\\ a_{m1} & a_{m2} & \cdots & a_{mn}\end{pmatrix}=\begin{pmatrix}\boldsymbol{\alpha}_1\\ \boldsymbol{\alpha}_2\\ \vdots\\ \boldsymbol{\alpha}_m\end{pmatrix}=(\boldsymbol{\beta}_1,\boldsymbol{\beta}_2,\cdots,\boldsymbol{\beta}_n),$$

其中 $\boldsymbol{\alpha}_1,\boldsymbol{\alpha}_2,\cdots,\boldsymbol{\alpha}_m$ 为 $\boldsymbol{A}$ 的行向量组,$\boldsymbol{\beta}_1,\boldsymbol{\beta}_2,\cdots,\boldsymbol{\beta}_n$ 为 $\boldsymbol{A}$ 的列向量组.则

(1) $\boldsymbol{\alpha}_1,\boldsymbol{\alpha}_2,\cdots,\boldsymbol{\alpha}_m$ 线性相关的充要条件是 $r(\boldsymbol{A})<m$;

(2) $\boldsymbol{\beta}_1,\boldsymbol{\beta}_2,\cdots,\boldsymbol{\beta}_n$ 线性相关的充要条件是 $r(\boldsymbol{A})<n$.

*证 仅证(2)的情形.

如果 $\boldsymbol{A}=\boldsymbol{O}$,则定理 3.3 显然成立.

如果 $\boldsymbol{A}\neq\boldsymbol{O}$,先证必要性.由于 $\boldsymbol{\beta}_1,\boldsymbol{\beta}_2,\cdots,\boldsymbol{\beta}_n$ 线性相关,则必有某个 $\boldsymbol{\beta}_j\ (1\leqslant j\leqslant n)$ 可由其余向量线性表示,不妨设

$$\boldsymbol{\beta}_n=k_1\boldsymbol{\beta}_1+k_2\boldsymbol{\beta}_2+\cdots+k_{n-1}\boldsymbol{\beta}_{n-1}.$$

将 $\boldsymbol{A}$ 进行初等列变换,有

$$\begin{aligned}\boldsymbol{A}&=(\boldsymbol{\beta}_1,\boldsymbol{\beta}_2,\cdots,\boldsymbol{\beta}_{n-1},\boldsymbol{\beta}_n)=(\boldsymbol{\beta}_1,\boldsymbol{\beta}_2,\cdots,\boldsymbol{\beta}_{n-1},k_1\boldsymbol{\beta}_1+k_2\boldsymbol{\beta}_2+\cdots+k_{n-1}\boldsymbol{\beta}_{n-1})\\&\xrightarrow{(-k_j)c_j+c_n(j=1,2,\cdots,n-1)}(\boldsymbol{\beta}_1,\boldsymbol{\beta}_2,\cdots,\boldsymbol{\beta}_{n-1},\boldsymbol{0}).\end{aligned}$$

由于初等变换不改变矩阵 $\boldsymbol{A}$ 的秩,所以

$$r(\boldsymbol{A})<n.$$

再证充分性.假设 $r(\boldsymbol{A})=r<n$,则存在 m 阶可逆矩阵 $\boldsymbol{P}$,n 阶可逆矩阵 $\boldsymbol{Q}$,使得

$$\boldsymbol{PAQ}=\begin{pmatrix}\boldsymbol{E}_r&\boldsymbol{O}\\\boldsymbol{O}&\boldsymbol{O}\end{pmatrix},$$

于是

$$\boldsymbol{AQ}=\boldsymbol{P}^{-1}\begin{pmatrix}\boldsymbol{E}_r&\boldsymbol{O}\\\boldsymbol{O}&\boldsymbol{O}\end{pmatrix}.$$

记

$$\boldsymbol{Q}=\begin{pmatrix}q_{11}&q_{12}&\cdots&q_{1n}\\q_{21}&q_{22}&\cdots&q_{2n}\\\vdots&\vdots&&\vdots\\q_{n1}&q_{n2}&\cdots&q_{nn}\end{pmatrix},\quad \boldsymbol{P}^{-1}=(\boldsymbol{P}_{m\times r},\boldsymbol{P}_{m\times(m-r)}),$$

所以有

$$\begin{aligned}\boldsymbol{AQ}&=(\boldsymbol{\beta}_1,\boldsymbol{\beta}_2,\cdots,\boldsymbol{\beta}_n)\begin{pmatrix}q_{11}&q_{12}&\cdots&q_{1n}\\q_{21}&q_{22}&\cdots&q_{2n}\\\vdots&\vdots&&\vdots\\q_{n1}&q_{n2}&\cdots&q_{nn}\end{pmatrix}\\&=(q_{11}\boldsymbol{\beta}_1+q_{21}\boldsymbol{\beta}_2+\cdots+q_{n1}\boldsymbol{\beta}_n,q_{12}\boldsymbol{\beta}_1+q_{22}\boldsymbol{\beta}_2+\cdots+q_{n2}\boldsymbol{\beta}_n,\cdots,\\&\qquad q_{1n}\boldsymbol{\beta}_1+q_{2n}\boldsymbol{\beta}_2+\cdots+q_{nn}\boldsymbol{\beta}_n),\end{aligned}$$

$$\boldsymbol{P}^{-1}\begin{pmatrix}\boldsymbol{E}_r&\boldsymbol{O}\\\boldsymbol{O}&\boldsymbol{O}\end{pmatrix}=(\boldsymbol{P}_{m\times r},\boldsymbol{P}_{m\times(m-r)})\begin{pmatrix}\boldsymbol{E}_r&\boldsymbol{O}\\\boldsymbol{O}&\boldsymbol{O}\end{pmatrix}=(\boldsymbol{P}_{m\times r},\boldsymbol{O}).$$

比较上述两个等式右端最后一列,有

$$q_{1n}\boldsymbol{\beta}_1+q_{2n}\boldsymbol{\beta}_2+\cdots+q_{nn}\boldsymbol{\beta}_n=\boldsymbol{0}.$$

由于矩阵 $\boldsymbol{Q}$ 可逆,因此它的最后一列元素 $q_{1n},q_{2n},\cdots,q_{nn}$ 不全为零,所以 $\boldsymbol{A}$ 的 n 个列向量 $\boldsymbol{\beta}_1,\boldsymbol{\beta}_2,\cdots,\boldsymbol{\beta}_n$ 线性相关.

推论 1 $m\times n$ 矩阵 $\boldsymbol{A}$ 的 m 个行向量线性无关的充要条件是 $r(\boldsymbol{A})=m$;$m\times n$ 矩阵 $\boldsymbol{A}$ 的 n 个列向量线性无关的充要条件是 $r(\boldsymbol{A})=n$.

依据定理 3.3 用反证法即可证明此推论.

推论 2　任意 m 个 n 维向量($m>n$)必线性相关.

事实上,由于以这 m 个 n 维向量为列作成矩阵 $\boldsymbol{A}_{n\times m}$,有 $r(\boldsymbol{A})\leqslant n<m$,由定理 3.3(2)可知,这 m 个 n 维列向量必线性相关.

推论 3　n 个 n 维向量

$$\boldsymbol{\beta}_1=\begin{pmatrix}a_{11}\\a_{21}\\\vdots\\a_{n1}\end{pmatrix},\quad \boldsymbol{\beta}_2=\begin{pmatrix}a_{12}\\a_{22}\\\vdots\\a_{n2}\end{pmatrix},\quad \cdots,\quad \boldsymbol{\beta}_n=\begin{pmatrix}a_{1n}\\a_{2n}\\\vdots\\a_{nn}\end{pmatrix}$$

线性无关的充要条件是行列式

$$\begin{vmatrix}a_{11}&a_{12}&\cdots&a_{1n}\\a_{21}&a_{22}&\cdots&a_{2n}\\\vdots&\vdots&&\vdots\\a_{n1}&a_{n2}&\cdots&a_{nn}\end{vmatrix}\neq 0,$$

而它们线性相关的充要条件是

$$\begin{vmatrix}a_{11}&a_{12}&\cdots&a_{1n}\\a_{21}&a_{22}&\cdots&a_{2n}\\\vdots&\vdots&&\vdots\\a_{n1}&a_{n2}&\cdots&a_{nn}\end{vmatrix}=0.$$

例 8　判断下列向量组的线性相关性.

(1) $\boldsymbol{\alpha}_1=(1,0,0,0)^{\mathrm{T}},\boldsymbol{\alpha}_2=(-1,2,4,0)^{\mathrm{T}},\boldsymbol{\alpha}_3=(1,0,1,1)^{\mathrm{T}},\boldsymbol{\alpha}_4=(0,0,1,1)^{\mathrm{T}}$.

(2) $\boldsymbol{\alpha}_1=(3,1,2)^{\mathrm{T}},\boldsymbol{\alpha}_2=(0,0,0)^{\mathrm{T}},\boldsymbol{\alpha}_3=(5,2,-3)^{\mathrm{T}}$.

(3) $\boldsymbol{\alpha}_1=(1,1,1)^{\mathrm{T}},\boldsymbol{\alpha}_2=(0,1,2)^{\mathrm{T}},\boldsymbol{\alpha}_3=(2,3,4)^{\mathrm{T}},\boldsymbol{\alpha}_4=(1,4,3)^{\mathrm{T}}$.

(4) $\boldsymbol{\alpha}_1=(1,0,0)^{\mathrm{T}},\boldsymbol{\alpha}_2=(1,1,0)^{\mathrm{T}},\boldsymbol{\alpha}_3=(1,2,3)^{\mathrm{T}}$.

(5) $\boldsymbol{\alpha}_1=(1,-1,0,1)^{\mathrm{T}},\boldsymbol{\alpha}_2=(2,-3,0,4)^{\mathrm{T}},\boldsymbol{\alpha}_3=(3,-4,1,5)^{\mathrm{T}}$.

(6) $\boldsymbol{\alpha}_1=(1,t_1,t_1^2,t_1^3)^{\mathrm{T}},\boldsymbol{\alpha}_2=(1,t_2,t_2^2,t_2^3)^{\mathrm{T}},\boldsymbol{\alpha}_3=(1,t_3,t_3^2,t_3^3)^{\mathrm{T}},\boldsymbol{\alpha}_4=(1,t_4,t_4^2,t_4^3)^{\mathrm{T}}$.

解　(1) **方法 1**　因为 $\boldsymbol{\alpha}_1=\boldsymbol{\alpha}_3-\boldsymbol{\alpha}_4$,所以 $\boldsymbol{\alpha}_1,\boldsymbol{\alpha}_3,\boldsymbol{\alpha}_4$ 线性相关,从而 $\boldsymbol{\alpha}_1,\boldsymbol{\alpha}_2,\boldsymbol{\alpha}_3,\boldsymbol{\alpha}_4$ 线性相关.

方法 2　因为向量组 $\boldsymbol{\alpha}_1,\boldsymbol{\alpha}_2,\boldsymbol{\alpha}_3,\boldsymbol{\alpha}_4$ 含有的向量个数与向量的维数相同,而行列式

$$\det(\boldsymbol{\alpha}_1,\boldsymbol{\alpha}_2,\boldsymbol{\alpha}_3,\boldsymbol{\alpha}_4)=\begin{vmatrix}1&-1&1&0\\0&2&0&0\\0&4&1&1\\0&0&1&1\end{vmatrix}=0,$$

由上述推论 3 知 $\boldsymbol{\alpha}_1,\boldsymbol{\alpha}_2,\boldsymbol{\alpha}_3,\boldsymbol{\alpha}_4$ 线性相关.

方法 3　令

$$\boldsymbol{A}=(\boldsymbol{\alpha}_1,\boldsymbol{\alpha}_2,\boldsymbol{\alpha}_3,\boldsymbol{\alpha}_4)=\begin{pmatrix}1&-1&1&0\\0&2&0&0\\0&4&1&1\\0&0&1&1\end{pmatrix}\xrightarrow{-2r_2+r_3}\begin{pmatrix}1&-1&1&0\\0&2&0&0\\0&0&1&1\\0&0&1&1\end{pmatrix}$$

$$\xrightarrow{-r_3+r_4}\begin{pmatrix}1 & -1 & 1 & 0\\0 & 2 & 0 & 0\\0 & 0 & 1 & 1\\0 & 0 & 0 & 0\end{pmatrix},$$

因为 $r(\boldsymbol{A})=3<4=$向量的个数，所以向量组 $\boldsymbol{\alpha}_1,\boldsymbol{\alpha}_2,\boldsymbol{\alpha}_3,\boldsymbol{\alpha}_4$ 线性相关.

（2）由于向量组中含有零向量，所以该向量组线性相关.

（3）因为是 4 个三维向量，所以该向量组线性相关.

（4）由于

$$\det(\boldsymbol{\alpha}_1,\boldsymbol{\alpha}_2,\boldsymbol{\alpha}_3)=\begin{vmatrix}1 & 1 & 1\\0 & 1 & 2\\0 & 0 & 3\end{vmatrix}=3\neq 0,$$

所以向量组 $\boldsymbol{\alpha}_1,\boldsymbol{\alpha}_2,\boldsymbol{\alpha}_3$ 线性无关.

（5）令

$$\boldsymbol{A}=(\boldsymbol{\alpha}_1,\boldsymbol{\alpha}_2,\boldsymbol{\alpha}_3)=\begin{pmatrix}1 & 2 & 3\\-1 & -3 & -4\\0 & 0 & 1\\1 & 4 & 5\end{pmatrix}\xrightarrow[-r_1+r_4]{r_1+r_2}\begin{pmatrix}1 & 2 & 3\\0 & -1 & -1\\0 & 0 & 1\\0 & 2 & 2\end{pmatrix}$$

$$\xrightarrow{2r_2+r_4}\begin{pmatrix}1 & 2 & 3\\0 & -1 & -1\\0 & 0 & 1\\0 & 0 & 0\end{pmatrix},$$

因为

$$r(\boldsymbol{A})=3=\text{向量的个数},$$

所以 $\boldsymbol{\alpha}_1,\boldsymbol{\alpha}_2,\boldsymbol{\alpha}_3$ 线性无关.

（6）令 $\boldsymbol{A}=(\boldsymbol{\alpha}_1,\boldsymbol{\alpha}_2,\boldsymbol{\alpha}_3,\boldsymbol{\alpha}_4)$，则 $|\boldsymbol{A}|$ 为四阶范德蒙德行列式

$$|\boldsymbol{A}|=\begin{vmatrix}1 & 1 & 1 & 1\\t_1 & t_2 & t_3 & t_4\\t_1^2 & t_2^2 & t_3^2 & t_4^2\\t_1^3 & t_2^3 & t_3^3 & t_4^3\end{vmatrix}=\prod_{1\leqslant j<i\leqslant 4}(t_i-t_j).$$

如果 $i\neq j$ 时 $t_i\neq t_j$ $(i,j=1,2,3,4)$，那么 $|\boldsymbol{A}|\neq 0$，故向量组 $\boldsymbol{\alpha}_1,\boldsymbol{\alpha}_2,\boldsymbol{\alpha}_3,\boldsymbol{\alpha}_4$ 线性无关. 如果 t_1,t_2,t_3,t_4 中至少有两个相同，则 $|\boldsymbol{A}|=0$，故向量组 $\boldsymbol{\alpha}_1,\boldsymbol{\alpha}_2,\boldsymbol{\alpha}_3,\boldsymbol{\alpha}_4$ 线性相关.

例 9 设 n 维向量组 $\boldsymbol{\alpha}_1,\boldsymbol{\alpha}_2,\boldsymbol{\alpha}_3$ 线性无关，有向量组

$$\begin{aligned}\boldsymbol{\beta}_1&=\boldsymbol{\alpha}_1+\boldsymbol{\alpha}_2+\boldsymbol{\alpha}_3,\\\boldsymbol{\beta}_2&=\boldsymbol{\alpha}_1+m\boldsymbol{\alpha}_2+\boldsymbol{\alpha}_3,\\\boldsymbol{\beta}_3&=\boldsymbol{\alpha}_2+l\boldsymbol{\alpha}_3,\end{aligned}$$

问当 m,l 为何值时，向量组 $\boldsymbol{\beta}_1,\boldsymbol{\beta}_2,\boldsymbol{\beta}_3$ 线性相关？当 m,l 为何值时，向量组 $\boldsymbol{\beta}_1,\boldsymbol{\beta}_2,\boldsymbol{\beta}_3$ 线性无关？

解 令 $\boldsymbol{B}=(\boldsymbol{\beta}_1,\boldsymbol{\beta}_2,\boldsymbol{\beta}_3)$，由题设

$$\boldsymbol{B}=(\boldsymbol{\beta}_1,\boldsymbol{\beta}_2,\boldsymbol{\beta}_3)=(\boldsymbol{\alpha}_1,\boldsymbol{\alpha}_2,\boldsymbol{\alpha}_3)\begin{pmatrix}1&1&0\\1&m&1\\1&1&l\end{pmatrix}.$$

记

$$\boldsymbol{A}=(\boldsymbol{\alpha}_1,\boldsymbol{\alpha}_2,\boldsymbol{\alpha}_3),\quad \boldsymbol{C}=\begin{pmatrix}1&1&0\\1&m&1\\1&1&l\end{pmatrix},$$

于是有 $\boldsymbol{B}=\boldsymbol{AC}$.因为 $\boldsymbol{\alpha}_1,\boldsymbol{\alpha}_2,\boldsymbol{\alpha}_3$ 线性无关,所以 $r(\boldsymbol{A})=3$.

又因为

$$|\boldsymbol{C}|=\begin{vmatrix}1&1&0\\1&m&1\\1&1&l\end{vmatrix}\xlongequal{-c_1+c_2}\begin{vmatrix}1&0&0\\1&m-1&1\\1&0&l\end{vmatrix}=(m-1)l,$$

则当 $(m-1)l\neq0$,即 $m\neq1$ 且 $l\neq0$ 时,矩阵 $\boldsymbol{C}$ 可逆,所以

$$r(\boldsymbol{B})=r(\boldsymbol{AC})=r(\boldsymbol{A})=3,$$

因此 $\boldsymbol{\beta}_1,\boldsymbol{\beta}_2,\boldsymbol{\beta}_3$ 线性无关;当 $m=1$ 或 $l=0$ 时,$|\boldsymbol{C}|=0$,$r(\boldsymbol{C})<3$.所以

$$r(\boldsymbol{B})=r(\boldsymbol{AC})\leqslant r(\boldsymbol{C})<3,$$

因此 $\boldsymbol{\beta}_1,\boldsymbol{\beta}_2,\boldsymbol{\beta}_3$ 线性相关.

例 10　选择题.设向量组 $\boldsymbol{\alpha}_1,\boldsymbol{\alpha}_2,\boldsymbol{\alpha}_3$ 线性无关,则下列向量组中,线性无关的是(　　).

(A) $\boldsymbol{\alpha}_1+\boldsymbol{\alpha}_2,\boldsymbol{\alpha}_2+\boldsymbol{\alpha}_3,\boldsymbol{\alpha}_3-\boldsymbol{\alpha}_1$

(B) $\boldsymbol{\alpha}_1+\boldsymbol{\alpha}_2,\boldsymbol{\alpha}_2+\boldsymbol{\alpha}_3,\boldsymbol{\alpha}_1+2\boldsymbol{\alpha}_2+\boldsymbol{\alpha}_3$

(C) $\boldsymbol{\alpha}_1+2\boldsymbol{\alpha}_2,2\boldsymbol{\alpha}_2+3\boldsymbol{\alpha}_3,3\boldsymbol{\alpha}_3+\boldsymbol{\alpha}_1$

(D) $\boldsymbol{\alpha}_1+\boldsymbol{\alpha}_2+\boldsymbol{\alpha}_3,2\boldsymbol{\alpha}_1-3\boldsymbol{\alpha}_2+22\boldsymbol{\alpha}_3,3\boldsymbol{\alpha}_1+5\boldsymbol{\alpha}_2-5\boldsymbol{\alpha}_3$

判断一组向量是否线性相关(或线性无关),通常采用的方法是,若能直接观察出某一向量为另外一些向量的线性组合,则由线性相关的充要条件知这组向量线性相关;若无法观察出,则应利用线性相关(或线性无关)的定义来判断.

对于(A),由于 $\boldsymbol{\alpha}_3-\boldsymbol{\alpha}_1=(\boldsymbol{\alpha}_2+\boldsymbol{\alpha}_3)-(\boldsymbol{\alpha}_1+\boldsymbol{\alpha}_2)$,故它们线性相关.

对于(B),由于 $\boldsymbol{\alpha}_1+2\boldsymbol{\alpha}_2+\boldsymbol{\alpha}_3=(\boldsymbol{\alpha}_1+\boldsymbol{\alpha}_2)+(\boldsymbol{\alpha}_2+\boldsymbol{\alpha}_3)$,故它们线性相关.

对于(C),若令

$$k_1(\boldsymbol{\alpha}_1+2\boldsymbol{\alpha}_2)+k_2(2\boldsymbol{\alpha}_2+3\boldsymbol{\alpha}_3)+k_3(3\boldsymbol{\alpha}_3+\boldsymbol{\alpha}_1)=\boldsymbol{0},$$

即

$$(k_1+k_3)\boldsymbol{\alpha}_1+(2k_1+2k_2)\boldsymbol{\alpha}_2+(3k_2+3k_3)\boldsymbol{\alpha}_3=\boldsymbol{0}.$$

因为 $\boldsymbol{\alpha}_1,\boldsymbol{\alpha}_2,\boldsymbol{\alpha}_3$ 线性无关,根据定义,得

$$\begin{cases}k_1+k_3=0,\\2k_1+2k_2=0,\\3k_2+3k_3=0.\end{cases}$$

因为上述齐次线性方程组的系数行列式

$$|\boldsymbol{A}|=\begin{vmatrix}1&0&1\\2&2&0\\0&3&3\end{vmatrix}=12\neq0,$$

所以方程组只有零解，即 $k_1=k_2=k_3=0$，故向量组 $\boldsymbol{\alpha}_1+2\boldsymbol{\alpha}_2,2\boldsymbol{\alpha}_2+3\boldsymbol{\alpha}_3,3\boldsymbol{\alpha}_3+\boldsymbol{\alpha}_1$ 线性无关.

对于(D)，采用类似于(C)的方法，由行列式

$$\begin{vmatrix}1 & 2 & 3\\ 1 & -3 & 5\\ 1 & 22 & -5\end{vmatrix}=0,$$

知相应的齐次方程组有非零解，所以向量组

$$\boldsymbol{\alpha}_1+\boldsymbol{\alpha}_2+\boldsymbol{\alpha}_3,\quad 2\boldsymbol{\alpha}_1-3\boldsymbol{\alpha}_2+22\boldsymbol{\alpha}_3,\quad 3\boldsymbol{\alpha}_1+5\boldsymbol{\alpha}_2-5\boldsymbol{\alpha}_3$$

线性相关.综上可见，应选择(C).

例 11 选择题.设 $\boldsymbol{\alpha}_1,\boldsymbol{\alpha}_2,\boldsymbol{\alpha}_3$ 均为三维向量，则对任意常数 k,l，向量组 $\boldsymbol{\alpha}_1+k\boldsymbol{\alpha}_3,\boldsymbol{\alpha}_2+l\boldsymbol{\alpha}_3$ 线性无关是向量组 $\boldsymbol{\alpha}_1,\boldsymbol{\alpha}_2,\boldsymbol{\alpha}_3$ 线性无关的(　　).

(A) 必要非充分条件　　(B) 充分非必要条件

(C) 充要条件　　(D) 既非充分也非必要条件

解 设向量组 $\boldsymbol{\alpha}_1,\boldsymbol{\alpha}_2,\boldsymbol{\alpha}_3$ 线性无关，若存在实数 λ_1,λ_2，使得

$$\lambda_1(\boldsymbol{\alpha}_1+k\boldsymbol{\alpha}_3)+\lambda_2(\boldsymbol{\alpha}_2+l\boldsymbol{\alpha}_3)=\mathbf{0},$$

即

$$\lambda_1\boldsymbol{\alpha}_1+\lambda_2\boldsymbol{\alpha}_2+(\lambda_1 k+\lambda_2 l)\boldsymbol{\alpha}_3=\mathbf{0},$$

则 $\lambda_1=\lambda_2=0$，所以 $\boldsymbol{\alpha}_1+k\boldsymbol{\alpha}_3,\boldsymbol{\alpha}_2+l\boldsymbol{\alpha}_3$ 线性无关.

取 $\boldsymbol{\alpha}_1,\boldsymbol{\alpha}_2$ 线性无关，$\boldsymbol{\alpha}_3=\mathbf{0}$，则对任意常数 k,l，向量组 $\boldsymbol{\alpha}_1+k\boldsymbol{\alpha}_3,\boldsymbol{\alpha}_2+l\boldsymbol{\alpha}_3$ 线性无关，但向量组 $\boldsymbol{\alpha}_1,\boldsymbol{\alpha}_2,\boldsymbol{\alpha}_3$ 线性相关.

综上可见，对任意常数 k,l，向量组 $\boldsymbol{\alpha}_1+k\boldsymbol{\alpha}_3,\boldsymbol{\alpha}_2+l\boldsymbol{\alpha}_3$ 线性无关是向量组 $\boldsymbol{\alpha}_1,\boldsymbol{\alpha}_2,\boldsymbol{\alpha}_3$ 线性无关的必要非充分条件.所以应该选择(A).

例 12 选择题.设向量 $\boldsymbol{\beta}$ 可由向量组 $\boldsymbol{\alpha}_1,\boldsymbol{\alpha}_2,\cdots,\boldsymbol{\alpha}_m$ 线性表示，但不能由向量组(Ⅰ)：$\boldsymbol{\alpha}_1,\boldsymbol{\alpha}_2,\cdots,\boldsymbol{\alpha}_{m-1}$ 线性表示，记向量组(Ⅱ)：$\boldsymbol{\alpha}_1,\boldsymbol{\alpha}_2,\cdots,\boldsymbol{\alpha}_{m-1},\boldsymbol{\beta}$，则(　　).

(A) $\boldsymbol{\alpha}_m$ 不能由(Ⅰ)线性表示，也不能由(Ⅱ)线性表示

(B) $\boldsymbol{\alpha}_m$ 不能由(Ⅰ)线性表示，但可由(Ⅱ)线性表示

(C) $\boldsymbol{\alpha}_m$ 可由(Ⅰ)线性表示，也可由(Ⅱ)线性表示

(D) $\boldsymbol{\alpha}_m$ 可由(Ⅰ)线性表示，但不可由(Ⅱ)线性表示

解 若 $\boldsymbol{\alpha}_m$ 能由(Ⅰ)线性表示，则 $\boldsymbol{\beta}$ 可由(Ⅰ)线性表示，与题设矛盾，故 $\boldsymbol{\alpha}_m$ 不能由(Ⅰ)线性表示.由于 $\boldsymbol{\beta}$ 可由向量组 $\boldsymbol{\alpha}_1,\boldsymbol{\alpha}_2,\cdots,\boldsymbol{\alpha}_m$ 线性表示，不能由(Ⅰ)线性表示，故在用 $\boldsymbol{\alpha}_1,\boldsymbol{\alpha}_2,\cdots,\boldsymbol{\alpha}_m$ 线性表示 $\boldsymbol{\beta}$ 时，$\boldsymbol{\alpha}_m$ 的系数不为 0，表明 $\boldsymbol{\alpha}_m$ 可由 $\boldsymbol{\alpha}_1,\boldsymbol{\alpha}_2,\cdots,\boldsymbol{\alpha}_{m-1},\boldsymbol{\beta}$ 即(Ⅱ)线性表示.所以应该选择(B).

例 13 设 $\boldsymbol{A}$ 是 n 阶矩阵，若存在正整数 k，使线性方程组 $\boldsymbol{A}^k\boldsymbol{x}=\mathbf{0}$ 有解向量 $\boldsymbol{\alpha}$，且 $\boldsymbol{A}^{k-1}\boldsymbol{\alpha}\neq\mathbf{0}$.证明：向量组 $\boldsymbol{\alpha},\boldsymbol{A\alpha},\cdots,\boldsymbol{A}^{k-1}\boldsymbol{\alpha}$ 线性无关.

证 令

$$\lambda_1\boldsymbol{\alpha}+\lambda_2\boldsymbol{A\alpha}+\cdots+\lambda_k\boldsymbol{A}^{k-1}\boldsymbol{\alpha}=\mathbf{0},\tag{①}$$

用 $\boldsymbol{A}^{k-1}$ 左乘等式①两端，得

$$\lambda_1\boldsymbol{A}^{k-1}\boldsymbol{\alpha}+\lambda_2\boldsymbol{A}^k\boldsymbol{\alpha}+\cdots+\lambda_k\boldsymbol{A}^{2k-2}\boldsymbol{\alpha}=\mathbf{0}.\tag{②}$$

因为 $\boldsymbol{A}^k\boldsymbol{\alpha}=\mathbf{0}$，所以 $\boldsymbol{A}^l\boldsymbol{\alpha}=\mathbf{0}\ (l\geqslant k)$.于是由②式得 $\lambda_1\boldsymbol{A}^{k-1}\boldsymbol{\alpha}=\mathbf{0}$，由假设 $\boldsymbol{A}^{k-1}\boldsymbol{\alpha}\neq\mathbf{0}$，故 $\lambda_1=0$，

①式即为

$$\lambda_2 \boldsymbol{A}\boldsymbol{\alpha}+\lambda_3 \boldsymbol{A}^2\boldsymbol{\alpha}+\cdots+\lambda_k \boldsymbol{A}^{k-1}\boldsymbol{\alpha}=\mathbf{0}.$$

再用 $\boldsymbol{A}^{k-2}$ 左乘上述等式可得到 $\lambda_2=0$，如此继续下去依次得到 $\lambda_3=0,\cdots,\lambda_k=0$.由向量组线性无关的定义知向量 $\boldsymbol{\alpha},\boldsymbol{A}\boldsymbol{\alpha},\cdots,\boldsymbol{A}^{k-1}\boldsymbol{\alpha}$ 线性无关.

***例 14** 设向量组

$$\begin{gathered}\boldsymbol{\alpha}_1=(a_{11},a_{12},\cdots,a_{1p})^{\mathrm{T}},\\ \boldsymbol{\alpha}_2=(a_{21},a_{22},\cdots,a_{2p})^{\mathrm{T}},\\ \cdots,\\ \boldsymbol{\alpha}_m=(a_{m1},a_{m2},\cdots,a_{mp})^{\mathrm{T}}\end{gathered}$$

线性无关，将每个向量增加 s 个分量后得到向量组

$$\begin{gathered}\boldsymbol{\beta}_1=(a_{11},a_{12},\cdots,a_{1p},a_{1,p+1},\cdots,a_{1,p+s})^{\mathrm{T}},\\ \boldsymbol{\beta}_2=(a_{21},a_{22},\cdots,a_{2p},a_{2,p+1},\cdots,a_{2,p+s})^{\mathrm{T}},\\ \cdots,\\ \boldsymbol{\beta}_m=(a_{m1},a_{m2},\cdots,a_{mp},a_{m,p+1},\cdots,a_{m,p+s})^{\mathrm{T}},\end{gathered}$$

证明 $\boldsymbol{\beta}_1,\boldsymbol{\beta}_2,\cdots,\boldsymbol{\beta}_m$ 线性无关.

证 令

$$\boldsymbol{A}=(\boldsymbol{\alpha}_1,\boldsymbol{\alpha}_2,\cdots,\boldsymbol{\alpha}_m),\quad \boldsymbol{B}=(\boldsymbol{\beta}_1,\boldsymbol{\beta}_2,\cdots,\boldsymbol{\beta}_m),$$

因为 $\boldsymbol{\alpha}_1,\boldsymbol{\alpha}_2,\cdots,\boldsymbol{\alpha}_m$ 线性无关，所以 $r(\boldsymbol{A})=m$.由于

$$m=r(\boldsymbol{A})\leqslant r(\boldsymbol{B})\leqslant\min\{m,p+s\}\leqslant m,$$

可见 $r(\boldsymbol{B})=m$，因此 $\boldsymbol{\beta}_1,\boldsymbol{\beta}_2,\cdots,\boldsymbol{\beta}_m$ 线性无关.

§3.3 向量组的秩

一、等价向量组

定义 3.7 设向量组(Ⅰ)：$\boldsymbol{\alpha}_1,\boldsymbol{\alpha}_2,\cdots,\boldsymbol{\alpha}_m$；(Ⅱ)：$\boldsymbol{\beta}_1,\boldsymbol{\beta}_2,\cdots,\boldsymbol{\beta}_s$.如果向量组(Ⅰ)中的每一个向量 $\boldsymbol{\alpha}_i$ $(i=1,2,\cdots,m)$都可由向量组(Ⅱ)线性表示，则称向量组(Ⅰ)可由向量组(Ⅱ)线性表示.

如果向量组(Ⅰ)与向量组(Ⅱ)可以互相线性表示，则称向量组(Ⅰ)与向量组(Ⅱ)等价.

等价是两个向量组之间的一种关系，不难证明向量组之间的等价关系具有如下性质：

(1) 反身性：每一向量组与其自身等价.

(2) 对称性：如果向量组(Ⅰ)与向量组(Ⅱ)等价，则向量组(Ⅱ)与向量组(Ⅰ)等价.

(3) 传递性：如果向量组(Ⅰ)与向量组(Ⅱ)等价，向量组(Ⅱ)与向量组(Ⅲ)等价，则向量组(Ⅰ)与向量组(Ⅲ)等价.

定理 3.4 如果向量组 $\boldsymbol{\alpha}_1,\boldsymbol{\alpha}_2,\cdots,\boldsymbol{\alpha}_r$ 线性无关，且可由向量组 $\boldsymbol{\beta}_1,\boldsymbol{\beta}_2,\cdots,\boldsymbol{\beta}_s$ 线性表示，则$r\leqslant s$.

证 由题设知向量组 $\boldsymbol{\alpha}_1,\boldsymbol{\alpha}_2,\cdots,\boldsymbol{\alpha}_r$ 可由向量组 $\boldsymbol{\beta}_1,\boldsymbol{\beta}_2,\cdots,\boldsymbol{\beta}_s$ 线性表示，令

$$\begin{cases}\boldsymbol{\alpha}_1=a_{11}\boldsymbol{\beta}_1+a_{21}\boldsymbol{\beta}_2+\cdots+a_{s1}\boldsymbol{\beta}_s,\\ \boldsymbol{\alpha}_2=a_{12}\boldsymbol{\beta}_2+a_{22}\boldsymbol{\beta}_2+\cdots+a_{s2}\boldsymbol{\beta}_s,\\ \quad\cdots\cdots\cdots\cdots\\ \boldsymbol{\alpha}_r=a_{1r}\boldsymbol{\beta}_1+a_{2r}\boldsymbol{\beta}_2+\cdots+a_{sr}\boldsymbol{\beta}_s.\end{cases}$$

设 $\boldsymbol{\alpha}_i(i=1,2,\cdots,r)$，$\boldsymbol{\beta}_j(j=1,2,\cdots,s)$ 为 n 维列向量，则上式可表示为

$$\boldsymbol{A}=(\boldsymbol{\alpha}_1,\boldsymbol{\alpha}_2,\cdots,\boldsymbol{\alpha}_r)=(\boldsymbol{\beta}_1,\boldsymbol{\beta}_2,\cdots,\boldsymbol{\beta}_s)\begin{pmatrix}a_{11}&a_{12}&\cdots&a_{1r}\\a_{21}&a_{22}&\cdots&a_{2r}\\\vdots&\vdots&&\vdots\\a_{s1}&a_{s2}&\cdots&a_{sr}\end{pmatrix}.$$

记

$$\boldsymbol{B}=(\boldsymbol{\beta}_1,\boldsymbol{\beta}_2,\cdots,\boldsymbol{\beta}_s),\quad \boldsymbol{P}=\begin{pmatrix}a_{11}&a_{12}&\cdots&a_{1r}\\a_{21}&a_{22}&\cdots&a_{2r}\\\vdots&\vdots&&\vdots\\a_{s1}&a_{s2}&\cdots&a_{sr}\end{pmatrix},$$

则

$$\boldsymbol{A}=\boldsymbol{B}\boldsymbol{P}.$$

由于向量组 $\boldsymbol{\alpha}_1,\boldsymbol{\alpha}_2,\cdots,\boldsymbol{\alpha}_r$ 线性无关，由定理 3.3 的推论可知，$r(\boldsymbol{A})=r$.因为 $\boldsymbol{B}$ 是 $n\times s$ 矩阵，所以 $r(\boldsymbol{B})\leqslant s$，又

$$r(\boldsymbol{BP})\leqslant\min\{r(\boldsymbol{B}),r(\boldsymbol{P})\},$$

因此有

$$r=r(\boldsymbol{A})=r(\boldsymbol{BP})\leqslant r(\boldsymbol{B})\leqslant s.$$

推论 等价的两个线性无关的向量组所含向量个数相同.

二、极大线性无关组

定义 3.8 设 $\boldsymbol{\alpha}_{i_1},\boldsymbol{\alpha}_{i_2},\cdots,\boldsymbol{\alpha}_{i_r}$ 是向量组（Ⅰ）：$\boldsymbol{\alpha}_1,\boldsymbol{\alpha}_2,\cdots,\boldsymbol{\alpha}_m$ 的一个部分组，且满足

(1) $\boldsymbol{\alpha}_{i_1},\boldsymbol{\alpha}_{i_2},\cdots,\boldsymbol{\alpha}_{i_r}$ 线性无关；

(2) 对任意的 $\boldsymbol{\alpha}_j\in$（Ⅰ），$\boldsymbol{\alpha}_j$ 可由 $\boldsymbol{\alpha}_{i_1},\boldsymbol{\alpha}_{i_2},\cdots,\boldsymbol{\alpha}_{i_r}$ 线性表示，

则称部分组 $\boldsymbol{\alpha}_{i_1},\boldsymbol{\alpha}_{i_2},\cdots,\boldsymbol{\alpha}_{i_r}$ 是向量组（Ⅰ）：$\boldsymbol{\alpha}_1,\boldsymbol{\alpha}_2,\cdots,\boldsymbol{\alpha}_m$ 的一个极大线性无关组（简称极大无关组）.

由极大无关组的定义可知，任意一个非零向量组必有极大无关组，而线性无关的向量组的极大无关组为其本身.

例如，向量组（Ⅰ）：

$$\boldsymbol{\alpha}_1=\begin{pmatrix}1\\1\\1\end{pmatrix},\quad \boldsymbol{\alpha}_2=\begin{pmatrix}0\\1\\1\end{pmatrix},\quad \boldsymbol{\alpha}_3=\begin{pmatrix}1\\2\\2\end{pmatrix}.$$

由于向量组（Ⅰ）的部分组 $\boldsymbol{\alpha}_1,\boldsymbol{\alpha}_2$ 线性无关，而 $\boldsymbol{\alpha}_3=\boldsymbol{\alpha}_1+\boldsymbol{\alpha}_2$，所以 $\boldsymbol{\alpha}_1,\boldsymbol{\alpha}_2$ 是向量组（Ⅰ）的一个极大无关组.同理 $\boldsymbol{\alpha}_1,\boldsymbol{\alpha}_3$ 或 $\boldsymbol{\alpha}_2,\boldsymbol{\alpha}_3$ 也都是向量组（Ⅰ）的一个极大无关组.

上例表明，如果向量组是线性相关的，它的极大无关组一般不唯一.

由向量组等价的定义、等价向量组的性质及极大无关组的定义，可以有以下结论：

(1) 向量组与其任一个极大无关组等价；

(2) 同一向量组的任意两个极大无关组等价，从而向量组的任意两个极大无关组所含向量的个数相同；

(3) 等价向量组的极大无关组等价，从而它们的极大无关组所含向量的个数相同.

三、向量组的秩

定义 3.9　向量组（Ⅰ）：$\boldsymbol{\alpha}_1,\boldsymbol{\alpha}_2,\cdots,\boldsymbol{\alpha}_m$ 的极大无关组中所含向量的个数，称为向量组（Ⅰ）的秩，记作 r（Ⅰ）.

由向量组的秩的定义及上述结论(3)可知，等价向量组的秩相同.

定理 3.5　如果向量组（Ⅰ）：$\boldsymbol{\alpha}_1,\boldsymbol{\alpha}_2,\cdots,\boldsymbol{\alpha}_m$ 可由向量组（Ⅱ）：$\boldsymbol{\beta}_1,\boldsymbol{\beta}_2,\cdots,\boldsymbol{\beta}_s$ 线性表示，则 r（Ⅰ）$\leqslant r$（Ⅱ）.

证　设向量组（Ⅰ）的一个极大无关组为（Ⅲ）：$\boldsymbol{\alpha}_{i_1},\boldsymbol{\alpha}_{i_2},\cdots,\boldsymbol{\alpha}_{i_{r_1}}$；向量组（Ⅱ）的一个极大无关组为（Ⅳ）：$\boldsymbol{\beta}_{j_1},\boldsymbol{\beta}_{j_2},\cdots,\boldsymbol{\beta}_{j_{r_2}}$，则向量组（Ⅰ）与（Ⅲ）可以互相线性表示；向量组（Ⅱ）与（Ⅳ）可以互相线性表示.由题设，向量组（Ⅰ）可由（Ⅱ）线性表示，则（Ⅲ）可由（Ⅳ）线性表示.由于向量组（Ⅲ）线性无关，又有向量组（Ⅲ）可由（Ⅳ）线性表示，由定理 3.4 知 $r_1\leqslant r_2$，即 r（Ⅰ）$\leqslant r$（Ⅱ）.

矩阵 $\boldsymbol{A}$ 的行向量组的秩称为矩阵的行秩，列向量组的秩称为矩阵的列秩.

定理 3.6　设矩阵 $\boldsymbol{A}$ 的秩 $r(\boldsymbol{A})=r$，则

$$\boldsymbol{A}\text{ 的行秩}=\boldsymbol{A}\text{ 的列秩}=r.$$

证明从略.

例 1　设向量组 $\boldsymbol{\alpha}_1,\boldsymbol{\alpha}_2,\cdots,\boldsymbol{\alpha}_m$ 的秩为 r.证明 $\boldsymbol{\alpha}_1,\boldsymbol{\alpha}_2,\cdots,\boldsymbol{\alpha}_m$ 中任意 r 个线性无关的向量都是它的一个极大无关组.

证　设向量组（Ⅰ）：$\boldsymbol{\alpha}_1,\boldsymbol{\alpha}_2,\cdots,\boldsymbol{\alpha}_m$ 中任意 r 个线性无关的向量为 $\boldsymbol{\alpha}_{i_1},\boldsymbol{\alpha}_{i_2},\cdots,\boldsymbol{\alpha}_{i_r}$.由向量组极大无关组的定义知，只需证（Ⅰ）中任意一个向量都可由 $\boldsymbol{\alpha}_{i_1},\boldsymbol{\alpha}_{i_2},\cdots,\boldsymbol{\alpha}_{i_r}$ 线性表示.

反证法：假若（Ⅰ）中有某个 $\boldsymbol{\alpha}_j$ $(1\leqslant j\leqslant m)$不能由 $\boldsymbol{\alpha}_{i_1},\boldsymbol{\alpha}_{i_2},\cdots,\boldsymbol{\alpha}_{i_r}$ 线性表示.令

$$k_1\boldsymbol{\alpha}_{i_1}+k_2\boldsymbol{\alpha}_{i_2}+\cdots+k_r\boldsymbol{\alpha}_{i_r}+k\boldsymbol{\alpha}_j=\mathbf{0},$$

则必有 $k=0$（假若 $k\neq0$，则有 $\boldsymbol{\alpha}_j=-\dfrac{k_1}{k}\boldsymbol{\alpha}_{i_1}-\dfrac{k_2}{k}\boldsymbol{\alpha}_{i_2}-\cdots-\dfrac{k_r}{k}\boldsymbol{\alpha}_{i_r}$，表明 $\boldsymbol{\alpha}_j$ 可由 $\boldsymbol{\alpha}_{i_1},\boldsymbol{\alpha}_{i_2},\cdots,\boldsymbol{\alpha}_{i_r}$ 线性表示，与题设矛盾）.又因为 $\boldsymbol{\alpha}_{i_1},\boldsymbol{\alpha}_{i_2},\cdots,\boldsymbol{\alpha}_{i_r}$ 线性无关，所以只有

$$k_1=k_2=\cdots=k_r=0,$$

因此 $\boldsymbol{\alpha}_{i_1},\boldsymbol{\alpha}_{i_2},\cdots,\boldsymbol{\alpha}_{i_r},\boldsymbol{\alpha}_j$ 线性无关，所以 r（Ⅰ）$\geqslant r+1$，与 r（Ⅰ）$=r$ 矛盾.因此向量组（Ⅰ）中任意向量都可由 $\boldsymbol{\alpha}_{i_1},\boldsymbol{\alpha}_{i_2},\cdots,\boldsymbol{\alpha}_{i_r}$ 线性表示，亦即 $\boldsymbol{\alpha}_{i_1},\boldsymbol{\alpha}_{i_2},\cdots,\boldsymbol{\alpha}_{i_r}$ 为向量组（Ⅰ）的一个极大无关组.

例 2　求向量组

$$\boldsymbol{\alpha}_1=\begin{pmatrix}1\\2\\3\\4\end{pmatrix},\quad \boldsymbol{\alpha}_2=\begin{pmatrix}2\\3\\4\\5\end{pmatrix},\quad \boldsymbol{\alpha}_3=\begin{pmatrix}3\\4\\5\\6\end{pmatrix}$$

的秩,并求出它的一个极大无关组.

解 以 $\boldsymbol{\alpha}_1,\boldsymbol{\alpha}_2,\boldsymbol{\alpha}_3$ 为列向量作矩阵 $\boldsymbol{A}$,用初等行变换把 $\boldsymbol{A}$ 化成阶梯形矩阵.

$$\boldsymbol{A}=\begin{pmatrix}1&2&3\\2&3&4\\3&4&5\\4&5&6\end{pmatrix}\longrightarrow\begin{pmatrix}1&2&3\\0&-1&-2\\0&-2&-4\\0&-3&-6\end{pmatrix}\longrightarrow\begin{pmatrix}1&2&3\\0&-1&-2\\0&0&0\\0&0&0\end{pmatrix},$$

因为阶梯形矩阵中非零行的个数为 2,所以 $r(\boldsymbol{A})=2$,即向量组 $\boldsymbol{\alpha}_1,\boldsymbol{\alpha}_2,\boldsymbol{\alpha}_3$ 的秩为 2,从而向量组的极大无关组中含 2 个向量,该向量组中任何两个线性无关的向量都是它的一个极大无关组.由于 $\boldsymbol{\alpha}_1,\boldsymbol{\alpha}_2$ 线性无关,所以是它的一个极大无关组.

例 3 求向量组

$$\boldsymbol{\alpha}_1=\begin{pmatrix}1\\-1\\2\\-1\end{pmatrix},\quad \boldsymbol{\alpha}_2=\begin{pmatrix}3\\1\\6\\2\end{pmatrix},\quad \boldsymbol{\alpha}_3=\begin{pmatrix}1\\3\\-4\\4\end{pmatrix}$$

的秩,并求出它的一个极大无关组.

解 令

$$\boldsymbol{A}=(\boldsymbol{\alpha}_1,\boldsymbol{\alpha}_2,\boldsymbol{\alpha}_3)=\begin{pmatrix}1&3&1\\-1&1&3\\2&6&-4\\-1&2&4\end{pmatrix}$$

$$\longrightarrow\begin{pmatrix}1&3&1\\0&4&4\\0&0&-6\\0&5&5\end{pmatrix}\longrightarrow\begin{pmatrix}1&3&1\\0&4&4\\0&0&-6\\0&0&0\end{pmatrix},$$

所以 $r(\boldsymbol{A})=3$,即向量组的秩为 3,因而该向量组本身就是它的一个极大无关组.

以下我们介绍用矩阵的初等行变换求向量组的一个极大无关组的方法.这种方法的理论依据是:矩阵的初等行变换不改变矩阵列向量之间的线性关系(证明从略).其具体做法是:以给定向量为列作矩阵 $\boldsymbol{A}$,然后通过初等行变换把 $\boldsymbol{A}$ 化成阶梯形矩阵 $\boldsymbol{B}$,如果 $\boldsymbol{B}$ 的非零行的首非零元素所在的列的序号是 $j_1,j_2,\cdots,j_r$,则 $\boldsymbol{A}$ 的第 $j_1,j_2,\cdots,j_r$ 列就是 $\boldsymbol{A}$ 的列向量组的一个极大无关组,从而也是原向量组的一个极大无关组.

例 4 求向量组(Ⅰ)

$$\boldsymbol{\alpha}_1=\begin{pmatrix}1\\-2\\0\\3\end{pmatrix},\quad \boldsymbol{\alpha}_2=\begin{pmatrix}2\\-5\\-3\\6\end{pmatrix},\quad \boldsymbol{\alpha}_3=\begin{pmatrix}0\\1\\3\\0\end{pmatrix},\quad \boldsymbol{\alpha}_4=\begin{pmatrix}2\\-1\\4\\-7\end{pmatrix},\quad \boldsymbol{\alpha}_5=\begin{pmatrix}5\\-8\\1\\2\end{pmatrix}$$

的秩及它的一个极大无关组,并将其余向量表示为极大无关组的线性组合.

解 令

$$\boldsymbol{A}=\begin{pmatrix}1&2&0&2&5\\-2&-5&1&-1&-8\\0&-3&3&4&1\\3&6&0&-7&2\end{pmatrix}\longrightarrow\begin{pmatrix}1&2&0&2&5\\0&-1&1&3&2\\0&-3&3&4&1\\0&0&0&-13&-13\end{pmatrix}$$

$$\longrightarrow\begin{pmatrix}1&2&0&2&5\\0&-1&1&3&2\\0&0&0&-5&-5\\0&0&0&-13&-13\end{pmatrix}\longrightarrow\begin{pmatrix}1&2&0&2&5\\0&-1&1&3&2\\0&0&0&1&1\\0&0&0&0&0\end{pmatrix}=\boldsymbol{B}.$$

$\boldsymbol{B}$ 已是阶梯形矩阵,$r(\boldsymbol{A})=3$,即向量组的秩为 3.$\boldsymbol{B}$ 的非零行的首非零元素所在的列是第 1,2,4 列,按照前面的说明,则 $\boldsymbol{A}$ 的第 1,2,4 列就是 $\boldsymbol{A}$ 的列向量组的一个极大无关组,即 $\boldsymbol{\alpha}_1$,$\boldsymbol{\alpha}_2$,$\boldsymbol{\alpha}_4$ 就是向量组(Ⅰ)的一个极大无关组.

继续将 $\boldsymbol{B}$ 化简为行最简形,则有

$$\boldsymbol{B}\xrightarrow{r_2\times(-1)}\begin{pmatrix}1&2&0&2&5\\0&1&-1&-3&-2\\0&0&0&1&1\\0&0&0&0&0\end{pmatrix}\xrightarrow{-2r_2+r_1}\begin{pmatrix}1&0&2&8&9\\0&-1&1&-3&-2\\0&0&0&1&1\\0&0&0&0&0\end{pmatrix}$$

$$\xrightarrow[3r_3+r_2]{-8r_3+r_1}\begin{pmatrix}①&0&2&0&1\\0&①&-1&0&1\\0&0&0&①&1\\0&0&0&0&0\end{pmatrix}=\boldsymbol{C},$$

$\boldsymbol{C}$ 为行最简形.因为初等行变换不改变列向量的线性关系,故由 $\boldsymbol{C}$ 可得

$$\boldsymbol{\alpha}_3=2\boldsymbol{\alpha}_1-\boldsymbol{\alpha}_2,\quad \boldsymbol{\alpha}_5=\boldsymbol{\alpha}_1+\boldsymbol{\alpha}_2+\boldsymbol{\alpha}_4.$$

§3.4 解线性方程组

一、非齐次线性方程组有解的充要条件

设线性方程组

$$\begin{cases}a_{11}x_1+a_{12}x_2+\cdots+a_{1n}x_n=b_1,\\a_{21}x_1+a_{22}x_2+\cdots+a_{2n}x_n=b_2,\\\cdots\cdots\cdots\cdots\\a_{m1}x_1+a_{m2}x_2+\cdots+a_{mn}x_n=b_m\end{cases}\tag{3.4}$$

的系数矩阵

$$\boldsymbol{A}=\begin{pmatrix} a_{11} & a_{12} & \cdots & a_{1n} \\ a_{21} & a_{22} & \cdots & a_{2n} \\ \vdots & \vdots & & \vdots \\ a_{m1} & a_{m2} & \cdots & a_{mn} \end{pmatrix}=(\boldsymbol{\alpha}_1,\boldsymbol{\alpha}_2,\cdots,\boldsymbol{\alpha}_n),$$

增广矩阵

$$\overline{\boldsymbol{A}}=\begin{pmatrix} a_{11} & a_{12} & \cdots & a_{1n} & b_1 \\ a_{21} & a_{22} & \cdots & a_{2n} & b_2 \\ \vdots & \vdots & & \vdots & \vdots \\ a_{m1} & a_{m2} & \cdots & a_{mn} & b_m \end{pmatrix}=(\boldsymbol{\alpha}_1,\boldsymbol{\alpha}_2,\cdots,\boldsymbol{\alpha}_n,\boldsymbol{\beta}),$$

则有

$$\begin{aligned} & x_1\boldsymbol{\alpha}_1+x_2\boldsymbol{\alpha}_2+\cdots+x_n\boldsymbol{\alpha}_n \\ =& x_1\begin{pmatrix} a_{11} \\ a_{21} \\ \vdots \\ a_{m1} \end{pmatrix}+x_2\begin{pmatrix} a_{12} \\ a_{22} \\ \vdots \\ a_{m2} \end{pmatrix}+\cdots+x_n\begin{pmatrix} a_{1n} \\ a_{2n} \\ \vdots \\ a_{mn} \end{pmatrix} \\ =& \begin{pmatrix} a_{11}x_1+a_{12}x_2+\cdots+a_{1n}x_n \\ a_{21}x_1+a_{22}x_2+\cdots+a_{2n}x_n \\ \vdots \\ a_{m1}x_1+a_{m2}x_2+\cdots+a_{mn}x_n \end{pmatrix}=\begin{pmatrix} b_1 \\ b_2 \\ \vdots \\ b_m \end{pmatrix}=\boldsymbol{\beta}, \end{aligned}$$

所以有线性方程组(3.4)的向量表达式

$$x_1\boldsymbol{\alpha}_1+x_2\boldsymbol{\alpha}_2+\cdots+x_n\boldsymbol{\alpha}_n=\boldsymbol{\beta}. \tag{3.5}$$

对于线性方程组(3.4),需要解决三个问题:

(1) 线性方程组(3.4)是否有解(有解的条件)?

(2) 当方程组(3.4)有解时,它有多少解? 如何求解?

(3) 当方程组(3.4)的解不唯一时,解的结构是怎样的?

换句话说,即是对于方程组的向量形式需要解决以下问题:

(1) $\boldsymbol{\beta}$ 能否由向量组 $\boldsymbol{\alpha}_1,\boldsymbol{\alpha}_2,\cdots,\boldsymbol{\alpha}_n$ 线性表示?

(2) 如果 $\boldsymbol{\beta}$ 能由向量组 $\boldsymbol{\alpha}_1,\boldsymbol{\alpha}_2,\cdots,\boldsymbol{\alpha}_n$ 线性表示,其表达式是否唯一?

(3) 如果 $\boldsymbol{\beta}$ 能由向量组 $\boldsymbol{\alpha}_1,\boldsymbol{\alpha}_2,\cdots,\boldsymbol{\alpha}_n$ 线性表示,且表达式不唯一,那么一般的表达式是什么?

另外,线性方程组(3.4)的矩阵表达式为 $\boldsymbol{Ax}=\boldsymbol{\beta}$,则有下面定理.

定理 3.7 线性方程组 $\boldsymbol{Ax}=\boldsymbol{\beta}$ 有解的充要条件是 $r(\boldsymbol{A})=r(\overline{\boldsymbol{A}})$.

证 在(3.4)式中设系数矩阵 $\boldsymbol{A}$ 与增广矩阵 $\overline{\boldsymbol{A}}$ 的列向量分别为

$$\text{向量组(Ⅰ)}:\boldsymbol{\alpha}_1,\boldsymbol{\alpha}_2,\cdots,\boldsymbol{\alpha}_n;$$

$$\text{向量组(Ⅱ)}:\boldsymbol{\alpha}_1,\boldsymbol{\alpha}_2,\cdots,\boldsymbol{\alpha}_n,\boldsymbol{\beta}.$$

且有 $r(\boldsymbol{A})=r(\text{Ⅰ})$,$r(\overline{\boldsymbol{A}})=r(\text{Ⅱ})$.

先证必要性.由线性方程组 $\boldsymbol{Ax}=\boldsymbol{\beta}$ 有解,即 $\boldsymbol{\beta}$ 可由 $\boldsymbol{\alpha}_1,\boldsymbol{\alpha}_2,\cdots,\boldsymbol{\alpha}_n$ 线性表示,所以向量组

(Ⅰ)与(Ⅱ)等价,从而 r(Ⅰ)$=r$(Ⅱ),即

$$r(\boldsymbol{A})=r(\overline{\boldsymbol{A}}).$$

再证充分性.设

$$r(\boldsymbol{A})=r(\overline{\boldsymbol{A}})=r,$$

即

$$r(\text{Ⅰ})=r(\text{Ⅱ})=r.$$

因为 r(Ⅰ)$=r$,取向量组(Ⅰ)的一个极大无关组(Ⅲ):$\boldsymbol{\alpha}_{i_1},\boldsymbol{\alpha}_{i_2},\cdots,\boldsymbol{\alpha}_{i_r}$,显然(Ⅲ)也是(Ⅱ)的一个极大无关组,则向量 $\boldsymbol{\beta}$ 可由极大无关组(Ⅲ)$\boldsymbol{\alpha}_{i_1},\boldsymbol{\alpha}_{i_2},\cdots,\boldsymbol{\alpha}_{i_r}$ 线性表示,因此向量 $\boldsymbol{\beta}$ 可由向量组(Ⅰ)$\boldsymbol{\alpha}_1,\boldsymbol{\alpha}_2,\cdots,\boldsymbol{\alpha}_n$ 线性表示,即线性方程组 $\boldsymbol{Ax}=\boldsymbol{\beta}$ 有解.

由定理 3.7 可得出:线性方程组 $\boldsymbol{Ax}=\boldsymbol{\beta}$ 无解的充要条件是 $r(\boldsymbol{A})\neq r(\overline{\boldsymbol{A}})$.

例 1 试证方程组

$$\begin{cases}x_1-x_2=a_1,\\x_2-x_3=a_2,\\x_3-x_4=a_3,\\x_4-x_5=a_4,\\x_5-x_1=a_5\end{cases}$$

有解的充要条件是 $\sum\limits_{i=1}^{5}a_i=0$.

证 对其增广矩阵 $\overline{\boldsymbol{A}}$ 施行初等行变换:

$$\overline{\boldsymbol{A}}=\begin{pmatrix}1&-1&0&0&0&a_1\\0&1&-1&0&0&a_2\\0&0&1&-1&0&a_3\\0&0&0&1&-1&a_4\\-1&0&0&0&1&a_5\end{pmatrix}\to\begin{pmatrix}1&-1&0&0&0&a_1\\0&1&-1&0&0&a_2\\0&0&1&-1&0&a_3\\0&0&0&1&-1&a_4\\0&0&0&0&0&\sum\limits_{i=1}^{5}a_i\end{pmatrix}.$$

由阶梯形矩阵知,$r(\boldsymbol{A})=r(\overline{\boldsymbol{A}})$的充要条件是 $\sum\limits_{i=1}^{5}a_i=0$,所以方程组有解的充要条件为 $\sum\limits_{i=1}^{5}a_i=0$.

二、解非齐次线性方程组

设

$$\begin{cases}a_{11}x_1+a_{12}x_2+\cdots+a_{1n}x_n=b_1,\\a_{21}x_1+a_{22}x_2+\cdots+a_{2n}x_n=b_2,\\\cdots\cdots\cdots\cdots\\a_{m1}x_1+a_{m2}x_2+\cdots+a_{mn}x_n=b_m,\end{cases}\tag{3.6}$$

即 $\boldsymbol{Ax}=\boldsymbol{\beta}$.线性方程组(3.6)的增广矩阵为

$$\overline{\mathbf{A}}=\left(\begin{array}{cccc:c} a_{11} & a_{12} & \cdots & a_{1n} & b_1 \\ a_{21} & a_{22} & \cdots & a_{2n} & b_2 \\ \vdots & \vdots & & \vdots & \vdots \\ a_{m1} & a_{m2} & \cdots & a_{mn} & b_m \end{array}\right),$$

那么

$$\overline{\mathbf{A}}\to\cdots\xrightarrow{\text{有限次初等行变换}}\left(\begin{array}{ccccccc:c} b_{11} & b_{12} & \cdots & b_{1r} & b_{1,r+1} & \cdots & b_{1n} & d_1 \\ 0 & b_{22} & \cdots & b_{2r} & b_{2,r+1} & \cdots & b_{2n} & d_2 \\ \vdots & \vdots & & \vdots & \vdots & & \vdots & \vdots \\ 0 & 0 & \cdots & b_{rr} & b_{r,r+1} & \cdots & b_{rn} & d_r \\ 0 & 0 & \cdots & 0 & 0 & \cdots & 0 & d_{r+1} \\ 0 & 0 & \cdots & 0 & 0 & \cdots & 0 & 0 \\ \vdots & \vdots & & \vdots & \vdots & & \vdots & \vdots \\ 0 & 0 & \cdots & 0 & 0 & \cdots & 0 & 0 \end{array}\right),$$

其中 $b_{11},b_{22},\cdots,b_{rr}$ 皆不为零.

(1) 如果 $d_{r+1}\neq 0$,则 $r(\mathbf{A})=r\neq r(\overline{\mathbf{A}})=r+1$,线性方程组(3.6)无解.

(2) 如果 $d_{r+1}=0$,则 $r(\mathbf{A})=r(\overline{\mathbf{A}})=r$,线性方程组(3.6)有解.于是得到同解方程组

$$\begin{cases} b_{11}x_1+b_{12}x_2+\cdots+b_{1r}x_r+b_{1,r+1}x_{r+1}+\cdots+b_{1n}x_n=d_1, \\ \qquad b_{22}x_2+\cdots+b_{2r}x_r+b_{2,r+1}x_{r+1}+\cdots+b_{2n}x_n=d_2, \\ \qquad\qquad \cdots\cdots\cdots\cdots \\ \qquad\qquad b_{rr}x_r+b_{r,r+1}x_{r+1}+\cdots+b_{rn}x_n=d_r. \end{cases} \tag{3.7}$$

1° 当 $r(\mathbf{A})=r(\overline{\mathbf{A}})=r=n$ 时,由克拉默法则知,线性方程组(3.7)有唯一解,从而方程组(3.6)有唯一解.

2° 当 $r(\mathbf{A})=r(\overline{\mathbf{A}})=r<n$ 时,由于 $x_1,x_2,\cdots,x_r$ 的系数行列式

$$\begin{vmatrix} b_{11} & b_{12} & \cdots & b_{1r} \\ 0 & b_{22} & \cdots & b_{2r} \\ \vdots & \vdots & & \vdots \\ 0 & 0 & \cdots & b_{rr} \end{vmatrix}\neq 0,$$

将线性方程组(3.7)改写为同解方程组

$$\begin{cases} b_{11}x_1+b_{12}x_2+\cdots+b_{1r}x_r=d_1-b_{1,r+1}x_{r+1}-\cdots-b_{1n}x_n, \\ \qquad b_{22}x_2+\cdots+b_{2r}x_r=d_2-b_{2,r+1}x_{r+1}-\cdots-b_{2n}x_n, \\ \qquad\qquad \cdots\cdots\cdots\cdots \\ \qquad\qquad b_{rr}x_r=d_r-b_{r,r+1}x_{r+1}-\cdots-b_{rn}x_n. \end{cases} \tag{3.8}$$

对于任意给定的

$$\begin{cases} x_{r+1}=x_{r+1}^0, \\ x_{r+2}=x_{r+2}^0, \\ \cdots\cdots\cdots\cdots \\ x_n=x_n^0, \end{cases}$$

代入方程组(3.8),由克拉默法则知,方程组(3.8)有唯一解

$$\begin{cases} x_1 = x_1^0, \\ x_2 = x_2^0, \\ \cdots\cdots\cdots\cdots \\ x_r = x_r^0, \end{cases}$$

则

$$\boldsymbol{x}_0 = \begin{pmatrix} x_1^0 \\ x_2^0 \\ \vdots \\ x_r^0 \\ x_{r+1}^0 \\ \vdots \\ x_n^0 \end{pmatrix}$$

为线性方程组(3.8)的一个解向量,所以 $\boldsymbol{x}_0$ 为方程组(3.6)的一个解向量.

由于 $x_{r+1}, x_{r+2}, \cdots, x_n$ 可以任意取值,所以称 $x_{r+1}, x_{r+2}, \cdots, x_n$ 为自由未知量,即自由未知量可以任意取值.因此当 $r(\mathbf{A}) = r(\overline{\mathbf{A}}) = r < n$ 时,线性方程组(3.6)有无穷多解.

在解线性方程组 $\mathbf{A}\boldsymbol{x} = \boldsymbol{\beta}$ 时,首先将它的增广矩阵 $\overline{\mathbf{A}}$ 利用初等行变换化成阶梯形矩阵,在有解的情况下进而化成行最简形矩阵,再求出同解方程组的解,即得线性方程组 $\mathbf{A}\boldsymbol{x} = \boldsymbol{\beta}$ 的解.

例 2 解线性方程组

$$\begin{cases} 2x_1 - x_2 + x_3 - x_4 = 1, \\ x_1 - x_2 \quad\quad - 3x_4 = 2, \\ 4x_1 - 3x_2 + x_3 - 7x_4 - 4. \end{cases}$$

解 首先将方程组的增广矩阵 $\overline{\mathbf{A}}$ 利用初等行变换化为阶梯形矩阵,如果有解,则进一步化为行最简形矩阵.

$$\overline{\mathbf{A}} = \left(\begin{array}{cccc:c} 2 & -1 & 1 & -1 & 1 \\ 1 & -1 & 0 & -3 & 2 \\ 4 & -3 & 1 & -7 & 4 \end{array}\right) \xrightarrow{r_1 \leftrightarrow r_2} \left(\begin{array}{cccc:c} 1 & -1 & 0 & -3 & 2 \\ 2 & -1 & 1 & -1 & 1 \\ 4 & -3 & 1 & -7 & 4 \end{array}\right)$$

$$\xrightarrow[-4r_1 + r_3]{-2r_1 + r_2} \left(\begin{array}{cccc:c} 1 & -1 & 0 & -3 & 2 \\ 0 & 1 & 1 & 5 & -3 \\ 0 & 1 & 1 & 5 & -4 \end{array}\right) \xrightarrow{-r_2 + r_3} \left(\begin{array}{cccc:c} 1 & -1 & 0 & -3 & 2 \\ 0 & 1 & 1 & 5 & -3 \\ 0 & 0 & 0 & 0 & -1 \end{array}\right).$$

因为 $r(\mathbf{A}) = 2 \neq r(\overline{\mathbf{A}}) = 3$,所以线性方程组无解.

例 3 解线性方程组

$$\begin{cases} 2x_1 - x_2 + x_3 - x_4 = 1, \\ x_1 - x_2 - \quad\quad 3x_4 = 2, \\ 4x_1 - 3x_2 + x_3 - 7x_4 = 5. \end{cases}$$

解 首先将其增广矩阵 $\overline{\mathbf{A}}$ 利用初等行变换化为阶梯形矩阵,如果有解,则进一步化为行

最简形矩阵.

$$\overline{\mathbf{A}}=\left(\begin{array}{cccc:c}2&-1&1&-1&1\\1&-1&0&-3&2\\4&-3&1&-7&5\end{array}\right)\xrightarrow{r_1\leftrightarrow r_2}\left(\begin{array}{cccc:c}1&-1&0&-3&2\\2&-1&1&-1&1\\4&-3&1&-7&5\end{array}\right)$$

$$\xrightarrow[-4r_1+r_3]{-2r_1+r_2}\left(\begin{array}{cccc:c}1&-1&0&-3&2\\0&1&1&5&-3\\0&1&1&5&-3\end{array}\right)\xrightarrow{-r_2+r_3}\left(\begin{array}{cccc:c}1&-1&0&-3&2\\0&1&1&5&-3\\0&0&0&0&0\end{array}\right)$$

$$\xrightarrow{r_2+r_1}\left(\begin{array}{cccc:c}1&0&1&2&-1\\0&1&1&5&-3\\0&0&0&0&0\end{array}\right).$$

因为 $r(\mathbf{A})=r(\overline{\mathbf{A}})=2<4$,所以方程组有无穷多解.同解方程组为

$$\begin{cases}x_1+x_3+2x_4=-1,\\x_2+x_3+5x_4=-3,\end{cases}$$

即

$$\begin{cases}x_1=-1-x_3-2x_4,\\x_2=-3-x_3-5x_4.\end{cases}$$

由于 x_1,x_2 的系数行列式 $\begin{vmatrix}1&0\\0&1\end{vmatrix}=1\neq0$,所以取 x_3,x_4 为自由未知量,令 $x_3=t_1,x_4=t_2$,得到方程组的通解为

$$\begin{cases}x_1=-1-t_1-2t_2,\\x_2=-3-t_1-5t_2,\\x_3=t_1,\\x_4=t_2,\end{cases}$$

其中 t_1,t_2 为任意常数.

例 4 解线性方程组

$$\begin{cases}x_1-x_2+2x_3=1,\\2x_1+x_2-3x_3=4,\\2x_1-3x_2+4x_3=-1,\\4x_1-2x_2+x_3=3.\end{cases}$$

解 首先将方程组的增广矩阵 $\overline{\mathbf{A}}$ 利用初等行变换化为阶梯形矩阵.若$r(\mathbf{A})\neq r(\overline{\mathbf{A}})$,则方程组无解.若 $r(\mathbf{A})=r(\overline{\mathbf{A}})$,则进一步化为行最简形矩阵.

$$\overline{\mathbf{A}}=\left(\begin{array}{ccc:c}1&-1&2&1\\2&1&-3&4\\2&-3&4&-1\\4&-2&1&3\end{array}\right)\xrightarrow[\substack{-2r_1+r_3\\-4r_1+r_4}]{-2r_1+r_2}\left(\begin{array}{ccc:c}1&-1&2&1\\0&3&-7&2\\0&-1&0&-3\\0&2&-7&-1\end{array}\right)$$

$$\xrightarrow{r_2\leftrightarrow r_3}\left(\begin{array}{ccc|c}1&-1&2&1\\0&-1&0&-3\\0&3&-7&2\\0&2&-7&-1\end{array}\right)\xrightarrow[2r_2+r_4]{3r_2+r_3}\left(\begin{array}{ccc|c}1&-1&2&1\\0&-1&0&-3\\0&0&-7&-7\\0&0&-7&-7\end{array}\right)$$

$$\xrightarrow[-\frac{1}{7}r_3]{\frac{2}{7}r_3+r_1,\ -r_3+r_4}\left(\begin{array}{ccc|c}1&-1&0&-1\\0&-1&0&-3\\0&0&1&1\\0&0&0&0\end{array}\right)\xrightarrow[-r_2]{-r_2+r_1}\left(\begin{array}{ccc|c}1&0&0&2\\0&1&0&3\\0&0&1&1\\0&0&0&0\end{array}\right).$$

因为 $r(\mathbf{A})=r(\overline{\mathbf{A}})=3$，与未知量个数相同，所以方程组有唯一解，故

$$\begin{cases}x_1=2,\\x_2=3,\\x_3=1.\end{cases}$$

例 5 判断 a,b 取何值时，线性方程组

$$\begin{cases}ax_1+\ \ x_2+x_3=4,\\x_1+\ bx_2+x_3=3,\\x_1+2bx_2+x_3=4\end{cases}$$

有解？a,b 取何值时无解？并在有解的情况下求出其解.

解 系数行列式

$$D=\begin{vmatrix}a&1&1\\1&b&1\\1&2b&1\end{vmatrix}=-b(a-1).$$

当 $D\neq0$，即 $a\neq1$ 且 $b\neq0$ 时，方程组有唯一解：

$$x_1=\frac{2b-1}{b(a-1)},\quad x_2=\frac{1}{b},\quad x_3=\frac{1+2ab-4b}{b(a-1)}.$$

当 $D=0$ 时，有两种情况：

(1) 如果 $b=0$，

$$\overline{\mathbf{A}}=\begin{pmatrix}a&1&1&4\\1&0&1&3\\1&0&1&4\end{pmatrix}\xrightarrow{r_1\leftrightarrow r_2}\begin{pmatrix}1&0&1&3\\a&1&1&4\\1&0&1&4\end{pmatrix}\xrightarrow[-r_1+r_3]{-ar_1+r_2}\begin{pmatrix}1&0&1&3\\0&1&1-a&4-3a\\0&0&0&1\end{pmatrix},$$

由于 $r(\mathbf{A})=2$，而 $r(\overline{\mathbf{A}})=3$，所以无解.

(2) 如果 $a=1$，对增广矩阵 $\overline{\mathbf{A}}$ 施行初等行变换

$$\overline{\mathbf{A}}=\begin{pmatrix}1&1&1&4\\1&b&1&3\\1&2b&1&4\end{pmatrix}\xrightarrow[-r_2+r_3]{-r_1+r_2}\begin{pmatrix}1&1&1&4\\0&b-1&0&-1\\0&b&0&1\end{pmatrix}$$

$$\xrightarrow{-r_3+r_2}\begin{pmatrix}1&1&1&4\\0&-1&0&-2\\0&b&0&1\end{pmatrix}\xrightarrow{br_2+r_3}\begin{pmatrix}1&1&1&4\\0&-1&0&-2\\0&0&0&1-2b\end{pmatrix}$$

$$\xrightarrow[r_2\times(-1)]{r_2+r_1}\begin{pmatrix}1&0&1&2\\0&1&0&2\\0&0&0&1-2b\end{pmatrix}.$$

故当 $b\neq\frac{1}{2}$ 时，有 $r(\boldsymbol{A})=2\neq r(\overline{\boldsymbol{A}})=3$，所以方程组无解；当 $b=\frac{1}{2}$ 时，$r(\boldsymbol{A})=r(\overline{\boldsymbol{A}})=2<3$，所以有无穷多解.此时

$$\begin{cases}x_1=2-k,\\x_2=2,\\x_3=k,\end{cases}\quad 其中\ k\ 为任意常数.$$

综上，当 $a\neq1$ 且 $b\neq0$ 时，方程组有唯一解；当 $a=1$ 且 $b=\frac{1}{2}$ 时，方程组有无穷多解；其余情形无解.

例 6 选择题.

设矩阵 $\boldsymbol{A}=\begin{pmatrix}1&1&1\\1&2&a\\1&4&a^2\end{pmatrix}$，$\boldsymbol{b}=\begin{pmatrix}1\\d\\d^2\end{pmatrix}$.若集合 $\Omega=\{1,2\}$，则线性方程组 $\boldsymbol{Ax}=\boldsymbol{b}$ 有无穷多解的充要条件为（ ）.

(A) $a\notin\Omega, d\notin\Omega$　　(B) $a\notin\Omega, d\in\Omega$

(C) $a\in\Omega, d\notin\Omega$　　(D) $a\in\Omega, d\in\Omega$

解 对线性方程组 $\boldsymbol{Ax}=\boldsymbol{b}$ 的增广矩阵 $\overline{\boldsymbol{A}}$ 施以初等行变换，得

$$\begin{pmatrix}1&1&1&1\\1&2&a&d\\1&4&a^2&d^2\end{pmatrix}\to\begin{pmatrix}1&1&1&1\\0&1&a-1&d-1\\0&3&a^2-1&d^2-1\end{pmatrix}$$

$$\to\begin{pmatrix}1&1&1&1\\0&1&a-1&d-1\\0&0&(a-1)(a-2)&(d-1)(d-2)\end{pmatrix},$$

所以 $r(\boldsymbol{A})=r(\overline{\boldsymbol{A}})<3$ 的充要条件是 $a=1$ 或 $a=2$，且 $d=1$ 或 $d=2$.由此可见，线性方程组 $\boldsymbol{Ax}=\boldsymbol{b}$ 有无穷多解，即 $r(\boldsymbol{A})=r(\overline{\boldsymbol{A}})<3$ 的充要条件为 $a\in\Omega$ 且 $d\in\Omega$.所以应该选择(D).

三、解齐次线性方程组

齐次线性方程组

$$\begin{cases}a_{11}x_1+a_{12}x_2+\cdots+a_{1n}x_n=0,\\a_{21}x_1+a_{22}x_2+\cdots+a_{2n}x_n=0,\\\cdots\cdots\cdots\cdots\\a_{m1}x_1+a_{m2}x_2+\cdots+a_{mn}x_n=0\end{cases}$$

的矩阵形式为 $\boldsymbol{Ax}=\boldsymbol{0}$，系数矩阵 $\boldsymbol{A}$ 为 $m\times n$ 矩阵，而增广矩阵 $\overline{\boldsymbol{A}}$ 的最后一列都是零.显然

$r(\boldsymbol{A})=r(\overline{\boldsymbol{A}})$，因此，齐次线性方程组必有解.

如果 $r(\boldsymbol{A})=n$，则齐次方程组有唯一解，即只有零解.

如果 $r(\boldsymbol{A})<n$，则齐次方程组有无穷多解，即有非零解.

于是得到结论：齐次方程组 $\boldsymbol{Ax}=\boldsymbol{0}$ 只有零解的充要条件是 $r(\boldsymbol{A})=n$；有非零解的充要条件是 $r(\boldsymbol{A})<n$.

如果方程的个数 m 等于未知量的个数 n，则齐次方程组 $\boldsymbol{Ax}=\boldsymbol{0}$ 只有零解的充要条件是 $|\boldsymbol{A}|\neq 0$；有非零解的充要条件是 $|\boldsymbol{A}|=0$.

例 7 解齐次线性方程组

$$\begin{cases} x_1+x_2+x_3+x_4=0, \\ x_2+2x_3+2x_4=0, \\ 3x_1+2x_2+x_3+x_4=0. \end{cases}$$

解 对其系数矩阵 $\boldsymbol{A}$ 进行初等行变换化为行最简形矩阵.

$$\boldsymbol{A}=\begin{pmatrix} 1 & 1 & 1 & 1 \\ 0 & 1 & 2 & 2 \\ 3 & 2 & 1 & 1 \end{pmatrix} \xrightarrow{-3r_1+r_3} \begin{pmatrix} 1 & 1 & 1 & 1 \\ 0 & 1 & 2 & 2 \\ 0 & -1 & -2 & -2 \end{pmatrix}$$

$$\xrightarrow[r_2+r_3]{-r_2+r_1} \begin{pmatrix} 1 & 0 & -1 & -1 \\ 0 & 1 & 2 & 2 \\ 0 & 0 & 0 & 0 \end{pmatrix}.$$

因为 $r(\boldsymbol{A})=2<n=4$，所以该方程组有非零解，且同解方程组为

$$\begin{cases} x_1-x_3-x_4=0, \\ x_2+2x_3+2x_4=0, \end{cases}$$

即

$$\begin{cases} x_1=x_3+x_4, \\ x_2=-2x_3-2x_4. \end{cases}$$

由于 x_1,x_2 的系数行列式 $\begin{vmatrix} 1 & 0 \\ 0 & 1 \end{vmatrix}=1\neq 0$，所以取 x_3,x_4 为自由未知量，令 $x_3=t_1,x_4=t_2$，得到方程组的全部解为

$$\begin{cases} x_1=t_1+t_2, \\ x_2=-2t_1-2t_2, \\ x_3=t_1, \\ x_4=t_2, \end{cases}$$

其中 t_1,t_2 为任意常数.

例 8 设 $\boldsymbol{A}$ 是 n 阶方阵，如果对于任一 n 维列向量 $\boldsymbol{x}=\begin{pmatrix} x_1 \\ x_2 \\ \vdots \\ x_n \end{pmatrix}$ 都有 $\boldsymbol{Ax}=\boldsymbol{0}$，证明 $\boldsymbol{A}=\boldsymbol{O}$.

证 假设

$$A=\begin{pmatrix} a_{11} & a_{12} & \cdots & a_{1n} \\ a_{21} & a_{22} & \cdots & a_{2n} \\ \vdots & \vdots & & \vdots \\ a_{n1} & a_{n2} & \cdots & a_{nn} \end{pmatrix}.$$

特别地,取 n 个单位列向量:

$$\boldsymbol{x}_1=\begin{pmatrix} 1 \\ 0 \\ \vdots \\ 0 \end{pmatrix},\quad \boldsymbol{x}_2=\begin{pmatrix} 0 \\ 1 \\ \vdots \\ 0 \end{pmatrix},\quad \cdots,\quad \boldsymbol{x}_n=\begin{pmatrix} 0 \\ 0 \\ \vdots \\ 1 \end{pmatrix},$$

有 $\boldsymbol{A}\boldsymbol{x}_j=\boldsymbol{0}\ (j=1,2,\cdots,n)$.于是,

$$\begin{pmatrix} a_{11} \\ a_{21} \\ \vdots \\ a_{n1} \end{pmatrix}=\begin{pmatrix} 0 \\ 0 \\ \vdots \\ 0 \end{pmatrix},\quad \begin{pmatrix} a_{12} \\ a_{22} \\ \vdots \\ a_{n2} \end{pmatrix}=\begin{pmatrix} 0 \\ 0 \\ \vdots \\ 0 \end{pmatrix},\quad \cdots,\quad \begin{pmatrix} a_{1n} \\ a_{2n} \\ \vdots \\ a_{nn} \end{pmatrix}=\begin{pmatrix} 0 \\ 0 \\ \vdots \\ 0 \end{pmatrix},$$

所以 $a_{ij}=0\ (i,j=1,2,\cdots,n)$,即 $\boldsymbol{A}=\boldsymbol{O}$.

§3.5 齐次线性方程组解的结构

齐次线性方程组

$$\begin{cases} a_{11}x_1+a_{12}x_2+\cdots+a_{1n}x_n=0, \\ a_{21}x_1+a_{22}x_2+\cdots+a_{2n}x_n=0, \\ \cdots\cdots\cdots\cdots \\ a_{m1}x_1+a_{m2}x_2+\cdots+a_{mn}x_n=0 \end{cases} \tag{3.9}$$

的矩阵形式为

$$\boldsymbol{A}\boldsymbol{x}=\boldsymbol{0},$$

其中 $\boldsymbol{A}=(a_{ij})$ 为 $m\times n$ 矩阵,$\boldsymbol{x}=(x_1,x_2,\cdots,x_n)^{\mathrm{T}}$.

一、齐次线性方程组解的性质

性质 1 如果 $\boldsymbol{\alpha}_1,\boldsymbol{\alpha}_2$ 是 $\boldsymbol{A}\boldsymbol{x}=\boldsymbol{0}$ 的解向量,则 $\boldsymbol{\alpha}_1+\boldsymbol{\alpha}_2$ 也是 $\boldsymbol{A}\boldsymbol{x}=\boldsymbol{0}$ 的解向量.

证 因为 $\boldsymbol{A}\boldsymbol{\alpha}_1=\boldsymbol{0},\boldsymbol{A}\boldsymbol{\alpha}_2=\boldsymbol{0}$,所以

$$\boldsymbol{A}(\boldsymbol{\alpha}_1+\boldsymbol{\alpha}_2)=\boldsymbol{A}\boldsymbol{\alpha}_1+\boldsymbol{A}\boldsymbol{\alpha}_2=\boldsymbol{0}+\boldsymbol{0}=\boldsymbol{0},$$

即 $\boldsymbol{\alpha}_1+\boldsymbol{\alpha}_2$ 是 $\boldsymbol{A}\boldsymbol{x}=\boldsymbol{0}$ 的解向量.

性质 2 如果 $\boldsymbol{\alpha}$ 是 $\boldsymbol{A}\boldsymbol{x}=\boldsymbol{0}$ 的解向量,则对于任意常数 k,$k\boldsymbol{\alpha}$ 也是 $\boldsymbol{A}\boldsymbol{x}=\boldsymbol{0}$的解向量.

证 因为 $\boldsymbol{A}\boldsymbol{\alpha}=\boldsymbol{0}$,所以 $\boldsymbol{A}(k\boldsymbol{\alpha})=k(\boldsymbol{A}\boldsymbol{\alpha})=k\cdot\boldsymbol{0}=\boldsymbol{0}$,即 $k\boldsymbol{\alpha}$ 也是 $\boldsymbol{A}\boldsymbol{x}=\boldsymbol{0}$的解向量.

由性质 1 和性质 2 可知,如果 $\boldsymbol{\alpha}_1,\boldsymbol{\alpha}_2,\cdots,\boldsymbol{\alpha}_t$ 都是 $\boldsymbol{A}\boldsymbol{x}=\boldsymbol{0}$ 的解向量,则对于任意常数 k_1,$k_2,\cdots,k_t$,$k_1\boldsymbol{\alpha}_1+k_2\boldsymbol{\alpha}_2+\cdots+k_t\boldsymbol{\alpha}_t$ 仍是 $\boldsymbol{A}\boldsymbol{x}=\boldsymbol{0}$ 的解向量.

二、齐次线性方程组的基础解系

定义 3.10 设 $\boldsymbol{\eta}_1,\boldsymbol{\eta}_2,\cdots,\boldsymbol{\eta}_t$ 都是齐次线性方程组 $\boldsymbol{A}\boldsymbol{x}=\boldsymbol{0}$ 的解向量，并且满足

(1) $\boldsymbol{\eta}_1,\boldsymbol{\eta}_2,\cdots,\boldsymbol{\eta}_t$ 线性无关；

(2) $\boldsymbol{A}\boldsymbol{x}=\boldsymbol{0}$ 的任一解向量 $\boldsymbol{\eta}$ 都可由 $\boldsymbol{\eta}_1,\boldsymbol{\eta}_2,\cdots,\boldsymbol{\eta}_t$ 线性表示，

则称 $\boldsymbol{\eta}_1,\boldsymbol{\eta}_2,\cdots,\boldsymbol{\eta}_t$ 是 $\boldsymbol{A}\boldsymbol{x}=\boldsymbol{0}$ 的一个基础解系.

由上述定义可知，$\boldsymbol{A}\boldsymbol{x}=\boldsymbol{0}$ 的一个基础解系 $\boldsymbol{\eta}_1,\boldsymbol{\eta}_2,\cdots,\boldsymbol{\eta}_t$ 就是 $\boldsymbol{A}\boldsymbol{x}=\boldsymbol{0}$ 的解向量组的一个极大无关组.

如果齐次线性方程组 $\boldsymbol{A}\boldsymbol{x}=\boldsymbol{0}$ 的一个基础解系为 $\boldsymbol{\eta}_1,\boldsymbol{\eta}_2,\cdots,\boldsymbol{\eta}_t$，那么 $\boldsymbol{A}\boldsymbol{x}=\boldsymbol{0}$ 的全部解(通解)$\boldsymbol{\eta}$ 为

$$\boldsymbol{\eta}=k_1\boldsymbol{\eta}_1+k_2\boldsymbol{\eta}_2+\cdots+k_t\boldsymbol{\eta}_t,$$

其中 $k_1,k_2,\cdots,k_t$ 为任意常数.

对于 n 元齐次线性方程组 $\boldsymbol{A}\boldsymbol{x}=\boldsymbol{0}$，当 $r(\boldsymbol{A})=n$ 时，$\boldsymbol{A}\boldsymbol{x}=\boldsymbol{0}$只有零解，故 $\boldsymbol{A}\boldsymbol{x}=\boldsymbol{0}$没有基础解系；当$r(\boldsymbol{A})=r<n$ 时，$\boldsymbol{A}\boldsymbol{x}=\boldsymbol{0}$有无穷多解(即有非零解)，也就是说 $\boldsymbol{A}\boldsymbol{x}=\boldsymbol{0}$必有基础解系.

定理 3.8 对于 n 元齐次线性方程组 $\boldsymbol{A}\boldsymbol{x}=\boldsymbol{0}$，如果 $r(\boldsymbol{A})=r<n$，则 $\boldsymbol{A}\boldsymbol{x}=\boldsymbol{0}$必有基础解系，且任一个基础解系中都含有 $n-r$ 个解向量 $\boldsymbol{\eta}_1,\boldsymbol{\eta}_2,\cdots,\boldsymbol{\eta}_{n-r}$.

证 设 $r(\boldsymbol{A})=r<n$，则

$$\boldsymbol{A}=\begin{pmatrix} a_{11} & a_{12} & \cdots & a_{1n} \\ a_{21} & a_{22} & \cdots & a_{2n} \\ \vdots & \vdots & & \vdots \\ a_{m1} & a_{m2} & \cdots & a_{mn} \end{pmatrix} \xrightarrow{\text{初等行变换}} \cdots \rightarrow \begin{pmatrix} b_{11} & b_{12} & \cdots & b_{1r} & b_{1,r+1} & \cdots & b_{1n} \\ 0 & b_{22} & \cdots & b_{2r} & b_{2,r+1} & \cdots & b_{2n} \\ \vdots & \vdots & & \vdots & \vdots & & \vdots \\ 0 & 0 & \cdots & b_{rr} & b_{r,r+1} & \cdots & b_{rn} \\ 0 & 0 & \cdots & 0 & 0 & \cdots & 0 \\ \vdots & \vdots & & \vdots & \vdots & & \vdots \\ 0 & 0 & \cdots & 0 & 0 & \cdots & 0 \end{pmatrix},$$

其中 $b_{11},b_{22},\cdots,b_{rr}$ 皆不为零.于是得到 $\boldsymbol{A}\boldsymbol{x}=\boldsymbol{0}$ 的同解方程组为

$$\begin{cases} b_{11}x_1+b_{12}x_2+\cdots+b_{1r}x_r+b_{1,r+1}x_{r+1}+\cdots+b_{1n}x_n=0, \\ \qquad b_{22}x_2+\cdots+b_{2r}x_r+b_{2,r+1}x_{r+1}+\cdots+b_{2n}x_n=0, \\ \qquad\qquad \cdots\cdots\cdots\cdots \\ \qquad\qquad b_{rr}x_r+b_{r,r+1}x_{r+1}+\cdots+b_{rn}x_n=0. \end{cases} \tag{3.10}$$

由于 $x_1,x_2,\cdots,x_r$ 的系数行列式

$$\begin{vmatrix} b_{11} & b_{12} & \cdots & b_{1r} \\ 0 & b_{22} & \cdots & b_{2r} \\ \vdots & \vdots & & \vdots \\ 0 & 0 & \cdots & b_{rr} \end{vmatrix} \neq 0,$$

则选取 $x_{r+1},x_{r+2},\cdots,x_n$ 为自由未知量，于是同解方程组(3.10)改写为

$$\begin{cases} b_{11}x_1+b_{12}x_2+\cdots+b_{1r}x_r=-b_{1,r+1}x_{r+1}-\cdots-b_{1n}x_n, \\ \qquad b_{22}x_2+\cdots+b_{2r}x_r=-b_{2,r+1}x_{r+1}-\cdots-b_{2n}x_n, \\ \qquad\qquad \cdots\cdots\cdots\cdots \\ \qquad\qquad b_{rr}x_r=-b_{r,r+1}x_{r+1}-\cdots-b_{rn}x_n. \end{cases} \tag{3.11}$$

当自由未知量 $x_{r+1},x_{r+2},\cdots,x_n$ 取一组确定的数值时，通过方程组(3.11)，由克拉默法则可以求出唯一的 $x_1,x_2,\cdots,x_r$，于是

$$\boldsymbol{x}_0=\begin{pmatrix} x_1 \\ x_2 \\ \vdots \\ x_r \\ x_{r+1} \\ \vdots \\ x_n \end{pmatrix}$$

就是齐次线性方程组 $\boldsymbol{Ax}=\boldsymbol{0}$ 的一个解向量.所以当自由未知量分别取为

$$\begin{pmatrix} x_{r+1} \\ x_{r+2} \\ \vdots \\ x_n \end{pmatrix}=\begin{pmatrix} 1 \\ 0 \\ \vdots \\ 0 \end{pmatrix}, \quad \begin{pmatrix} 0 \\ 1 \\ \vdots \\ 0 \end{pmatrix}, \quad \cdots, \quad \begin{pmatrix} 0 \\ 0 \\ \vdots \\ 1 \end{pmatrix}$$

时，通过方程组(3.11)分别求得

$$\begin{pmatrix} x_1 \\ x_2 \\ \vdots \\ x_r \end{pmatrix}=\begin{pmatrix} c_{11} \\ c_{12} \\ \vdots \\ c_{1r} \end{pmatrix}, \quad \begin{pmatrix} c_{21} \\ c_{22} \\ \vdots \\ c_{2r} \end{pmatrix}, \quad \cdots, \quad \begin{pmatrix} c_{n-r,1} \\ c_{n-r,2} \\ \vdots \\ c_{n-r,r} \end{pmatrix}.$$

从而得到齐次线性方程组 $\boldsymbol{Ax}=\boldsymbol{0}$ 的 $n-r$ 个解向量为

$$\boldsymbol{\eta}_1=\begin{pmatrix} c_{11} \\ c_{12} \\ \vdots \\ c_{1r} \\ 1 \\ 0 \\ \vdots \\ 0 \end{pmatrix}, \quad \boldsymbol{\eta}_2=\begin{pmatrix} c_{21} \\ c_{22} \\ \vdots \\ c_{2r} \\ 0 \\ 1 \\ \vdots \\ 0 \end{pmatrix}, \quad \cdots, \quad \boldsymbol{\eta}_{n-r}=\begin{pmatrix} c_{n-r,1} \\ c_{n-r,2} \\ \vdots \\ c_{n-r,r} \\ 0 \\ 0 \\ \vdots \\ 1 \end{pmatrix}.$$

下面证明：$\boldsymbol{\eta}_1,\boldsymbol{\eta}_2,\cdots,\boldsymbol{\eta}_{n-r}$ 是 $\boldsymbol{Ax}=\boldsymbol{0}$ 的一个基础解系.

先证 $\boldsymbol{\eta}_1,\boldsymbol{\eta}_2,\cdots,\boldsymbol{\eta}_{n-r}$ 线性无关.设 $n\times(n-r)$ 矩阵

$$\boldsymbol{C}=(\boldsymbol{\eta}_1,\boldsymbol{\eta}_2,\cdots,\boldsymbol{\eta}_{n-r})=\begin{pmatrix} c_{11} & c_{21} & \cdots & c_{n-r,1} \\ c_{12} & c_{22} & \cdots & c_{n-r,2} \\ \vdots & \vdots & & \vdots \\ c_{1r} & c_{2r} & \cdots & c_{n-r,r} \\ 1 & 0 & \cdots & 0 \\ 0 & 1 & \cdots & 0 \\ \vdots & \vdots & & \vdots \\ 0 & 0 & \cdots & 1 \end{pmatrix}_{n\times(n-r)},$$

因为矩阵 $\boldsymbol{C}$ 中有一个 $n-r$ 阶子式

$$N=\begin{vmatrix} 1 & 0 & \cdots & 0 \\ 0 & 1 & \cdots & 0 \\ \vdots & \vdots & & \vdots \\ 0 & 0 & \cdots & 1 \end{vmatrix}=1\neq 0,$$

所以 $r(\boldsymbol{C})=n-r$.于是 $\boldsymbol{\eta}_1,\boldsymbol{\eta}_2,\cdots,\boldsymbol{\eta}_{n-r}$ 线性无关.

再证 $\boldsymbol{Ax}=\boldsymbol{0}$ 的任意解向量 $\boldsymbol{\eta}$ 可由 $\boldsymbol{\eta}_1,\boldsymbol{\eta}_2,\cdots,\boldsymbol{\eta}_{n-r}$ 线性表示.设 $\boldsymbol{\eta}=\begin{pmatrix} c_1 \\ c_2 \\ \vdots \\ c_r \\ c_{r+1} \\ c_{r+2} \\ \vdots \\ c_n \end{pmatrix}$ 为 $\boldsymbol{Ax}=\boldsymbol{0}$ 的任意一个解向量,构造向量

$$\boldsymbol{\xi}=c_{r+1}\boldsymbol{\eta}_1+c_{r+2}\boldsymbol{\eta}_2+\cdots+c_n\boldsymbol{\eta}_{n-r}=\begin{pmatrix} x_1 \\ x_2 \\ \vdots \\ x_r \\ c_{r+1} \\ c_{r+2} \\ \vdots \\ c_n \end{pmatrix}.$$

因为 $\boldsymbol{\eta}_1,\boldsymbol{\eta}_2,\cdots,\boldsymbol{\eta}_{n-r}$ 为 $\boldsymbol{Ax}=\boldsymbol{0}$ 的解向量,由齐次线性方程组解的性质知,$\boldsymbol{\xi}$ 是 $\boldsymbol{Ax}=\boldsymbol{0}$ 的解向量.由于 $\boldsymbol{\xi}$ 与 $\boldsymbol{\eta}$ 是 $\boldsymbol{Ax}=\boldsymbol{0}$ 的两个解向量,且它们的自由未知量 $x_{r+1},x_{r+2},\cdots,x_n$ 取值相同,因此 $x_1,x_2,\cdots,x_r$ 也一定对应相等,故 $\boldsymbol{\xi}=\boldsymbol{\eta}$,即

$$\boldsymbol{\eta}=c_{r+1}\boldsymbol{\eta}_1+c_{r+2}\boldsymbol{\eta}_2+\cdots+c_n\boldsymbol{\eta}_{n-r},$$

所以 $\boldsymbol{Ax}=\boldsymbol{0}$ 的任意解向量 $\boldsymbol{\eta}$ 可由 $\boldsymbol{\eta}_1,\boldsymbol{\eta}_2,\cdots,\boldsymbol{\eta}_{n-r}$ 线性表示.

因此,$\boldsymbol{\eta}_1,\boldsymbol{\eta}_2,\cdots,\boldsymbol{\eta}_{n-r}$ 是 $\boldsymbol{Ax}=\boldsymbol{0}$ 的一个基础解系.

注 亦称数 $n-r(\boldsymbol{A})$，即齐次线性方程组 $\boldsymbol{Ax}=\boldsymbol{0}$ 的基础解系所含向量个数，为齐次线性方程组解空间的维数.

由上面定理可知，解齐次线性方程组的关键是求出它的一个基础解系.定理 3.8 的证明过程，就给出了求 $\boldsymbol{Ax}=\boldsymbol{0}$ 的一个基础解系的过程.

例 1 求齐次线性方程组

$$\begin{cases} x_1-x_2-x_3+x_4=0, \\ x_1-2x_2+x_3-3x_4=0, \\ 2x_1-x_2-4x_3+6x_4=0 \end{cases}$$

的基础解系及全部解.

解 对它的系数矩阵 $\boldsymbol{A}$ 进行初等行变换化为行最简形矩阵.

$$\boldsymbol{A}=\begin{pmatrix} 1 & -1 & -1 & 1 \\ 1 & -2 & 1 & -3 \\ 2 & -1 & -4 & 6 \end{pmatrix} \xrightarrow[-2r_1+r_3]{-r_1+r_2} \begin{pmatrix} 1 & -1 & -1 & 1 \\ 0 & -1 & 2 & -4 \\ 0 & 1 & -2 & 4 \end{pmatrix}$$

$$\xrightarrow[-r_2]{\substack{r_2+r_3 \\ -r_2+r_1}} \begin{pmatrix} 1 & 0 & -3 & 5 \\ 0 & 1 & -2 & 4 \\ 0 & 0 & 0 & 0 \end{pmatrix}.$$

因为 $r(\boldsymbol{A})=2<4$，所以齐次线性方程组有无穷多解，且同解方程组为

$$\begin{cases} x_1-3x_3+5x_4=0, \\ x_2-2x_3+4x_4=0. \end{cases}$$

由于 x_1,x_2 的系数行列式 $\begin{vmatrix} 1 & 0 \\ 0 & 1 \end{vmatrix}\neq 0$，故选取 x_3,x_4 为自由未知量，将同解方程组改写为

$$\begin{cases} x_1=3x_3-5x_4, \\ x_2=2x_3-4x_4. \end{cases}$$

自由未知量分别取值为

$$\begin{pmatrix} x_3 \\ x_4 \end{pmatrix}=\begin{pmatrix} 1 \\ 0 \end{pmatrix}, \quad \begin{pmatrix} 0 \\ 1 \end{pmatrix},$$

求出对应的

$$\begin{pmatrix} x_1 \\ x_2 \end{pmatrix}=\begin{pmatrix} 3 \\ 2 \end{pmatrix}, \quad \begin{pmatrix} -5 \\ -4 \end{pmatrix},$$

得到原方程组的一个基础解系为

$$\boldsymbol{\eta}_1=\begin{pmatrix} 3 \\ 2 \\ 1 \\ 0 \end{pmatrix}, \quad \boldsymbol{\eta}_2=\begin{pmatrix} -5 \\ -4 \\ 0 \\ 1 \end{pmatrix}.$$

所以原方程组的全部解为

$$\boldsymbol{\eta}=k_1\boldsymbol{\eta}_1+k_2\boldsymbol{\eta}_2=k_1\begin{pmatrix}3\\2\\1\\0\end{pmatrix}+k_2\begin{pmatrix}-5\\-4\\0\\1\end{pmatrix},$$

其中 k_1,k_2 为任意常数.

例 2 设 $\boldsymbol{\alpha}_1,\boldsymbol{\alpha}_2,\boldsymbol{\alpha}_3$ 是齐次线性方程组 $\boldsymbol{Ax}=\boldsymbol{0}$ 的一个基础解系,又

$$\boldsymbol{\beta}_1=\boldsymbol{\alpha}_1+\boldsymbol{\alpha}_2+\boldsymbol{\alpha}_3,$$
$$\boldsymbol{\beta}_2=\boldsymbol{\alpha}_2-\boldsymbol{\alpha}_3,$$
$$\boldsymbol{\beta}_3=\boldsymbol{\alpha}_2+\boldsymbol{\alpha}_3.$$

问 $\boldsymbol{\beta}_1,\boldsymbol{\beta}_2,\boldsymbol{\beta}_3$ 是否也是 $\boldsymbol{Ax}=\boldsymbol{0}$ 的基础解系,为什么?

解 由基础解系的定义知,$\boldsymbol{\alpha}_1,\boldsymbol{\alpha}_2,\boldsymbol{\alpha}_3$ 是齐次线性方程组 $\boldsymbol{Ax}=\boldsymbol{0}$ 的线性无关的解向量,并知其基础解系含有 3 个解向量.因此 $\boldsymbol{Ax}=\boldsymbol{0}$ 的任意 3 个线性无关的解向量都是一个基础解系.由于齐次线性方程组的解向量的线性组合仍然是解向量,所以 $\boldsymbol{\beta}_1,\boldsymbol{\beta}_2,\boldsymbol{\beta}_3$ 都是 $\boldsymbol{Ax}=\boldsymbol{0}$ 的解.因此只需证明 $\boldsymbol{\beta}_1,\boldsymbol{\beta}_2,\boldsymbol{\beta}_3$ 线性无关即可.为此令

$$k_1\boldsymbol{\beta}_1+k_2\boldsymbol{\beta}_2+k_3\boldsymbol{\beta}_3=\boldsymbol{0},$$

即

$$k_1(\boldsymbol{\alpha}_1+\boldsymbol{\alpha}_2+\boldsymbol{\alpha}_3)+k_2(\boldsymbol{\alpha}_2-\boldsymbol{\alpha}_3)+k_3(\boldsymbol{\alpha}_2+\boldsymbol{\alpha}_3)=\boldsymbol{0},$$

亦即

$$k_1\boldsymbol{\alpha}_1+(k_1+k_2+k_3)\boldsymbol{\alpha}_2+(k_1-k_2+k_3)\boldsymbol{\alpha}_3=\boldsymbol{0}.$$

由于 $\boldsymbol{\alpha}_1,\boldsymbol{\alpha}_2,\boldsymbol{\alpha}_3$ 线性无关,所以有

$$\begin{cases}k_1=0,\\k_1+k_2+k_3=0,\\k_1-k_2+k_3=0.\end{cases}$$

因为系数行列式

$$D=\begin{vmatrix}1&0&0\\1&1&1\\1&-1&1\end{vmatrix}=2\neq0,$$

所以只有零解 $k_1=k_2=k_3=0$.因此 $\boldsymbol{\beta}_1,\boldsymbol{\beta}_2,\boldsymbol{\beta}_3$ 线性无关,从而 $\boldsymbol{\beta}_1,\boldsymbol{\beta}_2,\boldsymbol{\beta}_3$ 是 $\boldsymbol{Ax}=\boldsymbol{0}$ 的一个基础解系.

例 3 选择题.齐次线性方程组

$$\begin{cases}\lambda x_1+x_2+\lambda^2x_3=0,\\x_1+\lambda x_2+x_3=0,\\x_1+x_2+\lambda x_3=0\end{cases}$$

的系数矩阵记为 $\boldsymbol{A}$.若存在三阶矩阵 $\boldsymbol{B}\neq\boldsymbol{O}$ 使得 $\boldsymbol{AB}=\boldsymbol{O}$,则(　　).

(A) $\lambda=-2$ 且 $|\boldsymbol{B}|=0$　　(B) $\lambda=-2$ 且 $|\boldsymbol{B}|\neq0$

(C) $\lambda=1$ 且 $|\boldsymbol{B}|=0$　　(D) $\lambda=1$ 且 $|\boldsymbol{B}|\neq0$

解 由题设条件 $\boldsymbol{AB}=\boldsymbol{O}$ 且 $\boldsymbol{B}\neq\boldsymbol{O}$,知方程组 $\boldsymbol{Ax}=\boldsymbol{0}$ 存在非零解($\boldsymbol{B}$ 的列向量为 $\boldsymbol{Ax}=\boldsymbol{0}$ 的解向量),于是 $|\boldsymbol{A}|=0$,即

$$\begin{vmatrix} \lambda & 1 & \lambda^2 \\ 1 & \lambda & 1 \\ 1 & 1 & \lambda \end{vmatrix}=0,$$

解得 $\lambda=1$,故

$$\boldsymbol{A}=\begin{pmatrix} 1 & 1 & 1 \\ 1 & 1 & 1 \\ 1 & 1 & 1 \end{pmatrix}.$$

由 $\boldsymbol{AB}=\boldsymbol{O}$,知 $\boldsymbol{B}^{\mathrm{T}}\boldsymbol{A}^{\mathrm{T}}=\boldsymbol{O}$,故方程组 $\boldsymbol{B}^{\mathrm{T}}\boldsymbol{x}=\boldsymbol{0}$ 存在非零解,于是 $|\boldsymbol{B}|=|\boldsymbol{B}^{\mathrm{T}}|=0$,所以应该选择(C).

例 4 设 $\boldsymbol{A}$ 为 $m\times n$ 矩阵,$\boldsymbol{B}$ 为 $n\times s$ 矩阵,如果 $\boldsymbol{AB}=\boldsymbol{O}$,证明 $r(\boldsymbol{A})+r(\boldsymbol{B})\leqslant n$.

证 设 $\boldsymbol{B}=(\boldsymbol{\beta}_1,\boldsymbol{\beta}_2,\cdots,\boldsymbol{\beta}_s)$,由 $\boldsymbol{AB}=\boldsymbol{O}$,则有 $(\boldsymbol{A\beta}_1,\boldsymbol{A\beta}_2,\cdots,\boldsymbol{A\beta}_s)=\boldsymbol{O}$,即 $\boldsymbol{A\beta}_j=\boldsymbol{0}(j=1,2,\cdots,s)$,这就表明 $\boldsymbol{B}$ 的列向量 $\boldsymbol{\beta}_j\ (j=1,2,\cdots,s)$ 都是齐次线性方程组 $\boldsymbol{Ax}=\boldsymbol{0}$ 的解向量.

当 $r(\boldsymbol{A})=n$ 时,齐次方程组 $\boldsymbol{Ax}=\boldsymbol{0}$ 只有零解,所以 $\boldsymbol{\beta}_j=\boldsymbol{0}\ (j=1,2,\cdots,s)$,即 $\boldsymbol{B}=\boldsymbol{O}$,$r(\boldsymbol{B})=0$,于是 $r(\boldsymbol{A})+r(\boldsymbol{B})=n$.

当 $r(\boldsymbol{A})=r<n$ 时,齐次方程组 $\boldsymbol{Ax}=\boldsymbol{0}$ 必有基础解系 $\boldsymbol{\eta}_1,\boldsymbol{\eta}_2,\cdots,\boldsymbol{\eta}_{n-r}$,则向量组(Ⅰ):$\boldsymbol{\beta}_1,\boldsymbol{\beta}_2,\cdots,\boldsymbol{\beta}_s$ 可由向量组(Ⅱ):$\boldsymbol{\eta}_1,\boldsymbol{\eta}_2,\cdots,\boldsymbol{\eta}_{n-r}$ 线性表示.所以

$$r(\text{Ⅰ})\leqslant r(\text{Ⅱ}).$$

又知

$$r(\text{Ⅰ})=r(\boldsymbol{B}),\quad r(\text{Ⅱ})=n-r,$$

所以

$$r(\boldsymbol{B})\leqslant n-r,$$

即

$$r(\boldsymbol{A})+r(\boldsymbol{B})\leqslant n.$$

综上所述,如果 $\boldsymbol{AB}=\boldsymbol{O}$,则 $r(\boldsymbol{A})+r(\boldsymbol{B})\leqslant n$.

***例 5** 齐次线性方程组

$$\begin{cases} a_{11}x_1+a_{12}x_2+\cdots+a_{1n}x_n=0, \\ a_{21}x_1+a_{22}x_2+\cdots+a_{2n}x_n=0, \\ \cdots\cdots\cdots\cdots \\ a_{n-1,1}x_1+a_{n-1,2}x_2+\cdots+a_{n-1,n}x_n=0 \end{cases}$$

的系数矩阵为 $\boldsymbol{A}_{(n-1)\times n}$,$M_i\ (i=1,2,\cdots,n)$ 是在矩阵 $\boldsymbol{A}$ 中划去第 i 列所得的 $n-1$ 阶子式.

(1) 证明 $(M_1,-M_2,\cdots,(-1)^{n-1}M_n)^{\mathrm{T}}$ 是该方程组的一个解;

(2) 若 $\boldsymbol{A}$ 的秩为 $n-1$,求该方程组的通解.

解析 为证明(1),可直接将 $(M_1,-M_2,\cdots,(-1)^{n-1}M_n)^{\mathrm{T}}$ 代入方程组进行验证.由 M_i 的取法可知,若 $\boldsymbol{A}$ 上添加一行作第一行得 $\boldsymbol{B}$,则 M_i 将是第一行元素的余子式.要验证的解正是由 $\boldsymbol{B}$ 的第一行元素的代数余子式组成的.验证即是将 $\boldsymbol{B}$ 的第一行元素的代数余子式代入第 i 个方程,将方程系数作为新添第一行元素,即得其值为 0 的行列式.对(2)应先研究基础解系中解向量的个数(即解空间的维数),再利用(1)的结果即可.

(1) **证** 将 $(M_1,-M_2,\cdots,(-1)^{n-1}M_n)^{\mathrm{T}}$ 代入第 i 个方程 $(i=1,2,\cdots,n-1)$,得

$$a_{i1}M_1-a_{i2}M_2+\cdots+a_{in}(-1)^{n-1}M_n=\begin{vmatrix} a_{i1} & a_{i2} & \cdots & a_{in} \\ a_{11} & a_{12} & \cdots & a_{1n} \\ \vdots & \vdots & & \vdots \\ a_{i1} & a_{i2} & \cdots & a_{in} \\ \vdots & \vdots & & \vdots \\ a_{n-1,1} & a_{n-1,2} & \cdots & a_{n-1,n} \end{vmatrix}=0.$$

故知$(M_1,-M_2,\cdots,(-1)^{n-1}M_n)$满足第 i $(i=1,2,\cdots,n-1)$个方程,所以它是方程组的解.

(2) **解** 因 $r(\boldsymbol{A})=n-1$,知方程组的解空间的维数为 $n-(n-1)=1$,即方程组的基础解系由一个解向量组成.又知 $\boldsymbol{A}$ 中至少含有一个 $n-1$ 阶子式不为零,即 $M_1,M_2,\cdots,M_n$ 不全为零,由(1)知$(M_1,-M_2,\cdots,(-1)^{n-1}M_n)^{\mathrm{T}}$ 是方程组的一个非零解,所以它是方程组的一个基础解系.于是方程组的通解为

$$k(M_1,-M_2,\cdots,(-1)^{n-1}M_n)^{\mathrm{T}},$$

其中 k 为任意常数.

§ 3.6 非齐次线性方程组解的结构

导出组 设 n 元非齐次线性方程组 $\boldsymbol{Ax}=\boldsymbol{\beta}$,则称 n 元齐次线性方程组 $\boldsymbol{Ax}=\boldsymbol{0}$ 为$\boldsymbol{Ax}=\boldsymbol{\beta}$ 的导出组,或称 $\boldsymbol{Ax}=\boldsymbol{0}$为非齐次线性方程组 $\boldsymbol{Ax}=\boldsymbol{\beta}$ 对应的齐次线性方程组.

一、非齐次线性方程组解的性质

性质 1 如果 $\boldsymbol{\alpha}_1,\boldsymbol{\alpha}_2$ 分别是 $\boldsymbol{Ax}=\boldsymbol{\beta}$ 的解向量,则 $\boldsymbol{\alpha}_1-\boldsymbol{\alpha}_2$ 是导出组 $\boldsymbol{Ax}=\boldsymbol{0}$ 的解向量.

证 由题设 $\boldsymbol{A\alpha}_1=\boldsymbol{\beta},\boldsymbol{A\alpha}_2=\boldsymbol{\beta}$,所以

$$\boldsymbol{A}(\boldsymbol{\alpha}_1-\boldsymbol{\alpha}_2)=\boldsymbol{A\alpha}_1-\boldsymbol{A\alpha}_2=\boldsymbol{\beta}-\boldsymbol{\beta}=\boldsymbol{0},$$

故$\boldsymbol{\alpha}_1-\boldsymbol{\alpha}_2$ 是 $\boldsymbol{Ax}=\boldsymbol{0}$ 的解向量.

性质 2 如果 $\boldsymbol{\alpha}_1$ 是 $\boldsymbol{Ax}=\boldsymbol{\beta}$ 的解向量,$\boldsymbol{\alpha}_2$ 是导出组 $\boldsymbol{Ax}=\boldsymbol{0}$ 的解向量,则$\boldsymbol{\alpha}_1+\boldsymbol{\alpha}_2$是 $\boldsymbol{Ax}=\boldsymbol{\beta}$ 的解向量.

证 由题设 $\boldsymbol{A\alpha}_1=\boldsymbol{\beta},\boldsymbol{A\alpha}_2=\boldsymbol{0}$,所以

$$\boldsymbol{A}(\boldsymbol{\alpha}_1+\boldsymbol{\alpha}_2)=\boldsymbol{A\alpha}_1+\boldsymbol{A\alpha}_2=\boldsymbol{\beta}+\boldsymbol{0}=\boldsymbol{\beta},$$

即$\boldsymbol{\alpha}_1+\boldsymbol{\alpha}_2$ 是 $\boldsymbol{Ax}=\boldsymbol{\beta}$ 的解向量.

二、非齐次线性方程组解的结构

定理 3.9 若 $\boldsymbol{\eta}_0$ 是非齐次线性方程组 $\boldsymbol{Ax}=\boldsymbol{\beta}$ 的一个特解,则方程组 $\boldsymbol{Ax}=\boldsymbol{\beta}$ 的任意一个解 $\boldsymbol{\eta}$ 都可表示为

$$\boldsymbol{\eta}=\boldsymbol{\eta}_0+\boldsymbol{\alpha},$$

其中 $\boldsymbol{\alpha}$ 是导出组 $\boldsymbol{Ax}=\boldsymbol{0}$ 的一个解.

证　因为 $\boldsymbol{\eta}_0$ 和 $\boldsymbol{\eta}$ 都是方程组 $\boldsymbol{Ax}=\boldsymbol{\beta}$ 的解，由性质 1，$\boldsymbol{\eta}-\boldsymbol{\eta}_0$ 是导出组 $\boldsymbol{Ax}=\boldsymbol{0}$ 的一个解. 记 $\boldsymbol{\alpha}=\boldsymbol{\eta}-\boldsymbol{\eta}_0$，则

$$\boldsymbol{\eta}=\boldsymbol{\eta}_0+(\boldsymbol{\eta}-\boldsymbol{\eta}_0)=\boldsymbol{\eta}_0+\boldsymbol{\alpha}.$$

由定理 3.9 可见，如果 $\boldsymbol{\alpha}$ 是导出组的全部解，那么 $\boldsymbol{\eta}_0+\boldsymbol{\alpha}$ 就是 $\boldsymbol{Ax}=\boldsymbol{\beta}$ 的全部解. 于是对于非齐次线性方程组 $\boldsymbol{Ax}=\boldsymbol{\beta}$，其中 $\boldsymbol{A}$ 为 $m\times n$ 矩阵，当 $r(\boldsymbol{A})=r(\overline{\boldsymbol{A}})=r<n$ 时，可按以下步骤求出它的全部解：

（1）先求出 $\boldsymbol{Ax}=\boldsymbol{\beta}$ 的一个特解.

（2）再求出导出组 $\boldsymbol{Ax}=\boldsymbol{0}$ 的全部解. 若 $\boldsymbol{\eta}_1,\boldsymbol{\eta}_2,\cdots,\boldsymbol{\eta}_{n-r}$ 为 $\boldsymbol{Ax}=\boldsymbol{0}$ 的基础解系，则

$$\boldsymbol{\eta}=k_1\boldsymbol{\eta}_1+k_2\boldsymbol{\eta}_2+\cdots+k_{n-r}\boldsymbol{\eta}_{n-r}$$

为导出组 $\boldsymbol{Ax}=\boldsymbol{0}$ 的全部解，其中 $k_1,k_2,\cdots,k_{n-r}$ 为任意常数.

（3）于是 $\boldsymbol{Ax}=\boldsymbol{\beta}$ 的全部解（即通解）为

$$\boldsymbol{\xi}=\boldsymbol{\eta}_0+\boldsymbol{\eta}=\boldsymbol{\eta}_0+k_1\boldsymbol{\eta}_1+k_2\boldsymbol{\eta}_2+\cdots+k_{n-r}\boldsymbol{\eta}_{n-r},$$

其中 $k_1,k_2,\cdots,k_{n-r}$ 为任意常数. 也称 $\boldsymbol{\xi}$ 为 $\boldsymbol{Ax}=\boldsymbol{\beta}$ 的结构解.

例 1　求非齐次线性方程组

$$\begin{cases} x_1+x_2+x_3+x_4=0, \\ x_2+2x_3+2x_4=1, \\ 3x_1+2x_2+x_3+x_4=-1 \end{cases}$$

的通解（结构解）.

解　对它的增广矩阵 $\overline{\boldsymbol{A}}$ 进行初等行变换化为行最简形矩阵.

$$\overline{\boldsymbol{A}}=\left(\begin{array}{cccc:c} 1 & 1 & 1 & 1 & 0 \\ 0 & 1 & 2 & 2 & 1 \\ 3 & 2 & 1 & 1 & -1 \end{array}\right)\xrightarrow{-3r_1+r_3}\left(\begin{array}{cccc:c} 1 & 1 & 1 & 1 & 0 \\ 0 & 1 & 2 & 2 & 1 \\ 0 & -1 & -2 & -2 & -1 \end{array}\right)$$

$$\xrightarrow[-r_2+r_1]{r_2+r_3}\left(\begin{array}{cccc:c} 1 & 0 & -1 & -1 & -1 \\ 0 & 1 & 2 & 2 & 1 \\ 0 & 0 & 0 & 0 & 0 \end{array}\right).$$

因为 $r(\boldsymbol{A})=r(\overline{\boldsymbol{A}})=2<4$，所以方程组有无穷多解，并且同解方程组为

$$\begin{cases} x_1-x_3-x_4=-1, \\ x_2+2x_3+2x_4=1. \end{cases}$$

（1）先求出 $\boldsymbol{Ax}=\boldsymbol{\beta}$ 的一个特解 $\boldsymbol{\xi}_0$. 由于 x_1,x_2 的系数行列式 $\begin{vmatrix} 1 & 0 \\ 0 & 1 \end{vmatrix}\neq 0$，所以选取 x_3，x_4 为自由未知量，将同解方程组写为

$$\begin{cases} x_1=-1+x_3+x_4, \\ x_2=1-2x_3-2x_4. \end{cases}$$

给定自由未知量 $x_3=0,x_4=0$，求出相应的 $x_1=-1,x_2=1$，得 $\boldsymbol{Ax}=\boldsymbol{\beta}$ 的一个特解

$$\boldsymbol{\xi}_0=(-1,1,0,0)^{\mathrm{T}}.$$

（2）再求导出组的全部解. 导出组 $\boldsymbol{Ax}=\boldsymbol{0}$ 的同解方程组为

$$\begin{cases} x_1-x_3-x_4=0, \\ x_2+2x_3+2x_4=0. \end{cases}$$

选取 x_3,x_4 为自由未知量，同解方程组写为

$$\begin{cases}x_1=x_3+x_4,\\x_2=-2x_3-2x_4.\end{cases}$$

分别令

$$\begin{pmatrix}x_3\\x_4\end{pmatrix}=\begin{pmatrix}1\\0\end{pmatrix},\quad\begin{pmatrix}0\\1\end{pmatrix},$$

得

$$\begin{pmatrix}x_1\\x_2\end{pmatrix}=\begin{pmatrix}1\\-2\end{pmatrix},\quad\begin{pmatrix}1\\-2\end{pmatrix}.$$

于是得导出组的基础解系为

$$\boldsymbol{\eta}_1=\begin{pmatrix}1\\-2\\1\\0\end{pmatrix},\quad\boldsymbol{\eta}_2=\begin{pmatrix}1\\-2\\0\\1\end{pmatrix},$$

则其导出组 $\boldsymbol{A}\boldsymbol{x}=\boldsymbol{0}$ 的全部解为

$$\boldsymbol{\eta}=k_1\boldsymbol{\eta}_1+k_2\boldsymbol{\eta}_2,$$

其中 k_1,k_2 为任意常数.

(3) 由非齐次线性方程组解的结构知，$\boldsymbol{A}\boldsymbol{x}=\boldsymbol{\beta}$ 的全部解为

$$\begin{aligned}\boldsymbol{\xi}&=\boldsymbol{\xi}_0+\boldsymbol{\eta}=\boldsymbol{\xi}_0+k_1\boldsymbol{\eta}_1+k_2\boldsymbol{\eta}_2\\&=\begin{pmatrix}-1\\1\\0\\0\end{pmatrix}+k_1\begin{pmatrix}1\\-2\\1\\0\end{pmatrix}+k_2\begin{pmatrix}1\\-2\\0\\1\end{pmatrix},\end{aligned}$$

其中 k_1,k_2 为任意常数.

例 2 讨论 λ 分别取何值时，线性方程组

$$\begin{cases}\lambda x_1+x_2+x_3=\lambda-3,\\x_1+\lambda x_2+x_3=-2,\\x_1+x_2+\lambda x_3=-2\end{cases}$$

有唯一解？无解？有无穷多解？在有无穷多解时，试用导出组的基础解系表示其全部解.

解 **方法 1** 对方程组的增广矩阵 $\overline{\boldsymbol{A}}$ 施行初等行变换化为阶梯形矩阵

$$\begin{aligned}\overline{\boldsymbol{A}}=\left(\begin{array}{ccc:c}\lambda&1&1&\lambda-3\\1&\lambda&1&-2\\1&1&\lambda&-2\end{array}\right)&\longrightarrow\left(\begin{array}{ccc:c}1&1&\lambda&-2\\0&\lambda-1&1-\lambda&0\\0&1-\lambda&1-\lambda^2&3\lambda-3\end{array}\right)\\&\longrightarrow\left(\begin{array}{ccc:c}1&1&\lambda&-2\\0&\lambda-1&1-\lambda&0\\0&0&2-\lambda-\lambda^2&3\lambda-3\end{array}\right)\\&\longrightarrow\left(\begin{array}{ccc:c}1&1&\lambda&-2\\0&\lambda-1&1-\lambda&0\\0&0&(2+\lambda)(1-\lambda)&3(\lambda-1)\end{array}\right).\end{aligned}$$

当 $\lambda\neq1$ 且 $\lambda\neq-2$ 时，$r(\mathbf{A})=r(\overline{\mathbf{A}})=3$，等于未知量的个数，所以方程组有唯一解.

当 $\lambda=-2$ 时，$r(\mathbf{A})=2$，$r(\overline{\mathbf{A}})=3$，故 $r(\mathbf{A})\neq r(\overline{\mathbf{A}})$，所以方程组无解.

当 $\lambda=1$ 时，$r(\mathbf{A})=r(\overline{\mathbf{A}})=1<3$，所以方程组有无穷多解.此时增广矩阵 $\overline{\mathbf{A}}$ 化为

$$\overline{\mathbf{A}}\longrightarrow\left(\begin{array}{ccc:c}1&1&1&-2\\0&0&0&0\\0&0&0&0\end{array}\right),$$

即得到与原方程组同解的方程组为

$$x_1+x_2+x_3=-2.$$

取 x_2,x_3 为自由未知量，并令

$$\begin{pmatrix}x_2\\x_3\end{pmatrix}=\begin{pmatrix}0\\0\end{pmatrix},$$

得到方程组的一个特解为

$$\boldsymbol{\xi}_0=\begin{pmatrix}-2\\0\\0\end{pmatrix}.$$

原方程组的导出组的同解方程组为

$$x_1+x_2+x_3=0,$$

即

$$x_1=-x_2-x_3.$$

对自由未知量 x_2,x_3 分别取值为

$$\begin{pmatrix}x_2\\x_3\end{pmatrix}=\begin{pmatrix}1\\0\end{pmatrix},\quad\begin{pmatrix}0\\1\end{pmatrix},$$

即可得到导出组的基础解系为

$$\boldsymbol{\eta}_1=\begin{pmatrix}-1\\1\\0\end{pmatrix},\quad\boldsymbol{\eta}_2=\begin{pmatrix}-1\\0\\1\end{pmatrix}.$$

因此，原方程组的全部解为

$$\begin{aligned}\boldsymbol{\xi}&=\boldsymbol{\xi}_0+k_1\boldsymbol{\eta}_1+k_2\boldsymbol{\eta}_2\\&=\begin{pmatrix}-2\\0\\0\end{pmatrix}+k_1\begin{pmatrix}-1\\1\\0\end{pmatrix}+k_2\begin{pmatrix}-1\\0\\1\end{pmatrix},\end{aligned}$$

其中 k_1,k_2 为任意常数.

方法 2 先求系数矩阵 $\mathbf{A}$ 的行列式

$$|\mathbf{A}|=\begin{vmatrix}\lambda&1&1\\1&\lambda&1\\1&1&\lambda\end{vmatrix}=(\lambda+2)\begin{vmatrix}1&1&1\\1&\lambda&1\\1&1&\lambda\end{vmatrix}=(\lambda+2)(\lambda-1)^2.$$

当 $\lambda\neq1$ 且 $\lambda\neq-2$ 时，$|\mathbf{A}|\neq0$，由克拉默法则，知方程组有唯一解.

当 $\lambda=-2$ 时，对增广矩阵 $\overline{\mathbf{A}}$ 施行初等行变换

$$\overline{\boldsymbol{A}}=\left(\begin{array}{ccc:c}-2&1&1&-5\\1&-2&1&-2\\1&1&-2&-2\end{array}\right)\longrightarrow\left(\begin{array}{ccc:c}1&1&-2&-2\\0&-3&3&0\\0&3&-3&-9\end{array}\right)$$

$$\longrightarrow\left(\begin{array}{ccc:c}1&1&-2&-2\\0&-3&3&0\\0&0&0&-9\end{array}\right).$$

因为 $r(\boldsymbol{A})=2$，$r(\overline{\boldsymbol{A}})=3$，即 $r(\boldsymbol{A})\neq r(\overline{\boldsymbol{A}})$，所以方程组无解.

当 $\lambda=1$ 时，对增广矩阵 $\overline{\boldsymbol{A}}$ 施行初等行变换化为阶梯形矩阵，

$$\overline{\boldsymbol{A}}=\left(\begin{array}{ccc:c}1&1&1&-2\\1&1&1&-2\\1&1&1&-2\end{array}\right)\longrightarrow\left(\begin{array}{ccc:c}1&1&1&-2\\0&0&0&0\\0&0&0&0\end{array}\right).$$

因为 $r(\boldsymbol{A})=r(\overline{\boldsymbol{A}})=1<3$，所以方程组有无穷多解.求全部解的过程与方法 1 相同.

例 3　设 $\boldsymbol{A}=\begin{pmatrix}\lambda&1&1\\0&\lambda-1&0\\1&1&\lambda\end{pmatrix}$，　$\boldsymbol{b}=\begin{pmatrix}a\\1\\1\end{pmatrix}$.已知线性方程组 $\boldsymbol{Ax}=\boldsymbol{b}$ 存在两个不同的解.

(1) 求 λ，a；

(2) 求方程组 $\boldsymbol{Ax}=\boldsymbol{b}$ 的通解.

解　(1) 设 $\boldsymbol{\eta}_1$，$\boldsymbol{\eta}_2$ 为 $\boldsymbol{Ax}=\boldsymbol{b}$ 的两个不同的解，则 $\boldsymbol{\eta}_1-\boldsymbol{\eta}_2$ 是 $\boldsymbol{Ax}=\boldsymbol{0}$ 的一个非零解，故

$$|\boldsymbol{A}|=(\lambda-1)^2(\lambda+1)=0,$$

于是 $\lambda=1$ 或 $\lambda=-1$.

当 $\lambda=1$ 时，因为 $r(\boldsymbol{A})\neq r(\overline{\boldsymbol{A}})$，所以 $\boldsymbol{Ax}=\boldsymbol{b}$ 无解.

当 $\lambda=-1$ 时，对 $\boldsymbol{Ax}=\boldsymbol{b}$ 的增广矩阵施以初等行变换：

$$\overline{\boldsymbol{A}}=\left(\begin{array}{ccc:c}-1&1&1&a\\0&-2&0&1\\1&1&-1&1\end{array}\right)\to\left(\begin{array}{ccc:c}1&0&-1&\frac{3}{2}\\0&1&0&-\frac{1}{2}\\0&0&0&a+2\end{array}\right)=\boldsymbol{B}.$$

因为 $\boldsymbol{Ax}=\boldsymbol{b}$ 有解，所以 $a=-2$.

(2) 当 $\lambda=-1$，$a=-2$ 时，

$$\boldsymbol{B}=\left(\begin{array}{ccc:c}1&0&-1&\frac{3}{2}\\0&1&0&-\frac{1}{2}\\0&0&0&0\end{array}\right),$$

所以 $\boldsymbol{Ax}=\boldsymbol{b}$ 的通解为

$$x=\frac{1}{2}\begin{pmatrix}3\\-1\\0\end{pmatrix}+k\begin{pmatrix}1\\0\\1\end{pmatrix},$$

其中 k 为任意常数.

例 4 选择题.设 $\boldsymbol{\alpha}_1,\boldsymbol{\alpha}_2,\boldsymbol{\alpha}_3$ 是四元非齐次线性方程组 $\boldsymbol{Ax}=\boldsymbol{b}$ 的三个解向量,且 $r(\boldsymbol{A})=3$,$\boldsymbol{\alpha}_1=(1,2,3,4)^{\mathrm{T}}$,$\boldsymbol{\alpha}_2+\boldsymbol{\alpha}_3=(0,1,2,3)^{\mathrm{T}}$,$c$ 表示任意常数,则线性方程组 $\boldsymbol{Ax}=\boldsymbol{b}$ 的通解 $\boldsymbol{x}=$(　　).

(A) $(1,2,3,4)^{\mathrm{T}}+c(1,1,1,1)^{\mathrm{T}}$　　(B) $(1,2,3,4)^{\mathrm{T}}+c(0,1,2,3)^{\mathrm{T}}$

(C) $(1,2,3,4)^{\mathrm{T}}+c(2,3,4,5)^{\mathrm{T}}$　　(D) $(1,2,3,4)^{\mathrm{T}}+c(3,4,5,6)^{\mathrm{T}}$

解 因为 $r(\boldsymbol{A})=3$,所以线性方程组 $\boldsymbol{Ax}=\boldsymbol{0}$ 的解空间的维数为 $4-r(\boldsymbol{A})=1$.因为

$$\boldsymbol{A\alpha}_1=\boldsymbol{b},\quad \boldsymbol{A\alpha}_2=\boldsymbol{b},\quad \boldsymbol{A\alpha}_3=\boldsymbol{b},$$

所以

$$\begin{aligned}\boldsymbol{A}\left(\boldsymbol{\alpha}_1-\frac{\boldsymbol{\alpha}_2+\boldsymbol{\alpha}_3}{2}\right)&=\boldsymbol{A\alpha}_1-\frac{\boldsymbol{A}(\boldsymbol{\alpha}_2+\boldsymbol{\alpha}_3)}{2}=\boldsymbol{A\alpha}_1-\frac{\boldsymbol{A\alpha}_2+\boldsymbol{A\alpha}_3}{2}\\&=\boldsymbol{b}-\frac{\boldsymbol{b}+\boldsymbol{b}}{2}=\boldsymbol{0},\end{aligned}$$

所以 $2\left(\boldsymbol{\alpha}_1-\dfrac{\boldsymbol{\alpha}_2+\boldsymbol{\alpha}_3}{2}\right)=(2,3,4,5)^{\mathrm{T}}$ 是齐次方程组 $\boldsymbol{Ax}=\boldsymbol{0}$ 的解.根据 $\boldsymbol{Ax}=\boldsymbol{b}$ 的解的结构定理,知 $(1,2,3,4)^{\mathrm{T}}+c(2,3,4,5)^{\mathrm{T}}$ 为 $\boldsymbol{Ax}=\boldsymbol{b}$ 的通解,所以应该选择(C).

例 5 设矩阵 $\boldsymbol{A}=\begin{pmatrix}1&-2&3&-4\\0&1&-1&1\\1&2&0&-3\end{pmatrix}$,$\boldsymbol{E}$ 为三阶单位矩阵.

(1) 求方程组 $\boldsymbol{Ax}=\boldsymbol{0}$ 的一个基础解系;

(2) 求满足 $\boldsymbol{AB}=\boldsymbol{E}$ 的所有矩阵 $\boldsymbol{B}$.

解 对矩阵 $(\boldsymbol{A}\,\vdots\,\boldsymbol{E})$ 仅实施初等行变换,得

$$\begin{aligned}(\boldsymbol{A}\,\vdots\,\boldsymbol{E})&=\left(\begin{array}{cccc:ccc}1&-2&3&-4&1&0&0\\0&1&-1&1&0&1&0\\1&2&0&-3&0&0&1\end{array}\right)\\
&\xrightarrow{-r_1+r_3}\left(\begin{array}{cccc:ccc}1&-2&3&-4&1&0&0\\0&1&-1&1&0&1&0\\0&4&-3&1&-1&0&1\end{array}\right)\\
&\xrightarrow{-4r_2+r_3}\left(\begin{array}{cccc:ccc}1&-2&3&-4&1&0&0\\0&1&-1&1&0&1&0\\0&0&1&-3&-1&-4&1\end{array}\right)\\
&\xrightarrow[r_3+r_2]{-3r_3+r_1}\left(\begin{array}{cccc:ccc}1&-2&0&5&4&12&-3\\0&1&0&-2&-1&-3&1\\0&0&1&-3&-1&-4&1\end{array}\right)\\
&\xrightarrow{2r_3+r_1}\left(\begin{array}{cccc:ccc}1&0&0&1&2&6&-1\\0&1&0&-2&-1&-3&1\\0&0&1&-3&-1&-4&1\end{array}\right)=\boldsymbol{C}.\end{aligned}$$

(1) 由上述变换所得矩阵 $\boldsymbol{C}$ 可得，齐次线性方程组 $\boldsymbol{Ax}=\boldsymbol{0}$ 与齐次线性方程组 $\begin{pmatrix}1&0&0&1\\0&1&0&-2\\0&0&1&-3\end{pmatrix}\boldsymbol{x}=\begin{pmatrix}0\\0\\0\end{pmatrix}$ 同解，而齐次线性方程组 $\begin{pmatrix}1&0&0&1\\0&1&0&-2\\0&0&1&-3\end{pmatrix}\boldsymbol{x}=\begin{pmatrix}0\\0\\0\end{pmatrix}$ 的基础解系可取 $\begin{pmatrix}-1\\2\\3\\1\end{pmatrix}$.所以，齐次线性方程组 $\boldsymbol{Ax}=\boldsymbol{0}$ 的通解为 $k\begin{pmatrix}-1\\2\\3\\1\end{pmatrix}$，其中 k 为任意常数.

(2) 由假设及矩阵乘法定义，满足条件的矩阵 $\boldsymbol{B}$ 应为 4×3 矩阵，设 $\boldsymbol{B}=(\boldsymbol{\beta}_1,\boldsymbol{\beta}_2,\boldsymbol{\beta}_3)$，其中 $\boldsymbol{\beta}_1,\boldsymbol{\beta}_2,\boldsymbol{\beta}_3$ 为矩阵 $\boldsymbol{B}$ 的列向量，则 $\boldsymbol{AB}=\boldsymbol{E}$ 等价于 $\boldsymbol{A\beta}_i=\boldsymbol{e}_i$，$i=1,2,3$.

依据矩阵 $\boldsymbol{C}$，方程 $\boldsymbol{A\beta}_1=\boldsymbol{e}_1$ 与 $\begin{pmatrix}1&0&0&1\\0&1&0&-2\\0&0&1&-3\end{pmatrix}\boldsymbol{\beta}_1=\begin{pmatrix}2\\-1\\-1\end{pmatrix}$ 同解，得通解 $\boldsymbol{\beta}_1=\begin{pmatrix}2\\-1\\-1\\0\end{pmatrix}+k_1\begin{pmatrix}-1\\2\\3\\1\end{pmatrix}$，其中 k_1 为任意常数；

方程组 $\boldsymbol{A\beta}_2=\boldsymbol{e}_2$ 与 $\begin{pmatrix}1&0&0&1\\0&1&0&-2\\0&0&1&-3\end{pmatrix}\boldsymbol{\beta}_2=\begin{pmatrix}6\\-3\\-4\end{pmatrix}$ 同解，得通解 $\boldsymbol{\beta}_2=\begin{pmatrix}6\\-3\\-4\\0\end{pmatrix}+k_2\begin{pmatrix}-1\\2\\3\\1\end{pmatrix}$，其中 k_2 为任意常数；

方程组 $\boldsymbol{A\beta}_3=\boldsymbol{e}_3$ 与 $\begin{pmatrix}1&0&0&1\\0&1&0&-2\\0&0&1&-3\end{pmatrix}\boldsymbol{\beta}_3=\begin{pmatrix}-1\\1\\1\end{pmatrix}$ 同解，得通解 $\boldsymbol{\beta}_3=\begin{pmatrix}-1\\1\\1\\0\end{pmatrix}+k_3\begin{pmatrix}-1\\2\\3\\1\end{pmatrix}$，其中 k_3 为任意常数.

因此，满足条件的所有矩阵 $\boldsymbol{B}$ 为

$$\boldsymbol{B}=(\boldsymbol{\beta}_1,\boldsymbol{\beta}_2,\boldsymbol{\beta}_3)=\begin{pmatrix}2-k_1&6-k_2&-1-k_3\\-1+2k_1&-3+2k_2&1+2k_3\\-1+3k_1&-4+3k_2&1+3k_3\\k_1&k_2&k_3\end{pmatrix}.$$

习题三

(A)

1. 用消元法解下列线性方程组：

(1) $\begin{cases}2x_1-2x_2-x_3=1,\\2x_1+3x_2-5x_3=7,\\x_2-x_3=1,\\2x_1+16x_2-14x_3=24;\end{cases}$ (2) $\begin{cases}x_1+2x_2-4x_4=-3,\\x_1-x_2-4x_3+9x_4=22,\\2x_1-3x_2+x_3+5x_4=-3,\\3x_1-2x_2-5x_3+x_4=3.\end{cases}$

2. 设 $3(\boldsymbol{\alpha}_1-\boldsymbol{\alpha})+2(\boldsymbol{\alpha}_2+\boldsymbol{\alpha})=5(\boldsymbol{\alpha}_3+\boldsymbol{\alpha})$，其中

$$\boldsymbol{\alpha}_1=(2,5,1,3)^{\mathrm{T}},\quad \boldsymbol{\alpha}_2=(10,1,5,10)^{\mathrm{T}},\quad \boldsymbol{\alpha}_3=(4,1,-1,1)^{\mathrm{T}},$$

求向量 $\boldsymbol{\alpha}$.

3. 设向量组 $\boldsymbol{\alpha}_1,\boldsymbol{\alpha}_2,\boldsymbol{\alpha}_3$ 线性无关，而向量组

$$\boldsymbol{\beta}_1=\boldsymbol{\alpha}_1+\boldsymbol{\alpha}_2,\quad \boldsymbol{\beta}_2=\boldsymbol{\alpha}_1-\boldsymbol{\alpha}_2+\boldsymbol{\alpha}_3,\quad \boldsymbol{\beta}_3=\boldsymbol{\alpha}_1-2\boldsymbol{\alpha}_3.$$

试判别向量组 $\boldsymbol{\beta}_1,\boldsymbol{\beta}_2,\boldsymbol{\beta}_3$ 的线性相关性.

4. 判断下列向量组的线性相关性，并说明理由：

(1) $\boldsymbol{\alpha}_1=(1,1,1)^{\mathrm{T}},\boldsymbol{\alpha}_2=(3,4,2)^{\mathrm{T}},\boldsymbol{\alpha}_3=(1,2,7)^{\mathrm{T}},\boldsymbol{\alpha}_4=(5,-1,0)^{\mathrm{T}}$；

(2) $\boldsymbol{\alpha}_1=(1,1,1)^{\mathrm{T}},\boldsymbol{\alpha}_2=(2,3,2)^{\mathrm{T}},\boldsymbol{\alpha}_3=(0,0,0)^{\mathrm{T}}$；

(3) $\boldsymbol{\alpha}_1=(1,0,2)^{\mathrm{T}},\boldsymbol{\alpha}_2=(2,1,3)^{\mathrm{T}},\boldsymbol{\alpha}_3=(3,1,6)^{\mathrm{T}}$；

(4) $\boldsymbol{\alpha}_1=(1,2,3,4)^{\mathrm{T}},\boldsymbol{\alpha}_2=(2,5,7,9)^{\mathrm{T}},\boldsymbol{\alpha}_3=(2,4,5,10)^{\mathrm{T}}$；

(5) $\boldsymbol{\alpha}_1=(1,0,-1,3)^{\mathrm{T}},\boldsymbol{\alpha}_2=(2,1,5,7)^{\mathrm{T}},\boldsymbol{\alpha}_3=(2,0,-2,6)^{\mathrm{T}}$；

(6) $\boldsymbol{\alpha}_1=(1,1,-2,1)^{\mathrm{T}},\boldsymbol{\alpha}_2=(0,-1,3,4)^{\mathrm{T}},\boldsymbol{\alpha}_3=(5,2,1,3)^{\mathrm{T}}$；

(7) $\boldsymbol{\alpha}_1=(1,-2,3,-1)^{\mathrm{T}},\boldsymbol{\alpha}_2=(3,-1,5,-3)^{\mathrm{T}},\boldsymbol{\alpha}_3=(2,1,2,-2)^{\mathrm{T}},\boldsymbol{\alpha}_4=(1,3,-1,-1)^{\mathrm{T}}$.

5. 已知向量组

$$\boldsymbol{\alpha}_1=(1,2,3)^{\mathrm{T}},\quad \boldsymbol{\alpha}_2=(3,-1,2)^{\mathrm{T}},\quad \boldsymbol{\alpha}_3=(2,3,c)^{\mathrm{T}}.$$

问 c 取何值时，$\boldsymbol{\alpha}_1,\boldsymbol{\alpha}_2,\boldsymbol{\alpha}_3$ 线性相关？c 取何值时，$\boldsymbol{\alpha}_1,\boldsymbol{\alpha}_2,\boldsymbol{\alpha}_3$ 线性无关？

6. 设向量组 $\boldsymbol{\alpha}_1,\boldsymbol{\alpha}_2,\boldsymbol{\alpha}_3$ 线性无关，证明向量组 $\boldsymbol{\alpha}_1+\boldsymbol{\alpha}_2,\boldsymbol{\alpha}_2+\boldsymbol{\alpha}_3,\boldsymbol{\alpha}_3+\boldsymbol{\alpha}_1$ 线性无关.

7. 设向量组 $\boldsymbol{\alpha}_1,\boldsymbol{\alpha}_2,\boldsymbol{\alpha}_3,\boldsymbol{\alpha}_4$ 线性无关，判断向量组 $\boldsymbol{\alpha}_1+\boldsymbol{\alpha}_2,\boldsymbol{\alpha}_2+\boldsymbol{\alpha}_3,\boldsymbol{\alpha}_3+\boldsymbol{\alpha}_4,\boldsymbol{\alpha}_4+\boldsymbol{\alpha}_1$ 的线性相关性并证明之.

8. 若 n 维向量组 $\boldsymbol{\alpha}_1,\boldsymbol{\alpha}_2,\cdots,\boldsymbol{\alpha}_s$ 线性无关，证明

$$\begin{gathered}\boldsymbol{\beta}_1=\boldsymbol{\alpha}_1+\lambda_1\boldsymbol{\alpha}_s,\\ \boldsymbol{\beta}_2=\boldsymbol{\alpha}_2+\lambda_2\boldsymbol{\alpha}_s,\\ \cdots\\ \boldsymbol{\beta}_{s-1}=\boldsymbol{\alpha}_{s-1}+\lambda_{s-1}\boldsymbol{\alpha}_s\end{gathered}$$

线性无关.

9. 若向量组 $\boldsymbol{\alpha}_1,\boldsymbol{\alpha}_2,\cdots,\boldsymbol{\alpha}_m$ 线性无关，而 $\boldsymbol{\beta}$ 不能由 $\boldsymbol{\alpha}_1,\boldsymbol{\alpha}_2,\cdots,\boldsymbol{\alpha}_m$ 线性表示，证明向量组 $\boldsymbol{\alpha}_1,\boldsymbol{\alpha}_2,\cdots,\boldsymbol{\alpha}_m$，$\boldsymbol{\beta}$ 线性无关.

10. 判断下列命题是否正确：

(1) 若当数 $k_1=k_2=\cdots=k_m=0$ 时，有

$$k_1\boldsymbol{\alpha}_1+k_2\boldsymbol{\alpha}_2+\cdots+k_m\boldsymbol{\alpha}_m=\mathbf{0},$$

则向量组 $\boldsymbol{\alpha}_1,\boldsymbol{\alpha}_2,\cdots,\boldsymbol{\alpha}_m$ 线性无关；

(2) 若有 m 个不全为零的数 $k_1,k_2,\cdots,k_m$，使得

$$k_1\boldsymbol{\alpha}_1+k_2\boldsymbol{\alpha}_2+\cdots+k_m\boldsymbol{\alpha}_m\neq\mathbf{0},$$

则向量组 $\boldsymbol{\alpha}_1,\boldsymbol{\alpha}_2,\cdots,\boldsymbol{\alpha}_m$ 线性无关；

(3) 若向量组 $\boldsymbol{\alpha}_1,\boldsymbol{\alpha}_2,\cdots,\boldsymbol{\alpha}_m$ 线性相关，则 $\boldsymbol{\alpha}_1$ 可由其余向量线性表示；

(4) 设向量组(Ⅰ)：$\boldsymbol{\alpha}_1,\boldsymbol{\alpha}_2,\cdots,\boldsymbol{\alpha}_r$；(Ⅱ)：$\boldsymbol{\alpha}_1,\boldsymbol{\alpha}_2,\cdots,\boldsymbol{\alpha}_r,\boldsymbol{\alpha}_{r+1},\cdots,\boldsymbol{\alpha}_m$，若向量组(Ⅰ)线性无关，则向量组(Ⅱ)也线性无关.

(5) 若向量组 $\boldsymbol{\alpha}_1,\boldsymbol{\alpha}_2,\cdots,\boldsymbol{\alpha}_m,\boldsymbol{\beta}$ 线性无关，则 $\boldsymbol{\beta}$ 不能由 $\boldsymbol{\alpha}_1,\boldsymbol{\alpha}_2,\cdots,\boldsymbol{\alpha}_m$ 线性表示；

(6) 若向量组 $\boldsymbol{\alpha}_1,\boldsymbol{\alpha}_2,\cdots,\boldsymbol{\alpha}_m$ 线性无关且 $\boldsymbol{\alpha}_{m+1}$ 不能由 $\boldsymbol{\alpha}_1,\boldsymbol{\alpha}_2,\cdots,\boldsymbol{\alpha}_m$ 线性表示，则向量组 $\boldsymbol{\alpha}_1,\boldsymbol{\alpha}_2,\cdots,\boldsymbol{\alpha}_m,\boldsymbol{\alpha}_{m+1}$ 线性无关；

(7) 若 $\boldsymbol{\beta}$ 不能由 $\boldsymbol{\alpha}_1,\boldsymbol{\alpha}_2,\cdots,\boldsymbol{\alpha}_m$ 线性表示，则向量组 $\boldsymbol{\alpha}_1,\boldsymbol{\alpha}_2,\cdots,\boldsymbol{\alpha}_m,\boldsymbol{\beta}$ 线性无关.

11. 判断题(结论对的请在括号内打"√"，错的打"×")：

(1) 若 $m>n$，则 n 维向量组 $\boldsymbol{\alpha}_1,\boldsymbol{\alpha}_2,\cdots,\boldsymbol{\alpha}_m$ 线性相关； (　　)

(2) 若向量组(Ⅰ)线性相关，则它的任意一个部分组都线性相关； (　　)

(3) 若向量组 $\boldsymbol{\alpha}_1,\boldsymbol{\alpha}_2,\cdots,\boldsymbol{\alpha}_m$ 线性相关，则它的秩小于 m，反之也对； (　　)

(4) 向量组 $\boldsymbol{\alpha}_1=(1,0,3,0)^{\mathrm{T}},\boldsymbol{\alpha}_2=(4,2,1,5)^{\mathrm{T}},\boldsymbol{\alpha}_3=(0,0,2,1)^{\mathrm{T}}$ 的极大无关组为 $\boldsymbol{\alpha}_1,\boldsymbol{\alpha}_2$； (　　)

(5) 若 n 阶方阵 $\boldsymbol{A}$ 的行列式不等于零，则 $\boldsymbol{A}$ 的列向量组线性相关. (　　)

12. 求下列各向量组的秩，并求出一个极大无关组：

(1) $\boldsymbol{\alpha}_1=(1,1,0)^{\mathrm{T}},\boldsymbol{\alpha}_2=(0,2,2)^{\mathrm{T}},\boldsymbol{\alpha}_3=(1,3,3)^{\mathrm{T}}$；

(2) $\boldsymbol{\alpha}_1=(1,-1,2,4)^{\mathrm{T}},\boldsymbol{\alpha}_2=(0,3,1,2)^{\mathrm{T}},\boldsymbol{\alpha}_3=(3,0,7,14)^{\mathrm{T}},\boldsymbol{\alpha}_4=(1,-1,2,0)^{\mathrm{T}}$；

(3) $\boldsymbol{\alpha}_1=(1,2,3,-1)^{\mathrm{T}},\boldsymbol{\alpha}_2=(2,5,4,1)^{\mathrm{T}},\boldsymbol{\alpha}_3=(-1,0,1,-1)^{\mathrm{T}},\boldsymbol{\alpha}_4=(4,3,2,1)^{\mathrm{T}}$；

(4) $\boldsymbol{\alpha}_1=(1,2,3,-1)^{\mathrm{T}},\boldsymbol{\alpha}_2=(3,2,1,-1)^{\mathrm{T}},\boldsymbol{\alpha}_3=(2,3,1,1)^{\mathrm{T}},\boldsymbol{\alpha}_4=(2,2,2,-1)^{\mathrm{T}}$.

13. 设 n 维单位向量组 $\boldsymbol{e}_1,\boldsymbol{e}_2,\cdots,\boldsymbol{e}_n$ 可以由 n 维向量组 $\boldsymbol{\alpha}_1,\boldsymbol{\alpha}_2,\cdots,\boldsymbol{\alpha}_n$ 线性表示，证明向量组 $\boldsymbol{\alpha}_1,\boldsymbol{\alpha}_2,\cdots,\boldsymbol{\alpha}_n$ 线性无关.

14. 求解下列线性方程组：

(1) $\begin{cases}3x_1+x_2-5x_3=0,\\x_1+3x_2-13x_3=-6,\\2x_1-x_2+3x_3=3,\\4x_1-x_2+x_3=3;\end{cases}$　　(2) $\begin{cases}x_1+x_2+x_3=3,\\x_1+2x_2-3x_3=1,\\2x_1+3x_2-2x_3=-1;\end{cases}$

(3) $\begin{cases}x_1+3x_2-x_3-2x_4=1,\\2x_1-x_2+2x_3+3x_4=2,\\x_1-4x_2+3x_3+5x_4=1,\\3x_1+2x_2+x_3+x_4=3;\end{cases}$　　(4) $\begin{cases}2x_1+x_2-x_3+x_4=1,\\3x_1-2x_2+x_3-3x_4=4,\\x_1+4x_2-3x_3+5x_4=-2.\end{cases}$

15. 求下列齐次线性方程组的基础解系及全部解：

(1) $\begin{cases}x_1+2x_2-x_3-2x_4=0,\\2x_1-x_2-x_3+x_4=0,\\3x_1+x_2-2x_3-x_4=0;\end{cases}$　　(2) $\begin{cases}x_1+2x_2+x_3-x_4=0,\\3x_1+6x_2-x_3-3x_4=0,\\5x_1+10x_2+x_3-5x_4=0;\end{cases}$

(3) $\begin{cases} x_1 - x_2 + 5x_3 - x_4 = 0, \\ x_1 + x_2 - 2x_3 + 3x_4 = 0, \\ 3x_1 - x_2 + 8x_3 + x_4 = 0, \\ x_1 + 3x_2 - 9x_3 + 7x_4 = 0; \end{cases}$

(4) $\begin{cases} 2x_1 + x_2 + 2x_3 + 2x_4 + x_5 = 0, \\ x_1 + 3x_2 + 4x_3 + 2x_4 + 2x_5 = 0, \\ x_1 - 2x_2 - 2x_3 - x_5 = 0; \end{cases}$

(5) $\begin{cases} x_1 + 2x_2 + 4x_3 - 3x_4 = 0, \\ 3x_1 + 5x_2 + 6x_3 - 4x_4 = 0, \\ 4x_1 + 5x_2 - 2x_3 + 3x_4 = 0; \end{cases}$

(6) $\begin{pmatrix} 1 & -1 & 5 & -1 \\ 1 & 1 & -2 & 3 \\ 2 & -2 & 10 & -2 \\ 1 & 3 & -9 & 9 \end{pmatrix} \begin{pmatrix} x_1 \\ x_2 \\ x_3 \\ x_4 \end{pmatrix} = \begin{pmatrix} 0 \\ 0 \\ 0 \\ 0 \end{pmatrix}.$

16. 设 $\boldsymbol{A}$ 是 $m \times n$ 矩阵，$\boldsymbol{B}$ 是 $n \times s$ 矩阵，且 $r(\boldsymbol{B}) = n$，若 $\boldsymbol{AB} = \boldsymbol{O}$，证明 $\boldsymbol{A} = \boldsymbol{O}$.

17. 求下列非齐次线性方程组的全部解(用基础解系表示)：

(1) $\begin{cases} 3x_1 + 4x_2 + x_3 + 2x_4 = 3, \\ 6x_1 + 8x_2 + 2x_3 + 5x_4 = 7, \\ 9x_1 + 12x_2 + 3x_3 + 7x_4 = 10; \end{cases}$

(2) $\begin{cases} x_1 + x_2 + x_3 + x_4 = 1, \\ 3x_1 + 2x_2 + x_3 + x_4 = 4, \\ x_2 + 2x_3 + 2x_4 = -1; \end{cases}$

(3) $\begin{cases} x_1 + x_2 + x_3 + x_4 - x_5 = 2, \\ 2x_1 + 3x_2 + 3x_3 - x_4 - x_5 = 3, \\ 4x_1 + 5x_2 + 5x_3 + x_4 - 3x_5 = 7. \end{cases}$

18. 已知非齐次线性方程组

$$\begin{cases} \lambda x_1 + \lambda x_2 + 2x_3 = 1, \\ \lambda x_1 + (2\lambda - 1)x_2 + 3x_3 = 1, \\ \lambda x_1 + \lambda x_2 + (\lambda + 3)x_3 = 2\lambda - 1. \end{cases}$$

问 λ 取何值时，方程组有无穷多解？并求出其通解(用非齐次线性方程组的特解与导出组的基础解系表示).

19. 问 a, b 分别取何值时，线性方程组

$$\begin{cases} x_1 + x_2 + x_3 + x_4 + x_5 = 1, \\ 3x_1 + 2x_2 + x_3 + x_4 - 3x_5 = a, \\ x_2 + 2x_3 + 2x_4 + 6x_5 = 3, \\ 5x_1 + 4x_2 + 3x_3 + 3x_4 - x_5 = b \end{cases}$$

有解？无解？在有解时求出其解.

20. 设

$$\boldsymbol{\beta} = \begin{pmatrix} 1 \\ 2 \\ 1 \\ 1 \end{pmatrix}, \quad \boldsymbol{\alpha}_1 = \begin{pmatrix} 1 \\ 1 \\ 1 \\ 1 \end{pmatrix}, \quad \boldsymbol{\alpha}_2 = \begin{pmatrix} 1 \\ 1 \\ -1 \\ -1 \end{pmatrix}, \quad \boldsymbol{\alpha}_3 = \begin{pmatrix} 1 \\ -1 \\ 1 \\ -1 \end{pmatrix}, \quad \boldsymbol{\alpha}_4 = \begin{pmatrix} 1 \\ -1 \\ -1 \\ 1 \end{pmatrix}.$$

将 $\boldsymbol{\beta}$ 表示成向量组 $\boldsymbol{\alpha}_1, \boldsymbol{\alpha}_2, \boldsymbol{\alpha}_3, \boldsymbol{\alpha}_4$ 的线性组合.

21. 设四元线性方程组 $\boldsymbol{Ax} = \boldsymbol{\beta}$ 的系数矩阵的秩为 3，$\boldsymbol{x}_1, \boldsymbol{x}_2, \boldsymbol{x}_3$ 是其 3 个解向量，且 $\boldsymbol{x}_1 = \begin{pmatrix} 2 \\ 0 \\ 0 \\ 8 \end{pmatrix}$，$\boldsymbol{x}_2 + \boldsymbol{x}_3 = \begin{pmatrix} 1 \\ 2 \\ 3 \\ 4 \end{pmatrix}$.求其全部解.

22. 设矩阵

$$A=\begin{pmatrix}1&-1&-1\\2&a&1\\-1&1&a\end{pmatrix},\quad B=\begin{pmatrix}2&2\\1&a\\-a-1&-2\end{pmatrix},$$

当 a 为何值时，方程 $Ax=B$ 无解？有唯一解？有无穷多解？在有解时，求解此方程.

23. 证明题.

(1) 设向量组 $\alpha_1,\alpha_2,\alpha_3$ 线性无关，又 $\beta_1=\alpha_1+\alpha_2-\alpha_3,\beta_2=2\alpha_1+3\alpha_2-\alpha_3,\beta_3=3\alpha_1+4\alpha_2+\alpha_3$.证明 β_1,β_2,β_3 线性无关；

(2) 设秩为 r 的向量组 $\alpha_1,\alpha_2,\cdots,\alpha_m$ 中的每一个向量都可以被它的一个部分组 $\alpha_{i_1},\alpha_{i_2},\cdots,\alpha_{i_r}$ 线性表示.证明 $\alpha_{i_1},\alpha_{i_2},\cdots,\alpha_{i_r}$ 是向量组 $\alpha_1,\alpha_2,\cdots,\alpha_m$ 的一个极大无关组.

(B)

1. 填空题.

(1) 向量组 $\alpha_1=(1,2,3,4),\alpha_2=(2,3,4,5),\alpha_3=(3,4,5,6),\alpha_4=(4,5,6,7)$的秩为________；

(2) 设 α 为三维单位列向量，E 为三阶单位矩阵，则矩阵 $E-\alpha\alpha^{T}$ 的秩为________；

(3) 设矩阵 $A=\begin{pmatrix}1&0&1\\1&1&2\\0&1&1\end{pmatrix}$，$\alpha_1,\alpha_2,\alpha_3$ 为线性无关的三维列向量组，则向量组 $A\alpha_1,A\alpha_2,A\alpha_3$ 的秩为________；

(4) 若 α_1,α_2 都是齐次线性方程组 $Ax=0$ 的解向量，则 $A(3\alpha_1-4\alpha_2)=$________；

(5) 若向量组 $\alpha_1=(1,1,0)^{T},\alpha_2=(t+1,2,0)^{T},\alpha_3=(0,0,t^2+1)^{T}$ 线性相关，则$t=$________；

(6) 方程组$\begin{pmatrix}-2&3&0\\1&1&1\end{pmatrix}\begin{pmatrix}x_1\\x_2\\x_3\end{pmatrix}=\begin{pmatrix}0\\0\end{pmatrix}$的基础解系所含向量的个数=________；

(7) 方程组$\begin{cases}x_1+x_2=0,\\x_3-x_4=0\end{cases}$的基础解系为________；

(8) 设 n 阶矩阵 A 的各行元素之和均为零，且 A 的秩为 $n-1$，则线性方程组 $Ax=0$ 的通解为________；

(9) 已知方程组$\begin{pmatrix}1&2&1\\2&3&a+2\\1&a&-2\end{pmatrix}\begin{pmatrix}x_1\\x_2\\x_3\end{pmatrix}=\begin{pmatrix}1\\3\\0\end{pmatrix}$无解，则 $a=$________；

(10) 若线性方程组$\begin{cases}x_1-x_2=2,\\x_1+2x_2=1,\\3x_1+kx_2=k\end{cases}$有解，则常数 $k=$________.

2. 单项选择题.

(1) 向量组(Ⅰ)线性相关的充要条件是(   )；

(A) (Ⅰ)中每个向量都可由组中其余向量线性表示

(B) (Ⅰ)中至少有一个向量可由组中其余向量线性表示

(C) (Ⅰ)中只有一个向量可由组中其余向量线性表示

(D) (Ⅰ)中不包含零向量

(2) 设有向量组 $\alpha_1=(1,2,-1)^{T},\alpha_2=(0,2,5)^{T},\alpha_3=(0,1,3)^{T},\beta=(7,8,9)^{T}$，则(   )；

(A) $\boldsymbol{\beta}$ 不能由 $\boldsymbol{\alpha}_1,\boldsymbol{\alpha}_2,\boldsymbol{\alpha}_3$ 线性表示

(B) $\boldsymbol{\beta}$ 可由 $\boldsymbol{\alpha}_1,\boldsymbol{\alpha}_2,\boldsymbol{\alpha}_3$ 线性表示,但表示法不唯一

(C) $\boldsymbol{\beta}$ 可由 $\boldsymbol{\alpha}_1,\boldsymbol{\alpha}_2,\boldsymbol{\alpha}_3$ 线性表示,且表示法唯一

(D) 向量组 $\boldsymbol{\alpha}_1,\boldsymbol{\alpha}_2,\boldsymbol{\alpha}_3,\boldsymbol{\beta}$ 线性无关

(3) 设 $\boldsymbol{\alpha}_1,\boldsymbol{\alpha}_2,\boldsymbol{\alpha}_3,\boldsymbol{\alpha}_4$ 是一组 n 维向量,其中 $\boldsymbol{\alpha}_1,\boldsymbol{\alpha}_2,\boldsymbol{\alpha}_3$ 线性相关,则(　　);

(A) $\boldsymbol{\alpha}_1,\boldsymbol{\alpha}_2,\boldsymbol{\alpha}_3$ 中必有零向量

(B) $\boldsymbol{\alpha}_1,\boldsymbol{\alpha}_2$ 必线性相关

(C) $\boldsymbol{\alpha}_2,\boldsymbol{\alpha}_3$ 必线性无关

(D) $\boldsymbol{\alpha}_1,\boldsymbol{\alpha}_2,\boldsymbol{\alpha}_3,\boldsymbol{\alpha}_4$ 必线性相关

(4) 设向量组 $\boldsymbol{\alpha}_1=\begin{pmatrix}0\\0\\c_1\end{pmatrix},\boldsymbol{\alpha}_2=\begin{pmatrix}0\\1\\c_2\end{pmatrix},\boldsymbol{\alpha}_3=\begin{pmatrix}1\\-1\\c_3\end{pmatrix},\boldsymbol{\alpha}_4=\begin{pmatrix}-1\\1\\c_4\end{pmatrix}$,其中 c_1,c_2,c_3,c_4 为任意常数,则下列向量组线性相关的是(　　);

(A) $\boldsymbol{\alpha}_1,\boldsymbol{\alpha}_2,\boldsymbol{\alpha}_3$　　(B) $\boldsymbol{\alpha}_1,\boldsymbol{\alpha}_2,\boldsymbol{\alpha}_4$

(C) $\boldsymbol{\alpha}_1,\boldsymbol{\alpha}_3,\boldsymbol{\alpha}_4$　　(D) $\boldsymbol{\alpha}_2,\boldsymbol{\alpha}_3,\boldsymbol{\alpha}_4$

(5) 设矩阵 $\boldsymbol{A},\boldsymbol{B},\boldsymbol{C}$ 均为 n 阶矩阵,若 $\boldsymbol{AB}=\boldsymbol{C}$,且 $\boldsymbol{B}$ 可逆,则(　　);

(A) 矩阵 $\boldsymbol{C}$ 的行向量组与矩阵 $\boldsymbol{A}$ 的行向量组等价

(B) 矩阵 $\boldsymbol{C}$ 的列向量组与矩阵 $\boldsymbol{A}$ 的列向量组等价

(C) 矩阵 $\boldsymbol{C}$ 的行向量组与矩阵 $\boldsymbol{B}$ 的行向量组等价

(D) 矩阵 $\boldsymbol{C}$ 的列向量组与矩阵 $\boldsymbol{B}$ 的列向量组等价

(6) n 元齐次线性方程组 $\boldsymbol{Ax}=\boldsymbol{0}$ 存在非零解的充要条件是(　　);

(A) $\boldsymbol{A}$ 的列向量组线性无关　　(B) $\boldsymbol{A}$ 的行向量组线性无关

(C) $\boldsymbol{A}$ 的列向量组线性相关　　(D) $\boldsymbol{A}$ 的行向量组线性相关

(7) 设 $\boldsymbol{\alpha}_1,\boldsymbol{\alpha}_2,\boldsymbol{\alpha}_3$ 是方程组 $\boldsymbol{Ax}=\boldsymbol{0}$ 的基础解系,则下列向量组也是 $\boldsymbol{Ax}=\boldsymbol{0}$的基础解系的是(　　);

(A) $\boldsymbol{\alpha}_1+\boldsymbol{\alpha}_2,\boldsymbol{\alpha}_2+\boldsymbol{\alpha}_3,\boldsymbol{\alpha}_3-\boldsymbol{\alpha}_1$　　(B) $\boldsymbol{\alpha}_1+\boldsymbol{\alpha}_2,\boldsymbol{\alpha}_2+\boldsymbol{\alpha}_3,\boldsymbol{\alpha}_1+2\boldsymbol{\alpha}_2+\boldsymbol{\alpha}_3$

(C) $\boldsymbol{\alpha}_1,\boldsymbol{\alpha}_1+\boldsymbol{\alpha}_2,\boldsymbol{\alpha}_1-\boldsymbol{\alpha}_2$　　(D) $\boldsymbol{\alpha}_1+\boldsymbol{\alpha}_2,\boldsymbol{\alpha}_1-\boldsymbol{\alpha}_2,\boldsymbol{\alpha}_3$

(8) 已知向量组 $\boldsymbol{\alpha}_1,\boldsymbol{\alpha}_2,\boldsymbol{\alpha}_3,\boldsymbol{\alpha}_4$ 线性无关,则下列向量组线性无关的是(　　);

(A) $\boldsymbol{\alpha}_1+\boldsymbol{\alpha}_2,\boldsymbol{\alpha}_2+\boldsymbol{\alpha}_3,\boldsymbol{\alpha}_3+\boldsymbol{\alpha}_4,\boldsymbol{\alpha}_4+\boldsymbol{\alpha}_1$

(B) $\boldsymbol{\alpha}_1-\boldsymbol{\alpha}_2,\boldsymbol{\alpha}_2-\boldsymbol{\alpha}_3,\boldsymbol{\alpha}_3-\boldsymbol{\alpha}_4,\boldsymbol{\alpha}_4-\boldsymbol{\alpha}_1$

(C) $\boldsymbol{\alpha}_1+\boldsymbol{\alpha}_2,\boldsymbol{\alpha}_2+\boldsymbol{\alpha}_3,\boldsymbol{\alpha}_3+\boldsymbol{\alpha}_4,\boldsymbol{\alpha}_4-\boldsymbol{\alpha}_1$

(D) $\boldsymbol{\alpha}_1+\boldsymbol{\alpha}_2,\boldsymbol{\alpha}_2+\boldsymbol{\alpha}_3,\boldsymbol{\alpha}_3-\boldsymbol{\alpha}_4,\boldsymbol{\alpha}_4-\boldsymbol{\alpha}_1$

(9) 设 n 维列向量组 $\boldsymbol{\alpha}_1,\boldsymbol{\alpha}_2,\cdots,\boldsymbol{\alpha}_m$ $(m<n)$线性无关,则 n 维列向量组 $\boldsymbol{\beta}_1,\boldsymbol{\beta}_2,\cdots,\boldsymbol{\beta}_m$ 线性无关的充要条件为(　　);

(A) 向量组 $\boldsymbol{\alpha}_1,\boldsymbol{\alpha}_2,\cdots,\boldsymbol{\alpha}_m$ 可由向量组 $\boldsymbol{\beta}_1,\boldsymbol{\beta}_2,\cdots,\boldsymbol{\beta}_m$ 线性表示

(B) 向量组 $\boldsymbol{\beta}_1,\boldsymbol{\beta}_2,\cdots,\boldsymbol{\beta}_m$ 可由向量组 $\boldsymbol{\alpha}_1,\boldsymbol{\alpha}_2,\cdots,\boldsymbol{\alpha}_m$ 线性表示

(C) 向量组 $\boldsymbol{\alpha}_1,\boldsymbol{\alpha}_2,\cdots,\boldsymbol{\alpha}_m$ 与向量组 $\boldsymbol{\beta}_1,\boldsymbol{\beta}_2,\cdots,\boldsymbol{\beta}_m$ 等价

(D) 矩阵 $\boldsymbol{A}=(\boldsymbol{\alpha}_1,\boldsymbol{\alpha}_2,\cdots,\boldsymbol{\alpha}_m)$与矩阵 $\boldsymbol{B}=(\boldsymbol{\beta}_1,\boldsymbol{\beta}_2,\cdots,\boldsymbol{\beta}_m)$等价

(10) 设向量组(Ⅰ):$\boldsymbol{\alpha}_1,\boldsymbol{\alpha}_2,\cdots,\boldsymbol{\alpha}_r$ 可由向量组(Ⅱ):$\boldsymbol{\beta}_1,\boldsymbol{\beta}_2,\cdots,\boldsymbol{\beta}_s$ 线性表示,则(　　);

(A) 当 $r<s$ 时,向量组(Ⅱ)必线性相关

(B) 当 $r>s$ 时,向量组(Ⅱ)必线性相关

(C) 当 $r<s$ 时,向量组(Ⅰ)必线性相关

(D) 当 $r>s$ 时,向量组(Ⅰ)必线性相关

(11) 设 $\boldsymbol{\alpha}_1,\boldsymbol{\alpha}_2,\cdots,\boldsymbol{\alpha}_s$ 均为 n 维列向量，$\boldsymbol{A}$ 是 $n\times n$ 矩阵，下列选项正确的是(　　)；

(A) 若 $\boldsymbol{\alpha}_1,\boldsymbol{\alpha}_2,\cdots,\boldsymbol{\alpha}_s$ 线性相关，则 $\boldsymbol{A\alpha}_1,\boldsymbol{A\alpha}_2,\cdots,\boldsymbol{A\alpha}_s$ 线性相关

(B) 若 $\boldsymbol{\alpha}_1,\boldsymbol{\alpha}_2,\cdots,\boldsymbol{\alpha}_s$ 线性相关，则 $\boldsymbol{A\alpha}_1,\boldsymbol{A\alpha}_2,\cdots,\boldsymbol{A\alpha}_s$ 线性无关

(C) 若 $\boldsymbol{\alpha}_1,\boldsymbol{\alpha}_2,\cdots,\boldsymbol{\alpha}_s$ 线性无关，则 $\boldsymbol{A\alpha}_1,\boldsymbol{A\alpha}_2,\cdots,\boldsymbol{A\alpha}_s$ 线性相关

(D) 若 $\boldsymbol{\alpha}_1,\boldsymbol{\alpha}_2,\cdots,\boldsymbol{\alpha}_s$ 线性无关，则 $\boldsymbol{A\alpha}_1,\boldsymbol{A\alpha}_2,\cdots,\boldsymbol{A\alpha}_s$ 线性无关

(12) 设齐次线性方程组 $\boldsymbol{Ax}=\boldsymbol{0}$ 和 $\boldsymbol{Bx}=\boldsymbol{0}$，其中 $\boldsymbol{A},\boldsymbol{B}$ 均为 $m\times n$ 矩阵，现有 4 个命题：

① 若 $\boldsymbol{Ax}=\boldsymbol{0}$ 的解均是 $\boldsymbol{Bx}=\boldsymbol{0}$的解，则 $r(\boldsymbol{A})\geqslant r(\boldsymbol{B})$；

② 若 $r(\boldsymbol{A})\geqslant r(\boldsymbol{B})$，则 $\boldsymbol{Ax}=\boldsymbol{0}$ 的解均是 $\boldsymbol{Bx}=\boldsymbol{0}$的解；

③ 若 $\boldsymbol{Ax}=\boldsymbol{0}$ 与 $\boldsymbol{Bx}=\boldsymbol{0}$同解，则 $r(\boldsymbol{A})=r(\boldsymbol{B})$；

④ 若 $r(\boldsymbol{A})=r(\boldsymbol{B})$，则 $\boldsymbol{Ax}=\boldsymbol{0}$ 与 $\boldsymbol{Bx}=\boldsymbol{0}$同解.

以上命题正确的是(　　).

(A) ①②　　(B) ①③　　(C) ②④　　(D) ③④

3. 设向量组 $\boldsymbol{\alpha}_1,\boldsymbol{\alpha}_2,\boldsymbol{\alpha}_3$ 线性相关，向量组 $\boldsymbol{\alpha}_2,\boldsymbol{\alpha}_3,\boldsymbol{\alpha}_4$ 线性无关，问：

(1) $\boldsymbol{\alpha}_1$ 能否由 $\boldsymbol{\alpha}_2,\boldsymbol{\alpha}_3$ 线性表示？证明所得结论.

(2) $\boldsymbol{\alpha}_4$ 能否由 $\boldsymbol{\alpha}_1,\boldsymbol{\alpha}_2,\boldsymbol{\alpha}_3$ 线性表示？证明所得结论.

4. 设 $\boldsymbol{A}$ 是$n\times m$ 矩阵，$\boldsymbol{B}$ 是 $m\times n$ 矩阵，其中 $n<m$，$\boldsymbol{E}$ 是n 阶单位矩阵，若 $\boldsymbol{AB}=\boldsymbol{E}$，证明 $\boldsymbol{B}$ 的列向量组线性无关.

5. 已知三阶矩阵 $\boldsymbol{A}$ 与三维向量 $\boldsymbol{x}$，使得向量组 $\boldsymbol{x},\boldsymbol{Ax},\boldsymbol{A}^2\boldsymbol{x}$ 线性无关，且满足 $\boldsymbol{A}^3\boldsymbol{x}=3\boldsymbol{Ax}-2\boldsymbol{A}^2\boldsymbol{x}$.

(1) 记 $\boldsymbol{P}=(\boldsymbol{x},\boldsymbol{Ax},\boldsymbol{A}^2\boldsymbol{x})$，求三阶矩阵 $\boldsymbol{B}$，使 $\boldsymbol{A}=\boldsymbol{PBP}^{-1}$；

(2) 计算行列式$|\boldsymbol{A}+\boldsymbol{E}|$.

6. 设 $\boldsymbol{\alpha},\boldsymbol{\beta}$ 均为三维列向量，矩阵 $\boldsymbol{A}=\boldsymbol{\alpha\alpha}^{\mathrm{T}}+\boldsymbol{\beta\beta}^{\mathrm{T}}$，其中 $\boldsymbol{\alpha}^{\mathrm{T}},\boldsymbol{\beta}^{\mathrm{T}}$ 分别为 $\boldsymbol{\alpha},\boldsymbol{\beta}$ 的转置.证明：

(1) 秩 $r(\boldsymbol{A})\leqslant 2$；　(2) 若 $\boldsymbol{\alpha},\boldsymbol{\beta}$ 线性相关，则秩 $r(\boldsymbol{A})<2$.

7. 设 $\boldsymbol{\alpha}_1,\boldsymbol{\alpha}_2,\cdots,\boldsymbol{\alpha}_s$ 为线性方程组 $\boldsymbol{Ax}=\boldsymbol{0}$ 的一个基础解系，$\boldsymbol{\beta}_1=t_1\boldsymbol{\alpha}_1+t_2\boldsymbol{\alpha}_2$，$\boldsymbol{\beta}_2=t_1\boldsymbol{\alpha}_2+t_2\boldsymbol{\alpha}_3$，$\cdots$，$\boldsymbol{\beta}_s=t_1\boldsymbol{\alpha}_s+t_2\boldsymbol{\alpha}_1$，其中 t_1,t_2 为实常数.问 t_1,t_2 满足什么关系时，$\boldsymbol{\beta}_1,\boldsymbol{\beta}_2,\cdots,\boldsymbol{\beta}_s$ 也是$\boldsymbol{Ax}=\boldsymbol{0}$的一个基础解系？

8. 设有齐次线性方程组

$$\begin{cases}(1+a)x_1+x_2+\cdots+x_n=0,\\2x_1+(2+a)x_2+\cdots+2x_n=0,\\\cdots\cdots\cdots\cdots\\nx_1+nx_2+\cdots+(n+a)x_n=0\end{cases}\quad(n\geqslant 2).$$

试问 a 取何值时，该方程组有非零解？并求其通解.

9. 已知非齐次线性方程组

$$\begin{cases}x_1+x_2+x_3+x_4=-1,\\4x_1+3x_2+5x_3-x_4=-1,\\ax_1+x_2+3x_3+bx_4=1\end{cases}$$

有 3 个线性无关的解.

(1) 证明方程组系数矩阵 $\boldsymbol{A}$ 的秩 $r(\boldsymbol{A})=2$；

(2) 求 a,b 的值及方程组的通解.

10. 设 $\boldsymbol{A}=\begin{pmatrix}1&a&0&0\\0&1&a&0\\0&0&1&a\\a&0&0&1\end{pmatrix}$，$\boldsymbol{\beta}=\begin{pmatrix}1\\-1\\0\\0\end{pmatrix}$.

(1) 求矩阵 $\boldsymbol{A}$ 的行列式$|\boldsymbol{A}|$；

(2) 已知线性方程组 $\boldsymbol{Ax}=\boldsymbol{\beta}$ 有无穷多解，求常数 a，并求 $\boldsymbol{Ax}=\boldsymbol{\beta}$ 的通解.

11. 设

$$\boldsymbol{A}=\begin{pmatrix}1 & -1 & -1\\ -1 & 1 & 1\\ 0 & -4 & -2\end{pmatrix},\quad \boldsymbol{\xi}_1=\begin{pmatrix}-1\\ 1\\ -2\end{pmatrix}.$$

(1) 求满足 $\boldsymbol{A\xi}_2=\boldsymbol{\xi}_1$，$\boldsymbol{A}^2\boldsymbol{\xi}_3=\boldsymbol{\xi}_1$ 的所有向量 $\boldsymbol{\xi}_2$，$\boldsymbol{\xi}_3$；

(2) 对(1)中的任意向量 $\boldsymbol{\xi}_2$，$\boldsymbol{\xi}_3$，证明 $\boldsymbol{\xi}_1$，$\boldsymbol{\xi}_2$，$\boldsymbol{\xi}_3$ 线性无关.

*12. 设矩阵 $\boldsymbol{A}=\begin{pmatrix}1 & 1 & 1-a\\ 1 & 0 & a\\ a+1 & 1 & a+1\end{pmatrix}$，$\boldsymbol{\beta}=\begin{pmatrix}0\\ 1\\ 2a-2\end{pmatrix}$，且方程组 $\boldsymbol{Ax}=\boldsymbol{\beta}$ 无解.

(1) 求 a 的值；

(2) 求方程组 $\boldsymbol{A}^{\mathrm{T}}\boldsymbol{Ax}=\boldsymbol{A}^{\mathrm{T}}\boldsymbol{\beta}$ 的通解.

第三章自测题

第三章典型例题讲解

线性方程组的简要发展史

第四章　n 维向量空间

上一章我们讨论了 n 维向量的概念以及向量的线性运算，并且给出了 n 维向量组的线性相关性.本章将把 n 维向量组的上述运算加以抽象和推广，并建立向量空间的概念.同时为了第五章的需要，我们将介绍向量的内积以及正交矩阵、规范正交基和施密特(Schmidt)正交化方法.最后介绍向量空间的线性变换及有关知识.

§4.1　向量空间

一、向量空间的定义

定义 4.1　设 V 是 n 元实向量集合，如果 V 非空，并且对于向量的线性运算封闭(即对任意 $\boldsymbol{\alpha}\in V,\boldsymbol{\beta}\in V,k\in\mathbf{R}$，都有 $\boldsymbol{\alpha}+\boldsymbol{\beta}\in V,k\boldsymbol{\alpha}\in V$)，则称 V 是**(实)向量空间**.

只含有零向量的集合 $V=\{\mathbf{0}\}$ 是一个向量空间，称为**零空间**.

例 1　所有 n 元实向量集合 $\mathbf{R}^n$ 是一个向量空间.

证　显然 $\mathbf{R}^n$ 非空.又因为任何两个 n 元实向量的和是 n 元实向量，任意实数与 n 元实向量之积还是 n 元实向量，所以 $\mathbf{R}^n$ 对于向量的线性运算封闭，故 $\mathbf{R}^n$ 是向量空间.

例 2　若 V 是向量空间，则 V 一定含有零向量.

证　因为 V 是向量空间，所以 V 非空.设 $\boldsymbol{\alpha}\in V$，则有

$$\mathbf{0}=0\,\boldsymbol{\alpha}\in V,$$

故 V 含有零向量.

由齐次线性方程组解的性质和例 2 知，齐次线性方程组 $\boldsymbol{Ax}=\mathbf{0}$ 的所有解向量构成的集合 S 是一个向量空间.而 $\boldsymbol{Ax}=\boldsymbol{b}$ 的解集不含零向量，所以 $\boldsymbol{Ax}=\boldsymbol{b}$ 的解集不是向量空间.

例 3　证明三维向量集合 $V=\{(0,x_2,x_3)^{\mathrm{T}}\mid x_2,x_3\in\mathbf{R}\}$ 是一个向量空间.

证　显然零向量 $\mathbf{0}=(0,0,0)^{\mathrm{T}}\in V$，所以 V 非空.又因对任意

$$\boldsymbol{\alpha}=(0,a_2,a_3)^{\mathrm{T}}\in V,\quad \boldsymbol{\beta}=(0,b_2,b_3)^{\mathrm{T}}\in V,\quad k\in\mathbf{R},$$

有

$$\boldsymbol{\alpha}+\boldsymbol{\beta}=(0,a_2+b_2,a_3+b_3)^{\mathrm{T}}\in V,\quad k\boldsymbol{\alpha}=(0,ka_2,ka_3)^{\mathrm{T}}\in V,$$

所以由定义 4.1，知 V 为一个向量空间.

例 4　证明 3 维向量集合

$$V=\{(x_1,x_2,x_3)\mid x_1+x_2+x_3=1,x_1,x_2,x_3\in\mathbf{R}\}$$

不是向量空间.

证　设 $\boldsymbol{\alpha}=(a_1,a_2,a_3)^{\mathrm{T}},\boldsymbol{\beta}=(b_1,b_2,b_3)^{\mathrm{T}}\in V$，即有 $a_1+a_2+a_3=1,b_1+b_2+b_3=1$.对向量

$$\boldsymbol{\alpha}+\boldsymbol{\beta}=(a_1+b_1,a_2+b_2,a_3+b_3)^{\mathrm{T}},$$

有

$$\begin{aligned}&(a_1+b_1)+(a_2+b_2)+(a_3+b_3)\\=&(a_1+a_2+a_3)+(b_1+b_2+b_3)=1+1=2\neq 1,\end{aligned}$$

故 $\boldsymbol{\alpha}+\boldsymbol{\beta}\notin V$，即 V 对向量加法运算不封闭.由定义 4.1，知 V 不是向量空间.

二、向量空间的基与向量关于基的坐标

下面我们把在第三章讨论的向量组的极大无关组及秩的概念推广到向量空间上，就得到向量空间的基与维数的概念.

定义 4.2 向量空间 V 的一个极大无关组叫做 V 的一组基．该基中包含的向量个数叫做 V 的维数，记作 $\dim(V)$.若 $\dim(V)=r$，则称 V 为 r **维向量空间**.

在空间解析几何中，设 $\boldsymbol{i},\boldsymbol{j},\boldsymbol{k}$ 为三个坐标轴上的基本单位向量，向量 $\boldsymbol{\alpha}$ 按 $\boldsymbol{i},\boldsymbol{j},\boldsymbol{k}$ 的分解式为

$$\boldsymbol{\alpha}=a_x\boldsymbol{i}+a_y\boldsymbol{j}+a_z\boldsymbol{k},$$

则把 a_x,a_y,a_z 称作 $\boldsymbol{\alpha}$ 在空间直角坐标系下的坐标.

类似地，我们给出向量在基下坐标的定义.

设 $\boldsymbol{\alpha}_1,\boldsymbol{\alpha}_2,\cdots,\boldsymbol{\alpha}_n$ 是 n 维向量空间的一组基（即极大无关组），则 V 中任一个向量 $\boldsymbol{\beta}$ 可由 $\boldsymbol{\alpha}_1,\boldsymbol{\alpha}_2,\cdots,\boldsymbol{\alpha}_n$ 唯一地线性表示，即存在唯一的一组有序数 $x_1,x_2,\cdots,x_n$，使得

$$\boldsymbol{\beta}=x_1\boldsymbol{\alpha}_1+x_2\boldsymbol{\alpha}_2+\cdots+x_n\boldsymbol{\alpha}_n.\tag{4.1}$$

反之，任给一组有序数 $x_1,x_2,\cdots,x_n$，总有 V 中唯一的向量 $\boldsymbol{\beta}$ 按(4.1)式与之对应．可见，V 中向量 $\boldsymbol{\beta}$ 在基 $\boldsymbol{\alpha}_1,\boldsymbol{\alpha}_2,\cdots,\boldsymbol{\alpha}_n$ 下与有序数组 $\{x_1,x_2,\cdots,x_n\}$ 一一对应.

定义 4.3 设 $\boldsymbol{\alpha}_1,\boldsymbol{\alpha}_2,\cdots,\boldsymbol{\alpha}_n$ 是 n 维向量空间 V 的一组基，对于任意向量 $\boldsymbol{\beta}\in V$，称满足

$$\boldsymbol{\beta}=x_1\boldsymbol{\alpha}_1+x_2\boldsymbol{\alpha}_2+\cdots+x_n\boldsymbol{\alpha}_n$$

的有序数 $x_1,x_2,\cdots,x_n$ 为向量 $\boldsymbol{\beta}$ 在基 $\boldsymbol{\alpha}_1,\boldsymbol{\alpha}_2,\cdots,\boldsymbol{\alpha}_n$ 下的**坐标**，记作 $(x_1,x_2,\cdots,x_n)^{\mathrm{T}}$.

由定义 4.2，可以看出向量空间 $\mathbf{R}^n$ 是 n 维的.因为向量组

$$\boldsymbol{e}_1=(1,0,\cdots,0)^{\mathrm{T}},\quad \boldsymbol{e}_2=(0,1,\cdots,0)^{\mathrm{T}},\quad \cdots,\quad \boldsymbol{e}_n=(0,0,\cdots,1)^{\mathrm{T}}$$

是 $\mathbf{R}^n$ 的一组基，并且任一个 n 维向量 $\boldsymbol{\alpha}=(a_1,a_2,\cdots,a_n)$ 在基 $\boldsymbol{e}_1,\boldsymbol{e}_2,\cdots,\boldsymbol{e}_n$ 下的坐标是 $(a_1,a_2,\cdots,a_n)^{\mathrm{T}}$，我们称 $\boldsymbol{e}_1,\boldsymbol{e}_2,\cdots,\boldsymbol{e}_n$ 为 $\mathbf{R}^n$ 的自然基．由极大无关组的等价性知，任何 n 个线性无关的 n 维向量 $\boldsymbol{\alpha}_1,\boldsymbol{\alpha}_2,\cdots,\boldsymbol{\alpha}_n$ 都是 $\mathbf{R}^n$ 的一组基.

设 $\boldsymbol{\alpha}_1,\boldsymbol{\alpha}_2,\cdots,\boldsymbol{\alpha}_n$ 为 V 的基，令 $\boldsymbol{A}=(\boldsymbol{\alpha}_1,\boldsymbol{\alpha}_2,\cdots,\boldsymbol{\alpha}_n)$，求 $\boldsymbol{b}$ 在此基下坐标就是求线性方程组 $\boldsymbol{Ax}=\boldsymbol{b}$ 的解.

例 5 求 $\mathbf{R}^3$ 中向量 $\boldsymbol{\beta}=(1,2,1)^{\mathrm{T}}$ 在基 $\boldsymbol{\alpha}_1=(1,1,1)^{\mathrm{T}},\boldsymbol{\alpha}_2=(1,1,-1)^{\mathrm{T}},\boldsymbol{\alpha}_3=(1,-1,-1)^{\mathrm{T}}$ 下的坐标.

解 令 $\boldsymbol{A}=(\boldsymbol{\alpha}_1,\boldsymbol{\alpha}_2,\boldsymbol{\alpha}_3)$，下面解线性方程组 $\boldsymbol{Ax}=\boldsymbol{\beta}$. 为此对线性方程组的增广矩阵施以初等行变换，将其化为行最简形矩阵.

$$\overline{\boldsymbol{A}}=(\boldsymbol{A},\boldsymbol{\beta})=\begin{pmatrix}1&1&1&1\\1&1&-1&2\\1&-1&-1&1\end{pmatrix}\xrightarrow{\text{初等行变换}}\begin{pmatrix}1&0&0&1\\0&1&0&\frac{1}{2}\\0&0&1&-\frac{1}{2}\end{pmatrix},$$

得 $x_1=1,x_2=\frac{1}{2},x_3=-\frac{1}{2}$,故 $\boldsymbol{\beta}$ 在该基下坐标为 $\left(1,\frac{1}{2},-\frac{1}{2}\right)^{\mathrm{T}}$.

下面介绍子空间的概念.

定义 4.4 设 V 为向量空间,W 为 V 的一个非空子集. 如果 W 关于 V 中加法和数乘运算构成一个向量空间,则称 W 为 V 的一个**线性子空间**,简称**子空间**.

例 6 设 $\boldsymbol{\alpha}_1,\boldsymbol{\alpha}_2,\cdots,\boldsymbol{\alpha}_m$ 是一个 n 维向量组,证明集合

$$V=\{\lambda_1\boldsymbol{\alpha}_1+\lambda_2\boldsymbol{\alpha}_2+\cdots+\lambda_m\boldsymbol{\alpha}_m\mid\lambda_1,\lambda_2,\cdots,\lambda_m\in\mathbf{R}\}$$

是一个向量空间,并求 V 的维数.

证 由 $0\boldsymbol{\alpha}_1+0\boldsymbol{\alpha}_2+\cdots+0\boldsymbol{\alpha}_n=\boldsymbol{0}$ 知 V 非空.设 $\boldsymbol{\alpha},\boldsymbol{\beta}\in V,k\in\mathbf{R}$,且有

$$\boldsymbol{\alpha}=x_1\boldsymbol{\alpha}_1+x_2\boldsymbol{\alpha}_2+\cdots+x_m\boldsymbol{\alpha}_m\quad(x_1,x_2,\cdots,x_m\in\mathbf{R}),$$

$$\boldsymbol{\beta}=y_1\boldsymbol{\alpha}_1+y_2\boldsymbol{\alpha}_2+\cdots+y_m\boldsymbol{\alpha}_m\quad(y_1,y_2,\cdots,y_m\in\mathbf{R}).$$

直接验算有

$$\boldsymbol{\alpha}+\boldsymbol{\beta}=(x_1+y_1)\boldsymbol{\alpha}_1+(x_2+y_2)\boldsymbol{\alpha}_2+\cdots+(x_m+y_m)\boldsymbol{\alpha}_m\in V,$$

$$k\boldsymbol{\alpha}=(kx_1)\boldsymbol{\alpha}_1+(kx_2)\boldsymbol{\alpha}_2+\cdots+(kx_m)\boldsymbol{\alpha}_m\in V,$$

即 V 对向量的线性运算是封闭的,所以集合 V 是一个向量空间.

下面求 V 的维数.

因为 V 作为向量组与向量组 $\boldsymbol{\alpha}_1,\boldsymbol{\alpha}_2,\cdots,\boldsymbol{\alpha}_m$ 等价,所以向量组 V 的秩就等于向量组 $\boldsymbol{\alpha}_1,\boldsymbol{\alpha}_2,\cdots,\boldsymbol{\alpha}_m$ 的秩,故向量空间 V 的维数就等于向量组 $\boldsymbol{\alpha}_1,\boldsymbol{\alpha}_2,\cdots,\boldsymbol{\alpha}_m$ 的秩,即得

$$\dim(V)=r(\boldsymbol{\alpha}_1,\boldsymbol{\alpha}_2,\cdots,\boldsymbol{\alpha}_m).$$

这个向量空间

$$V=\{\lambda_1\boldsymbol{\alpha}_1+\lambda_2\boldsymbol{\alpha}_2+\cdots+\lambda_m\boldsymbol{\alpha}_m\mid\lambda_1,\lambda_2,\cdots,\lambda_m\in\mathbf{R}\}$$

称为由向量组 $\boldsymbol{\alpha}_1,\boldsymbol{\alpha}_2,\cdots,\boldsymbol{\alpha}_m$ 所生成的向量空间.

一般地,设 $\boldsymbol{\alpha}_1,\boldsymbol{\alpha}_2,\cdots,\boldsymbol{\alpha}_r$ 为向量空间 V 的基,则 V 可以表示为

$$V=\{\lambda_1\boldsymbol{\alpha}_1+\lambda_2\boldsymbol{\alpha}_2+\cdots+\lambda_r\boldsymbol{\alpha}_r\mid\lambda_1,\lambda_2,\cdots,\lambda_r\in\mathbf{R}\},$$

即向量空间 V 是由它的一组基 $\boldsymbol{\alpha}_1,\boldsymbol{\alpha}_2,\cdots,\boldsymbol{\alpha}_r$ 所生成的向量空间,由这一表示式可以清楚地看出向量空间的构造. 记 $V=L(\boldsymbol{\alpha}_1,\boldsymbol{\alpha}_2,\cdots,\boldsymbol{\alpha}_r)$.

例如,向量空间 $\mathbf{R}^n=L(\boldsymbol{e}_1,\boldsymbol{e}_2,\cdots,\boldsymbol{e}_n)$.由例 6,知由 n 维向量生成的任一向量空间 V 都是 n 维向量空间 $\mathbf{R}^n$ 的子空间.

三、过渡矩阵与坐标变换

同一个向量在不同基下的坐标一般是不同的,但是这两个不同的坐标却有内在的关系.

设 $\boldsymbol{\alpha}_1,\boldsymbol{\alpha}_2,\cdots,\boldsymbol{\alpha}_n$ 和 $\boldsymbol{\beta}_1,\boldsymbol{\beta}_2,\cdots,\boldsymbol{\beta}_n$ 为向量空间 $\mathbf{R}^n$ 的两组基,并且

$$\begin{cases}\boldsymbol{\beta}_1=p_{11}\boldsymbol{\alpha}_1+p_{21}\boldsymbol{\alpha}_2+\cdots+p_{n1}\boldsymbol{\alpha}_n,\\ \boldsymbol{\beta}_2=p_{12}\boldsymbol{\alpha}_1+p_{22}\boldsymbol{\alpha}_2+\cdots+p_{n2}\boldsymbol{\alpha}_n,\\ \cdots\cdots\cdots\cdots\\ \boldsymbol{\beta}_n=p_{1n}\boldsymbol{\alpha}_1+p_{2n}\boldsymbol{\alpha}_2+\cdots+p_{nn}\boldsymbol{\alpha}_n,\end{cases}\tag{4.2}$$

记成矩阵形式为

$$(\boldsymbol{\beta}_1,\boldsymbol{\beta}_2,\cdots,\boldsymbol{\beta}_n)=(\boldsymbol{\alpha}_1,\boldsymbol{\alpha}_2,\cdots,\boldsymbol{\alpha}_n)\boldsymbol{P},\tag{4.3}$$

其中

$$\boldsymbol{P}=\begin{pmatrix}p_{11}&p_{12}&\cdots&p_{1n}\\p_{21}&p_{22}&\cdots&p_{2n}\\\vdots&\vdots&&\vdots\\p_{n1}&p_{n2}&\cdots&p_{nn}\end{pmatrix}.$$

(4.2)式或(4.3)式叫做从基 $\boldsymbol{\alpha}_1,\boldsymbol{\alpha}_2,\cdots,\boldsymbol{\alpha}_n$(旧基)到基 $\boldsymbol{\beta}_1,\boldsymbol{\beta}_2,\cdots,\boldsymbol{\beta}_n$(新基)的**基变换公式**,$n$ 阶矩阵 $\boldsymbol{P}$ 称为由基 $\boldsymbol{\alpha}_1,\boldsymbol{\alpha}_2,\cdots,\boldsymbol{\alpha}_n$ 到基 $\boldsymbol{\beta}_1,\boldsymbol{\beta}_2,\cdots,\boldsymbol{\beta}_n$ 的**过渡矩阵**.

由于 $\boldsymbol{\beta}_1,\boldsymbol{\beta}_2,\cdots,\boldsymbol{\beta}_n$ 线性无关,可以证明过渡矩阵 $\boldsymbol{P}$ 可逆.

我们记$(\boldsymbol{\alpha}_1,\boldsymbol{\alpha}_2,\cdots\boldsymbol{\alpha}_n)=\boldsymbol{A}$,$(\boldsymbol{\beta}_1,\boldsymbol{\beta}_2,\cdots,\boldsymbol{\beta}_n)=\boldsymbol{B}$,则由(4.3)式有

$$\boldsymbol{B}=\boldsymbol{AP}.$$

由于 $\boldsymbol{\alpha}_1,\boldsymbol{\alpha}_2,\cdots,\boldsymbol{\alpha}_n$ 线性无关,故 $\boldsymbol{A}$ 可逆.于是又有

$$\boldsymbol{P}=\boldsymbol{A}^{-1}\boldsymbol{B}.\tag{4.4}$$

可见 $|\boldsymbol{P}|=|\boldsymbol{A}^{-1}\boldsymbol{B}|\neq0$,从而 $\boldsymbol{P}$ 可逆.

定理 4.1 设 $\boldsymbol{\alpha}_1,\boldsymbol{\alpha}_2,\cdots,\boldsymbol{\alpha}_n$ 和 $\boldsymbol{\beta}_1,\boldsymbol{\beta}_2,\cdots,\boldsymbol{\beta}_n$ 为 $\mathbf{R}^n$ 的两组基,由基 $\boldsymbol{\alpha}_1,\boldsymbol{\alpha}_2,\cdots,\boldsymbol{\alpha}_n$ 到基 $\boldsymbol{\beta}_1,\boldsymbol{\beta}_2,\cdots,\boldsymbol{\beta}_n$ 的过渡矩阵为 $\boldsymbol{P}$, $\boldsymbol{\alpha}\in\mathbf{R}^n$,$\boldsymbol{\alpha}$ 在基 $\boldsymbol{\alpha}_1,\boldsymbol{\alpha}_2,\cdots,\boldsymbol{\alpha}_n$ 下的坐标为$(x_1,x_2,\cdots,x_n)^{\mathrm{T}}$,$\boldsymbol{\alpha}$ 在基 $\boldsymbol{\beta}_1,\boldsymbol{\beta}_2,\cdots,\boldsymbol{\beta}_n$ 下坐标为$(x_1',x_2',\cdots,x_n')^{\mathrm{T}}$,则

$$\begin{pmatrix}x_1\\x_2\\\vdots\\x_n\end{pmatrix}=\boldsymbol{P}\begin{pmatrix}x_1'\\x_2'\\\vdots\\x_n'\end{pmatrix}\quad 或\quad \begin{pmatrix}x_1'\\x_2'\\\vdots\\x_n'\end{pmatrix}=\boldsymbol{P}^{-1}\begin{pmatrix}x_1\\x_2\\\vdots\\x_n\end{pmatrix}.\tag{4.5}$$

证 因为由基 $\boldsymbol{\alpha}_1,\boldsymbol{\alpha}_2,\cdots,\boldsymbol{\alpha}_n$ 到基 $\boldsymbol{\beta}_1,\boldsymbol{\beta}_2,\cdots,\boldsymbol{\beta}_n$ 的过渡矩阵为 $\boldsymbol{P}$,故

$$(\boldsymbol{\beta}_1,\boldsymbol{\beta}_2,\cdots,\boldsymbol{\beta}_n)=(\boldsymbol{\alpha}_1,\boldsymbol{\alpha}_2,\cdots,\boldsymbol{\alpha}_n)\boldsymbol{P}.$$

$\boldsymbol{\alpha}$ 在基 $\boldsymbol{\alpha}_1,\boldsymbol{\alpha}_2,\cdots,\boldsymbol{\alpha}_n$ 下坐标为$(x_1,x_2,\cdots,x_n)^{\mathrm{T}}$,$\boldsymbol{\alpha}$ 在基 $\boldsymbol{\beta}_1,\boldsymbol{\beta}_2,\cdots,\boldsymbol{\beta}_n$ 下的坐标为$(x_1',x_2',\cdots,x_n')^{\mathrm{T}}$,所以

$$\boldsymbol{\alpha}=x_1\boldsymbol{\alpha}_1+x_2\boldsymbol{\alpha}_2+\cdots+x_n\boldsymbol{\alpha}_n=x_1'\boldsymbol{\beta}_1+x_2'\boldsymbol{\beta}_2+\cdots+x_n'\boldsymbol{\beta}_n,$$

故

$$\boldsymbol{\alpha}=(\boldsymbol{\alpha}_1,\boldsymbol{\alpha}_2,\cdots,\boldsymbol{\alpha}_n)\begin{pmatrix}x_1\\x_2\\\vdots\\x_n\end{pmatrix}=(\boldsymbol{\beta}_1,\boldsymbol{\beta}_2,\cdots,\boldsymbol{\beta}_n)\begin{pmatrix}x_1'\\x_2'\\\vdots\\x_n'\end{pmatrix}$$

$$=(\boldsymbol{\alpha}_1,\boldsymbol{\alpha}_2,\cdots,\boldsymbol{\alpha}_n)\boldsymbol{P}\begin{pmatrix}x_1'\\x_2'\\\vdots\\x_n'\end{pmatrix}.$$

根据向量在同一组基下坐标表达式的唯一性,得

$$\begin{pmatrix}x_1\\x_2\\\vdots\\x_n\end{pmatrix}=\boldsymbol{P}\begin{pmatrix}x_1'\\x_2'\\\vdots\\x_n'\end{pmatrix}\quad 或 \quad\begin{pmatrix}x_1'\\x_2'\\\vdots\\x_n'\end{pmatrix}=\boldsymbol{P}^{-1}\begin{pmatrix}x_1\\x_2\\\vdots\\x_n\end{pmatrix}.$$

例 7 设 $\mathbf{R}^3$ 的一组基为 $\boldsymbol{\beta}_1=(1,2,1)^{\mathrm{T}},\boldsymbol{\beta}_2=(1,-1,0)^{\mathrm{T}},\boldsymbol{\beta}_3=(1,0,-1)^{\mathrm{T}}$,求自然基 $\boldsymbol{e}_1,\boldsymbol{e}_2,\boldsymbol{e}_3$ 到基 $\boldsymbol{\beta}_1,\boldsymbol{\beta}_2,\boldsymbol{\beta}_3$ 的过渡矩阵.

解 由

$$\begin{cases}\boldsymbol{\beta}_1=\boldsymbol{e}_1+2\boldsymbol{e}_2+\boldsymbol{e}_3,\\\boldsymbol{\beta}_2=\boldsymbol{e}_1-\boldsymbol{e}_2,\\\boldsymbol{\beta}_3=\boldsymbol{e}_1-\boldsymbol{e}_3,\end{cases}$$

即

$$(\boldsymbol{\beta}_1,\boldsymbol{\beta}_2,\boldsymbol{\beta}_3)=(\boldsymbol{e}_1,\boldsymbol{e}_2,\boldsymbol{e}_3)\begin{pmatrix}1&1&1\\2&-1&0\\1&0&-1\end{pmatrix},$$

得

$$\boldsymbol{P}=\begin{pmatrix}1&1&1\\2&-1&0\\1&0&1\end{pmatrix}.$$

例 8 已知 $\mathbf{R}^3$ 的两组基 $\boldsymbol{\alpha}_1=(1,1,1)^{\mathrm{T}},\boldsymbol{\alpha}_2=(0,1,1)^{\mathrm{T}},\boldsymbol{\alpha}_3=(0,0,1)^{\mathrm{T}}$ 和 $\boldsymbol{\beta}_1=(1,0,1)^{\mathrm{T}},\boldsymbol{\beta}_2=(0,1,-1)^{\mathrm{T}},\boldsymbol{\beta}_3=(1,2,0)^{\mathrm{T}}$.

(1) 求从基 $\boldsymbol{\alpha}_1,\boldsymbol{\alpha}_2,\boldsymbol{\alpha}_3$ 到基 $\boldsymbol{\beta}_1,\boldsymbol{\beta}_2,\boldsymbol{\beta}_3$ 的过渡矩阵 $\boldsymbol{P}$;

(2) 设向量 $\boldsymbol{\alpha}$ 在基 $\boldsymbol{\alpha}_1,\boldsymbol{\alpha}_2,\boldsymbol{\alpha}_3$ 下的坐标为 $(1,-2,-1)^{\mathrm{T}}$,求 $\boldsymbol{\alpha}$ 在基 $\boldsymbol{\beta}_1,\boldsymbol{\beta}_2,\boldsymbol{\beta}_3$ 下的坐标.

解 (1) 设

$$\boldsymbol{A}=(\boldsymbol{\alpha}_1,\boldsymbol{\alpha}_2,\boldsymbol{\alpha}_3)=\begin{pmatrix}1&0&0\\1&1&0\\1&1&1\end{pmatrix},\quad \boldsymbol{B}=(\boldsymbol{\beta}_1,\boldsymbol{\beta}_2,\boldsymbol{\beta}_3)=\begin{pmatrix}1&0&1\\0&1&2\\1&-1&0\end{pmatrix},$$

$\boldsymbol{P}$ 为从基 $\boldsymbol{\alpha}_1,\boldsymbol{\alpha}_2,\boldsymbol{\alpha}_3$ 到基 $\boldsymbol{\beta}_1,\boldsymbol{\beta}_2,\boldsymbol{\beta}_3$ 的过渡矩阵,则

$$\boldsymbol{B}=\boldsymbol{A}\boldsymbol{P}\quad 或 \quad \boldsymbol{P}=\boldsymbol{A}^{-1}\boldsymbol{B}.$$

由

$$(\boldsymbol{A},\boldsymbol{B})=\begin{pmatrix}1&0&0&1&0&1\\1&1&0&0&1&2\\1&1&1&1&-1&0\end{pmatrix}\xrightarrow[-r_1+r_3]{-r_1+r_2}\begin{pmatrix}1&0&0&1&0&1\\0&1&0&-1&1&1\\0&1&1&0&-1&-1\end{pmatrix}$$

$$\xrightarrow{-r_2+r_3}\begin{pmatrix}1&0&0&1&0&1\\0&1&0&-1&1&1\\0&0&1&1&-2&-2\end{pmatrix},$$

得

$$\boldsymbol{P}=\begin{pmatrix}1&0&1\\-1&1&1\\1&-2&-2\end{pmatrix}.$$

(2) 由(4.5)式,得 $\boldsymbol{\alpha}$ 在基 $\boldsymbol{\beta}_1,\boldsymbol{\beta}_2,\boldsymbol{\beta}_3$ 下坐标为

$$\begin{pmatrix}x_1'\\x_2'\\x_3'\end{pmatrix}=\boldsymbol{P}^{-1}\begin{pmatrix}x_1\\x_2\\x_3\end{pmatrix}=\begin{pmatrix}1&0&1\\-1&1&1\\1&-2&-2\end{pmatrix}^{-1}\begin{pmatrix}x_1\\x_2\\x_3\end{pmatrix}$$

$$=\begin{pmatrix}0&-2&-1\\-1&-3&-2\\1&2&1\end{pmatrix}\begin{pmatrix}1\\-2\\-1\end{pmatrix}=\begin{pmatrix}5\\7\\-4\end{pmatrix}.$$

例 9 设向量组 $\boldsymbol{\alpha}_1,\boldsymbol{\alpha}_2,\boldsymbol{\alpha}_3$ 为 $\mathbf{R}^3$ 的一组基,$\boldsymbol{\beta}_1=2\boldsymbol{\alpha}_1+2k\boldsymbol{\alpha}_3$,$\boldsymbol{\beta}_2=2\boldsymbol{\alpha}_2$,$\boldsymbol{\beta}_3=\boldsymbol{\alpha}_1+(k+1)\boldsymbol{\alpha}_3$.

(1) 证明向量组 $\boldsymbol{\beta}_1,\boldsymbol{\beta}_2,\boldsymbol{\beta}_3$ 为 $\mathbf{R}^3$ 的一组基;

(2) 当 k 为何值时,存在非零向量 $\boldsymbol{\xi}$ 在基 $\boldsymbol{\alpha}_1,\boldsymbol{\alpha}_2,\boldsymbol{\alpha}_3$ 与基 $\boldsymbol{\beta}_1,\boldsymbol{\beta}_2,\boldsymbol{\beta}_3$ 下的坐标相同?并求所有的 $\boldsymbol{\xi}$.

(1) **证** 如果向量组 $\boldsymbol{\alpha}_1,\boldsymbol{\alpha}_2,\boldsymbol{\alpha}_3$ 和向量组 $\boldsymbol{\beta}_1,\boldsymbol{\beta}_2,\boldsymbol{\beta}_3$ 满足 $(\boldsymbol{\beta}_1,\boldsymbol{\beta}_2,\boldsymbol{\beta}_3)=(\boldsymbol{\alpha}_1,\boldsymbol{\alpha}_2,\boldsymbol{\alpha}_3)\boldsymbol{A}$,则当 $\boldsymbol{\alpha}_1,\boldsymbol{\alpha}_2,\boldsymbol{\alpha}_3$ 线性无关时,$r(\boldsymbol{\beta}_1,\boldsymbol{\beta}_2,\boldsymbol{\beta}_3)=r(\boldsymbol{A})$.

因为 $\boldsymbol{\beta}_1=2\boldsymbol{\alpha}_1+2k\boldsymbol{\alpha}_3$,$\boldsymbol{\beta}_2=2\boldsymbol{\alpha}_2$,$\boldsymbol{\beta}_3=\boldsymbol{\alpha}_1+(k+1)\boldsymbol{\alpha}_3$,即

$$(\boldsymbol{\beta}_1,\boldsymbol{\beta}_2,\boldsymbol{\beta}_3)=(\boldsymbol{\alpha}_1,\boldsymbol{\alpha}_2,\boldsymbol{\alpha}_3)\begin{pmatrix}2&0&1\\0&2&0\\2k&0&k+1\end{pmatrix},$$

由于行列式 $\begin{vmatrix}2&0&1\\0&2&0\\2k&0&k+1\end{vmatrix}=4\neq0$,得矩阵 $\begin{pmatrix}2&0&1\\0&2&0\\2k&0&k+1\end{pmatrix}$ 的秩为 3,即得向量组 $\boldsymbol{\beta}_1,\boldsymbol{\beta}_2,\boldsymbol{\beta}_3$ 的秩为 3,所以向量组 $\boldsymbol{\beta}_1,\boldsymbol{\beta}_2,\boldsymbol{\beta}_3$ 为 $\mathbf{R}^3$ 的一组基.

(2) **解** 设非零向量 $\boldsymbol{\xi}$ 在基 $\boldsymbol{\alpha}_1,\boldsymbol{\alpha}_2,\boldsymbol{\alpha}_3$ 与基 $\boldsymbol{\beta}_1,\boldsymbol{\beta}_2,\boldsymbol{\beta}_3$ 下的坐标相同,为 $(x_1,x_2,x_3)^{\mathrm{T}}$,则

$$\boldsymbol{\xi}=x_1\boldsymbol{\alpha}_1+x_2\boldsymbol{\alpha}_2+x_3\boldsymbol{\alpha}_3=(\boldsymbol{\alpha}_1,\boldsymbol{\alpha}_2,\boldsymbol{\alpha}_3)\begin{pmatrix}x_1\\x_2\\x_3\end{pmatrix},$$

且

$$\boldsymbol{\xi}=x_1\boldsymbol{\beta}_1+x_2\boldsymbol{\beta}_2+x_3\boldsymbol{\beta}_3=(\boldsymbol{\beta}_1,\boldsymbol{\beta}_2,\boldsymbol{\beta}_3)\begin{pmatrix}x_1\\x_2\\x_3\end{pmatrix}$$

$$=(\boldsymbol{\alpha}_1,\boldsymbol{\alpha}_2,\boldsymbol{\alpha}_3)\begin{pmatrix}2&0&1\\0&2&0\\2k&0&k+1\end{pmatrix}\begin{pmatrix}x_1\\x_2\\x_3\end{pmatrix}.$$

因为任意向量 $\boldsymbol{\xi}$ 在基 $\boldsymbol{\alpha}_1,\boldsymbol{\alpha}_2,\boldsymbol{\alpha}_3$ 下的坐标唯一，故 $(x_1,x_2,x_3)^{\mathrm{T}}$ 满足齐次线性方程组

$$\begin{pmatrix}x_1\\x_2\\x_3\end{pmatrix}=\begin{pmatrix}2&0&1\\0&2&0\\2k&0&k+1\end{pmatrix}\begin{pmatrix}x_1\\x_2\\x_3\end{pmatrix},\quad 即\quad \begin{pmatrix}1&0&1\\0&1&0\\2k&0&k\end{pmatrix}\begin{pmatrix}x_1\\x_2\\x_3\end{pmatrix}=\begin{pmatrix}0\\0\\0\end{pmatrix}.$$

当系数行列式 $\begin{vmatrix}1&0&1\\0&1&0\\2k&0&k\end{vmatrix}=-k=0$ 时，上述方程组有非零解，所以当 $k=0$ 时，存在非零向量 $\boldsymbol{\xi}$ 在基 $\boldsymbol{\alpha}_1,\boldsymbol{\alpha}_2,\boldsymbol{\alpha}_3$ 与基 $\boldsymbol{\beta}_1,\boldsymbol{\beta}_2,\boldsymbol{\beta}_3$ 下的坐标相同.此时，该齐次线性方程组的基础解系为 $\eta=\begin{pmatrix}1\\0\\-1\end{pmatrix}$，所以，所有在基 $\boldsymbol{\alpha}_1,\boldsymbol{\alpha}_2,\boldsymbol{\alpha}_3$ 与基 $\boldsymbol{\beta}_1,\boldsymbol{\beta}_2,\boldsymbol{\beta}_3$ 下的坐标相同的向量

$$\boldsymbol{\xi}=c(\boldsymbol{\alpha}_1,\boldsymbol{\alpha}_2,\boldsymbol{\alpha}_3)\begin{pmatrix}1\\0\\-1\end{pmatrix}=c(\boldsymbol{\alpha}_1-\boldsymbol{\alpha}_3),$$

其中 c 为任意非零常数.

§ 4.2　$\mathbf{R}^n$ 中向量的内积、标准正交基和正交矩阵

在空间解析几何中，已有三维向量的内积、长度和夹角的概念，现在我们把它们推广到 n 维向量的情形.

一、向量的内积

定义 4.5　设 $\boldsymbol{\alpha}=(a_1,a_2,\cdots,a_n)^{\mathrm{T}}$，$\boldsymbol{\beta}=(b_1,b_2,\cdots,b_n)^{\mathrm{T}}$ 为 $\mathbf{R}^n$ 中的两个向量，令

$$(\boldsymbol{\alpha},\boldsymbol{\beta})=a_1b_1+a_2b_2+\cdots+a_nb_n,\tag{4.6}$$

称实数 $(\boldsymbol{\alpha},\boldsymbol{\beta})$ 为向量 $\boldsymbol{\alpha}$ 与 $\boldsymbol{\beta}$ 的内积.

利用矩阵乘积的规则，向量 $\boldsymbol{\alpha}$ 与 $\boldsymbol{\beta}$ 的内积也可以表示成

$$(\boldsymbol{\alpha},\boldsymbol{\beta})=\boldsymbol{\alpha}^{\mathrm{T}}\boldsymbol{\beta}.$$

容易证明，向量的内积有如下性质：

设 $\boldsymbol{\alpha},\boldsymbol{\beta},\boldsymbol{\gamma}$ 为 n 维向量，k 为实数，则有

(1) 对称性　$(\boldsymbol{\alpha},\boldsymbol{\beta})=(\boldsymbol{\beta},\boldsymbol{\alpha})$；

(2) 齐次性　$(k\boldsymbol{\alpha},\boldsymbol{\beta})=k(\boldsymbol{\alpha},\boldsymbol{\beta})$；

(3) 可加性　$(\boldsymbol{\alpha}+\boldsymbol{\beta},\boldsymbol{\gamma})=(\boldsymbol{\alpha},\boldsymbol{\gamma})+(\boldsymbol{\beta},\boldsymbol{\gamma})$；

(4) 非负性　$(\boldsymbol{\alpha},\boldsymbol{\alpha})\geqslant 0$，且 $(\boldsymbol{\alpha},\boldsymbol{\alpha})=0$ 当且仅当 $\boldsymbol{\alpha}=\mathbf{0}$.

利用这些性质，可以证明向量的内积满足如下的施瓦茨(Schwarz)不等式

$$(\boldsymbol{\alpha},\boldsymbol{\beta})^2\leqslant(\boldsymbol{\alpha},\boldsymbol{\alpha})(\boldsymbol{\beta},\boldsymbol{\beta}).$$

* **证** 当 $\boldsymbol{\beta}=\mathbf{0}$ 时，$(\boldsymbol{\alpha},\boldsymbol{\beta})=0$，不等式显然成立.

当 $\boldsymbol{\beta}\neq\mathbf{0}$ 时，作向量 $\boldsymbol{\alpha}+t\boldsymbol{\beta}$（$t$ 为实数），由性质(4)得

$$(\boldsymbol{\alpha}+t\boldsymbol{\beta},\boldsymbol{\alpha}+t\boldsymbol{\beta})\geqslant 0.$$

再由性质(1)—(3)，可得

$$(\boldsymbol{\alpha},\boldsymbol{\alpha})+2(\boldsymbol{\alpha},\boldsymbol{\beta})t+(\boldsymbol{\beta},\boldsymbol{\beta})t^2\geqslant 0,$$

左端为 t 的二次三项式，t^2 的系数 $(\boldsymbol{\beta},\boldsymbol{\beta})>0$，故有

$$4(\boldsymbol{\alpha},\boldsymbol{\beta})^2-4(\boldsymbol{\alpha},\boldsymbol{\alpha})(\boldsymbol{\beta},\boldsymbol{\beta})\leqslant 0,$$

即

$$(\boldsymbol{\alpha},\boldsymbol{\beta})^2\leqslant(\boldsymbol{\alpha},\boldsymbol{\alpha})(\boldsymbol{\beta},\boldsymbol{\beta}).$$

下面利用内积来定义向量的长度和夹角.

定义 4.6 设 n 维向量 $\boldsymbol{\alpha}=(a_1,a_2,\cdots,a_n)^{\mathrm{T}}$，令

$$\|\boldsymbol{\alpha}\|=\sqrt{(\boldsymbol{\alpha},\boldsymbol{\alpha})}=\sqrt{a_1^2+a_2^2+\cdots+a_n^2},\tag{4.7}$$

称 $\|\boldsymbol{\alpha}\|$ 为 n 维向量 $\boldsymbol{\alpha}$ 的**长度**（或**范数**）.

若 $\|\boldsymbol{\alpha}\|=1$，则称 $\boldsymbol{\alpha}$ 为单位向量．特别地，零向量 $\mathbf{0}$ 的长度为 0.

设 $\boldsymbol{\alpha},\boldsymbol{\beta}$ 为 n 维向量，k 为实数，则向量的长度有如下性质：

(1) 非负性 $\|\boldsymbol{\alpha}\|\geqslant 0$，并且 $\|\boldsymbol{\alpha}\|=0$ 当且仅当 $\boldsymbol{\alpha}=\mathbf{0}$；

(2) 齐次性 $\|k\boldsymbol{\alpha}\|=|k|\,\|\boldsymbol{\alpha}\|$；

(3) 三角不等式 $\|\boldsymbol{\alpha}+\boldsymbol{\beta}\|\leqslant\|\boldsymbol{\alpha}\|+\|\boldsymbol{\beta}\|$.

* **证** (1)(2)显然成立，下面证明(3).

$$\|\boldsymbol{\alpha}+\boldsymbol{\beta}\|^2=(\boldsymbol{\alpha}+\boldsymbol{\beta},\boldsymbol{\alpha}+\boldsymbol{\beta})=(\boldsymbol{\alpha},\boldsymbol{\alpha})+2(\boldsymbol{\alpha},\boldsymbol{\beta})+(\boldsymbol{\beta},\boldsymbol{\beta}),$$

利用施瓦茨不等式，有

$$(\boldsymbol{\alpha},\boldsymbol{\beta})\leqslant\sqrt{(\boldsymbol{\alpha},\boldsymbol{\alpha})(\boldsymbol{\beta},\boldsymbol{\beta})},$$

从而

$$\begin{aligned}\|\boldsymbol{\alpha}+\boldsymbol{\beta}\|^2&\leqslant(\boldsymbol{\alpha},\boldsymbol{\alpha})+2\sqrt{(\boldsymbol{\alpha},\boldsymbol{\alpha})(\boldsymbol{\beta},\boldsymbol{\beta})}+(\boldsymbol{\beta},\boldsymbol{\beta})\\&=\|\boldsymbol{\alpha}\|^2+2\|\boldsymbol{\alpha}\|\,\|\boldsymbol{\beta}\|+\|\boldsymbol{\beta}\|^2\\&=(\|\boldsymbol{\alpha}\|+\|\boldsymbol{\beta}\|)^2,\end{aligned}$$

即

$$\|\boldsymbol{\alpha}+\boldsymbol{\beta}\|\leqslant\|\boldsymbol{\alpha}\|+\|\boldsymbol{\beta}\|.$$

进一步，若 $\|\boldsymbol{\alpha}\|\neq 0$，$\|\boldsymbol{\beta}\|\neq 0$，由施瓦茨不等式有

$$\left|\frac{(\boldsymbol{\alpha},\boldsymbol{\beta})}{\|\boldsymbol{\alpha}\|\,\|\boldsymbol{\beta}\|}\right|\leqslant 1.$$

于是有下面的定义.

定义 4.7 设 $\boldsymbol{\alpha},\boldsymbol{\beta}$ 为 n 维向量，若 $\|\boldsymbol{\alpha}\|\neq 0$，$\|\boldsymbol{\beta}\|\neq 0$，记

$$\theta=\arccos\frac{(\boldsymbol{\alpha},\boldsymbol{\beta})}{\|\boldsymbol{\alpha}\|\,\|\boldsymbol{\beta}\|},\tag{4.8}$$

则称 θ 为 n 维向量 $\boldsymbol{\alpha}$ 与 $\boldsymbol{\beta}$ 的**夹角**．若 $\cos\theta=0$（包括 $\boldsymbol{\alpha}=\mathbf{0}$ 或 $\boldsymbol{\beta}=\mathbf{0}$），即 $(\boldsymbol{\alpha},\boldsymbol{\beta})=0$，则 $\theta=\dfrac{\pi}{2}$，这时称 $\boldsymbol{\alpha}$ 与 $\boldsymbol{\beta}$ **正交**.

例 1　设 $\boldsymbol{\alpha}=(1,2,3,2)^{\mathrm{T}}$，$\boldsymbol{\beta}=(2,1,3,-2)^{\mathrm{T}}$，求 $\boldsymbol{\alpha},\boldsymbol{\beta}$ 的夹角.

解　因为

$$(\boldsymbol{\alpha},\boldsymbol{\beta})=1\times2+2\times1+3\times3+2\times(-2)=9,$$

$$\|\boldsymbol{\alpha}\|=\sqrt{1^2+2^2+3^2+2^2}=3\sqrt{2},$$

$$\|\boldsymbol{\beta}\|=\sqrt{2^2+1^2+3^2+(-2)^2}=3\sqrt{2},$$

故 $\boldsymbol{\alpha},\boldsymbol{\beta}$ 夹角

$$\theta=\arccos\frac{(\boldsymbol{\alpha},\boldsymbol{\beta})}{\|\boldsymbol{\alpha}\|\,\|\boldsymbol{\beta}\|}=\arccos\frac{1}{2}=\frac{\pi}{3}.$$

对任意一个向量 $\boldsymbol{\alpha}$，都有 $(\mathbf{0},\boldsymbol{\alpha})=0$，故零向量与任意向量都正交.

定义 4.8　如果非零向量组 $\boldsymbol{\alpha}_1,\boldsymbol{\alpha}_2,\cdots,\boldsymbol{\alpha}_r$ 两两正交，即

$$(\boldsymbol{\alpha}_i,\boldsymbol{\alpha}_j)=0\quad(i,j=1,2,\cdots,r\text{ 且 }i\neq j),$$

则称该向量组为**正交向量组**.

例 2　已知 n 维向量 $\boldsymbol{\alpha}$ 与 $\boldsymbol{\beta}$ 正交，证明：$\|\boldsymbol{\alpha}+\boldsymbol{\beta}\|=\|\boldsymbol{\alpha}-\boldsymbol{\beta}\|$.

证　由题设 $(\boldsymbol{\alpha},\boldsymbol{\beta})=0$，于是

$$\|\boldsymbol{\alpha}+\boldsymbol{\beta}\|^2=(\boldsymbol{\alpha}+\boldsymbol{\beta},\boldsymbol{\alpha}+\boldsymbol{\beta})=(\boldsymbol{\alpha},\boldsymbol{\alpha})+2(\boldsymbol{\alpha},\boldsymbol{\beta})+(\boldsymbol{\beta},\boldsymbol{\beta})=\|\boldsymbol{\alpha}\|^2+\|\boldsymbol{\beta}\|^2.$$

同理可得

$$\|\boldsymbol{\alpha}-\boldsymbol{\beta}\|^2=\|\boldsymbol{\alpha}\|^2+\|\boldsymbol{\beta}\|^2,$$

故

$$\|\boldsymbol{\alpha}+\boldsymbol{\beta}\|=\|\boldsymbol{\alpha}-\boldsymbol{\beta}\|.$$

二、标准正交基

定理 4.2　$\mathbf{R}^n$ 中的正交向量组 $\boldsymbol{\alpha}_1,\boldsymbol{\alpha}_2,\cdots,\boldsymbol{\alpha}_r$ 是线性无关的.

证　设有数 $k_1,k_2,\cdots,k_r$，使

$$k_1\boldsymbol{\alpha}_1+k_2\boldsymbol{\alpha}_2+\cdots+k_r\boldsymbol{\alpha}_r=\mathbf{0}.$$

对任意的 $i=1,2,\cdots,r$，以 $\boldsymbol{\alpha}_i^{\mathrm{T}}$ 左乘上式两端，由已知条件，得

$$k_i\boldsymbol{\alpha}_i^{\mathrm{T}}\boldsymbol{\alpha}_i=0.$$

但 $\boldsymbol{\alpha}_i\neq\mathbf{0}$.故得 $\boldsymbol{\alpha}_i^{\mathrm{T}}\boldsymbol{\alpha}_i=\|\boldsymbol{\alpha}_i\|^2>0$.从而对于 $i=1,2,\cdots,r$，有 $k_i=0$，所以向量组 $\boldsymbol{\alpha}_1,\boldsymbol{\alpha}_2,\cdots,\boldsymbol{\alpha}_r$ 线性无关.

注　定理 4.2 的逆命题不成立，即线性无关的向量组不一定是正交向量组.

例 3　已知三维向量空间 $\mathbf{R}^3$ 中两个向量 $\boldsymbol{\alpha}_1=(1,1,1)^{\mathrm{T}}$，$\boldsymbol{\alpha}_2=(0,1,-1)^{\mathrm{T}}$ 正交，试求一个非零向量 $\boldsymbol{\alpha}_3$，使得 $\boldsymbol{\alpha}_1,\boldsymbol{\alpha}_2,\boldsymbol{\alpha}_3$ 两两正交.

解　设 $\boldsymbol{\alpha}_3=(x_1,x_2,x_3)^{\mathrm{T}}$，由题意有 $\boldsymbol{\alpha}_1^{\mathrm{T}}\boldsymbol{\alpha}_3=0$，$\boldsymbol{\alpha}_2^{\mathrm{T}}\boldsymbol{\alpha}_3=0$，即有方程组

$$\begin{cases}x_1+x_2+x_3=0,\\ \quad\;\; x_2-x_3=0.\end{cases}$$

解此方程组得基础解系 $(-2,1,1)^{\mathrm{T}}$，因此取 $\boldsymbol{\alpha}_3=(-2,1,1)^{\mathrm{T}}$ 即可．(事实上此方程组的任一非零解向量都可取作 $\boldsymbol{\alpha}_3$.)

定义 4.9 设 $\boldsymbol{\alpha}_1,\boldsymbol{\alpha}_2,\cdots,\boldsymbol{\alpha}_r$ 为 $\mathbf{R}^n$ 中一个正交向量组，且每个向量都是单位向量，则称此向量组是**标准正交向量组**；如果 $\boldsymbol{\alpha}_1,\boldsymbol{\alpha}_2,\cdots,\boldsymbol{\alpha}_n$ 为 $\mathbf{R}^n$ 的一组基，且为标准正交向量组，则称 $\boldsymbol{\alpha}_1,\boldsymbol{\alpha}_2,\cdots,\boldsymbol{\alpha}_n$ 为 $\mathbf{R}^n$ 的**标准正交基**(也称为**正交规范基**).

由定义我们可以看出，如果 $\boldsymbol{\alpha}_1,\boldsymbol{\alpha}_2,\cdots,\boldsymbol{\alpha}_n$ 为 $\mathbf{R}^n$ 的一组标准正交基，则有

$$(\boldsymbol{\alpha}_i,\boldsymbol{\alpha}_j)=\begin{cases}1, & i=j,\\ 0, & i\neq j,\end{cases}\quad i,j=1,2,\cdots,n.$$

容易证明，$\boldsymbol{\alpha}_1=(0,1,0)^{\mathrm{T}},\boldsymbol{\alpha}_2=\left(\frac{1}{\sqrt{2}},0,\frac{1}{\sqrt{2}}\right)^{\mathrm{T}},\boldsymbol{\alpha}_3=\left(\frac{1}{\sqrt{2}},0,-\frac{1}{\sqrt{2}}\right)^{\mathrm{T}}$ 是 $\mathbf{R}^3$ 的一组标准正交基.(留给读者作为练习.)

三、施密特正交化方法

设 $\boldsymbol{\alpha}_1,\boldsymbol{\alpha}_2,\cdots,\boldsymbol{\alpha}_r$ 为 $\mathbf{R}^n$ 的一个线性无关向量组，由它构造一个标准正交向量组 $\boldsymbol{\eta}_1,\boldsymbol{\eta}_2,\cdots,\boldsymbol{\eta}_r$，可用施密特正交化方法. 其步骤如下：

令

$$\boldsymbol{\beta}_1=\boldsymbol{\alpha}_1,$$

$$\boldsymbol{\beta}_2=\boldsymbol{\alpha}_2-\frac{(\boldsymbol{\alpha}_2,\boldsymbol{\beta}_1)}{(\boldsymbol{\beta}_1,\boldsymbol{\beta}_1)}\boldsymbol{\beta}_1,$$

$$\cdots,$$

$$\boldsymbol{\beta}_r=\boldsymbol{\alpha}_r-\frac{(\boldsymbol{\alpha}_r,\boldsymbol{\beta}_1)}{(\boldsymbol{\beta}_1,\boldsymbol{\beta}_1)}\boldsymbol{\beta}_1-\frac{(\boldsymbol{\alpha}_r,\boldsymbol{\beta}_2)}{(\boldsymbol{\beta}_2,\boldsymbol{\beta}_2)}\boldsymbol{\beta}_2-\cdots-\frac{(\boldsymbol{\alpha}_r,\boldsymbol{\beta}_{r-1})}{(\boldsymbol{\beta}_{r-1},\boldsymbol{\beta}_{r-1})}\boldsymbol{\beta}_{r-1}.$$

显然，当 $1\leqslant k\leqslant r$ 时，$\boldsymbol{\beta}_1,\boldsymbol{\beta}_2,\cdots,\boldsymbol{\beta}_k$ 与 $\boldsymbol{\alpha}_1,\boldsymbol{\alpha}_2,\cdots,\boldsymbol{\alpha}_k$ 等价，且可用数学归纳法证明 $\boldsymbol{\beta}_1,\boldsymbol{\beta}_2,\cdots,\boldsymbol{\beta}_r$ 两两正交. 然后将 $\boldsymbol{\beta}_1,\boldsymbol{\beta}_2,\cdots,\boldsymbol{\beta}_r$ 单位化，即令

$$\boldsymbol{\eta}_1=\frac{\boldsymbol{\beta}_1}{\|\boldsymbol{\beta}_1\|},\quad \boldsymbol{\eta}_2=\frac{\boldsymbol{\beta}_2}{\|\boldsymbol{\beta}_2\|},\quad \cdots,\quad \boldsymbol{\eta}_r=\frac{\boldsymbol{\beta}_r}{\|\boldsymbol{\beta}_r\|},$$

则 $\boldsymbol{\eta}_1,\boldsymbol{\eta}_2,\cdots,\boldsymbol{\eta}_r$ 就是由线性无关向量组 $\boldsymbol{\alpha}_1,\boldsymbol{\alpha}_2,\cdots,\boldsymbol{\alpha}_r$ 构造的标准正交向量组.

若设 $\boldsymbol{\alpha}_1,\boldsymbol{\alpha}_2,\cdots,\boldsymbol{\alpha}_n$ 为 $\mathbf{R}^n$ 的一组基，同上面一样用施密特正交化方法，可以构造出 $\mathbf{R}^n$ 的一组标准正交基.

例 4 已知 $\boldsymbol{\alpha}_1=(1,0,1)^{\mathrm{T}},\boldsymbol{\alpha}_2=(1,1,0)^{\mathrm{T}},\boldsymbol{\alpha}_3=(0,1,0)^{\mathrm{T}}$ 为 $\mathbf{R}^3$ 的一组基，试用施密特正交化方法构造 $\mathbf{R}^3$ 的一组标准正交基.

解 令 $\boldsymbol{\beta}_1=\boldsymbol{\alpha}_1=(1,0,1)^{\mathrm{T}}$,

$$\boldsymbol{\beta}_2=\boldsymbol{\alpha}_2-\frac{(\boldsymbol{\alpha}_2,\boldsymbol{\beta}_1)}{(\boldsymbol{\beta}_1,\boldsymbol{\beta}_1)}\boldsymbol{\beta}_1=(1,1,0)^{\mathrm{T}}-\frac{1}{2}(1,0,1)^{\mathrm{T}}=\left(\frac{1}{2},1,-\frac{1}{2}\right)^{\mathrm{T}},$$

$$\begin{aligned}\boldsymbol{\beta}_3&=\boldsymbol{\alpha}_3-\frac{(\boldsymbol{\alpha}_3,\boldsymbol{\beta}_1)}{(\boldsymbol{\beta}_1,\boldsymbol{\beta}_1)}\boldsymbol{\beta}_1-\frac{(\boldsymbol{\alpha}_3,\boldsymbol{\beta}_2)}{(\boldsymbol{\beta}_2,\boldsymbol{\beta}_2)}\boldsymbol{\beta}_2\\&=(0,1,0)^{\mathrm{T}}-\frac{0}{2}(1,0,1)^{\mathrm{T}}-\frac{2}{3}\left(\frac{1}{2},1,-\frac{1}{2}\right)^{\mathrm{T}}\\&=\left(-\frac{1}{3},\frac{1}{3},\frac{1}{3}\right)^{\mathrm{T}}.\end{aligned}$$

再将 $\boldsymbol{\beta}_1,\boldsymbol{\beta}_2,\boldsymbol{\beta}_3$ 单位化，得 $\mathbf{R}^3$ 的一组标准正交基为

$$\boldsymbol{\eta}_1=\frac{\boldsymbol{\beta}_1}{\|\boldsymbol{\beta}_1\|}=\left(\frac{1}{\sqrt{2}},0,\frac{1}{\sqrt{2}}\right)^{\mathrm{T}},$$

$$\boldsymbol{\eta}_2=\frac{\boldsymbol{\beta}_2}{\|\boldsymbol{\beta}_2\|}=\left(\frac{1}{\sqrt{6}},\frac{2}{\sqrt{6}},-\frac{1}{\sqrt{6}}\right)^{\mathrm{T}},$$

$$\boldsymbol{\eta}_3=\frac{\boldsymbol{\beta}_3}{\|\boldsymbol{\beta}_3\|}=\left(-\frac{1}{\sqrt{3}},\frac{1}{\sqrt{3}},\frac{1}{\sqrt{3}}\right)^{\mathrm{T}}.$$

四、正交矩阵及其性质

正交矩阵是一种重要的方阵，它的行、列都是标准正交向量组.我们先给出正交矩阵的定义，然后讨论它的性质.

定义 4.10 设 $\boldsymbol{A}$ 为 n 阶实方阵，若 $\boldsymbol{A}^{\mathrm{T}}\boldsymbol{A}=\boldsymbol{A}\boldsymbol{A}^{\mathrm{T}}=\boldsymbol{E}$，则称 $\boldsymbol{A}$ 为**正交矩阵**.

由定义，单位矩阵显然是一个正交矩阵.又如，容易验证，矩阵

$$\boldsymbol{A}=\begin{pmatrix}\frac{1}{\sqrt{2}} & \frac{1}{\sqrt{2}} & 0 & 0\\ \frac{1}{\sqrt{2}} & -\frac{1}{\sqrt{2}} & 0 & 0\\ 0 & 0 & \frac{1}{\sqrt{2}} & \frac{1}{\sqrt{2}}\\ 0 & 0 & \frac{1}{\sqrt{2}} & -\frac{1}{\sqrt{2}}\end{pmatrix}$$

是正交矩阵.

定理 4.3 $\boldsymbol{A}$ 为 n 阶正交矩阵的充要条件是 $\boldsymbol{A}$ 的列向量组为 $\mathbf{R}^n$ 的一组标准正交基.

证 设 $\boldsymbol{A}=\begin{pmatrix}a_{11} & a_{12} & \cdots & a_{1n}\\ a_{21} & a_{22} & \cdots & a_{2n}\\ \vdots & \vdots & & \vdots\\ a_{n1} & a_{n2} & \cdots & a_{nn}\end{pmatrix}$，把 $\boldsymbol{A}$ 按列分块为 $(\boldsymbol{\alpha}_1,\boldsymbol{\alpha}_2,\cdots,\boldsymbol{\alpha}_n)$，于是

$$\boldsymbol{A}^{\mathrm{T}}\boldsymbol{A}=\begin{pmatrix}\boldsymbol{\alpha}_1^{\mathrm{T}}\\ \boldsymbol{\alpha}_2^{\mathrm{T}}\\ \vdots\\ \boldsymbol{\alpha}_n^{\mathrm{T}}\end{pmatrix}(\boldsymbol{\alpha}_1,\ \boldsymbol{\alpha}_2,\ \cdots,\ \boldsymbol{\alpha}_n)=\begin{pmatrix}\boldsymbol{\alpha}_1^{\mathrm{T}}\boldsymbol{\alpha}_1 & \boldsymbol{\alpha}_1^{\mathrm{T}}\boldsymbol{\alpha}_2 & \cdots & \boldsymbol{\alpha}_1^{\mathrm{T}}\boldsymbol{\alpha}_n\\ \boldsymbol{\alpha}_2^{\mathrm{T}}\boldsymbol{\alpha}_1 & \boldsymbol{\alpha}_2^{\mathrm{T}}\boldsymbol{\alpha}_2 & \cdots & \boldsymbol{\alpha}_2^{\mathrm{T}}\boldsymbol{\alpha}_n\\ \vdots & \vdots & & \vdots\\ \boldsymbol{\alpha}_n^{\mathrm{T}}\boldsymbol{\alpha}_1 & \boldsymbol{\alpha}_n^{\mathrm{T}}\boldsymbol{\alpha}_2 & \cdots & \boldsymbol{\alpha}_n^{\mathrm{T}}\boldsymbol{\alpha}_n\end{pmatrix}.$$

因此，$\boldsymbol{A}^{\mathrm{T}}\boldsymbol{A}=\boldsymbol{E}$ 的充要条件是

$$\boldsymbol{\alpha}_i^{\mathrm{T}}\boldsymbol{\alpha}_i=(\boldsymbol{\alpha}_i,\boldsymbol{\alpha}_i)=1\quad(i=1,2,\cdots,n),$$

且

$$\boldsymbol{\alpha}_i^{\mathrm{T}}\boldsymbol{\alpha}_j=(\boldsymbol{\alpha}_i,\boldsymbol{\alpha}_j)=0\quad(i\neq j;\ i,j=1,2,\cdots,n),$$

即 $\boldsymbol{A}$ 的列向量组 $\boldsymbol{\alpha}_1,\boldsymbol{\alpha}_2,\cdots,\boldsymbol{\alpha}_n$ 为 $\mathbf{R}^n$ 的一组标准正交基.

正交矩阵有如下性质：

(1) 若 $\boldsymbol{A}$ 为正交矩阵，则 $\boldsymbol{A}^{-1}=\boldsymbol{A}^{\mathrm{T}}$.

(2) 若 $\boldsymbol{A}$ 为正交矩阵，则 $|\boldsymbol{A}|=1$ 或 -1.

(3) 若 $\boldsymbol{A}$ 为正交矩阵，则 $\boldsymbol{A}^{\mathrm{T}}$(即 $\boldsymbol{A}^{-1}$)也是正交矩阵.

(4) 若 $\boldsymbol{A},\boldsymbol{B}$ 为正交矩阵，则 $\boldsymbol{AB}$ 也是正交矩阵.

证 (1)(2)的证明留给读者.

(3) 由于$(\boldsymbol{A}^{\mathrm{T}})^{\mathrm{T}}\boldsymbol{A}^{\mathrm{T}}=\boldsymbol{AA}^{\mathrm{T}}=\boldsymbol{A}^{\mathrm{T}}\boldsymbol{A}=\boldsymbol{E}$，所以 $\boldsymbol{A}^{\mathrm{T}}$(即 $\boldsymbol{A}^{-1}$)也是正交矩阵.由此我们又得到：$\boldsymbol{A}$ 为正交矩阵的充要条件是 $\boldsymbol{A}$ 的行向量组也是 $\mathbf{R}^n$ 的一组标准正交基.

(4) 由于

$$\boldsymbol{AB}(\boldsymbol{AB})^{\mathrm{T}}=\boldsymbol{AB}(\boldsymbol{B}^{\mathrm{T}}\boldsymbol{A}^{\mathrm{T}})=\boldsymbol{A}(\boldsymbol{BB}^{\mathrm{T}})\boldsymbol{A}^{\mathrm{T}}=\boldsymbol{AA}^{\mathrm{T}}=\boldsymbol{E},$$

故 $\boldsymbol{AB}$ 也是正交矩阵.

例 5 已知 $\boldsymbol{A}=a\begin{pmatrix} b & 8 & 4 \\ 8 & b & 4 \\ 4 & 4 & c \end{pmatrix}$ 为正交矩阵，求 a,b,c.

解 由定理 4.3，知 $\boldsymbol{A}$ 的列向量组为标准正交向量组.由 $\boldsymbol{A}$ 的列向量两两正交，可得

$$\begin{cases} 8b+8b+16=0, \\ 4b+32+4c=0, \end{cases}$$

解得

$$b=-1,\quad c=-7.$$

由 $\boldsymbol{A}$ 的列向量为单位向量，又可得

$$(-a)^2+(8a)^2+(4a)^2=1,$$

解得 $a=\pm\dfrac{1}{9}$.

§4.3 线性变换及其矩阵表示

线性变换最简单的例子就是一元线性函数

$$y=f(x)=ax,$$

它是 $\mathbf{R}$ 到 $\mathbf{R}$ 的映射(变换)，它的特点是，对任意 $x_1,x_2\in\mathbf{R}$ 及实数 k，有

$$f(x_1+x_2)=f(x_1)+f(x_2),$$
$$f(kx_1)=kf(x_1).$$

把一元线性函数推广到向量空间，就得到向量空间的线性变换.

一、线性变换的概念

定义 4.11 设 X,Y 为两个非空集合，若有一个确定的法则 T，使得 X 中的每个元素 x，都有集合 Y 中唯一确定的元素 y 与之对应，则称法则 T 为 X 到 Y 的一个**变换**. 记为

$$T(x)=y,$$

y 称为 x 在变换 T 下的**像**，x 称为 y 在变换 T 下的**原像**.

定义 4.12 设 T 为 n 维向量空间 $\mathbf{R}^n$ 到自身的变换，如果它满足下列两个条件：

(1) 对任意 $\boldsymbol{\alpha},\boldsymbol{\beta}\in\mathbf{R}^n$，都有 $T(\boldsymbol{\alpha}+\boldsymbol{\beta})=T(\boldsymbol{\alpha})+T(\boldsymbol{\beta})$；

(2) 对任意 $\boldsymbol{\alpha}\in\mathbf{R}^n$ 和数 $k\in\mathbf{R}$ 有 $T(k\boldsymbol{\alpha})=kT(\boldsymbol{\alpha})$，

则称 T 是 $\mathbf{R}^n$ 中的**线性变换**.

所以说，线性变换就是保持线性关系不变的变换.

下面给出 $\mathbf{R}^n$ 中线性变换的几个例子.

例 1 在 $\mathbf{R}^n$ 中定义如下变换：

(1) 恒等变换 I，任给 $\boldsymbol{\alpha}\in\mathbf{R}^n$，$I(\boldsymbol{\alpha})=\boldsymbol{\alpha}$；

(2) 数乘变换 Λ，任给 $\boldsymbol{\alpha}\in\mathbf{R}^n$，$\lambda\in\mathbf{R}$，$\Lambda(\boldsymbol{\alpha})=\lambda\boldsymbol{\alpha}$.

容易验证这两个变换都是线性变换.

例 2 设 n 阶方阵 $\boldsymbol{A}=(a_{ij})_{n\times n}$，定义 n 维向量空间 $\mathbf{R}^n$ 中的变换 T 为

$$\boldsymbol{y}=T(\boldsymbol{x})=\boldsymbol{A}\boldsymbol{x},\quad \boldsymbol{x}\in\mathbf{R}^n,$$

则 T 为 $\mathbf{R}^n$ 中的线性变换.

证 因为对任意的 $\boldsymbol{\alpha}_1,\boldsymbol{\alpha}_2\in\mathbf{R}^n$，$\lambda\in\mathbf{R}$，有

$$T(\boldsymbol{\alpha}_1+\boldsymbol{\alpha}_2)=\boldsymbol{A}(\boldsymbol{\alpha}_1+\boldsymbol{\alpha}_2)=\boldsymbol{A}\boldsymbol{\alpha}_1+\boldsymbol{A}\boldsymbol{\alpha}_2=T(\boldsymbol{\alpha}_1)+T(\boldsymbol{\alpha}_2),$$
$$T(\lambda\boldsymbol{\alpha}_1)=\boldsymbol{A}(\lambda\boldsymbol{\alpha}_1)=\lambda\boldsymbol{A}\boldsymbol{\alpha}_1=\lambda T(\boldsymbol{\alpha}_1).$$

因此 T 为 $\mathbf{R}^n$ 中的线性变换.

例 3 在 $\mathbf{R}^3$ 中定义变换：$\forall\,\boldsymbol{\alpha}=(x_1,x_2,x_3)^{\mathrm{T}}\in\mathbf{R}^3$，

$$T(\boldsymbol{\alpha})=T((x_1,x_2,x_3)^{\mathrm{T}})=(x_1+x_2,x_2-3x_3,4x_3)^{\mathrm{T}},$$

则 T 是 $\mathbf{R}^3$ 中的一个线性变换.

证 对任意的 $\boldsymbol{\alpha}=(a_1,a_2,a_3)^{\mathrm{T}}$，$\boldsymbol{\beta}=(b_1,b_2,b_3)^{\mathrm{T}}\in\mathbf{R}^3$，有

$$\begin{aligned}T(\boldsymbol{\alpha}+\boldsymbol{\beta})&=T((a_1+b_1,a_2+b_2,a_3+b_3)^{\mathrm{T}})\\&=(a_1+a_2+b_1+b_2,a_2+b_2-3a_3-3b_3,4a_3+4b_3)^{\mathrm{T}}\\&=(a_1+a_2,a_2-3a_3,4a_3)^{\mathrm{T}}+(b_1+b_2,b_2-3b_3,4b_3)^{\mathrm{T}}\\&=T(\boldsymbol{\alpha})+T(\boldsymbol{\beta}).\end{aligned}$$

此外，对于任意的 $\boldsymbol{\alpha}\in\mathbf{R}^3$，$k\in\mathbf{R}$，有 $T(k\boldsymbol{\alpha})=kT(\boldsymbol{\alpha})$，故 T 是 $\mathbf{R}^3$ 中的一个线性变换.

二、线性变换的矩阵

由例 2 可知，给定 n 阶方阵 $\boldsymbol{A}$，可定义 $\mathbf{R}^n$ 中一个线性变换，那么 $\mathbf{R}^n$ 中的一个线性变换与矩阵有什么关系呢？

设 $\boldsymbol{\alpha}_1,\boldsymbol{\alpha}_2,\cdots,\boldsymbol{\alpha}_n$ 是 n 维向量空间 $\mathbf{R}^n$ 中的一组基，T 为 $\mathbf{R}^n$ 中一个线性变换，因为 $T(\boldsymbol{\alpha}_1),T(\boldsymbol{\alpha}_2),\cdots,T(\boldsymbol{\alpha}_n)$ 仍在 $\mathbf{R}^n$ 中，所以它们可由 $\boldsymbol{\alpha}_1,\boldsymbol{\alpha}_2,\cdots,\boldsymbol{\alpha}_n$ 唯一地线性表示.设

$$\begin{cases}T(\boldsymbol{\alpha}_1)=a_{11}\boldsymbol{\alpha}_1+a_{21}\boldsymbol{\alpha}_2+\cdots+a_{n1}\boldsymbol{\alpha}_n,\\T(\boldsymbol{\alpha}_2)=a_{12}\boldsymbol{\alpha}_1+a_{22}\boldsymbol{\alpha}_2+\cdots+a_{n2}\boldsymbol{\alpha}_n,\\\quad\cdots\cdots\cdots\cdots\\T(\boldsymbol{\alpha}_n)=a_{1n}\boldsymbol{\alpha}_1+a_{2n}\boldsymbol{\alpha}_2+\cdots+a_{nn}\boldsymbol{\alpha}_n,\end{cases}\tag{4.9}$$

记

$$T(\boldsymbol{\alpha}_1,\boldsymbol{\alpha}_2,\cdots,\boldsymbol{\alpha}_n)=(T(\boldsymbol{\alpha}_1),T(\boldsymbol{\alpha}_2),\cdots,T(\boldsymbol{\alpha}_n)),$$

则(4.9)式可表示成

$$T(\boldsymbol{\alpha}_1,\boldsymbol{\alpha}_2,\cdots,\boldsymbol{\alpha}_n)=(\boldsymbol{\alpha}_1,\boldsymbol{\alpha}_2,\cdots,\boldsymbol{\alpha}_n)\boldsymbol{A}, \tag{4.10}$$

其中

$$\boldsymbol{A}=\begin{pmatrix} a_{11} & a_{12} & \cdots & a_{1n} \\ a_{21} & a_{22} & \cdots & a_{2n} \\ \vdots & \vdots & & \vdots \\ a_{n1} & a_{n2} & \cdots & a_{nn} \end{pmatrix}.$$

称 $\boldsymbol{A}$ 为线性变换 T 在基 $\boldsymbol{\alpha}_1,\boldsymbol{\alpha}_2,\cdots,\boldsymbol{\alpha}_n$ 下的矩阵．矩阵 $\boldsymbol{A}$ 是(4.9)式右端 $\boldsymbol{\alpha}_1,\boldsymbol{\alpha}_2,\cdots,\boldsymbol{\alpha}_n$ 的系数矩阵的转置,$\boldsymbol{A}$ 中第 j 列是 $T(\boldsymbol{\alpha}_j)$在基 $\boldsymbol{\alpha}_1,\boldsymbol{\alpha}_2,\cdots,\boldsymbol{\alpha}_n$ 下的坐标.

定义 4.13 如果 $\mathbf{R}^n$ 中线性变换 T,使得 $\mathbf{R}^n$ 中的基 $\boldsymbol{\alpha}_1,\boldsymbol{\alpha}_2,\cdots,\boldsymbol{\alpha}_n$ 和此基在变换 T 下的像$T(\boldsymbol{\alpha}_1),T(\boldsymbol{\alpha}_2),\cdots,T(\boldsymbol{\alpha}_n)$有(4.10)式（即(4.9)式)那样的关系,就称矩阵 $\boldsymbol{A}$ 是**线性变换 T 在基 $\boldsymbol{\alpha}_1,\boldsymbol{\alpha}_2,\cdots,\boldsymbol{\alpha}_n$ 下对应的矩阵.**

显然,对于取定的基 $\boldsymbol{\alpha}_1,\boldsymbol{\alpha}_2,\cdots,\boldsymbol{\alpha}_n$,矩阵由线性变换唯一确定,那么反过来,给定一个 n 阶方阵 $\boldsymbol{A}$,能否唯一确定一个线性变换 T?

设 $\boldsymbol{\alpha}$ 是 n 维向量空间 $\mathbf{R}^n$ 的任意向量,则 $\boldsymbol{\alpha}$ 可由基 $\boldsymbol{\alpha}_1,\boldsymbol{\alpha}_2,\cdots,\boldsymbol{\alpha}_n$ 唯一线性表示．设 $\boldsymbol{\alpha}=x_1\boldsymbol{\alpha}_1+x_2\boldsymbol{\alpha}_2+\cdots+x_n\boldsymbol{\alpha}_n$,由线性变换保持线性关系不变,可知

$$\begin{aligned} T(\boldsymbol{\alpha}) &= T(x_1\boldsymbol{\alpha}_1+x_2\boldsymbol{\alpha}_2+\cdots+x_n\boldsymbol{\alpha}_n) \\ &= x_1T(\boldsymbol{\alpha}_1)+x_2T(\boldsymbol{\alpha}_2)+\cdots+x_nT(\boldsymbol{\alpha}_n). \end{aligned} \tag{4.11}$$

由此可见,$\mathbf{R}^n$ 中任意元素 $\boldsymbol{\alpha}$ 在线性变换 T 下的像 $T(\boldsymbol{\alpha})$由 $\boldsymbol{\alpha}$ 在基 $\boldsymbol{\alpha}_1,\boldsymbol{\alpha}_2,\cdots,\boldsymbol{\alpha}_n$ 下的坐标 $x_1,x_2,\cdots,x_n$ 及基的像 $T(\boldsymbol{\alpha}_1),T(\boldsymbol{\alpha}_2),\cdots,T(\boldsymbol{\alpha}_n)$所唯一确定.从而 $T(\boldsymbol{\alpha}_1),T(\boldsymbol{\alpha}_2),\cdots,T(\boldsymbol{\alpha}_n)$完全确定了线性变换.而 $T(\boldsymbol{\alpha}_1),T(\boldsymbol{\alpha}_2),\cdots,T(\boldsymbol{\alpha}_n)$又可由矩阵 $\boldsymbol{A}$ 通过(4.9)式所唯一确定,因此,给定了一个 n 阶方阵 $\boldsymbol{A}$,可唯一确定 $\mathbf{R}^n$ 中的一个线性变换 T,即 $\mathbf{R}^n$ 中的线性变换与 n 阶矩阵之间是一一对应的.

例 4 $\mathbf{R}^n$ 的恒等变换和数乘变换(见例 1)在任何基下的矩阵都分别是 $\boldsymbol{E}_n$ 和$\lambda\boldsymbol{E}_n$.(请读者自己练习.)

例 5 在 $\mathbf{R}^3$ 中,T 表示将向量投影到 xOy 平面的线性变换,即

$$T(x\boldsymbol{e}_1+y\boldsymbol{e}_2+z\boldsymbol{e}_3)=x\boldsymbol{e}_1+y\boldsymbol{e}_2,$$

其中 $\boldsymbol{e}_1=(1,0,0)^{\mathrm{T}},\boldsymbol{e}_2=(0,1,0)^{\mathrm{T}},\boldsymbol{e}_3=(0,0,1)^{\mathrm{T}}$.

(1) 求 T 在基 $\boldsymbol{e}_1,\boldsymbol{e}_2,\boldsymbol{e}_3$ 下的矩阵;

(2) 求 T 在基 $\boldsymbol{\alpha}=\boldsymbol{e}_1,\boldsymbol{\beta}=\boldsymbol{e}_2,\boldsymbol{\gamma}=\boldsymbol{e}_1+\boldsymbol{e}_2+\boldsymbol{e}_3$ 下的矩阵.

解 (1) 由于

$$\begin{cases} T(\boldsymbol{e}_1)=\boldsymbol{e}_1=\boldsymbol{e}_1+0\boldsymbol{e}_2+0\boldsymbol{e}_3, \\ T(\boldsymbol{e}_2)=\boldsymbol{e}_2=0\boldsymbol{e}_1+\boldsymbol{e}_2+0\boldsymbol{e}_3, \\ T(\boldsymbol{e}_3)=\boldsymbol{0}=0\boldsymbol{e}_1+0\boldsymbol{e}_2+0\boldsymbol{e}_3, \end{cases} \tag{4.12}$$

即

$$(T(\boldsymbol{e}_1),T(\boldsymbol{e}_2),T(\boldsymbol{e}_3))=(\boldsymbol{e}_1,\boldsymbol{e}_2,\boldsymbol{e}_3)\begin{pmatrix} 1 & 0 & 0 \\ 0 & 1 & 0 \\ 0 & 0 & 0 \end{pmatrix},$$

所以 T 在基 $\boldsymbol{e}_1,\boldsymbol{e}_2,\boldsymbol{e}_3$ 下的矩阵为

$$\begin{pmatrix}1&0&0\\0&1&0\\0&0&0\end{pmatrix}.$$

(2) 由题设及(4.12)式,有

$$\begin{aligned}T(\boldsymbol{\alpha})&=T(\boldsymbol{e}_1)=\boldsymbol{e}_1=\boldsymbol{\alpha},\\T(\boldsymbol{\beta})&=T(\boldsymbol{e}_2)=\boldsymbol{e}_2=\boldsymbol{\beta},\\T(\boldsymbol{\gamma})&=T(\boldsymbol{e}_1+\boldsymbol{e}_2+\boldsymbol{e}_3)=T(\boldsymbol{e}_1)+T(\boldsymbol{e}_2)+T(\boldsymbol{e}_3)\\&=\boldsymbol{e}_1+\boldsymbol{e}_2+\boldsymbol{0}=\boldsymbol{\alpha}+\boldsymbol{\beta},\end{aligned}$$

即

$$(T(\boldsymbol{\alpha}),T(\boldsymbol{\beta}),T(\boldsymbol{\gamma}))=(\boldsymbol{\alpha},\boldsymbol{\beta},\boldsymbol{\gamma})\begin{pmatrix}1&0&1\\0&1&1\\0&0&0\end{pmatrix},$$

故 T 在基 $\boldsymbol{\alpha},\boldsymbol{\beta},\boldsymbol{\gamma}$ 下的矩阵为

$$\begin{pmatrix}1&0&1\\0&1&1\\0&0&0\end{pmatrix}.$$

由这个例子可见,同一个线性变换在不同基下的矩阵是不同的,下面揭示同一个线性变换在不同基下的矩阵之间的关系.

定理 4.4 n 维向量空间 $\mathbf{R}^n$ 的线性变换 T 在基 $\boldsymbol{\alpha}_1,\boldsymbol{\alpha}_2,\cdots,\boldsymbol{\alpha}_n$ 和基 $\boldsymbol{\beta}_1,\boldsymbol{\beta}_2,\cdots,\boldsymbol{\beta}_n$ 下的矩阵分别为 $\boldsymbol{A}$ 和 $\boldsymbol{B}$,且 $\boldsymbol{\alpha}_1,\boldsymbol{\alpha}_2,\cdots,\boldsymbol{\alpha}_n$ 到 $\boldsymbol{\beta}_1,\boldsymbol{\beta}_2,\cdots,\boldsymbol{\beta}_n$ 的过渡矩阵为 $\boldsymbol{P}$,则

$$\boldsymbol{B}=\boldsymbol{P}^{-1}\boldsymbol{A}\boldsymbol{P}.\tag{4.13}$$

证 根据假设,有

$$(\boldsymbol{\beta}_1,\boldsymbol{\beta}_2,\cdots,\boldsymbol{\beta}_n)=(\boldsymbol{\alpha}_1,\boldsymbol{\alpha}_2,\cdots,\boldsymbol{\alpha}_n)\boldsymbol{P},$$

其中 $\boldsymbol{P}$ 可逆.由

$$\begin{aligned}T(\boldsymbol{\alpha}_1,\boldsymbol{\alpha}_2,\cdots,\boldsymbol{\alpha}_n)&=(\boldsymbol{\alpha}_1,\boldsymbol{\alpha}_2,\cdots,\boldsymbol{\alpha}_n)\boldsymbol{A},\\T(\boldsymbol{\beta}_1,\boldsymbol{\beta}_2,\cdots,\boldsymbol{\beta}_n)&=(\boldsymbol{\beta}_1,\boldsymbol{\beta}_2,\cdots,\boldsymbol{\beta}_n)\boldsymbol{B},\end{aligned}$$

于是,得

$$\begin{aligned}(\boldsymbol{\beta}_1,\boldsymbol{\beta}_2,\cdots,\boldsymbol{\beta}_n)\boldsymbol{B}&=T(\boldsymbol{\beta}_1,\boldsymbol{\beta}_2,\cdots,\boldsymbol{\beta}_n)=T((\boldsymbol{\alpha}_1,\boldsymbol{\alpha}_2,\cdots,\boldsymbol{\alpha}_n)\boldsymbol{P})\\&=[T(\boldsymbol{\alpha}_1,\boldsymbol{\alpha}_2,\cdots,\boldsymbol{\alpha}_n)]\boldsymbol{P}=(\boldsymbol{\alpha}_1,\boldsymbol{\alpha}_2,\cdots,\boldsymbol{\alpha}_n)\boldsymbol{A}\boldsymbol{P}\\&=(\boldsymbol{\beta}_1,\boldsymbol{\beta}_2,\cdots,\boldsymbol{\beta}_n)\boldsymbol{P}^{-1}\boldsymbol{A}\boldsymbol{P}.\end{aligned}$$

因为 $\boldsymbol{\beta}_1,\boldsymbol{\beta}_2,\cdots,\boldsymbol{\beta}_n$ 线性无关,所以 $\boldsymbol{B}=\boldsymbol{P}^{-1}\boldsymbol{A}\boldsymbol{P}$.

例 6 设 $\mathbf{R}^3$ 的线性变换 T 在基 $\boldsymbol{e}_1=(1,0,0)^{\mathrm{T}},\boldsymbol{e}_2=(0,1,0)^{\mathrm{T}},\boldsymbol{e}_3=(0,0,1)^{\mathrm{T}}$ 下的矩阵为

$$\boldsymbol{A}=\begin{pmatrix}2&-1&-1\\-1&2&-1\\-1&-1&2\end{pmatrix}.$$

求 T 在基 $\boldsymbol{\beta}_1=(1,1,1)^{\mathrm{T}},\boldsymbol{\beta}_2=(-1,1,0)^{\mathrm{T}},\boldsymbol{\beta}_3=(-1,0,1)^{\mathrm{T}}$ 下的矩阵.

解 先求基 $\boldsymbol{e}_1,\boldsymbol{e}_2,\boldsymbol{e}_3$ 到基 $\boldsymbol{\beta}_1,\boldsymbol{\beta}_2,\boldsymbol{\beta}_3$ 的过渡矩阵 $\boldsymbol{P}$.由

$$(\boldsymbol{\beta}_1,\boldsymbol{\beta}_2,\boldsymbol{\beta}_3)=(\boldsymbol{e}_1,\boldsymbol{e}_2,\boldsymbol{e}_3)\boldsymbol{P},$$

即

$$\begin{pmatrix}1&-1&-1\\1&1&0\\1&0&1\end{pmatrix}=\begin{pmatrix}1&0&0\\0&1&0\\0&0&1\end{pmatrix}\boldsymbol{P},$$

得

$$\boldsymbol{P}=\begin{pmatrix}1&-1&-1\\1&1&0\\1&0&1\end{pmatrix}.$$

求 $\boldsymbol{P}^{-1}$,得

$$\boldsymbol{P}^{-1}=\frac{1}{3}\begin{pmatrix}1&1&1\\-1&2&-1\\-1&-1&2\end{pmatrix}.$$

由定理 4.4,可知 T 在基 $\boldsymbol{\beta}_1,\boldsymbol{\beta}_2,\boldsymbol{\beta}_3$ 下的矩阵为

$$\begin{aligned}\boldsymbol{B}=\boldsymbol{P}^{-1}\boldsymbol{A}\boldsymbol{P}&=\frac{1}{3}\begin{pmatrix}1&1&1\\-1&2&-1\\-1&-1&2\end{pmatrix}\begin{pmatrix}2&-1&-1\\-1&2&-1\\-1&-1&2\end{pmatrix}\begin{pmatrix}1&-1&-1\\1&1&0\\1&0&1\end{pmatrix}\\&=\begin{pmatrix}0&0&0\\0&3&0\\0&0&3\end{pmatrix}.\end{aligned}$$

本节最后,我们做一点说明.线性代数中讨论线性变换的矩阵表示时,一般先定义线性空间,然后再讲线性空间的线性变换及矩阵表示.由于篇幅限制,我们只讨论向量空间 $\mathbf{R}^n$ 中线性变换及矩阵表示.

习题四

(A)

1. 判断下列向量集合是否为向量空间,并说明理由:

(1) $V_1=\{(x_1,x_2,\cdots,x_n)^{\mathrm{T}}\mid x_1,x_2,\cdots,x_n\in\mathbf{R}$ 且 $x_1+x_2+\cdots+x_n=0\}$;

(2) $V_2=\{(x_1,x_2,\cdots,x_{n-1},0)^{\mathrm{T}}\mid x_1,x_2,\cdots,x_{n-1}\in\mathbf{R}\}$;

(3) $V_3=\{(1,x_2,\cdots,x_n)^{\mathrm{T}}\mid x_2,x_3,\cdots,x_n\in\mathbf{R}\}$.

2. 试证:由 $\boldsymbol{\alpha}_1=(0,1,1)^{\mathrm{T}},\boldsymbol{\alpha}_2=(1,0,5)^{\mathrm{T}},\boldsymbol{\alpha}_3=(1,1,0)^{\mathrm{T}}$ 所生成的线性空间就是 $\mathbf{R}^3$.

3. 验证 $\boldsymbol{\alpha}_1=(1,-1,0)^{\mathrm{T}},\boldsymbol{\alpha}_2=(2,1,3)^{\mathrm{T}},\boldsymbol{\alpha}_3=(3,1,2)^{\mathrm{T}}$ 为 $\mathbf{R}^3$ 的一组基,并求 $\boldsymbol{\beta}=(5,0,7)^{\mathrm{T}}$ 在这组基下的坐标.

4. 已知 $\mathbf{R}^3$ 的两组基为

$$\boldsymbol{\alpha}_1=(1,1,1)^{\mathrm{T}},\quad \boldsymbol{\alpha}_2=(1,0,-1)^{\mathrm{T}},\quad \boldsymbol{\alpha}_3=(1,0,1)^{\mathrm{T}}$$

及

$$\boldsymbol{\beta}_1=(1,2,1)^{\mathrm{T}},\quad \boldsymbol{\beta}_2=(2,3,4)^{\mathrm{T}},\quad \boldsymbol{\beta}_3=(3,4,3)^{\mathrm{T}},$$

求由基 $\boldsymbol{\alpha}_1,\boldsymbol{\alpha}_2,\boldsymbol{\alpha}_3$ 到基 $\boldsymbol{\beta}_1,\boldsymbol{\beta}_2,\boldsymbol{\beta}_3$ 的过渡矩阵 $\boldsymbol{P}$.

5. 已知 $\mathbf{R}^4$ 的两组基为 $\boldsymbol{\alpha}_1=(1,2,-1,0)^{\mathrm{T}},\boldsymbol{\alpha}_2=(1,-1,1,1)^{\mathrm{T}},\boldsymbol{\alpha}_3=(-1,2,1,1)^{\mathrm{T}},\boldsymbol{\alpha}_4=(-1,-1,0,1)^{\mathrm{T}}$和$\boldsymbol{\beta}_1=(2,1,0,1)^{\mathrm{T}},\boldsymbol{\beta}_2=(0,1,2,2)^{\mathrm{T}},\boldsymbol{\beta}_3=(-2,1,1,2)^{\mathrm{T}},\boldsymbol{\beta}_4=(1,3,1,2)^{\mathrm{T}}$. 求由基 $\boldsymbol{\alpha}_1,\boldsymbol{\alpha}_2,\boldsymbol{\alpha}_3,\boldsymbol{\alpha}_4$ 到基 $\boldsymbol{\beta}_1,\boldsymbol{\beta}_2,\boldsymbol{\beta}_3,\boldsymbol{\beta}_4$ 的过渡矩阵.若 $\boldsymbol{\gamma}$ 在基 $\boldsymbol{\alpha}_1,\boldsymbol{\alpha}_2,\boldsymbol{\alpha}_3,\boldsymbol{\alpha}_4$ 下的坐标为$(1,0,0,0)^{\mathrm{T}}$,求 $\boldsymbol{\gamma}$ 在基 $\boldsymbol{\beta}_1,\boldsymbol{\beta}_2,\boldsymbol{\beta}_3,\boldsymbol{\beta}_4$ 下的坐标.

6. 在 $\mathbf{R}^3$ 中,对两组基

$$\boldsymbol{\alpha}_1=(1,2,1)^{\mathrm{T}},\quad \boldsymbol{\alpha}_2=(2,3,3)^{\mathrm{T}},\quad \boldsymbol{\alpha}_3=(3,7,-2)^{\mathrm{T}};$$
$$\boldsymbol{\beta}_1=(3,1,4)^{\mathrm{T}},\quad \boldsymbol{\beta}_2=(5,2,1)^{\mathrm{T}},\quad \boldsymbol{\beta}_3=(1,1,-6)^{\mathrm{T}},$$

求坐标变换公式.

7. 把下列向量单位化:

(1) $\boldsymbol{\alpha}=(4,-1,0,3)^{\mathrm{T}}$; (2) $\boldsymbol{\beta}=(5,1,1,0)^{\mathrm{T}}$.

8. 在 $\mathbf{R}^4$ 中求与$(1,1,-1,1)^{\mathrm{T}},(1,-1,-1,1)^{\mathrm{T}},(2,1,1,3)^{\mathrm{T}}$ 都正交的单位向量.

9. 用施密特正交化方法,由下列 $\mathbf{R}^3$ 的一组基构造 $\mathbf{R}^3$ 的一组标准正交基:

(1) $\boldsymbol{\alpha}_1=(1,1,1)^{\mathrm{T}},\boldsymbol{\alpha}_2=(0,1,1)^{\mathrm{T}},\boldsymbol{\alpha}_3=(1,0,1)^{\mathrm{T}}$;

(2) $\boldsymbol{\alpha}_1=(1,-1,1)^{\mathrm{T}},\boldsymbol{\alpha}_2=(-1,1,1)^{\mathrm{T}},\boldsymbol{\alpha}_3=(1,1,-1)^{\mathrm{T}}$.

10. 下列矩阵是否为正交矩阵?

(1) $\begin{pmatrix} \frac{1}{\sqrt{3}} & \frac{1}{\sqrt{3}} & \frac{1}{\sqrt{3}} \\ 0 & \frac{1}{\sqrt{2}} & \frac{1}{\sqrt{2}} \\ -\frac{2}{\sqrt{6}} & \frac{1}{\sqrt{6}} & \frac{1}{\sqrt{6}} \end{pmatrix}$; (2) $\begin{pmatrix} \frac{1}{2} & -\frac{1}{3} & \frac{1}{2} \\ \frac{1}{3} & \frac{1}{2} & 0 \\ \frac{1}{2} & 0 & -\frac{1}{2} \end{pmatrix}$;

(3) $\begin{pmatrix} \frac{\sqrt{2}}{2} & 0 & -\frac{\sqrt{2}}{2} \\ \frac{\sqrt{2}}{6} & -\frac{2\sqrt{2}}{3} & \frac{\sqrt{2}}{6} \\ \frac{2}{3} & \frac{1}{3} & \frac{2}{3} \end{pmatrix}$; (4) $\begin{pmatrix} 0 & 0 & 0 & -1 \\ -1 & 0 & 0 & 0 \\ 0 & -1 & 0 & 0 \\ 0 & 0 & 1 & 0 \end{pmatrix}$.

11. 设 $\boldsymbol{A}$ 是 n 阶对称矩阵,$\boldsymbol{B}$ 为 n 阶正交矩阵,证明 $\boldsymbol{B}^{-1}\boldsymbol{AB}$ 也是对称矩阵.

12. 设 $\boldsymbol{\alpha}=(x_1,x_2,x_3)^{\mathrm{T}}\in\mathbf{R}^3$,下列各变换 T 是否为 $\mathbf{R}^3$ 的线性变换?并说明理由:

(1) $T(\boldsymbol{\alpha})=(2x_1,0,0)^{\mathrm{T}}$; (2) $T(\boldsymbol{\alpha})=(x_1x_2,0,x_2)^{\mathrm{T}}$; (3) $T(\boldsymbol{\alpha})=(x_1,x_2,-x_3)^{\mathrm{T}}$.

13. 在 $\mathbf{R}^3$ 中定义线性变换

$$T(x_1,x_2,x_3)^{\mathrm{T}}=(x_1+x_2,x_1-x_2,x_3)^{\mathrm{T}}.$$

(1) 求 T 在基 $\boldsymbol{e}_1=(1,0,0)^{\mathrm{T}},\boldsymbol{e}_2=(0,1,0)^{\mathrm{T}},\boldsymbol{e}_3=(0,0,1)^{\mathrm{T}}$ 下的矩阵;

(2) 求 T 在基 $\boldsymbol{\beta}_1=(1,0,0)^{\mathrm{T}},\boldsymbol{\beta}_2=(1,1,0)^{\mathrm{T}},\boldsymbol{\beta}_3=(1,1,1)^{\mathrm{T}}$ 下的矩阵.

14. 设 $\mathbf{R}^2$ 中线性变换 T 在基 $\boldsymbol{\alpha}_1,\boldsymbol{\alpha}_2$ 下的矩阵为 $\boldsymbol{A}=\begin{pmatrix} 2 & 1 \\ -1 & 0 \end{pmatrix}$,求 T 在基 $\boldsymbol{\beta}_1,\boldsymbol{\beta}_2$ 下的矩阵. 这里

$$(\boldsymbol{\beta}_1,\boldsymbol{\beta}_2)=(\boldsymbol{\alpha}_1,\boldsymbol{\alpha}_2)\begin{pmatrix} 1 & -1 \\ -1 & 2 \end{pmatrix}.$$

15. 设 $\boldsymbol{\alpha}_1,\boldsymbol{\alpha}_2,\cdots,\boldsymbol{\alpha}_n$ 是 n 维向量空间的标准正交基,若向量 $\boldsymbol{\beta}$ 与 $\boldsymbol{\alpha}_1,\boldsymbol{\alpha}_2,\cdots,\boldsymbol{\alpha}_n$ 都正交,证明 $\boldsymbol{\beta}$ 一定是零向量.

(B)

1. 填空题.

(1) 设 $\mathbf{R}^3$ 的一组基 $\boldsymbol{\alpha}_1=(1,1,1)^{\mathrm{T}},\boldsymbol{\alpha}_2=(0,1,1)^{\mathrm{T}},\boldsymbol{\alpha}_3=(0,0,1)^{\mathrm{T}}$,则向量 $\boldsymbol{\alpha}=(3,2,1)^{\mathrm{T}}$ 在基 $\boldsymbol{\alpha}_1,\boldsymbol{\alpha}_2,\boldsymbol{\alpha}_3$ 下的坐标为________;

(2) 设 $\mathbf{R}^3$ 的两组基 $\boldsymbol{\alpha}_1=(1,1,1)^{\mathrm{T}},\boldsymbol{\alpha}_2=(0,1,1)^{\mathrm{T}},\boldsymbol{\alpha}_3=(0,0,1)^{\mathrm{T}}$; $\boldsymbol{\beta}_1=(1,0,0)^{\mathrm{T}},\boldsymbol{\beta}_2=(1,1,0)^{\mathrm{T}},\boldsymbol{\beta}_3=(1,1,1)^{\mathrm{T}}$,则由基 $\boldsymbol{\alpha}_1,\boldsymbol{\alpha}_2,\boldsymbol{\alpha}_3$ 到基 $\boldsymbol{\beta}_1,\boldsymbol{\beta}_2,\boldsymbol{\beta}_3$ 的过渡矩阵为________;

(3) 设 $V=L(\boldsymbol{\alpha}_1,\boldsymbol{\alpha}_2,\boldsymbol{\alpha}_3)$,其中 $\boldsymbol{\alpha}_1=(1,0,1)^{\mathrm{T}},\boldsymbol{\alpha}_2=(0,1,0)^{\mathrm{T}},\boldsymbol{\alpha}_3=(2,3,2)^{\mathrm{T}}$,则 $\dim(V)=$________;

(4) 设齐次线性方程组 $\begin{cases}x_1+x_2+x_3+x_4=0,\\ x_2+2x_3+3x_4=0,\end{cases}$ 则解空间的维数为________,解空间的基为________;

(5) 设 $\boldsymbol{\alpha}=(2,1,2,3),\boldsymbol{\beta}=(-1,-2,2,-3)$,则 $\boldsymbol{\alpha}$ 与 $\boldsymbol{\beta}$ 的夹角 $\theta=$________;

(6) 设 $\boldsymbol{\alpha}_1,\boldsymbol{\alpha}_2,\boldsymbol{\alpha}_3$ 与 $\boldsymbol{\beta}_1,\boldsymbol{\beta}_2,\boldsymbol{\beta}_3$ 是向量空间 $\mathbf{R}^3$ 的两组基,且满足 $\boldsymbol{\beta}_1=\boldsymbol{\alpha}_1+2\boldsymbol{\alpha}_2+\boldsymbol{\alpha}_3,\boldsymbol{\beta}_2=3\boldsymbol{\alpha}_1-\boldsymbol{\alpha}_2+2\boldsymbol{\alpha}_3,\boldsymbol{\beta}_3=-\boldsymbol{\alpha}_1+\boldsymbol{\alpha}_2+4\boldsymbol{\alpha}_3$.则由基 $\boldsymbol{\alpha}_1,\boldsymbol{\alpha}_2,\boldsymbol{\alpha}_3$ 到基 $\boldsymbol{\beta}_1,\boldsymbol{\beta}_2,\boldsymbol{\beta}_3$ 的过渡矩阵为________;

(7) 设 $\boldsymbol{\alpha}_1=(1,2,-1,a)^{\mathrm{T}},\boldsymbol{\alpha}_2=(1,1,0,2)^{\mathrm{T}},\boldsymbol{\alpha}_3=(2,1,1,2)^{\mathrm{T}}$,若由 $\boldsymbol{\alpha}_1,\boldsymbol{\alpha}_2,\boldsymbol{\alpha}_3$ 生成的向量空间的维数为 2,则常数 $a=$________.

2. 单项选择题.

(1) 设 $\boldsymbol{\alpha}_1,\boldsymbol{\alpha}_2,\boldsymbol{\alpha}_3$ 是 $\mathbf{R}^3$ 的一组基,下列向量组也是 $\mathbf{R}^3$ 的一组基的是(　　);

(A) $\boldsymbol{\alpha}_1+\boldsymbol{\alpha}_2,\boldsymbol{\alpha}_1+\boldsymbol{\alpha}_3,\boldsymbol{\alpha}_2-\boldsymbol{\alpha}_3$　　(B) $\boldsymbol{\alpha}_1+\boldsymbol{\alpha}_2,\boldsymbol{\alpha}_2+\boldsymbol{\alpha}_3,\boldsymbol{\alpha}_3-\boldsymbol{\alpha}_1$

(C) $\boldsymbol{\alpha}_1+\boldsymbol{\alpha}_2+\boldsymbol{\alpha}_3,\boldsymbol{\alpha}_2+\boldsymbol{\alpha}_3,\boldsymbol{\alpha}_3+\boldsymbol{\alpha}_1$　　(D) $\boldsymbol{\alpha}_1+\boldsymbol{\alpha}_2+\boldsymbol{\alpha}_3,\boldsymbol{\alpha}_2+\boldsymbol{\alpha}_3,2\boldsymbol{\alpha}_1+3\boldsymbol{\alpha}_2+3\boldsymbol{\alpha}_3$

(2) 在向量空间 $\mathbf{R}^n$ 中,满足下列条件的向量的全体能构成 $\mathbf{R}^n$ 的子空间的是(　　);

(A) 分量之和等于零的向量的全体

(B) 分量之和等于 1 的向量的全体

(C) 第一个分量是整数的向量的全体

(D) n 元非齐次线性方程组 $\boldsymbol{AX}=\boldsymbol{b}$ 的解向量的全体

(3) 齐次线性方程组 $x_1+x_2+x_3+x_4+x_5=0$ 的解空间的维数是(　　);

(A) 1　　(B) 2　　(C) 3　　(D) 4

(4) 设 $\boldsymbol{\alpha}_1=(1,1,1,1)^{\mathrm{T}},\boldsymbol{\alpha}_2=(0,1,-1,1)^{\mathrm{T}},\boldsymbol{\alpha}_3=(2,3,4,5)^{\mathrm{T}},\boldsymbol{\alpha}_4=(3,4,5,6)^{\mathrm{T}}$,则 $\dim(L(\boldsymbol{\alpha}_1,\boldsymbol{\alpha}_2,\boldsymbol{\alpha}_3,\boldsymbol{\alpha}_4))=$(　　);

(A) 1　　(B) 2　　(C) 3　　(D) 4

(5) 设 T 为 $\mathbf{R}^3$ 中的一个变换,则下列变换是线性变换的为(　　).

(A) 对于 $\mathbf{R}^3$ 中的任意向量 $\boldsymbol{\alpha}=(x_1,x_2,x_3)^{\mathrm{T}}$,则 $T(\boldsymbol{\alpha})=\boldsymbol{A\alpha}$,其中 $\boldsymbol{A}=(a_{ij})_{3\times3},a_{ij}\in\mathbf{R}\,(i,j=1,2,3)$

(B) 对于 $\mathbf{R}^3$ 中的任意向量 $\boldsymbol{\alpha},\boldsymbol{\alpha}_0$ 是 $\mathbf{R}^3$ 中的一个固定非零向量,规定 $T(\alpha)=\boldsymbol{\alpha}+\boldsymbol{\alpha}_0$

(C) 对于 $\mathbf{R}^3$ 中的任意向量 $\boldsymbol{\alpha}=(x_1,x_2,x_3)^{\mathrm{T}}$,规定 $T(\boldsymbol{\alpha})=(x_1^2,x_1+x_3,x_3)^{\mathrm{T}}$

(D) 对于 $\mathbf{R}^3$ 中的任意向量 $\boldsymbol{\alpha}=(x_1,x_2,x_3)^{\mathrm{T}}$,规定 $T(\boldsymbol{\alpha})=(x_1+\lambda_0,x_2,x_3)^{\mathrm{T}}$,其中 λ_0 为非零常数

3. 解下列各题.

(1) 在向量空间 $\mathbf{R}^3$ 中,求向量 $\boldsymbol{\beta}=(3,7,1)^{\mathrm{T}}$ 在基 $\boldsymbol{\alpha}_1=(1,3,5)^{\mathrm{T}},\boldsymbol{\alpha}_2=(6,3,2)^{\mathrm{T}},\boldsymbol{\alpha}_3=(3,1,0)^{\mathrm{T}}$ 下的坐标.

(2) 设 $\mathbf{R}^3$ 中的两组基 $\boldsymbol{\alpha}_1=(1,2,1)^{\mathrm{T}},\boldsymbol{\alpha}_2=(2,3,3)^{\mathrm{T}},\boldsymbol{\alpha}_3=(3,7,1)^{\mathrm{T}}$; $\boldsymbol{\beta}_1=(3,1,4)^{\mathrm{T}}$,

$\boldsymbol{\beta}_2=(5,2,1)^{\mathrm{T}}$，$\boldsymbol{\beta}_3=(1,1,-6)^{\mathrm{T}}$，求由基 $\boldsymbol{\alpha}_1,\boldsymbol{\alpha}_2,\boldsymbol{\alpha}_3$ 到基 $\boldsymbol{\beta}_1,\boldsymbol{\beta}_2,\boldsymbol{\beta}_3$ 的过渡矩阵.

(3) 求齐次线性方程组

$$\begin{cases}x_1+x_2-x_3+x_4=0,\\2x_1+3x_2-x_3+3x_4=0,\\4x_1+5x_2-3x_3+5x_4=0\end{cases}$$

的解空间的一组标准正交基.

(4) 设 T 为 $\mathbf{R}^3$ 中的一个变换，对于 $\mathbf{R}^3$ 中的任意向量 $\boldsymbol{\alpha}$，规定 $T(\boldsymbol{\alpha})=\boldsymbol{A\alpha}$，其中

$$\boldsymbol{A}=\begin{pmatrix}1&0&0\\0&2&0\\0&0&3\end{pmatrix}.$$

(i) 证明 T 为 $\mathbf{R}^3$ 上的一个线性变换；

(ii) 设 $\mathbf{R}^3$ 的一组基 $\boldsymbol{\alpha}_1=(1,0,0)^{\mathrm{T}}$，$\boldsymbol{\alpha}_2=(1,1,0)^{\mathrm{T}}$，$\boldsymbol{\alpha}_3=(1,1,1)^{\mathrm{T}}$，求 T 在基 $\boldsymbol{\alpha}_1,\boldsymbol{\alpha}_2,\boldsymbol{\alpha}_3$ 下的矩阵.

(5) 已知 $\boldsymbol{\alpha}_1,\boldsymbol{\alpha}_2,\boldsymbol{\alpha}_3$ 是 $\mathbf{R}^3$ 的一组基，线性变换 T 在该基下的矩阵为

$$\boldsymbol{A}=\begin{pmatrix}1&2&2\\2&1&2\\2&2&1\end{pmatrix},$$

且 $\boldsymbol{\beta}_1=\boldsymbol{\alpha}_1+\boldsymbol{\alpha}_2+\boldsymbol{\alpha}_3$，$\boldsymbol{\beta}_2=-\boldsymbol{\alpha}_1+\boldsymbol{\alpha}_2$，$\boldsymbol{\beta}_3=-\boldsymbol{\alpha}_2+\boldsymbol{\alpha}_3$.

(i) 证明 $\boldsymbol{\beta}_1,\boldsymbol{\beta}_2,\boldsymbol{\beta}_3$ 也是 $\mathbf{R}^3$ 的一组基；

(ii) 设 $\boldsymbol{\alpha}=3\boldsymbol{\alpha}_1-3\boldsymbol{\alpha}_2+6\boldsymbol{\alpha}_3$，求 $\boldsymbol{\alpha}$ 在基 $\boldsymbol{\beta}_1,\boldsymbol{\beta}_2,\boldsymbol{\beta}_3$ 下的坐标；

(iii) 求线性变换 T 在基 $\boldsymbol{\beta}_1,\boldsymbol{\beta}_2,\boldsymbol{\beta}_3$ 下的矩阵 $\boldsymbol{B}$.

(6) 设 $\boldsymbol{B}$ 是秩为 2 的 5×4 矩阵，$\boldsymbol{\alpha}_1=(1,1,2,3)^{\mathrm{T}}$，$\boldsymbol{\alpha}_2=(-1,1,4,-1)^{\mathrm{T}}$，$\boldsymbol{\alpha}_3=(5,-1,-8,9)^{\mathrm{T}}$ 是齐次线性方程组 $\boldsymbol{Bx}=\mathbf{0}$ 的解向量，求 $\boldsymbol{Bx}=\mathbf{0}$ 的解空间的一组规范正交基.

4. 证明题.

(1) 证明：对任意实向量 $\boldsymbol{\alpha},\boldsymbol{\beta}$，有 $(\boldsymbol{\alpha},\boldsymbol{\beta})=\dfrac{1}{4}\|\boldsymbol{\alpha}+\boldsymbol{\beta}\|^2-\dfrac{1}{4}\|\boldsymbol{\alpha}-\boldsymbol{\beta}\|^2$；

(2) 设 $\boldsymbol{\alpha}_1,\boldsymbol{\alpha}_2,\boldsymbol{\alpha}_3,\boldsymbol{\alpha}_4$ 是向量空间 $\mathbf{R}^4$ 的一组基，证明

$$\boldsymbol{\beta}_1=\boldsymbol{\alpha}_1+\boldsymbol{\alpha}_2+\boldsymbol{\alpha}_3+\boldsymbol{\alpha}_4,\quad \boldsymbol{\beta}_2=\boldsymbol{\alpha}_1-\boldsymbol{\alpha}_2+\boldsymbol{\alpha}_3-\boldsymbol{\alpha}_4,$$
$$\boldsymbol{\beta}_3=\boldsymbol{\alpha}_1+\boldsymbol{\alpha}_2-\boldsymbol{\alpha}_3-\boldsymbol{\alpha}_4,\quad \boldsymbol{\beta}_4=\boldsymbol{\alpha}_1-\boldsymbol{\alpha}_2-\boldsymbol{\alpha}_3+\boldsymbol{\alpha}_4$$

也是 $\mathbf{R}^4$ 的一组基；

(3) 设 n 维列向量 $\boldsymbol{x}=(x_1,x_2,\cdots,x_n)^{\mathrm{T}}$ 满足 $x_1^2+x_2^2+\cdots+x_n^2=1$，又 $\boldsymbol{E}$ 为单位矩阵，证明 n 阶实方阵 $\boldsymbol{A}=\boldsymbol{E}-2\boldsymbol{xx}^{\mathrm{T}}$ 为对称正交矩阵；

(4) 在向量空间 $\mathbf{R}^3$ 中，对于任意 $\boldsymbol{\alpha}=(x,y,z)^{\mathrm{T}}$，规定 $T(\boldsymbol{\alpha})=(2x-y,y+z,x)^{\mathrm{T}}$，证明 T 为 $\mathbf{R}^3$ 上的一个线性变换；

(5) 若实对称矩阵 $\boldsymbol{A}$ 满足 $\boldsymbol{A}^2+6\boldsymbol{A}+8\boldsymbol{E}=\boldsymbol{O}$，证明 $\boldsymbol{A}+3\boldsymbol{E}$ 为正交矩阵；

(6) 在 $\mathbf{R}^n$ 中，已知 n 维列向量组 $\boldsymbol{\alpha}_1,\boldsymbol{\alpha}_2,\cdots,\boldsymbol{\alpha}_{n-1}$ 线性无关，非零向量 $\boldsymbol{\beta}$ 与 $\boldsymbol{\alpha}_i$ $(i=1,2,\cdots,n-1)$ 正交，证明 $\boldsymbol{\alpha}_1,\boldsymbol{\alpha}_2,\cdots,\boldsymbol{\alpha}_{n-1},\boldsymbol{\beta}$ 是 $\mathbf{R}^n$ 的一组基.

第四章 自测题

第四章 典型例题讲解

向量空间的简要发展史

第五章　矩阵的特征值与特征向量

本章既可以看成前四章的继续，也可以看成应用行列式、向量和线性方程组继续研究矩阵问题.矩阵的特征值和特征向量无论是在经济管理中，还是在物理、化学及工程技术中都有着广泛的应用.本章介绍矩阵的特征值及特征向量的概念、计算方法以及它们的性质，并讨论矩阵，特别是实对称矩阵与对角矩阵相似的问题.

§5.1　矩阵的特征值与特征向量

一、矩阵的特征值与特征向量的定义

定义 5.1　设 $\boldsymbol{A}$ 为 n 阶方阵，λ 是一个数，如果存在 n 维非零列向量 $\boldsymbol{\alpha}$，使得等式

$$\boldsymbol{A\alpha}=\lambda\boldsymbol{\alpha} \tag{5.1}$$

成立，则称 λ 为矩阵 $\boldsymbol{A}$ 的特征值，$\boldsymbol{\alpha}$ 为矩阵 $\boldsymbol{A}$ 的属于特征值 λ 的特征向量.

注　(1) 定义 5.1 中并没有限制特征值 λ 必须是实数，换句话说，λ 可以是实数也可以是复数.

(2) 特征向量必须是非零向量，即 $\boldsymbol{\alpha}\neq\boldsymbol{0}$.

(3) 如果 $\boldsymbol{\alpha}$ 是矩阵 $\boldsymbol{A}$ 的属于特征值 λ 的特征向量，则也称 $\boldsymbol{\alpha}$ 是矩阵 $\boldsymbol{A}$ 的对应于特征值 λ 的特征向量.

等式 $\boldsymbol{A\alpha}=\lambda\boldsymbol{\alpha}$ 又可以写作 $\lambda\boldsymbol{\alpha}-\boldsymbol{A\alpha}=\boldsymbol{0}$，即

$$(\lambda\boldsymbol{E}-\boldsymbol{A})\boldsymbol{\alpha}=\boldsymbol{0}, \tag{5.2}$$

其中 $\boldsymbol{E}$ 为 n 阶单位矩阵.令

$$\boldsymbol{A}=\begin{pmatrix} a_{11} & a_{12} & \cdots & a_{1n}\\ a_{21} & a_{22} & \cdots & a_{2n}\\ \vdots & \vdots & & \vdots\\ a_{n1} & a_{n2} & \cdots & a_{nn}\end{pmatrix},\quad \boldsymbol{\alpha}=\begin{pmatrix} a_1\\ a_2\\ \vdots\\ a_n\end{pmatrix},$$

于是，等式(5.2)即为

$$\begin{pmatrix} \lambda-a_{11} & -a_{12} & \cdots & -a_{1n}\\ -a_{21} & \lambda-a_{22} & \cdots & -a_{2n}\\ \vdots & \vdots & & \vdots\\ -a_{n1} & -a_{n2} & \cdots & \lambda-a_{nn}\end{pmatrix}\begin{pmatrix} a_1\\ a_2\\ \vdots\\ a_n\end{pmatrix}=\begin{pmatrix} 0\\ 0\\ \vdots\\ 0\end{pmatrix}. \tag{5.3}$$

由于 $\boldsymbol{\alpha}\neq\boldsymbol{0}$，等式(5.3)说明齐次线性方程组

$$(\lambda\boldsymbol{E}-\boldsymbol{A})\boldsymbol{x}=\boldsymbol{0} \tag{5.4}$$

有非零解，故其系数行列式 $|\lambda\boldsymbol{E}-\boldsymbol{A}|=0$；反之，若 $|\lambda\boldsymbol{E}-\boldsymbol{A}|=0$，则(5.4)式一定有非零解.

记 $f(\lambda)=|\lambda\boldsymbol{E}-\boldsymbol{A}|$，它是 λ 的一个 n 次多项式，称为矩阵 $\boldsymbol{A}$ 的特征多项式，而称代数方程 $|\lambda\boldsymbol{E}-\boldsymbol{A}|=0$ 为矩阵 $\boldsymbol{A}$ 的特征方程；称特征方程 $|\lambda\boldsymbol{E}-\boldsymbol{A}|=0$ 的根为矩阵 $\boldsymbol{A}$ 的特征根.由上述概念不难看出：如果 λ 是 $\boldsymbol{A}$ 的特征值，即数 λ 及非零列向量 $\boldsymbol{\alpha}$ 满足(5.2)式，于是齐次线性方程组 $(\lambda\boldsymbol{E}-\boldsymbol{A})\boldsymbol{x}=\boldsymbol{0}$ 有非零解，则系数行列式 $|\lambda\boldsymbol{E}-\boldsymbol{A}|=0$，即 λ 是特征根.反之，若 λ 是矩阵 $\boldsymbol{A}$ 的特征根，将上述过程逆推回去，则 λ 是 $\boldsymbol{A}$ 的特征值.因此，$\boldsymbol{A}$ 的特征值也就是特征根.

这样我们就得出了求矩阵特征值的方法：解特征方程 $|\lambda\boldsymbol{E}-\boldsymbol{A}|=0$，求出其所有特征根即得到全部特征值.另外，如果 λ_0 为 $\boldsymbol{A}$ 的一个特征值，如何求属于特征值 λ_0 的特征向量呢？首先将 λ_0 代入 $(\lambda\boldsymbol{E}-\boldsymbol{A})\boldsymbol{x}=\boldsymbol{0}$，得齐次线性方程组 $(\lambda_0\boldsymbol{E}-\boldsymbol{A})\boldsymbol{x}=\boldsymbol{0}$，再解此线性方程组求出其所有非零解，即为 $\boldsymbol{A}$ 的属于特征值 λ_0 的全部特征向量.

二、矩阵的特征值与特征向量的简单性质

(1) 若 λ 是矩阵 $\boldsymbol{A}$ 的特征值，$\boldsymbol{\alpha}$ 是 $\boldsymbol{A}$ 的属于 λ 的特征向量，则对任意非零常数 k，向量 $k\boldsymbol{\alpha}$ 是 $\boldsymbol{A}$ 的属于 λ 的特征向量.

事实上，

$$\boldsymbol{A}(k\boldsymbol{\alpha})=k(\boldsymbol{A}\boldsymbol{\alpha})=k(\lambda\boldsymbol{\alpha})=\lambda(k\boldsymbol{\alpha}),$$

且 $k\boldsymbol{\alpha}\neq\boldsymbol{0}$，可见 $k\boldsymbol{\alpha}$ 为 $\boldsymbol{A}$ 的属于特征值 λ 的特征向量.

(2) 若 $\boldsymbol{\alpha}_1,\boldsymbol{\alpha}_2$ 是矩阵 $\boldsymbol{A}$ 的属于特征值 λ 的两个特征向量，则当 $\boldsymbol{\alpha}_1+\boldsymbol{\alpha}_2\neq\boldsymbol{0}$ 时，$\boldsymbol{\alpha}_1+\boldsymbol{\alpha}_2$ 也是 $\boldsymbol{A}$ 的属于特征值 λ 的特征向量.

事实上，

$$\boldsymbol{A}(\boldsymbol{\alpha}_1+\boldsymbol{\alpha}_2)=\boldsymbol{A}\boldsymbol{\alpha}_1+\boldsymbol{A}\boldsymbol{\alpha}_2=\lambda\boldsymbol{\alpha}_1+\lambda\boldsymbol{\alpha}_2=\lambda(\boldsymbol{\alpha}_1+\boldsymbol{\alpha}_2),$$

且 $\boldsymbol{\alpha}_1+\boldsymbol{\alpha}_2\neq\boldsymbol{0}$，可见 $\boldsymbol{\alpha}_1+\boldsymbol{\alpha}_2$ 为 $\boldsymbol{A}$ 的属于特征值 λ 的特征向量.

(3) 若 λ_1,λ_2 为矩阵 $\boldsymbol{A}$ 的不同特征值，$\boldsymbol{\alpha}_1,\boldsymbol{\alpha}_2$ 分别是 $\boldsymbol{A}$ 的属于 λ_1,λ_2 的特征向量，则 $\boldsymbol{\alpha}_1\neq\boldsymbol{\alpha}_2$，即属于不同的特征值的特征向量必不相等.

事实上，假设 $\boldsymbol{\alpha}_1=\boldsymbol{\alpha}_2$，故 $\boldsymbol{A}\boldsymbol{\alpha}_1=\boldsymbol{A}\boldsymbol{\alpha}_2$，而 $\boldsymbol{A}\boldsymbol{\alpha}_1=\lambda_1\boldsymbol{\alpha}_1$，$\boldsymbol{A}\boldsymbol{\alpha}_2=\lambda_2\boldsymbol{\alpha}_2$，于是 $\lambda_1\boldsymbol{\alpha}_1=\lambda_2\boldsymbol{\alpha}_2$，有 $\lambda_1\boldsymbol{\alpha}_1=\lambda_2\boldsymbol{\alpha}_1$，即 $(\lambda_1-\lambda_2)\boldsymbol{\alpha}_1=\boldsymbol{0}$，而 $\lambda_1-\lambda_2\neq0$，故 $\boldsymbol{\alpha}_1=\boldsymbol{0}$，此与 $\boldsymbol{\alpha}_1$ 为特征向量矛盾，因此 $\boldsymbol{\alpha}_1\neq\boldsymbol{\alpha}_2$.

由上述性质(1)(2)，不难看出，如果 $\boldsymbol{\alpha}_1,\boldsymbol{\alpha}_2,\cdots,\boldsymbol{\alpha}_s$ 是 $\boldsymbol{A}$ 的属于特征值 λ 的特征向量，那么 $\boldsymbol{\alpha}_1,\boldsymbol{\alpha}_2,\cdots,\boldsymbol{\alpha}_s$ 的任意一个非零的线性组合

$$k_1\boldsymbol{\alpha}_1+k_2\boldsymbol{\alpha}_2+\cdots+k_s\boldsymbol{\alpha}_s$$

必是 $\boldsymbol{A}$ 的属于 λ 的特征向量.因此，为求矩阵 $\boldsymbol{A}$ 的属于特征值 λ 的全部特征向量，只需求出 $\boldsymbol{A}$ 的属于特征值 λ 的所有特征向量的一个极大线性无关组，再写出该极大线性无关组的非零线性组合，即得到 $\boldsymbol{A}$ 的属于 λ 的全部特征向量.

例 1　若 λ_0 为 n 阶矩阵 $\boldsymbol{A}$ 的特征值，试证 λ_0^2 是矩阵 $\boldsymbol{A}^2$ 的特征值.

证　方法 1　由题设，λ_0 为矩阵 $\boldsymbol{A}$ 的特征值，令 $\boldsymbol{\alpha}$ 为矩阵 $\boldsymbol{A}$ 的属于 λ_0 的特征向量，于是 $\boldsymbol{A}\boldsymbol{\alpha}=\lambda_0\boldsymbol{\alpha}$，等式两边同时左乘矩阵 $\boldsymbol{A}$，得

$$\boldsymbol{A}(\boldsymbol{A}\boldsymbol{\alpha})=\boldsymbol{A}(\lambda_0\boldsymbol{\alpha}),$$

即

$$\boldsymbol{A}^2\boldsymbol{\alpha}=\lambda_0(\boldsymbol{A}\boldsymbol{\alpha})=\lambda_0^2\boldsymbol{\alpha},$$

故 λ_0^2 为矩阵 $\boldsymbol{A}^2$ 的特征值.

方法 2 因为 λ_0 为矩阵 $\boldsymbol{A}$ 的特征值,所以 $|\lambda_0\boldsymbol{E}-\boldsymbol{A}|=0$,而

$$\begin{aligned}|\lambda_0^2\boldsymbol{E}-\boldsymbol{A}^2|&=|(\lambda_0\boldsymbol{E}-\boldsymbol{A})(\lambda_0\boldsymbol{E}+\boldsymbol{A})|\\&=|\lambda_0\boldsymbol{E}-\boldsymbol{A}|\cdot|\lambda_0\boldsymbol{E}+\boldsymbol{A}|=0,\end{aligned}$$

故 λ_0^2 为 $\boldsymbol{A}^2$ 的特征值.

注 利用例 1 方法 1 可以证明:

若 λ_0 为矩阵 $\boldsymbol{A}$ 的特征值,m 为正整数,则 λ_0^m 为矩阵 $\boldsymbol{A}^m$ 的特征值.

例 2 若 λ_0 为 n 阶矩阵 $\boldsymbol{A}$ 的特征值,试证 $1+\lambda_0$ 为矩阵 $\boldsymbol{E}+\boldsymbol{A}$ 的特征值,其中 $\boldsymbol{E}$ 为 n 阶单位矩阵.

证 由题设,λ_0 为矩阵 $\boldsymbol{A}$ 的特征值.令 $\boldsymbol{\alpha}$ 为矩阵 $\boldsymbol{A}$ 的属于特征值 λ_0 的特征向量,于是 $\boldsymbol{A}\boldsymbol{\alpha}=\lambda_0\boldsymbol{\alpha}$,而

$$(\boldsymbol{E}+\boldsymbol{A})\boldsymbol{\alpha}=\boldsymbol{E}\boldsymbol{\alpha}+\boldsymbol{A}\boldsymbol{\alpha}=\boldsymbol{\alpha}+\lambda_0\boldsymbol{\alpha}=(1+\lambda_0)\boldsymbol{\alpha},$$

所以 $1+\lambda_0$ 为矩阵 $\boldsymbol{E}+\boldsymbol{A}$ 的特征值.

注 利用例 1 及例 2 的方法,可以证明:若 λ_0 为 n 阶矩阵 $\boldsymbol{A}$ 的特征值,$f(x)=a_0x^m+a_1x^{m-1}+\cdots+a_m$ 为 m 次多项式,则 $f(\lambda_0)$ 为矩阵多项式 $f(\boldsymbol{A})=a_0\boldsymbol{A}^m+a_1\boldsymbol{A}^{m-1}+\cdots+a_{m-1}\boldsymbol{A}+a_m\boldsymbol{E}$ 的特征值.

有兴趣的读者可以作为练习,自己证明.

例 3 设 $\boldsymbol{A}$ 为 n 阶方阵,且 $\boldsymbol{A}^2=\boldsymbol{A}$,试证 $\boldsymbol{A}$ 的特征值只能等于 0 或 1.

证 设 λ_0 为矩阵 $\boldsymbol{A}$ 的任意特征值,$\boldsymbol{\alpha}$ 为 $\boldsymbol{A}$ 的属于 λ_0 的特征向量,故 $\boldsymbol{A}\boldsymbol{\alpha}=\lambda_0\boldsymbol{\alpha}$.等式两边同时左乘 $\boldsymbol{A}$,得

$$\boldsymbol{A}^2\boldsymbol{\alpha}=\boldsymbol{A}(\lambda_0\boldsymbol{\alpha})=\lambda_0(\boldsymbol{A}\boldsymbol{\alpha})=\lambda_0^2\boldsymbol{\alpha}.$$

依题意 $\boldsymbol{A}^2=\boldsymbol{A}$,于是

$$\boldsymbol{A}^2\boldsymbol{\alpha}=\boldsymbol{A}\boldsymbol{\alpha}=\lambda_0\boldsymbol{\alpha},$$

所以

$$\lambda_0^2\boldsymbol{\alpha}=\lambda_0\boldsymbol{\alpha}\quad 即\quad (\lambda_0^2-\lambda_0)\boldsymbol{\alpha}=\boldsymbol{0}.$$

而 $\boldsymbol{\alpha}\neq\boldsymbol{0}$,故 $\lambda_0^2-\lambda_0=0$,即 $\lambda_0(\lambda_0-1)=0$,得 $\lambda_0=0$ 或 $\lambda_0=1$.

注 用类似的方法可以证明:当 n 阶方阵 $\boldsymbol{A}$ 满足 $\boldsymbol{A}^2=\boldsymbol{E}$ 时,$\boldsymbol{A}$ 的特征值只能等于 1 或 -1,其中 $\boldsymbol{E}$ 为 n 阶单位矩阵.(证明留给读者作为练习.)

例 4 已知 $\boldsymbol{\xi}=(1,1,-1)^{\mathrm{T}}$ 是 $\boldsymbol{A}=\begin{pmatrix}2&-1&2\\5&a&3\\-1&b&-2\end{pmatrix}$ 的一个特征向量.试确定参数 a,b 及特征向量 $\boldsymbol{\xi}$ 所对应的特征值.

解 设特征向量 $\boldsymbol{\xi}$ 所对应的特征值为 λ,则

$$(\lambda\boldsymbol{E}-\boldsymbol{A})\boldsymbol{\xi}=\boldsymbol{0},$$

即

$$\begin{cases}\lambda-2+1+2=0,\\-5+\lambda-a+3=0,\\1-b-\lambda-2=0,\end{cases}$$

解之，得 $a=-3,b=0,\lambda=-1$.

三、矩阵的特征值与特征向量的计算

下面按照矩阵的特征值与特征向量的概念，对几个具体的例子求出矩阵的特征值与特征向量，然后再归纳出矩阵的特征值与特征向量的一般计算方法和步骤.

例 5 求下列矩阵的全部特征值与特征向量.

(1) $\boldsymbol{A}=\begin{pmatrix}-3&2\\-2&2\end{pmatrix}$；　(2) $\boldsymbol{A}=\begin{pmatrix}-1&4&-2\\-3&4&0\\-3&1&3\end{pmatrix}$.

解 (1) 第一步，计算矩阵 $\boldsymbol{A}$ 的特征多项式

$$|\lambda\boldsymbol{E}-\boldsymbol{A}|=\begin{vmatrix}\lambda+3&-2\\2&\lambda-2\end{vmatrix}=(\lambda+3)(\lambda-2)+4$$
$$=\lambda^2+\lambda-2=(\lambda-1)(\lambda+2).$$

第二步，解矩阵 $\boldsymbol{A}$ 的特征方程 $(\lambda-1)(\lambda+2)=0$ 得两个特征值

$$\lambda_1=-2,\quad \lambda_2=1\ .$$

第三步，求 $\boldsymbol{A}$ 的属于每个特征值的特征向量.

对于特征值 $\lambda_1=-2$，求齐次线性方程组 $(\lambda_1\boldsymbol{E}-\boldsymbol{A})\boldsymbol{x}=\boldsymbol{0}$ 即 $(-2\boldsymbol{E}-\boldsymbol{A})\boldsymbol{x}=\boldsymbol{0}$ 的一个基础解系.为此，对系数矩阵 $-2\boldsymbol{E}-\boldsymbol{A}$ 施以初等行变换化成阶梯形矩阵，有

$$-2\boldsymbol{E}-\boldsymbol{A}=\begin{pmatrix}1&-2\\2&-4\end{pmatrix}\longrightarrow\begin{pmatrix}1&-2\\0&0\end{pmatrix},$$

由此得 $(-2\boldsymbol{E}-\boldsymbol{A})\boldsymbol{x}=\boldsymbol{0}$ 的同解方程

$$x_1-2x_2=0.$$

令 $x_2=1$，得 $x_1=2$，于是得基础解系 $\boldsymbol{\alpha}_1=(2,1)^{\mathrm{T}}$.所以矩阵 $\boldsymbol{A}$ 的属于特征值 $\lambda_1=-2$ 的全部特征向量为 $k_1\boldsymbol{\alpha}_1$，其中 k_1 为任意非零常数.

求 $\boldsymbol{A}$ 的属于 $\lambda_2=1$ 的全部特征向量.对于齐次线性方程组 $(\lambda_2\boldsymbol{E}-\boldsymbol{A})\boldsymbol{x}=\boldsymbol{0}$，即 $(\boldsymbol{E}-\boldsymbol{A})\boldsymbol{x}=\boldsymbol{0}$ 的系数矩阵 $\boldsymbol{E}-\boldsymbol{A}$ 施以初等行变换化成阶梯形矩阵，有

$$\boldsymbol{E}-\boldsymbol{A}=\begin{pmatrix}4&-2\\2&-1\end{pmatrix}\longrightarrow\begin{pmatrix}2&-1\\4&-2\end{pmatrix}\longrightarrow\begin{pmatrix}2&-1\\0&0\end{pmatrix},$$

得同解方程

$$2x_1-x_2=0\ .$$

令 $x_2=2$，得 $x_1=1$，于是得基础解系 $\boldsymbol{\alpha}_2=(1,2)^{\mathrm{T}}$.所以矩阵 $\boldsymbol{A}$ 的属于特征值 $\lambda_2=1$ 的全部特征向量为 $k_2\boldsymbol{\alpha}_2$，其中 k_2 为任意非零常数.

(2) 第一步,计算矩阵 $\boldsymbol{A}$ 的特征多项式

$$|\lambda\boldsymbol{E}-\boldsymbol{A}|=\begin{vmatrix}\lambda+1 & -4 & 2\\ 3 & \lambda-4 & 0\\ 3 & -1 & \lambda-3\end{vmatrix}=\begin{vmatrix}\lambda+1 & -4 & 2\\ 3 & \lambda-4 & 0\\ 0 & 3-\lambda & \lambda-3\end{vmatrix}$$

$$=(\lambda-3)\begin{vmatrix}\lambda+1 & -4 & 2\\ 3 & \lambda-4 & 0\\ 0 & -1 & 1\end{vmatrix}=(\lambda-3)\begin{vmatrix}\lambda+1 & -2 & 2\\ 3 & \lambda-4 & 0\\ 0 & 0 & 1\end{vmatrix}$$

$$=(\lambda-3)\begin{vmatrix}\lambda+1 & -2\\ 3 & \lambda-4\end{vmatrix}=(\lambda-3)[(\lambda+1)(\lambda-4)+6]$$

$$=(\lambda-3)(\lambda^2-3\lambda+2)=(\lambda-3)(\lambda-2)(\lambda-1).$$

第二步,解矩阵 $\boldsymbol{A}$ 的特征方程 $(\lambda-1)(\lambda-2)(\lambda-3)=0$,得特征值 $\lambda_1=1,\lambda_2=2,\lambda_3=3$.

第三步,求 $\boldsymbol{A}$ 的属于每个特征值的特征向量.

对于特征值 $\lambda_1=1$,求齐次线性方程组 $(\lambda_1\boldsymbol{E}-\boldsymbol{A})\boldsymbol{x}=\boldsymbol{0}$,即 $(\boldsymbol{E}-\boldsymbol{A})\boldsymbol{x}=\boldsymbol{0}$ 的一个基础解系.为此,对系数矩阵 $\boldsymbol{E}-\boldsymbol{A}$ 施以初等行变换化成行最简形矩阵,有

$$\boldsymbol{E}-\boldsymbol{A}=\begin{pmatrix}2 & -4 & 2\\ 3 & -3 & 0\\ 3 & -1 & -2\end{pmatrix}\xrightarrow[\frac{1}{3}r_2]{\frac{1}{2}r_1}\begin{pmatrix}1 & -2 & 1\\ 1 & -1 & 0\\ 3 & -1 & -2\end{pmatrix}\xrightarrow[-3r_1+r_3]{-r_1+r_2}\begin{pmatrix}1 & -2 & 1\\ 0 & 1 & -1\\ 0 & 5 & -5\end{pmatrix}$$

$$\xrightarrow{-5r_2+r_3}\begin{pmatrix}1 & -2 & 1\\ 0 & 1 & -1\\ 0 & 0 & 0\end{pmatrix}\xrightarrow{2r_2+r_1}\begin{pmatrix}1 & 0 & -1\\ 0 & 1 & -1\\ 0 & 0 & 0\end{pmatrix},$$

得同解方程组

$$\begin{cases}x_1-x_3=0,\\ x_2-x_3=0.\end{cases}$$

令 $x_3=1$,故 $x_2=1,x_1=1$,于是得基础解系 $\boldsymbol{\alpha}_1=(1,1,1)^{\mathrm{T}}$.所以矩阵 $\boldsymbol{A}$ 的属于特征值 $\lambda_1=1$ 的全部特征向量为 $k_1\boldsymbol{\alpha}_1$,其中 k_1 为任意非零常数.

类似地,分别求出 $\boldsymbol{A}$ 的属于特征值 $\lambda_2=2$ 的特征向量 $\boldsymbol{\alpha}_2=(2,3,3)^{\mathrm{T}}$ 和 $\boldsymbol{A}$ 的属于特征值 $\lambda_3=3$ 的特征向量 $\boldsymbol{\alpha}_3=(1,3,4)^{\mathrm{T}}$.由此得到属于特征值 $\lambda_2=2$ 的全部特征向量 $k_2\boldsymbol{\alpha}_2$ 和属于特征值 $\lambda_3=3$ 的全部特征向量 $k_3\boldsymbol{\alpha}_3$,其中 k_2,k_3 为任意非零常数.

例 6 求下列矩阵 $\boldsymbol{A}$ 的全部特征值与特征向量:

(1) $\boldsymbol{A}=\begin{pmatrix}1 & -1 & 1\\ 1 & 3 & -1\\ 1 & 1 & 1\end{pmatrix}$; (2) $\boldsymbol{A}=\begin{pmatrix}2 & -1 & 1\\ 0 & 3 & -1\\ 2 & 1 & 3\end{pmatrix}$.

解 (1) 由 $\boldsymbol{A}$ 的特征多项式

$$|\lambda\boldsymbol{E}-\boldsymbol{A}|=\begin{vmatrix}\lambda-1 & 1 & -1\\ -1 & \lambda-3 & 1\\ -1 & -1 & \lambda-1\end{vmatrix}=\begin{vmatrix}\lambda-1 & 0 & -1\\ -1 & \lambda-2 & 1\\ -1 & \lambda-2 & \lambda-1\end{vmatrix}$$

$$
\begin{aligned}
&=(\lambda-2)\begin{vmatrix}\lambda-1&0&-1\\-1&1&1\\-1&1&\lambda-1\end{vmatrix}\\
&=(\lambda-2)\begin{vmatrix}\lambda-1&0&-1\\0&1&1\\0&1&\lambda-1\end{vmatrix}=(\lambda-2)(\lambda-1)\begin{vmatrix}1&1\\1&\lambda-1\end{vmatrix}\\
&=(\lambda-1)(\lambda-2)^2,
\end{aligned}
$$

得矩阵 $\boldsymbol{A}$ 的特征值 $\lambda_1=1,\lambda_2=\lambda_3=2$.

对应于特征值 $\lambda_1=1$，求 $\boldsymbol{A}$ 的特征向量.解齐次线性方程组 $(\boldsymbol{E}-\boldsymbol{A})\boldsymbol{x}=\boldsymbol{0}$，对系数矩阵 $\boldsymbol{E}-\boldsymbol{A}$ 施以初等行变换化成行最简形矩阵，有

$$
\begin{aligned}
\boldsymbol{E}-\boldsymbol{A}=&\begin{pmatrix}0&1&-1\\-1&-2&1\\-1&-1&0\end{pmatrix}\longrightarrow\begin{pmatrix}1&1&0\\-1&-2&1\\0&1&-1\end{pmatrix}\longrightarrow\begin{pmatrix}1&1&0\\0&-1&1\\0&1&-1\end{pmatrix}\\
&\longrightarrow\begin{pmatrix}1&1&0\\0&1&-1\\0&0&0\end{pmatrix}\longrightarrow\begin{pmatrix}1&0&1\\0&1&-1\\0&0&0\end{pmatrix},
\end{aligned}
$$

得同解方程组

$$
\begin{cases}x_1+x_3=0,\\x_2-x_3=0.\end{cases}
$$

令 $x_3=1$ 得基础解系 $\boldsymbol{\alpha}_1=(-1,1,1)^{\mathrm{T}}$，故 $\boldsymbol{A}$ 的属于特征值 $\lambda_1=1$ 的全部特征向量为 $k_1\boldsymbol{\alpha}_1$，其中 k_1 为任意非零常数.

对应于特征值 $\lambda_2=\lambda_3=2$，求 $\boldsymbol{A}$ 的特征向量.解齐次线性方程组 $(2\boldsymbol{E}-\boldsymbol{A})\boldsymbol{x}=\boldsymbol{0}$，对系数矩阵 $2\boldsymbol{E}-\boldsymbol{A}$ 施以初等行变换化成阶梯形矩阵，有

$$
2\boldsymbol{E}-\boldsymbol{A}=\begin{pmatrix}1&1&-1\\-1&-1&1\\-1&-1&1\end{pmatrix}\longrightarrow\begin{pmatrix}1&1&-1\\0&0&0\\0&0&0\end{pmatrix},
$$

得同解方程组

$$
x_1+x_2-x_3=0.
$$

令 $\begin{pmatrix}x_2\\x_3\end{pmatrix}=\begin{pmatrix}1\\0\end{pmatrix}$，故 $x_1=-1$，得解向量 $\boldsymbol{\alpha}_2=(-1,1,0)^{\mathrm{T}}$.令 $\begin{pmatrix}x_2\\x_3\end{pmatrix}=\begin{pmatrix}0\\1\end{pmatrix}$，故 $x_1=1$，得解向量 $\boldsymbol{\alpha}_3=(1,0,1)^{\mathrm{T}}$.于是 $\boldsymbol{\alpha}_2,\boldsymbol{\alpha}_3$ 为齐次方程组 $(2\boldsymbol{E}-\boldsymbol{A})\boldsymbol{x}=\boldsymbol{0}$ 的基础解系.所以属于特征值 $\lambda_2=\lambda_3=2$ 的全部特征向量为 $k_2\boldsymbol{\alpha}_2+k_3\boldsymbol{\alpha}_3$，其中 k_2,k_3 是不同时为零的任意常数.

(2) 由 $\boldsymbol{A}$ 的特征多项式

$$
\begin{aligned}
|\lambda\boldsymbol{E}-\boldsymbol{A}|&=\begin{vmatrix}\lambda-2&1&-1\\0&\lambda-3&1\\-2&-1&\lambda-3\end{vmatrix}=\begin{vmatrix}\lambda-2&\lambda-2&0\\0&\lambda-3&1\\-2&-1&\lambda-3\end{vmatrix}\\
&=(\lambda-2)\begin{vmatrix}1&1&0\\0&\lambda-3&1\\-2&-1&\lambda-3\end{vmatrix}=(\lambda-2)\begin{vmatrix}1&0&0\\0&\lambda-3&1\\-2&1&\lambda-3\end{vmatrix}
\end{aligned}
$$

$$=(\lambda-2)\begin{vmatrix}\lambda-3 & 1\\ 1 & \lambda-3\end{vmatrix}=(\lambda-2)^2(\lambda-4),$$

得矩阵 $\boldsymbol{A}$ 的特征值 $\lambda_1=\lambda_2=2,\lambda_3=4$.

对应于特征值 $\lambda_1=\lambda_2=2$，求 $\boldsymbol{A}$ 的特征向量.解齐次线性方程组 $(2\boldsymbol{E}-\boldsymbol{A})\boldsymbol{x}=\boldsymbol{0}$，对系数矩阵 $2\boldsymbol{E}-\boldsymbol{A}$ 施以初等行变换化成行最简形矩阵，有

$$2\boldsymbol{E}-\boldsymbol{A}=\begin{pmatrix}0 & 1 & -1\\ 0 & -1 & 1\\ -2 & -1 & -1\end{pmatrix}\longrightarrow\begin{pmatrix}2 & 1 & 1\\ 0 & 1 & -1\\ 0 & 0 & 0\end{pmatrix}\longrightarrow\begin{pmatrix}1 & 0 & 1\\ 0 & 1 & -1\\ 0 & 0 & 0\end{pmatrix},$$

得同解方程组

$$\begin{cases}x_1+x_3=0,\\ x_2-x_3=0.\end{cases}$$

令 $x_3=1$，得 $x_2=1,x_1=-1$.所以 $\boldsymbol{\alpha}_1=(-1,1,1)^{\mathrm{T}}$ 为齐次方程组 $(2\boldsymbol{E}-\boldsymbol{A})\boldsymbol{x}=\boldsymbol{0}$ 的基础解系.$k_1\boldsymbol{\alpha}_1$ 为属于特征值 $\lambda_1=\lambda_2=2$ 的全部特征向量，其中 k_1 为任意非零常数.

对应于特征值 $\lambda_3=4$，求 $\boldsymbol{A}$ 的特征向量.由

$$4\boldsymbol{E}-\boldsymbol{A}=\begin{pmatrix}2 & 1 & -1\\ 0 & 1 & 1\\ -2 & -1 & 1\end{pmatrix}\longrightarrow\begin{pmatrix}2 & 1 & -1\\ 0 & 1 & 1\\ 0 & 0 & 0\end{pmatrix}\longrightarrow\begin{pmatrix}1 & 0 & -1\\ 0 & 1 & 1\\ 0 & 0 & 0\end{pmatrix},$$

得同解方程组

$$\begin{cases}x_1-x_3=0,\\ x_2+x_3=0.\end{cases}$$

令 $x_3=1$，得基础解系 $\boldsymbol{\alpha}_2=(1,-1,1)^{\mathrm{T}}$，故 $k_2\boldsymbol{\alpha}_2$ 为 $\boldsymbol{A}$ 的属于特征值 $\lambda_3=4$ 的全部特征向量，其中 k_2 为任意非零常数.

注 上述例 6(1)中 $\boldsymbol{A}$ 的属于二重特征值 $\lambda=2$ 的线性无关的特征向量有两个，而在(2)中 $\boldsymbol{A}$ 的属于二重特征值 $\lambda=2$ 的线性无关的特征向量只有一个，可见属于某一个重数等于 2 的特征值的线性无关的特征向量未必只有一个.

由上述例 5 及例 6 可见，求矩阵 $\boldsymbol{A}$ 的特征值与特征向量一般可按下列步骤进行：

(1) 计算矩阵 $\boldsymbol{A}$ 的特征多项式 $f(\lambda)=|\lambda\boldsymbol{E}-\boldsymbol{A}|$；

(2) 求 $f(\lambda)=0$ 的根：$\lambda_1,\lambda_2,\cdots,\lambda_m$（设有 m 个不同根，$m\leqslant n$，n 为 $\boldsymbol{A}$ 的阶数）；

(3) 对于每一个 λ_i $(i=1,2,\cdots,m)$，求齐次线性方程组 $(\lambda_i\boldsymbol{E}-\boldsymbol{A})\boldsymbol{x}=\boldsymbol{0}$ 的一个基础解系，并写出全部非零解.

那么，$\lambda_1,\lambda_2,\cdots,\lambda_m$ 就是 $\boldsymbol{A}$ 的特征值.齐次方程组 $(\lambda_i\boldsymbol{E}-\boldsymbol{A})\boldsymbol{x}=\boldsymbol{0}$ $(i=1,2,\cdots,m)$ 的全部非零解（基础解系的非零线性组合）就是 $\boldsymbol{A}$ 的属于特征值 λ_i 的全部特征向量.

例 7 填空题.

矩阵 $\begin{pmatrix}0 & -2 & -2\\ 2 & 2 & -2\\ -2 & -2 & 2\end{pmatrix}$ 的非零特征值是__________.

解 设

$$A=\begin{pmatrix}0&-2&-2\\2&2&-2\\-2&-2&2\end{pmatrix},$$

则

$$|\lambda E-A|=\begin{vmatrix}\lambda&2&2\\-2&\lambda-2&2\\2&2&\lambda-2\end{vmatrix}=\begin{vmatrix}\lambda&2&2\\0&\lambda&\lambda\\2&2&\lambda-2\end{vmatrix}$$
$$=\lambda\begin{vmatrix}\lambda&0&0\\0&1&1\\2&2&\lambda-2\end{vmatrix}=\lambda^2(\lambda-4),$$

由此可知矩阵 A 的特征值为 0(二重),4.故应填 4.

例 8　选择题.

设 A 是 n 阶实对称矩阵,P 是 n 阶可逆矩阵.已知 n 维列向量 α 是 A 的属于特征值 λ 的特征向量,则矩阵 $(P^{-1}AP)^{\mathrm{T}}$ 属于特征值 λ 的特征向量是(　　).

(A) $P^{-1}\alpha$　　(B) $P^{\mathrm{T}}\alpha$　　(C) $P\alpha$　　(D) $(P^{-1})^{\mathrm{T}}\alpha$

解　因为 α 是 A 的属于特征值 λ 的特征向量,故 $A\alpha=\lambda\alpha$.矩阵 $(P^{-1}AP)^{\mathrm{T}}$ 属于特征值 λ 的特征向量 β 必须满足 $(P^{-1}AP)^{\mathrm{T}}\beta=\lambda\beta$.

将(A)(B)(C)(D)中四个向量代入上式,只有 $\beta=P^{\mathrm{T}}\alpha$ 满足,因为

$$\begin{aligned}(P^{-1}AP)^{\mathrm{T}}(P^{\mathrm{T}}\alpha)&=P^{\mathrm{T}}A^{\mathrm{T}}(P^{-1})^{\mathrm{T}}P^{\mathrm{T}}\alpha\\&=P^{\mathrm{T}}A^{\mathrm{T}}(P^{\mathrm{T}})^{-1}P^{\mathrm{T}}\alpha\\&=P^{\mathrm{T}}A\alpha=\lambda(P^{\mathrm{T}}\alpha).\end{aligned}$$

所以,应选(B).

§ 5.2　相似矩阵·矩阵的特征值与特征向量的性质

对角矩阵计算比较简单,而我们可以利用矩阵的特征值和特征向量来判断一个矩阵能否“化为”对角矩阵,这就需要讨论矩阵之间的相似关系.

一、相似矩阵

定义 5.2　设 A,B 为 n 阶矩阵,如果存在 n 阶可逆矩阵 P,使得

$$B=P^{-1}AP,$$

则称矩阵 A 相似于 B,记为 $A\sim B$,并称 P 为相似变换矩阵.

例如,矩阵

$$A=\begin{pmatrix}-3&2\\-2&2\end{pmatrix},\quad B=\begin{pmatrix}-2&0\\0&1\end{pmatrix},\quad P=\begin{pmatrix}2&1\\1&2\end{pmatrix}.$$

不难验证 P 为可逆矩阵,求出

$$P^{-1}=\begin{pmatrix}\frac{2}{3} & -\frac{1}{3}\\ -\frac{1}{3} & \frac{2}{3}\end{pmatrix},$$

于是

$$P^{-1}AP=\begin{pmatrix}\frac{2}{3} & -\frac{1}{3}\\ -\frac{1}{3} & \frac{2}{3}\end{pmatrix}\begin{pmatrix}-3 & 2\\ -2 & 2\end{pmatrix}\begin{pmatrix}2 & 1\\ 1 & 2\end{pmatrix}$$

$$=\begin{pmatrix}-2 & 0\\ 0 & 1\end{pmatrix}=B,$$

故 $A\sim B$.

容易证明,矩阵的相似关系有下列性质:

性质 1(反身性) 设 A 为 n 阶方阵,则 $A\sim A$.

证 由于 $A=E^{-1}AE$,故 $A\sim A$.其中 E 为 n 阶单位矩阵.

性质 2(对称性) 设 A,B 为 n 阶方阵,且 $A\sim B$,则 $B\sim A$.

证 因为 $A\sim B$,由定义知存在 n 阶可逆矩阵 P,使得 $B=P^{-1}AP$,所以 $A=PBP^{-1}=(P^{-1})^{-1}BP^{-1}$.取 $Q=P^{-1}$,故 $A=Q^{-1}BQ$,即 $B\sim A$.

性质 3(传递性) 设 A,B,C 为 n 阶方阵,且 $A\sim B,B\sim C$,则 $A\sim C$.

证 因为 $A\sim B$,所以存在可逆矩阵 P_1,使得 $B=P_1^{-1}AP_1$;因为 $B\sim C$,所以存在可逆矩阵 P_2,使得 $C=P_2^{-1}BP_2$.于是

$$C=P_2^{-1}BP_2=P_2^{-1}(P_1^{-1}AP_1)P_2=(P_2^{-1}P_1^{-1})A(P_1P_2).$$

因为 P_1,P_2 可逆,故 P_1P_2 可逆且 $(P_1P_2)^{-1}=P_2^{-1}P_1^{-1}$,于是

$$C=(P_1P_2)^{-1}A(P_1P_2).$$

所以 $A\sim C$.

性质 4 若 $A\sim B$,则 $|A|=|B|$.

证 由 $A\sim B$,知存在可逆矩阵 P,使得 $B=P^{-1}AP$.于是 $|B|=|P^{-1}AP|$,即

$$|B|=|P^{-1}||A||P|=|A||P^{-1}||P|=|A|.$$

性质 5 若 $A\sim B$,则 A 与 B 或者都可逆,或者都不可逆,并且当 A 与 B 都可逆时,$A^{-1}\sim B^{-1}$.

证 因为 $A\sim B$,由性质 4 知 $|A|=|B|$,于是 A 与 B 中的任何一个可逆,则另一个必可逆,故 A 与 B 或者都可逆,或者都不可逆.再证后一部分.假设 $A\sim B$,并且 A 可逆,所以存在可逆矩阵 P,使得 $B=P^{-1}AP$.于是

$$B^{-1}=(P^{-1}AP)^{-1}=P^{-1}A^{-1}(P^{-1})^{-1}=P^{-1}A^{-1}P,$$

故 $A^{-1}\sim B^{-1}$.

性质 6 设 $A\sim B$,m 为正整数,则 $A^m\sim B^m$.

证 因为 $A\sim B$,所以存在可逆矩阵 P,使得 $B=P^{-1}AP$,于是

$$B^m=(P^{-1}AP)^m=\overbrace{(P^{-1}AP)(P^{-1}AP)\cdots(P^{-1}AP)}^{m\text{个}}$$

$$=\boldsymbol{P}^{-1}\boldsymbol{A}(\boldsymbol{P}\boldsymbol{P}^{-1})\boldsymbol{A}(\boldsymbol{P}\boldsymbol{P}^{-1})\cdots(\boldsymbol{P}\boldsymbol{P}^{-1})\boldsymbol{A}\boldsymbol{P}=\boldsymbol{P}^{-1}\boldsymbol{A}^{m}\boldsymbol{P},$$

故 $\boldsymbol{A}^m\sim\boldsymbol{B}^m$.

可见性质 5 与性质 6 中相似变换矩阵 $\boldsymbol{P}$ 不变.

***性质 7** 相似矩阵的秩相等.即如果 $\boldsymbol{A}\sim\boldsymbol{B}$,则 $r(\boldsymbol{A})=r(\boldsymbol{B})$.

***性质 8** 相似矩阵的迹相等.即如果 $\boldsymbol{A}\sim\boldsymbol{B}$,则 $\operatorname{tr}\boldsymbol{A}=\operatorname{tr}\boldsymbol{B}$.

上述性质 7 及性质 8 的证明,留给有兴趣的读者作为练习.

注 n 阶方阵 $\boldsymbol{A}=(a_{ij})$ 的迹记为 $\operatorname{tr}\boldsymbol{A}$,定义为 $\operatorname{tr}\boldsymbol{A}=a_{11}+a_{22}+\cdots+a_{nn}$.

例 1 选择题.

设 $\boldsymbol{A},\boldsymbol{B}$ 是可逆矩阵,且 $\boldsymbol{A}$ 与 $\boldsymbol{B}$ 相似,则下列结论错误的是( ).

(A) $\boldsymbol{A}^{\mathrm{T}}$ 与 $\boldsymbol{B}^{\mathrm{T}}$ 相似　　(B) $\boldsymbol{A}^{-1}$ 与 $\boldsymbol{B}^{-1}$ 相似

(C) $\boldsymbol{A}+\boldsymbol{A}^{\mathrm{T}}$ 与 $\boldsymbol{B}+\boldsymbol{B}^{\mathrm{T}}$ 相似　　(D) $\boldsymbol{A}+\boldsymbol{A}^{-1}$ 与 $\boldsymbol{B}+\boldsymbol{B}^{-1}$ 相似

解 因为 $\boldsymbol{A}$ 与 $\boldsymbol{B}$ 相似,所以存在可逆矩阵 $\boldsymbol{P}$,使得 $\boldsymbol{B}=\boldsymbol{P}^{-1}\boldsymbol{A}\boldsymbol{P}$.将此式两边同时转置,得

$$\boldsymbol{B}^{\mathrm{T}}=\boldsymbol{P}^{\mathrm{T}}\boldsymbol{A}^{\mathrm{T}}(\boldsymbol{P}^{-1})^{\mathrm{T}}=\boldsymbol{P}^{\mathrm{T}}\boldsymbol{A}^{\mathrm{T}}(\boldsymbol{P}^{\mathrm{T}})^{-1};$$

两边同时求逆,得

$$\boldsymbol{B}^{-1}=\boldsymbol{P}^{-1}\boldsymbol{A}^{-1}(\boldsymbol{P}^{-1})^{-1}=\boldsymbol{P}^{-1}\boldsymbol{A}^{-1}\boldsymbol{P}.$$

故 $\boldsymbol{A}^{\mathrm{T}}$ 与 $\boldsymbol{B}^{\mathrm{T}}$ 相似,$\boldsymbol{A}^{-1}$ 与 $\boldsymbol{B}^{-1}$ 相似.

进一步可得

$$\boldsymbol{B}+\boldsymbol{B}^{-1}=\boldsymbol{P}^{-1}(\boldsymbol{A}+\boldsymbol{A}^{-1})\boldsymbol{P},$$

于是 $\boldsymbol{A}+\boldsymbol{A}^{-1}$ 与 $\boldsymbol{B}+\boldsymbol{B}^{-1}$ 相似.

综上可见结论(A)(B)(D)均正确.所以应选择(C).

注 为说明结论(C)是错误的,亦可举出反例.若取

$$\boldsymbol{A}=\begin{pmatrix}1&3\\2&2\end{pmatrix},\quad \boldsymbol{B}=\begin{pmatrix}4&0\\0&-1\end{pmatrix},$$

不难验证 $\boldsymbol{A}$ 与 $\boldsymbol{B}$ 相似,但 $\boldsymbol{A}+\boldsymbol{A}^{\mathrm{T}}$ 与 $\boldsymbol{B}+\boldsymbol{B}^{\mathrm{T}}$ 不相似.

二、特征值与特征向量的性质

定理 5.1 设 n 阶方阵 $\boldsymbol{A}=(a_{ij})$ 的全部特征值为 $\lambda_1,\lambda_2,\cdots,\lambda_n$(可能有重根),则

(1) $\lambda_1+\lambda_2+\cdots+\lambda_n=a_{11}+a_{22}+\cdots+a_{nn}=\operatorname{tr}\boldsymbol{A}$;

(2) $\lambda_1\lambda_2\cdots\lambda_n=|\boldsymbol{A}|$.

证 矩阵 $\boldsymbol{A}$ 的特征多项式

$$f(\lambda)=|\lambda\boldsymbol{E}-\boldsymbol{A}|=\begin{vmatrix}\lambda-a_{11}&-a_{12}&\cdots&-a_{1n}\\-a_{21}&\lambda-a_{22}&\cdots&-a_{2n}\\\vdots&\vdots&&\vdots\\-a_{n1}&-a_{n2}&\cdots&\lambda-a_{nn}\end{vmatrix}.$$

利用行列式“拆项”的性质,可以将 $|\lambda\boldsymbol{E}-\boldsymbol{A}|$ 拆成 2^n 个行列式之和,有

$$|\lambda \boldsymbol{E}-\boldsymbol{A}|=\begin{vmatrix}\lambda-a_{11} & 0-a_{12} & \cdots & 0-a_{1n}\\ 0-a_{21} & \lambda-a_{22} & \cdots & 0-a_{2n}\\ \vdots & \vdots & & \vdots\\ 0-a_{n1} & 0-a_{n2} & \cdots & \lambda-a_{nn}\end{vmatrix}$$

$$=\begin{vmatrix}\lambda & 0 & \cdots & 0\\ 0 & \lambda & \cdots & 0\\ \vdots & \vdots & & \vdots\\ 0 & 0 & \cdots & \lambda\end{vmatrix}+\begin{vmatrix}-a_{11} & 0 & \cdots & 0\\ -a_{21} & \lambda & \cdots & 0\\ \vdots & \vdots & & \vdots\\ -a_{n1} & 0 & \cdots & \lambda\end{vmatrix}+\cdots+$$

$$\begin{vmatrix}\lambda & \cdots & 0 & -a_{1n}\\ \vdots & & \vdots & \vdots\\ 0 & \cdots & \lambda & -a_{n-1n}\\ 0 & \cdots & 0 & -a_{nn}\end{vmatrix}+\cdots+\begin{vmatrix}-a_{11} & -a_{12} & \cdots & -a_{1n}\\ -a_{21} & -a_{22} & \cdots & -a_{2n}\\ \vdots & \vdots & & \vdots\\ -a_{n1} & -a_{n2} & \cdots & -a_{nn}\end{vmatrix}$$

$$=\lambda^n-(a_{11}+a_{22}+\cdots+a_{nn})\lambda^{n-1}+\cdots+(-1)^n|\boldsymbol{A}|.$$

另外，因为 $\lambda_1,\lambda_2,\cdots,\lambda_n$ 是 $\boldsymbol{A}$ 的全部特征值，因此

$$\begin{aligned}|\lambda \boldsymbol{E}-\boldsymbol{A}|&=(\lambda-\lambda_1)(\lambda-\lambda_2)\cdots(\lambda-\lambda_n)\\ &=\lambda^n-(\lambda_1+\lambda_2+\cdots+\lambda_n)\lambda^{n-1}+\cdots+(-1)^n\lambda_1\lambda_2\cdots\lambda_n.\end{aligned}$$

比较上述两式，得

$$\lambda_1+\lambda_2+\cdots+\lambda_n=a_{11}+a_{22}+\cdots+a_{nn}=\operatorname{tr}\boldsymbol{A},$$

$$\lambda_1\lambda_2\cdots\lambda_n=|\boldsymbol{A}|.$$

推论 设 $\boldsymbol{A}$ 为 n 阶方阵，则 $\boldsymbol{A}$ 为可逆矩阵的充要条件是 $\boldsymbol{A}$ 的特征值皆不为零.

事实上，n 阶方阵 $\boldsymbol{A}$ 可逆 $\Longleftrightarrow |\boldsymbol{A}|\neq 0$，再由 $|\boldsymbol{A}|=\lambda_1\lambda_2\cdots\lambda_n$ 即可得到本推论.

定理 5.2 n 阶矩阵 $\boldsymbol{A}$ 与其转置矩阵 $\boldsymbol{A}^{\mathrm{T}}$ 有相同的特征值.

证 因为

$$|\lambda \boldsymbol{E}-\boldsymbol{A}|=|(\lambda \boldsymbol{E}-\boldsymbol{A})^{\mathrm{T}}|=|\lambda \boldsymbol{E}^{\mathrm{T}}-\boldsymbol{A}^{\mathrm{T}}|=|\lambda \boldsymbol{E}-\boldsymbol{A}^{\mathrm{T}}|,$$

即 $\boldsymbol{A}$ 与 $\boldsymbol{A}^{\mathrm{T}}$ 有相同的特征多项式，因而它们的特征值相同.

注 $\boldsymbol{A}$ 与 $\boldsymbol{A}^{\mathrm{T}}$ 虽然有相同的特征值，但一般地，$\boldsymbol{A}$ 与 $\boldsymbol{A}^{\mathrm{T}}$ 未必有相同的特征向量.

例如，对

$$\boldsymbol{A}=\begin{pmatrix}-3 & 2\\ -2 & 2\end{pmatrix},\quad \boldsymbol{A}^{\mathrm{T}}=\begin{pmatrix}-3 & -2\\ 2 & 2\end{pmatrix},$$

经计算可得 $\boldsymbol{A}$ 与 $\boldsymbol{A}^{\mathrm{T}}$ 都有特征值 $\lambda_1=-2,\lambda_2=1$.但矩阵 $\boldsymbol{A}$ 的属于特征值 $\lambda_1=-2$ 的特征向量为 $\boldsymbol{\alpha}_1=(2,1)^{\mathrm{T}}$，而矩阵 $\boldsymbol{A}^{\mathrm{T}}$ 的属于特征值 $\lambda_1=-2$ 的特征向量为 $\boldsymbol{\alpha}_1'=(-2,1)^{\mathrm{T}}$，$\boldsymbol{\alpha}_1$ 与 $\boldsymbol{\alpha}_1'$ 线性无关.

定理 5.3 相似矩阵有相同的特征值.

证 设 $\boldsymbol{A},\boldsymbol{B}$ 为 n 阶矩阵，且 $\boldsymbol{A}\sim\boldsymbol{B}$.由相似矩阵定义知，存在 n 阶可逆矩阵 $\boldsymbol{P}$，使得 $\boldsymbol{B}=\boldsymbol{P}^{-1}\boldsymbol{AP}$.因此

$$\begin{aligned}|\lambda \boldsymbol{E}-\boldsymbol{B}|&=|\lambda \boldsymbol{E}-\boldsymbol{P}^{-1}\boldsymbol{AP}|=|\boldsymbol{P}^{-1}(\lambda \boldsymbol{E}-\boldsymbol{A})\boldsymbol{P}|\\ &=|\boldsymbol{P}^{-1}|\,|\lambda \boldsymbol{E}-\boldsymbol{A}|\,|\boldsymbol{P}|=|\lambda \boldsymbol{E}-\boldsymbol{A}|.\end{aligned}$$

因为矩阵 $\boldsymbol{A}$,$\boldsymbol{B}$ 有相同的特征多项式,所以必有相同的特征值.

定理 5.4 设 $\lambda_1,\lambda_2,\cdots,\lambda_m$ 为 n 阶矩阵 $\boldsymbol{A}$ 的互不相同的特征值,$\boldsymbol{\alpha}_1,\boldsymbol{\alpha}_2,\cdots,\boldsymbol{\alpha}_m$ 为 $\boldsymbol{A}$ 的分别属于 $\lambda_1,\lambda_2,\cdots,\lambda_m$ 的特征向量,则 $\boldsymbol{\alpha}_1,\boldsymbol{\alpha}_2,\cdots,\boldsymbol{\alpha}_m$ 线性无关,即矩阵 $\boldsymbol{A}$ 的属于不同特征值的特征向量线性无关.

证 用数学归纳法.对不同的特征值的个数 m 进行归纳.

当 $m=1$ 时,$\boldsymbol{A}$ 的属于特征值 λ_1 的特征向量 $\boldsymbol{\alpha}_1$ 是非零向量,所以 $\boldsymbol{\alpha}_1$ 线性无关.故定理成立.

假设 $\boldsymbol{A}$ 的 $m-1$ 个互不相同的特征值 $\lambda_1,\lambda_2,\cdots,\lambda_{m-1}$ 所对应的特征向量 $\boldsymbol{\alpha}_1,\boldsymbol{\alpha}_2,\cdots,\boldsymbol{\alpha}_{m-1}$ 线性无关,只需证明 m 个互不相同的特征值 $\lambda_1,\lambda_2,\cdots,\lambda_m$ 所对应的特征向量 $\boldsymbol{\alpha}_1,\boldsymbol{\alpha}_2,\cdots,\boldsymbol{\alpha}_m$ 线性无关.

设存在数 $k_1,k_2,\cdots,k_m$ 使等式

$$k_1\boldsymbol{\alpha}_1+k_2\boldsymbol{\alpha}_2+\cdots+k_m\boldsymbol{\alpha}_m=\boldsymbol{0} \tag{5.5}$$

成立,将矩阵 $\boldsymbol{A}$ 左乘(5.5)式两端,得

$$k_1\boldsymbol{A}\boldsymbol{\alpha}_1+k_2\boldsymbol{A}\boldsymbol{\alpha}_2+\cdots+k_m\boldsymbol{A}\boldsymbol{\alpha}_m=\boldsymbol{0}.$$

由于 $\boldsymbol{A}\boldsymbol{\alpha}_i=\lambda_i\boldsymbol{\alpha}_i\ (i=1,2,\cdots,m)$,则有

$$k_1\lambda_1\boldsymbol{\alpha}_1+k_2\lambda_2\boldsymbol{\alpha}_2+\cdots+k_m\lambda_m\boldsymbol{\alpha}_m=\boldsymbol{0}. \tag{5.6}$$

再用 λ_m 乘(5.5)式,得

$$k_1\lambda_m\boldsymbol{\alpha}_1+k_2\lambda_m\boldsymbol{\alpha}_2+\cdots+k_m\lambda_m\boldsymbol{\alpha}_m=\boldsymbol{0}. \tag{5.7}$$

用(5.6)式减去(5.7)式,得

$$k_1(\lambda_1-\lambda_m)\boldsymbol{\alpha}_1+k_2(\lambda_2-\lambda_m)\boldsymbol{\alpha}_2+\cdots+k_{m-1}(\lambda_{m-1}-\lambda_m)\boldsymbol{\alpha}_{m-1}=\boldsymbol{0}.$$

由假设,$\boldsymbol{\alpha}_1,\boldsymbol{\alpha}_2,\cdots,\boldsymbol{\alpha}_{m-1}$ 线性无关,故

$$k_i(\lambda_i-\lambda_m)=0\quad(i=1,2,\cdots,m-1).$$

由于 $\lambda_i-\lambda_m\neq 0\ (i=1,2,\cdots,m-1)$,故 $k_1=k_2=\cdots=k_{m-1}=0$,于是(5.5)式化为

$$k_m\boldsymbol{\alpha}_m=\boldsymbol{0},$$

而 $\boldsymbol{\alpha}_m\neq\boldsymbol{0}$,所以 $k_m=0$,因而 $\boldsymbol{\alpha}_1,\boldsymbol{\alpha}_2,\cdots,\boldsymbol{\alpha}_m$ 线性无关.由数学归纳法原理,定理得证.

由定理 5.4 很容易得到下列推论.

推论 如果 n 阶矩阵 $\boldsymbol{A}$ 有 n 个互不相同的特征值,则 $\boldsymbol{A}$ 有 n 个线性无关的特征向量.

另外,定理 5.4 还可以推广为

定理 5.5 如果 $\lambda_1,\lambda_2,\cdots,\lambda_k$ 是 n 阶矩阵 $\boldsymbol{A}$ 的不同特征值,而 $\boldsymbol{\alpha}_{i1},\boldsymbol{\alpha}_{i2},\cdots,\boldsymbol{\alpha}_{ir_i}$ 是属于特征值 $\lambda_i\ (i=1,2,\cdots,k)$ 的线性无关的特征向量,那么 $\boldsymbol{\alpha}_{11},\boldsymbol{\alpha}_{12},\cdots,\boldsymbol{\alpha}_{1r_1},\boldsymbol{\alpha}_{21},\boldsymbol{\alpha}_{22},\cdots,\boldsymbol{\alpha}_{2r_2},\cdots,\boldsymbol{\alpha}_{k1},\boldsymbol{\alpha}_{k2},\cdots,\boldsymbol{\alpha}_{kr_k}$ 线性无关.

证明从略.

例 2 设 λ_0 为 n 阶可逆矩阵 $\boldsymbol{A}$ 的特征值,试证

(1) $\dfrac{1}{\lambda_0}$ 为 $\boldsymbol{A}^{-1}$ 的特征值;

(2) $\dfrac{|\boldsymbol{A}|}{\lambda_0}$ 为 $\boldsymbol{A}$ 的伴随矩阵 $\boldsymbol{A}^*$ 的特征值.

证 依题意 $\boldsymbol{A}$ 为可逆矩阵,由定理 5.1 的推论有 $\lambda_0\neq 0$.设 $\boldsymbol{\alpha}$ 为矩阵 $\boldsymbol{A}$ 的属于特征值 λ_0

的特征向量，于是 $\boldsymbol{A\alpha}=\lambda_0\boldsymbol{\alpha}$.

(1) 对等式 $\boldsymbol{A\alpha}=\lambda_0\boldsymbol{\alpha}$ 两端左乘 $\boldsymbol{A}^{-1}$，有

$$\boldsymbol{A}^{-1}(\boldsymbol{A\alpha})=\boldsymbol{A}^{-1}(\lambda_0\boldsymbol{\alpha}),\quad 即\quad \boldsymbol{\alpha}=\lambda_0(\boldsymbol{A}^{-1}\boldsymbol{\alpha}),$$

故 $\boldsymbol{A}^{-1}\boldsymbol{\alpha}=\dfrac{1}{\lambda_0}\boldsymbol{\alpha}$，所以 $\dfrac{1}{\lambda_0}$ 是 $\boldsymbol{A}^{-1}$ 的特征值.

(2) 由(1)知 $\boldsymbol{A}^{-1}\boldsymbol{\alpha}=\dfrac{1}{\lambda_0}\boldsymbol{\alpha}$，而 $\boldsymbol{A}^{-1}=\dfrac{1}{|\boldsymbol{A}|}\boldsymbol{A}^*$，故

$$\frac{1}{|\boldsymbol{A}|}\boldsymbol{A}^*\boldsymbol{\alpha}=\frac{1}{\lambda_0}\boldsymbol{\alpha},\quad 即\quad \boldsymbol{A}^*\boldsymbol{\alpha}=\frac{|\boldsymbol{A}|}{\lambda_0}\boldsymbol{\alpha},$$

所以 $\dfrac{|\boldsymbol{A}|}{\lambda_0}$ 是 $\boldsymbol{A}^*$ 的特征值.

例 3 填空题.

设三阶矩阵 $\boldsymbol{A}$ 的特征值为 2，−2，1，矩阵 $\boldsymbol{B}=\boldsymbol{A}^2-\boldsymbol{A}+\boldsymbol{E}$，其中 $\boldsymbol{E}$ 为三阶单位矩阵，则行列式 $|\boldsymbol{B}|=$ ________.

解 令 $\boldsymbol{B}$ 的特征值为 $\lambda_1,\lambda_2,\lambda_3$，因为矩阵 $\boldsymbol{A}$ 的特征值为 2，−2，1，利用 §5.1 例 2 的注，知

$$\lambda_1=2^2-2+1=3,$$
$$\lambda_2=(-2)^2-(-2)+1=7,$$
$$\lambda_3=1^2-1+1=1,$$

而 $|\boldsymbol{B}|=\lambda_1\lambda_2\lambda_3=3\times7\times1=21$.所以应填 21.

例 4 设 $\boldsymbol{A}$ 为 n 阶矩阵，$|\boldsymbol{A}|\neq0$，$\boldsymbol{A}^*$ 为 $\boldsymbol{A}$ 的伴随矩阵，$\boldsymbol{E}$ 为 n 阶单位矩阵，λ_0 为 $\boldsymbol{A}$ 的特征值.试证 $\left(\dfrac{|\boldsymbol{A}|}{\lambda_0}\right)^2+1$ 为 $(\boldsymbol{A}^*)^2+\boldsymbol{E}$ 的特征值.

证 由题设 $|\boldsymbol{A}|\neq0$，知 $\boldsymbol{A}$ 为可逆矩阵.又因 λ_0 为 $\boldsymbol{A}$ 的特征值，由例 2(2)知 $\dfrac{|\boldsymbol{A}|}{\lambda_0}$ 为 $\boldsymbol{A}^*$ 的特征值.再根据 §5.1 例 2 的注知 $\left(\dfrac{|\boldsymbol{A}|}{\lambda_0}\right)^2+1$ 为 $(\boldsymbol{A}^*)^2+\boldsymbol{E}$ 的特征值.

例 5 设 λ_1,λ_2 是 n 阶矩阵 $\boldsymbol{A}$ 的两个不同特征值，$\boldsymbol{\alpha}_1,\boldsymbol{\alpha}_2$ 是分别属于 λ_1,λ_2 的特征向量.试证 $\boldsymbol{\alpha}_1+\boldsymbol{\alpha}_2$ 不是 $\boldsymbol{A}$ 的特征向量.

证 用反证法.

设 $\boldsymbol{\alpha}_1+\boldsymbol{\alpha}_2$ 是 $\boldsymbol{A}$ 的属于特征值 λ 的特征向量，那么

$$\boldsymbol{A}(\boldsymbol{\alpha}_1+\boldsymbol{\alpha}_2)=\lambda(\boldsymbol{\alpha}_1+\boldsymbol{\alpha}_2),$$

即

$$\boldsymbol{A\alpha}_1+\boldsymbol{A\alpha}_2=\lambda\boldsymbol{\alpha}_1+\lambda\boldsymbol{\alpha}_2.$$

依题意 $\boldsymbol{A\alpha}_1=\lambda_1\boldsymbol{\alpha}_1$，$\boldsymbol{A\alpha}_2=\lambda_2\boldsymbol{\alpha}_2$，代入上式，得

$$\lambda_1\boldsymbol{\alpha}_1+\lambda_2\boldsymbol{\alpha}_2=\lambda\boldsymbol{\alpha}_1+\lambda\boldsymbol{\alpha}_2,$$

即

$$(\lambda_1-\lambda)\boldsymbol{\alpha}_1+(\lambda_2-\lambda)\boldsymbol{\alpha}_2=\boldsymbol{0}.$$

因为 $\boldsymbol{\alpha}_1,\boldsymbol{\alpha}_2$ 是属于不同特征值的特征向量，它们线性无关，故

$$\lambda_1-\lambda=0,\quad \lambda_2-\lambda=0,$$

得 $\lambda_1=\lambda_2$，与 $\lambda_1\neq\lambda_2$ 矛盾.所以 $\boldsymbol{\alpha}_1+\boldsymbol{\alpha}_2$ 不是 $\boldsymbol{A}$ 的特征向量.

例 6 已知矩阵

$$\boldsymbol{A}=\begin{pmatrix}7&4&-1\\4&7&-1\\-4&-4&x\end{pmatrix}$$

有特征值 $\lambda_1=\lambda_2=3,\lambda_3=12$，试确定 x 的值.

解 **方法 1** 因为矩阵 $\boldsymbol{A}$ 的全部特征值之和应等于其主对角线上元素之和，故

$$\lambda_1+\lambda_2+\lambda_3=7+7+x,$$

解得 $x=4$.

方法 2 因为矩阵 $\boldsymbol{A}$ 的全部特征值的乘积应等于其行列式的值，故

$$\begin{vmatrix}7&4&-1\\4&7&-1\\-4&-4&x\end{vmatrix}=\lambda_1\lambda_2\lambda_3,\quad 即\quad 33x-24=108,$$

解之，得 $x=4$.

方法 3 因为 $\lambda_3=12$ 是 $\boldsymbol{A}$ 的特征值，所以 $|\lambda_3\boldsymbol{E}-\boldsymbol{A}|=0$，即

$$\begin{vmatrix}\lambda_3-7&-4&1\\-4&\lambda_3-7&1\\4&4&\lambda_3-x\end{vmatrix}=\begin{vmatrix}5&-4&1\\-4&5&1\\4&4&12-x\end{vmatrix}=\begin{vmatrix}5&-4&1\\1&1&2\\4&4&12-x\end{vmatrix}$$

$$=\begin{vmatrix}5&-4&1\\1&1&2\\0&0&4-x\end{vmatrix}=9(4-x)=0,$$

解得 $x=4$.

注 若将 $\lambda=3$(二重根)代入特征方程 $|\lambda\boldsymbol{E}-\boldsymbol{A}|=0$，则不能确定 x.此时应改成将 $\lambda=12$ 代入计算.或者，因为特征多项式

$$\begin{vmatrix}\lambda-7&-4&1\\-4&\lambda-7&1\\4&4&\lambda-x\end{vmatrix}=(\lambda-3)^2(\lambda-12),$$

将等式两边都展开成 λ 的 3 次多项式，利用两边多项式对应系数均相等，亦可求出 x.

例 7 已知矩阵

$$\boldsymbol{A}=\begin{pmatrix}a&-1&c\\5&b&3\\1-c&0&-a\end{pmatrix},$$

其行列式 $|\boldsymbol{A}|=-1$，又 $\boldsymbol{A}$ 的伴随矩阵 $\boldsymbol{A}^*$ 有一个特征值 λ_0，属于 λ_0 的一个特征向量 $\boldsymbol{\alpha}=(-1,-1,1)^{\mathrm{T}}$，求 a,b,c 和 λ_0 的值.

解 由题设有 $\boldsymbol{A}^*\boldsymbol{\alpha}=\lambda_0\boldsymbol{\alpha}$，又由 $\boldsymbol{A}\boldsymbol{A}^*=|\boldsymbol{A}|\boldsymbol{E}$，而 $|\boldsymbol{A}|=-1$，所以 $\boldsymbol{A}\boldsymbol{A}^*=-\boldsymbol{E}$.于是

$$\boldsymbol{A}\boldsymbol{A}^*\boldsymbol{\alpha}=\boldsymbol{A}(\lambda_0\boldsymbol{\alpha})=\lambda_0\boldsymbol{A}\boldsymbol{\alpha}.$$

又

$$\boldsymbol{AA}^*\boldsymbol{\alpha}=-\boldsymbol{E\alpha}=-\boldsymbol{\alpha},$$

所以 $\lambda_0\boldsymbol{A\alpha}=-\boldsymbol{\alpha}$，即

$$\lambda_0\begin{pmatrix}a&-1&c\\5&b&3\\1-c&0&-a\end{pmatrix}\begin{pmatrix}-1\\-1\\1\end{pmatrix}=-\begin{pmatrix}-1\\-1\\1\end{pmatrix},$$

由此可得
$$\begin{cases}\lambda_0(-a+1+c)=1,\\\lambda_0(-5-b+3)=1,\\\lambda_0(-1+c-a)=-1.\end{cases}$$

由于 $\boldsymbol{A}^*$ 可逆，故 $\lambda_0\neq0$，解上述方程组，得 $a=c,b=-3,\lambda_0=1$.再由 $|\boldsymbol{A}|=-1$，即

$$\begin{vmatrix}a&-1&a\\5&-3&3\\1-a&0&-a\end{vmatrix}=a-3=-1,$$

得 $a=2,b=-3,c=2,\lambda_0=1$.

例 8 已知矩阵

$$\boldsymbol{C}=\begin{pmatrix}2&0&0\\0&0&1\\0&1&x\end{pmatrix}\quad 和\quad \boldsymbol{D}=\begin{pmatrix}2&0&0\\0&3&4\\0&-2&y\end{pmatrix}$$

相似，试确定参数 x,y.

解 因为 $\boldsymbol{C}$ 和 $\boldsymbol{D}$ 相似，所以它们有相同的特征多项式

$$|\lambda\boldsymbol{E}-\boldsymbol{C}|=|\lambda\boldsymbol{E}-\boldsymbol{D}|,$$

即

$$\begin{vmatrix}\lambda-2&0&0\\0&\lambda&-1\\0&-1&\lambda-x\end{vmatrix}=\begin{vmatrix}\lambda-2&0&0\\0&\lambda-3&-4\\0&2&\lambda-y\end{vmatrix},$$

$$(\lambda-2)(\lambda^2-x\lambda-1)=(\lambda-2)[\lambda^2-(3+y)\lambda+3y+8],$$

比较等式两端 λ 同次幂的系数，得

$$\begin{cases}x=3+y,\\-1=3y+8.\end{cases}$$

解之，得 $x=0,y=-3$.

例 9 如果矩阵 $\boldsymbol{A}$ 可逆，试证 $\boldsymbol{AB}$ 与 $\boldsymbol{BA}$ 的特征值相同.

证 因为矩阵 $\boldsymbol{A}$ 可逆，即 $\boldsymbol{A}$ 的逆矩阵 $\boldsymbol{A}^{-1}$ 存在，所以

$$\boldsymbol{A}^{-1}(\boldsymbol{AB})\boldsymbol{A}=(\boldsymbol{A}^{-1}\boldsymbol{A})(\boldsymbol{BA})=\boldsymbol{BA},$$

由相似矩阵的定义知 $\boldsymbol{AB}\sim\boldsymbol{BA}$.由于相似矩阵的特征值相同，所以矩阵 $\boldsymbol{AB}$ 与 $\boldsymbol{BA}$ 有相同的特征值.

例 10 设 n 阶矩阵 $\boldsymbol{A}$ 的特征值为 $0,1,2,\cdots,n-1$，证明 $\boldsymbol{A}+2\boldsymbol{E}$ 为可逆矩阵，其中 $\boldsymbol{E}$ 为 n 阶单位矩阵.

证 设 λ_0 为 $\boldsymbol{A}$ 的任意一个特征值，$\boldsymbol{\alpha}$ 为 $\boldsymbol{A}$ 的属于 λ_0 的特征向量，所以 $\boldsymbol{A\alpha}=\lambda_0\boldsymbol{\alpha}$.于是

$$(\boldsymbol{A}+2\boldsymbol{E})\boldsymbol{\alpha}=\boldsymbol{A\alpha}+2\boldsymbol{\alpha}=\lambda_0\boldsymbol{\alpha}+2\boldsymbol{\alpha}=(\lambda_0+2)\boldsymbol{\alpha},$$

可见 λ_0+2 是 $\boldsymbol{A}+2\boldsymbol{E}$ 的一个特征值.由题设 $\lambda_0\geqslant 0$,故

$$\lambda_0+2\geqslant 2,$$

由此知 $\boldsymbol{A}+2\boldsymbol{E}$ 的特征值皆不为零.再由定理 5.1 的推论,知 $\boldsymbol{A}+2\boldsymbol{E}$ 为可逆矩阵.

§5.3 矩阵对角化及可对角化的条件

对角矩阵是最简单的矩阵之一.如果一个矩阵 $\boldsymbol{A}$ 能与一个对角矩阵相似,则利用它们之间的这种相似关系,对矩阵 $\boldsymbol{A}$ 的性质的讨论及有关计算将变得简单.本节将给出 n 阶矩阵 $\boldsymbol{A}$ 与对角矩阵相似的充要条件.如果 $\boldsymbol{A}$ 能与一个对角矩阵相似,则称 $\boldsymbol{A}$ 可相似对角化,简称可对角化,否则称矩阵 $\boldsymbol{A}$ 不能对角化.以下讨论矩阵 $\boldsymbol{A}$ 可对角化的条件.

定理 5.6 n 阶矩阵 $\boldsymbol{A}$ 相似于对角矩阵的充要条件是 $\boldsymbol{A}$ 有 n 个线性无关的特征向量.

证 必要性.设矩阵 $\boldsymbol{A}$ 相似于对角矩阵

$$\boldsymbol{\Lambda}=\begin{pmatrix}\lambda_1 & & & \\ & \lambda_2 & & \\ & & \ddots & \\ & & & \lambda_n\end{pmatrix},$$

由相似矩阵的定义知,存在 n 阶可逆矩阵 $\boldsymbol{P}$,使得

$$\boldsymbol{P}^{-1}\boldsymbol{A}\boldsymbol{P}=\begin{pmatrix}\lambda_1 & & & \\ & \lambda_2 & & \\ & & \ddots & \\ & & & \lambda_n\end{pmatrix},\quad 即\quad \boldsymbol{A}\boldsymbol{P}=\boldsymbol{P}\begin{pmatrix}\lambda_1 & & & \\ & \lambda_2 & & \\ & & \ddots & \\ & & & \lambda_n\end{pmatrix}.$$

令 $\boldsymbol{P}=(\boldsymbol{\alpha}_1,\boldsymbol{\alpha}_2,\cdots,\boldsymbol{\alpha}_n)$,其中 $\boldsymbol{\alpha}_j\ (j=1,2,\cdots,n)$ 为 $\boldsymbol{P}$ 的列向量,于是

$$\boldsymbol{A}(\boldsymbol{\alpha}_1,\boldsymbol{\alpha}_2,\cdots,\boldsymbol{\alpha}_n)=(\boldsymbol{\alpha}_1,\boldsymbol{\alpha}_2,\cdots,\boldsymbol{\alpha}_n)\begin{pmatrix}\lambda_1 & & & \\ & \lambda_2 & & \\ & & \ddots & \\ & & & \lambda_n\end{pmatrix},$$

即

$$(\boldsymbol{A}\boldsymbol{\alpha}_1,\boldsymbol{A}\boldsymbol{\alpha}_2,\cdots,\boldsymbol{A}\boldsymbol{\alpha}_n)=(\lambda_1\boldsymbol{\alpha}_1,\lambda_2\boldsymbol{\alpha}_2,\cdots,\lambda_n\boldsymbol{\alpha}_n),$$

故

$$\boldsymbol{A}\boldsymbol{\alpha}_j=\lambda_j\boldsymbol{\alpha}_j\quad (j=1,2,\cdots,n).$$

由于 $\boldsymbol{P}$ 是可逆矩阵,所以它的列向量 $\boldsymbol{\alpha}_j\neq\boldsymbol{0}\ (j=1,2,\cdots,n)$ 且 $\boldsymbol{\alpha}_1,\boldsymbol{\alpha}_2,\cdots,\boldsymbol{\alpha}_n$ 线性无关.再由上式知 λ_j 是 $\boldsymbol{A}$ 的特征值,而 $\boldsymbol{\alpha}_j$ 是 $\boldsymbol{A}$ 的属于特征值 λ_j 的特征向量,可见 $\boldsymbol{A}$ 有 n 个线性无关的特征向量 $\boldsymbol{\alpha}_1,\boldsymbol{\alpha}_2,\cdots,\boldsymbol{\alpha}_n$.

充分性. 设 $\boldsymbol{A}$ 有 n 个线性无关的特征向量 $\boldsymbol{\alpha}_1,\boldsymbol{\alpha}_2,\cdots,\boldsymbol{\alpha}_n$,它们分别属于特征值 $\lambda_1,\lambda_2,\cdots,\lambda_n$,即 $\boldsymbol{A}\boldsymbol{\alpha}_j=\lambda_j\boldsymbol{\alpha}_j\ (j=1,2,\cdots,n)$.以 $\boldsymbol{\alpha}_1,\boldsymbol{\alpha}_2,\cdots,\boldsymbol{\alpha}_n$ 为列向量作矩阵

$$\boldsymbol{P}=(\boldsymbol{\alpha}_1,\boldsymbol{\alpha}_2,\cdots,\boldsymbol{\alpha}_n).$$

由于 $\boldsymbol{\alpha}_1,\boldsymbol{\alpha}_2,\cdots,\boldsymbol{\alpha}_n$ 线性无关,故 $\boldsymbol{P}$ 为可逆矩阵,而

$$\begin{aligned}\boldsymbol{AP}&=\boldsymbol{A}(\boldsymbol{\alpha}_1,\boldsymbol{\alpha}_2,\cdots,\boldsymbol{\alpha}_n)=(\boldsymbol{A\alpha}_1,\boldsymbol{A\alpha}_2,\cdots,\boldsymbol{A\alpha}_n)\\&=(\lambda_1\boldsymbol{\alpha}_1,\lambda_2\boldsymbol{\alpha}_2,\cdots,\lambda_n\boldsymbol{\alpha}_n)\\&=(\boldsymbol{\alpha}_1,\boldsymbol{\alpha}_2,\cdots,\boldsymbol{\alpha}_n)\begin{pmatrix}\lambda_1&&&\\&\lambda_2&&\\&&\ddots&\\&&&\lambda_n\end{pmatrix}\\&=\boldsymbol{P}\begin{pmatrix}\lambda_1&&&\\&\lambda_2&&\\&&\ddots&\\&&&\lambda_n\end{pmatrix}.\end{aligned}$$

令

$$\begin{pmatrix}\lambda_1&&&\\&\lambda_2&&\\&&\ddots&\\&&&\lambda_n\end{pmatrix}=\boldsymbol{\Lambda},$$

上式即为 $\boldsymbol{AP}=\boldsymbol{P\Lambda}$，等式两边左乘 $\boldsymbol{P}^{-1}$，得

$$\boldsymbol{P}^{-1}\boldsymbol{AP}=\boldsymbol{\Lambda},$$

所以 $\boldsymbol{A}\sim\boldsymbol{\Lambda}$.

推论 如果 n 阶矩阵 $\boldsymbol{A}$ 有 n 个互异的特征值 $\lambda_1,\lambda_2,\cdots,\lambda_n$，则 $\boldsymbol{A}$ 与对角矩阵 $\boldsymbol{\Lambda}=\mathrm{diag}(\lambda_1,\lambda_2,\cdots,\lambda_n)$ 相似.

证 设 $\boldsymbol{\alpha}_1,\boldsymbol{\alpha}_2,\cdots,\boldsymbol{\alpha}_n$ 分别是属于特征值 $\lambda_1,\lambda_2,\cdots,\lambda_n$ 的特征向量.因为 $\lambda_1,\lambda_2,\cdots,\lambda_n$ 互异，由定理 5.4 的推论知，$\boldsymbol{\alpha}_1,\boldsymbol{\alpha}_2,\cdots,\boldsymbol{\alpha}_n$ 线性无关.再由上述定理 5.6 知

$$\boldsymbol{A}\sim\begin{pmatrix}\lambda_1&&&\\&\lambda_2&&\\&&\ddots&\\&&&\lambda_n\end{pmatrix}.$$

例 1 判断下列矩阵 $\boldsymbol{A}$ 能否与对角矩阵相似？如果能，试求出可逆矩阵 $\boldsymbol{P}$，使 $\boldsymbol{P}^{-1}\boldsymbol{AP}$ 为对角矩阵：

(1) $\boldsymbol{A}=\begin{pmatrix}-1&4&-2\\-3&4&0\\-3&1&3\end{pmatrix}$； (2) $\boldsymbol{A}=\begin{pmatrix}1&-1&1\\1&3&-1\\1&1&1\end{pmatrix}$； (3) $\boldsymbol{A}=\begin{pmatrix}2&-1&1\\0&3&-1\\2&1&3\end{pmatrix}$.

解 (1) 首先求 $\boldsymbol{A}$ 的特征值.由 §5.1 例 5(2)知，矩阵 $\boldsymbol{A}$ 有 3 个互异的特征值 $\lambda_1=1$，$\lambda_2=2$，$\lambda_3=3$.根据定理 5.6 的推论知 $\boldsymbol{A}$ 与对角矩阵 $\boldsymbol{\Lambda}=\mathrm{diag}(1,2,3)$ 相似，即

$$\begin{pmatrix}-1&4&-2\\-3&4&0\\-3&1&3\end{pmatrix}\sim\begin{pmatrix}1&&\\&2&\\&&3\end{pmatrix}.$$

再求 $\boldsymbol{A}$ 的线性无关的特征向量.由 §5.1 例 5(2)知，$\boldsymbol{A}$ 有 3 个线性无关的特征向量

$$\boldsymbol{\alpha}_1=(1,1,1)^{\mathrm{T}},\quad \boldsymbol{\alpha}_2=(2,3,3)^{\mathrm{T}},\quad \boldsymbol{\alpha}_3=(1,3,4)^{\mathrm{T}}.$$

令

$$\boldsymbol{P}=(\boldsymbol{\alpha}_1,\boldsymbol{\alpha}_2,\boldsymbol{\alpha}_3)=\begin{pmatrix}1&2&1\\1&3&3\\1&3&4\end{pmatrix},$$

求出

$$\boldsymbol{P}^{-1}=\begin{pmatrix}1&2&1\\1&3&3\\1&3&4\end{pmatrix}^{-1}=\begin{pmatrix}3&-5&3\\-1&3&-2\\0&-1&1\end{pmatrix},$$

于是

$$\begin{aligned}\boldsymbol{P}^{-1}\boldsymbol{A}\boldsymbol{P}&=\begin{pmatrix}3&-5&3\\-1&3&-2\\0&-1&1\end{pmatrix}\begin{pmatrix}-1&4&-2\\-3&4&0\\-3&1&3\end{pmatrix}\begin{pmatrix}1&2&1\\1&3&3\\1&3&4\end{pmatrix}\\&=\begin{pmatrix}3&-5&3\\-2&6&-4\\0&-3&3\end{pmatrix}\begin{pmatrix}1&2&1\\1&3&3\\1&3&4\end{pmatrix}=\begin{pmatrix}1&0&0\\0&2&0\\0&0&3\end{pmatrix}.\end{aligned}$$

(2) 首先求 $\boldsymbol{A}$ 的特征值，由 § 5.1 例 6(1) 知矩阵 $\boldsymbol{A}$ 有特征值 $\lambda_1=1,\lambda_2=\lambda_3=2$.因为 $\boldsymbol{A}$ 有两个不同特征值，所以尚不能判断 $\boldsymbol{A}$ 能否与对角矩阵相似，还需再求 $\boldsymbol{A}$ 的属于每个特征值的线性无关的特征向量.由 § 5.1 例 6(1) 知 $\boldsymbol{A}$ 的属于特征值 $\lambda_1=1$ 的特征向量为 $\boldsymbol{\alpha}_1=(-1,1,1)^{\mathrm{T}}$，属于特征值 $\lambda_2=\lambda_3=2$ 的线性无关的特征向量为 $\boldsymbol{\alpha}_2=(-1,1,0)^{\mathrm{T}}$，$\boldsymbol{\alpha}_3=(1,0,1)^{\mathrm{T}}$.根据定理 5.5 知，$\boldsymbol{\alpha}_1,\boldsymbol{\alpha}_2,\boldsymbol{\alpha}_3$ 线性无关.再由定理 5.6 知，$\boldsymbol{A}$ 与对角矩阵相似，有

$$\begin{pmatrix}1&-1&1\\1&3&-1\\1&1&1\end{pmatrix}\sim\begin{pmatrix}1&&\\&2&\\&&2\end{pmatrix}.$$

令

$$\boldsymbol{P}=(\boldsymbol{\alpha}_1,\boldsymbol{\alpha}_2,\boldsymbol{\alpha}_3)=\begin{pmatrix}-1&-1&1\\1&1&0\\1&0&1\end{pmatrix},$$

求出

$$\boldsymbol{P}^{-1}=\begin{pmatrix}-1&-1&1\\1&1&0\\1&0&1\end{pmatrix}^{-1}=\begin{pmatrix}-1&-1&1\\1&2&-1\\1&1&0\end{pmatrix}.$$

于是

$$\begin{aligned}\boldsymbol{P}^{-1}\boldsymbol{A}\boldsymbol{P}&=\begin{pmatrix}-1&-1&1\\1&2&-1\\1&1&0\end{pmatrix}\begin{pmatrix}1&-1&1\\1&3&-1\\1&1&1\end{pmatrix}\begin{pmatrix}-1&-1&1\\1&1&0\\1&0&1\end{pmatrix}\\&=\begin{pmatrix}-1&-1&1\\2&4&-2\\2&2&0\end{pmatrix}\begin{pmatrix}-1&-1&1\\1&1&0\\1&0&1\end{pmatrix}=\begin{pmatrix}1&0&0\\0&2&0\\0&0&2\end{pmatrix}.\end{aligned}$$

由本例可见，虽然 $\boldsymbol{A}$ 只有两个不同特征值 1，2，但是由于它有 3 个线性无关的特征向量，所以 $\boldsymbol{A}$ 仍然能与对角矩阵相似.由此可见，n 阶矩阵有 n 个互异特征值只是 $\boldsymbol{A}$ 能对角化的充分条件，而不是必要条件.

(3) 首先求 $\boldsymbol{A}$ 的特征值.由 § 5.1 例 6(2)知，矩阵 $\boldsymbol{A}$ 有特征值 $\lambda_1=\lambda_2=2,\lambda_3=4$.因为 $\boldsymbol{A}$ 有两个不同的特征值，所以必须求出 $\boldsymbol{A}$ 的属于每个特征值的线性无关的特征向量才能判断 $\boldsymbol{A}$ 是否能与对角矩阵相似.由 § 5.1 例 6(2)知，$\boldsymbol{A}$ 只有两个线性无关的特征向量

$$\boldsymbol{\alpha}_1=(-1,1,1)^{\mathrm{T}},\quad \boldsymbol{\alpha}_2=(1,-1,1)^{\mathrm{T}},$$

由定理 5.6 知矩阵 $\boldsymbol{A}$ 不能与对角矩阵相似.

对照上例中(2)(3)可以看出，当矩阵 $\boldsymbol{A}$ 有多重特征值时，$\boldsymbol{A}$ 能否相似对角矩阵取决于属于多重特征值的线性无关特征向量的个数.事实上，我们有以下矩阵可对角化的另一个充要条件，为此，我们先讨论矩阵的一个 r 重特征值所对应的线性无关的特征向量最多能有多少个.

定理 5.7 设 λ_0 是 n 阶矩阵 $\boldsymbol{A}$ 的一个 r 重特征值，则 $\boldsymbol{A}$ 的属于 λ_0 的线性无关的特征向量的最大个数不超过 r.

***证** 用反证法.设 $\boldsymbol{A}$ 的属于 λ_0 的线性无关的特征向量有 $r+1$ 个，它们是 $\boldsymbol{\alpha}_1,\boldsymbol{\alpha}_2,\cdots,\boldsymbol{\alpha}_{r+1}$.故

$$\boldsymbol{A}\boldsymbol{\alpha}_i=\lambda_0\boldsymbol{\alpha}_i\quad (i=1,2,\cdots,r+1).$$

适当选择 $n-(r+1)$ 个向量 $\boldsymbol{\alpha}_{r+2},\boldsymbol{\alpha}_{r+3},\cdots,\boldsymbol{\alpha}_n$（这些向量不必是特征向量），使得向量组

$$\boldsymbol{\alpha}_1,\boldsymbol{\alpha}_2,\cdots,\boldsymbol{\alpha}_{r+1},\boldsymbol{\alpha}_{r+2},\cdots,\boldsymbol{\alpha}_n$$

线性无关.令

$$\boldsymbol{P}=(\boldsymbol{\alpha}_1,\boldsymbol{\alpha}_2,\cdots,\boldsymbol{\alpha}_{r+1},\boldsymbol{\alpha}_{r+2},\cdots,\boldsymbol{\alpha}_n),$$

则有

$$\boldsymbol{AP}=\boldsymbol{P}\begin{pmatrix}\lambda_0 & 0 & \cdots & 0 & b_{1,r+2} & \cdots & b_{1n}\\ 0 & \lambda_0 & \cdots & 0 & b_{2,r+2} & \cdots & b_{2n}\\ \vdots & \vdots & & \vdots & \vdots & & \vdots\\ 0 & 0 & \cdots & \lambda_0 & b_{r+1,r+2} & \cdots & b_{r+1,n}\\ 0 & 0 & \cdots & 0 & b_{r+2,r+2} & \cdots & b_{r+2,n}\\ \vdots & \vdots & & \vdots & \vdots & & \vdots\\ 0 & 0 & \cdots & 0 & b_{n,r+2} & \cdots & b_{nn}\end{pmatrix}.$$

以上矩阵中的 λ_0 的个数为 $r+1$，由此可见

$$\boldsymbol{P}^{-1}\boldsymbol{AP}=\begin{pmatrix}\lambda_0 & 0 & \cdots & 0 & b_{1,r+2} & \cdots & b_{1n}\\ 0 & \lambda_0 & \cdots & 0 & b_{2,r+2} & \cdots & b_{2n}\\ \vdots & \vdots & & \vdots & \vdots & & \vdots\\ 0 & 0 & \cdots & \lambda_0 & b_{r+1,r+2} & \cdots & b_{r+1,n}\\ 0 & 0 & \cdots & 0 & b_{r+2,r+2} & \cdots & b_{r+2,n}\\ \vdots & \vdots & & \vdots & \vdots & & \vdots\\ 0 & 0 & \cdots & 0 & b_{n,r+2} & \cdots & b_{nn}\end{pmatrix}.$$

根据行列式的拉普拉斯定理，得到 $\boldsymbol{A}$ 的特征多项式

$$|\lambda \boldsymbol{E}-\boldsymbol{A}|=|\lambda \boldsymbol{E}-\boldsymbol{P}^{-1}\boldsymbol{A}\boldsymbol{P}|$$

的根中至少含有 $r+1$ 个 λ_0，这与 λ_0 是 $\boldsymbol{A}$ 的 r 重特征值矛盾，故定理得证.

由例 1(3)可以看出，属于特征值 λ_0 的线性无关的特征向量的最大个数有可能小于 λ_0 的重数.

定理 5.8　n 阶矩阵 $\boldsymbol{A}$ 与对角矩阵相似的充要条件是属于每个特征值的线性无关的特征向量的最大个数等于该特征值的重数.

证明从略.

例 2　设矩阵 $\boldsymbol{A}=\begin{pmatrix}0&2&-3\\-1&3&-3\\1&-2&a\end{pmatrix}$ 相似于矩阵 $\boldsymbol{B}=\begin{pmatrix}1&-2&0\\0&b&0\\0&3&1\end{pmatrix}$.

(1) 求 a,b 的值；

(2) 求可逆矩阵 $\boldsymbol{P}$，使 $\boldsymbol{P}^{-1}\boldsymbol{A}\boldsymbol{P}$ 为对角矩阵.

解　(1) 因为相似矩阵有相等的迹与行列式，所以可得方程组

$$\begin{cases}a+3=b+2,\\2a-3=b,\end{cases}$$

解此方程组得 $a=4,b=5$.

(2) 将 $a=4,b=5$ 代入矩阵 $\boldsymbol{A},\boldsymbol{B}$，有

$$\boldsymbol{A}=\begin{pmatrix}0&2&-3\\-1&3&-3\\1&-2&4\end{pmatrix},\quad \boldsymbol{B}=\begin{pmatrix}1&-2&0\\0&5&0\\0&3&1\end{pmatrix}.$$

因为 $\boldsymbol{A}$ 与 $\boldsymbol{B}$ 相似，所以 $\boldsymbol{A}$ 与 $\boldsymbol{B}$ 的特征多项式相等，即

$$|\lambda \boldsymbol{E}-\boldsymbol{A}|=|\lambda \boldsymbol{E}-\boldsymbol{B}|=\begin{vmatrix}\lambda-1&2&0\\0&\lambda-5&0\\0&-3&\lambda-1\end{vmatrix}=(\lambda-1)^2(\lambda-5),$$

得矩阵 $\boldsymbol{A}$ 的特征值为

$$\lambda_1=\lambda_2=1,\quad \lambda_3=5.$$

当 $\lambda_1=\lambda_2=1$ 时，解齐次线性方程组

$$(\lambda_1\boldsymbol{E}-\boldsymbol{A})\boldsymbol{x}=\boldsymbol{0},\quad 即\quad x_1-2x_2+3x_3=0,$$

得基础解系 $\boldsymbol{\eta}_1=(2,1,0)^{\mathrm{T}},\boldsymbol{\eta}_2=(-3,0,1)^{\mathrm{T}}$；

当 $\lambda_3=5$ 时，解齐次线性方程组

$$(\lambda_3\boldsymbol{E}-\boldsymbol{A})\boldsymbol{x}=\boldsymbol{0},\quad 即\quad \begin{cases}5x_1-2x_2+3x_3=0,\\x_1+2x_2+3x_3=0,\\x_1+2x_2+x_3=0,\end{cases}$$

得基础解系 $\boldsymbol{\eta}_3=(1,1,-1)^{\mathrm{T}}$.

从而求得可逆矩阵 $\boldsymbol{P}=(\boldsymbol{\eta}_1,\boldsymbol{\eta}_2,\boldsymbol{\eta}_3)=\begin{pmatrix}2&-3&1\\1&0&1\\0&1&-1\end{pmatrix}$，使得 $\boldsymbol{P}^{-1}\boldsymbol{A}\boldsymbol{P}=\begin{pmatrix}1&0&0\\0&1&0\\0&0&5\end{pmatrix}$.

例 3　设 n 阶上三角形矩阵

$$A=\begin{pmatrix} a_{11} & a_{12} & \cdots & a_{1n} \\ 0 & a_{22} & \cdots & a_{2n} \\ \vdots & \vdots & & \vdots \\ 0 & 0 & \cdots & a_{nn} \end{pmatrix},$$

其中 $a_{11},a_{22},\cdots,a_{nn}$ 互不相同,证明 $\boldsymbol{A}$ 可对角化.

证 因为

$$|\lambda \boldsymbol{E}-\boldsymbol{A}|=\begin{vmatrix} \lambda-a_{11} & -a_{12} & \cdots & -a_{1n} \\ 0 & \lambda-a_{22} & \cdots & -a_{2n} \\ \vdots & \vdots & & \vdots \\ 0 & 0 & \cdots & \lambda-a_{nn} \end{vmatrix}$$

$$=(\lambda-a_{11})(\lambda-a_{22})\cdots(\lambda-a_{nn}),$$

而且 $a_{11},a_{22},\cdots,a_{nn}$ 互不相同,所以 $\boldsymbol{A}$ 有 n 个互异的特征值 $\lambda_1=a_{11},\lambda_2=a_{22},\cdots,\lambda_n=a_{nn}$,故

$$\boldsymbol{A}\sim\begin{pmatrix} \lambda_1 & & & \\ & \lambda_2 & & \\ & & \ddots & \\ & & & \lambda_n \end{pmatrix},$$

即 $\boldsymbol{A}$ 可对角化.

例 4 选择题.

设 $\boldsymbol{A}$ 为三阶矩阵,$\boldsymbol{\Lambda}=\begin{pmatrix} 1 & 0 & 0 \\ 0 & -1 & 0 \\ 0 & 0 & 0 \end{pmatrix}$,则 $\boldsymbol{A}$ 的特征值为 1,−1,0 的充要条件是(　　).

(A) 存在可逆矩阵 $\boldsymbol{P},\boldsymbol{Q}$,使得 $\boldsymbol{A}=\boldsymbol{P\Lambda Q}$　　(B) 存在可逆矩阵 $\boldsymbol{P}$,使得 $\boldsymbol{A}=\boldsymbol{P\Lambda P}^{-1}$

(C) 存在正交矩阵 $\boldsymbol{Q}$,使得 $\boldsymbol{A}=\boldsymbol{Q\Lambda Q}^{-1}$　　(D) 存在可逆矩阵 $\boldsymbol{P}$,使得 $\boldsymbol{A}=\boldsymbol{P\Lambda P}^{\mathrm{T}}$

解 因为 $\boldsymbol{A}$ 有 3 个不同的特征值,所以 $\boldsymbol{A}$ 有 3 个无关的特征向量,即 $\boldsymbol{A}$ 可相似对角化.

$\boldsymbol{A}$ 的特征值为 $1,-1,0\Leftrightarrow \boldsymbol{A}\sim\begin{pmatrix} 1 & & \\ & -1 & \\ & & 0 \end{pmatrix}=\boldsymbol{\Lambda}\Leftrightarrow$ 存在可逆矩阵 $\boldsymbol{P}$,有 $\boldsymbol{A}=\boldsymbol{P\Lambda P}^{-1}$.

故选(B).

***例 5** 设 $\boldsymbol{A}$ 为 n 阶方阵,如果任一 n 维非零列向量 $\boldsymbol{\alpha}$ 都是 $\boldsymbol{A}$ 的特征向量,证明 $\boldsymbol{A}$ 是数量矩阵.

证 因为任一 n 维非零列向量 $\boldsymbol{\alpha}$ 都是 $\boldsymbol{A}$ 的特征向量,可以取 n 维向量

$$\boldsymbol{e}_1=(1,0,\cdots,0)^{\mathrm{T}},\quad \boldsymbol{e}_2=(0,1,\cdots,0)^{\mathrm{T}},\quad \cdots,\quad \boldsymbol{e}_n=(0,0,\cdots,1)^{\mathrm{T}},$$

可见 $\boldsymbol{A}$ 有 n 个线性无关的特征向量.由定理 5.6 知 $\boldsymbol{A}$ 可对角化,即

$$\boldsymbol{A}\sim\begin{pmatrix} \lambda_1 & & & \\ & \lambda_2 & & \\ & & \ddots & \\ & & & \lambda_n \end{pmatrix},$$

其中 $\lambda_1,\lambda_2,\cdots,\lambda_n$ 为 $\boldsymbol{A}$ 的特征值.

又因为任一 n 维非零向量都是 $\boldsymbol{A}$ 的特征向量，故 $\boldsymbol{e}_1+\boldsymbol{e}_2$ 也是 $\boldsymbol{A}$ 的特征向量，知 $\boldsymbol{A}$ 只能有一个特征值 $\lambda_1=\lambda_2=\cdots=\lambda_n=\lambda_0$，所以

$$\boldsymbol{A}\sim\begin{pmatrix}\lambda_0 & & & \\ & \lambda_0 & & \\ & & \ddots & \\ & & & \lambda_0\end{pmatrix}=\boldsymbol{\Lambda},$$

即存在可逆矩阵 $\boldsymbol{P}$，使得 $\boldsymbol{P}^{-1}\boldsymbol{AP}=\boldsymbol{\Lambda}$，故

$$\boldsymbol{A}=\boldsymbol{P\Lambda P}^{-1}=\boldsymbol{P}(\lambda_0\boldsymbol{E})\boldsymbol{P}^{-1}=\lambda_0\boldsymbol{E},$$

即 $\boldsymbol{A}$ 为数量矩阵.

***例 6** 已知矩阵 $\boldsymbol{A}=\begin{pmatrix}0 & -1 & 1\\ 2 & -3 & 0\\ 0 & 0 & 0\end{pmatrix}$.

(1) 求 $\boldsymbol{A}^{99}$；

(2) 设三阶矩阵 $\boldsymbol{B}=(\boldsymbol{\alpha}_1,\boldsymbol{\alpha}_2,\boldsymbol{\alpha}_3)$ 满足 $\boldsymbol{B}^2=\boldsymbol{BA}$. 记 $\boldsymbol{B}^{100}=(\boldsymbol{\beta}_1,\boldsymbol{\beta}_2,\boldsymbol{\beta}_3)$，将 $\boldsymbol{\beta}_1,\boldsymbol{\beta}_2,\boldsymbol{\beta}_3$ 分别表示为 $\boldsymbol{\alpha}_1,\boldsymbol{\alpha}_2,\boldsymbol{\alpha}_3$ 的线性组合.

解 (1) 因为

$$|\lambda\boldsymbol{E}-\boldsymbol{A}|=\begin{vmatrix}\lambda & 1 & -1\\ -2 & \lambda+3 & 0\\ 0 & 0 & \lambda\end{vmatrix}=\lambda(\lambda+1)(\lambda+2),$$

所以 $\boldsymbol{A}$ 的特征值为 $\lambda_1=-1,\lambda_2=-2,\lambda_3=0$.

当 $\lambda_1=-1$ 时，解方程组 $(-\boldsymbol{E}-\boldsymbol{A})\boldsymbol{x}=\boldsymbol{0}$，得特征向量 $\boldsymbol{\xi}_1=(1,1,0)^{\mathrm{T}}$；

当 $\lambda_2=-2$ 时，解方程组 $(-2\boldsymbol{E}-\boldsymbol{A})\boldsymbol{x}=\boldsymbol{0}$，得特征向量 $\boldsymbol{\xi}_2=(1,2,0)^{\mathrm{T}}$；

当 $\lambda_3=0$ 时，解方程组 $\boldsymbol{Ax}-\boldsymbol{0}$，得特征向量 $\boldsymbol{\xi}_3-(3,2,2)^{\mathrm{T}}$.

令 $\boldsymbol{P}=(\boldsymbol{\xi}_1,\boldsymbol{\xi}_2,\boldsymbol{\xi}_3)=\begin{pmatrix}1 & 1 & 3\\ 1 & 2 & 2\\ 0 & 0 & 2\end{pmatrix}$，则

$$\boldsymbol{P}^{-1}\boldsymbol{AP}=\begin{pmatrix}-1 & 0 & 0\\ 0 & -2 & 0\\ 0 & 0 & 0\end{pmatrix},$$

所以

$$\boldsymbol{A}^{99}=\boldsymbol{P}\begin{pmatrix}(-1)^{99} & 0 & 0\\ 0 & (-2)^{99} & 0\\ 0 & 0 & 0\end{pmatrix}\boldsymbol{P}^{-1}$$

$$=\begin{pmatrix}1 & 1 & 3\\ 1 & 2 & 2\\ 0 & 0 & 2\end{pmatrix}\begin{pmatrix}(-1)^{99} & 0 & 0\\ 0 & (-2)^{99} & 0\\ 0 & 0 & 0\end{pmatrix}\begin{pmatrix}2 & -1 & -2\\ -1 & 1 & \dfrac{1}{2}\\ 0 & 0 & \dfrac{1}{2}\end{pmatrix}$$

$$=\begin{pmatrix}2^{99}-2 & 1-2^{99} & 2-2^{98}\\2^{100}-2 & 1-2^{100} & 2-2^{99}\\0 & 0 & 0\end{pmatrix}.$$

(2) 因为 $\boldsymbol{B}^2=\boldsymbol{BA}$,所以

$$\boldsymbol{B}^{100}=\boldsymbol{B}^{98}\boldsymbol{B}^2=\boldsymbol{B}^{99}\boldsymbol{A}=\boldsymbol{B}^{97}\boldsymbol{B}^2\boldsymbol{A}=\boldsymbol{B}^{98}\boldsymbol{A}^2=\cdots=\boldsymbol{BA}^{99},$$

$$(\boldsymbol{\beta}_1,\boldsymbol{\beta}_2,\boldsymbol{\beta}_3)=(\boldsymbol{\alpha}_1,\boldsymbol{\alpha}_2,\boldsymbol{\alpha}_3)\begin{pmatrix}2^{99}-2 & 1-2^{99} & 2-2^{98}\\2^{100}-2 & 1-2^{100} & 2-2^{99}\\0 & 0 & 0\end{pmatrix},$$

即

$$\begin{cases}\boldsymbol{\beta}_1=(2^{99}-2)\boldsymbol{\alpha}_1+(2^{100}-2)\boldsymbol{\alpha}_2,\\\boldsymbol{\beta}_2=(1-2^{99})\boldsymbol{\alpha}_1+(1-2^{100})\boldsymbol{\alpha}_2,\\\boldsymbol{\beta}_3=(2-2^{98})\boldsymbol{\alpha}_1+(2-2^{99})\boldsymbol{\alpha}_2.\end{cases}$$

注 本题为 2016 年全国硕士研究生入学统一考试数学(一)试题,该题难度值为 0.161,属于“高难度”题.

§5.4 实对称矩阵的对角化

在上一节中,我们讨论了矩阵的对角化问题,从中看出一个 n 阶矩阵 $\boldsymbol{A}$ 不一定能对角化.本节限制矩阵 $\boldsymbol{A}$ 为实对称矩阵,我们将证明,如果 $\boldsymbol{A}$ 为实对称矩阵,那么 $\boldsymbol{A}$ 一定能对角化.实对称矩阵的这一性质在二次型理论、微分方程以及计量经济学中都有重要的应用.

一、实对称矩阵的特征值和特征向量的性质

定理 5.9 实对称矩阵 $\boldsymbol{A}=(a_{ij})_{n\times n}$ 的特征值都是实数.

***证** 设 λ_0 是 $\boldsymbol{A}$ 的任意一个特征值,$\boldsymbol{x}=(x_1,x_2,\cdots,x_n)^{\mathrm{T}}$ 是 $\boldsymbol{A}$ 的属于特征值 λ_0 的一个特征向量,那么 $\boldsymbol{Ax}=\lambda_0\boldsymbol{x}$.令

$$\overline{\boldsymbol{x}}=(\overline{x}_1,\overline{x}_2,\cdots,\overline{x}_n)^{\mathrm{T}},$$

其中 $\overline{x}_i(i=1,2,\cdots,n)$ 是 x_i 的共轭复数,于是

$$\overline{\boldsymbol{Ax}}=\overline{\lambda_0\boldsymbol{x}}=\overline{\lambda}_0\overline{\boldsymbol{x}}.$$

考察等式

$$(\overline{\boldsymbol{x}}^{\mathrm{T}})(\boldsymbol{Ax})=\overline{\boldsymbol{x}}^{\mathrm{T}}(\boldsymbol{A}^{\mathrm{T}}\boldsymbol{x})=(\boldsymbol{A}\overline{\boldsymbol{x}})^{\mathrm{T}}\boldsymbol{x}=(\overline{\boldsymbol{A}}\ \overline{\boldsymbol{x}})^{\mathrm{T}}\boldsymbol{x}=(\overline{\boldsymbol{Ax}})^{\mathrm{T}}\boldsymbol{x},$$

左边

$$\overline{\boldsymbol{x}}^{\mathrm{T}}(\boldsymbol{Ax})=\overline{\boldsymbol{x}}^{\mathrm{T}}(\lambda_0\boldsymbol{x})=\lambda_0\overline{\boldsymbol{x}}^{\mathrm{T}}\boldsymbol{x},$$

右边

$$(\overline{\boldsymbol{Ax}})^{\mathrm{T}}\boldsymbol{x}=(\overline{\lambda_0\boldsymbol{x}})^{\mathrm{T}}\boldsymbol{x}=\overline{\lambda}_0\overline{\boldsymbol{x}}^{\mathrm{T}}\boldsymbol{x},$$

故

$$\lambda_0\overline{\boldsymbol{x}}^{\mathrm{T}}\boldsymbol{x}=\overline{\lambda}_0\overline{\boldsymbol{x}}^{\mathrm{T}}\boldsymbol{x}.$$

因为

$$\bar{\boldsymbol{x}}^{\mathrm{T}}\boldsymbol{x}=(\bar{x}_1,\bar{x}_2,\cdots,\bar{x}_n)\begin{pmatrix}x_1\\x_2\\\vdots\\x_n\end{pmatrix}=x_1\bar{x}_1+x_2\bar{x}_2+\cdots+x_n\bar{x}_n$$

为实数,且不为零,所以 $\lambda_0=\bar{\lambda}_0$,即 λ_0 是一个实数.

另外,由于实对称矩阵的特征值都是实数,它的特征向量也都可以取为实向量.

定理 5.10 设 $\boldsymbol{A}$ 是实对称矩阵,$\boldsymbol{x}_1,\boldsymbol{x}_2$ 分别是 $\boldsymbol{A}$ 的属于不同特征值 λ_1,λ_2 的特征向量,则 $\boldsymbol{x}_1$ 与 $\boldsymbol{x}_2$ 正交.

证 由假设

$$\boldsymbol{A}\boldsymbol{x}_1=\lambda_1\boldsymbol{x}_1,\quad \boldsymbol{A}\boldsymbol{x}_2=\lambda_2\boldsymbol{x}_2,$$

且 $\lambda_1\neq\lambda_2,\boldsymbol{x}_1\neq\boldsymbol{0},\boldsymbol{x}_2\neq\boldsymbol{0}$.上述等式两边分别左乘 $\boldsymbol{x}_2^{\mathrm{T}},\boldsymbol{x}_1^{\mathrm{T}}$,得

$$\boldsymbol{x}_2^{\mathrm{T}}\boldsymbol{A}\boldsymbol{x}_1=\lambda_1\boldsymbol{x}_2^{\mathrm{T}}\boldsymbol{x}_1,\quad \boldsymbol{x}_1^{\mathrm{T}}\boldsymbol{A}\boldsymbol{x}_2=\lambda_2\boldsymbol{x}_1^{\mathrm{T}}\boldsymbol{x}_2.$$

由于 $\boldsymbol{A}$ 为实对称矩阵,故 $\boldsymbol{A}^{\mathrm{T}}=\boldsymbol{A}$.而 $\boldsymbol{x}_2^{\mathrm{T}}\boldsymbol{A}\boldsymbol{x}_1,\boldsymbol{x}_1^{\mathrm{T}}\boldsymbol{A}\boldsymbol{x}_2$ 都是数,于是有

$$\boldsymbol{x}_2^{\mathrm{T}}\boldsymbol{A}\boldsymbol{x}_1=(\boldsymbol{x}_2^{\mathrm{T}}\boldsymbol{A}\boldsymbol{x}_1)^{\mathrm{T}}=\boldsymbol{x}_1^{\mathrm{T}}\boldsymbol{A}^{\mathrm{T}}(\boldsymbol{x}_2^{\mathrm{T}})^{\mathrm{T}}=\boldsymbol{x}_1^{\mathrm{T}}\boldsymbol{A}\boldsymbol{x}_2,$$

因此

$$\lambda_1\boldsymbol{x}_2^{\mathrm{T}}\boldsymbol{x}_1=\lambda_2\boldsymbol{x}_1^{\mathrm{T}}\boldsymbol{x}_2=\lambda_2\boldsymbol{x}_2^{\mathrm{T}}\boldsymbol{x}_1,\quad 即\quad (\lambda_1-\lambda_2)\boldsymbol{x}_2^{\mathrm{T}}\boldsymbol{x}_1=0.$$

但是 $\lambda_1-\lambda_2\neq0$,故 $\boldsymbol{x}_2^{\mathrm{T}}\boldsymbol{x}_1=0$,即 $\boldsymbol{x}_1$ 与 $\boldsymbol{x}_2$ 的内积为零,所以 $\boldsymbol{x}_1,\boldsymbol{x}_2$ 正交.

定理 5.10 一般地可叙述为:实对称矩阵的属于不同特征值的特征向量是相互正交的.

二、实对称矩阵的对角化

定理 5.11 对于任意一个 n 阶实对称矩阵 $\boldsymbol{A}$,都存在一个 n 阶正交矩阵 $\boldsymbol{Q}$,使得

$$\boldsymbol{Q}^{-1}\boldsymbol{A}\boldsymbol{Q}=\boldsymbol{Q}^{\mathrm{T}}\boldsymbol{A}\boldsymbol{Q}=\begin{pmatrix}\lambda_1&&&\\&\lambda_2&&\\&&\ddots&\\&&&\lambda_n\end{pmatrix},$$

其中 $\lambda_1,\lambda_2,\cdots,\lambda_n$ 是 $\boldsymbol{A}$ 的全部特征值.

***证** 对阶数 n 用数学归纳法.当 $n=1$ 即 $\boldsymbol{A}=(a)$ 时,取正交矩阵 $\boldsymbol{E}_1=(1)$,则$\boldsymbol{E}_1^{-1}\boldsymbol{A}\boldsymbol{E}=(a)$.假设对阶数不超过 $n-1$ 的实对称矩阵,定理成立,现证明对 n 阶实对称矩阵,定理也成立.

令 $\boldsymbol{A}$ 是 n 阶实对称矩阵,设 $\boldsymbol{x}_1$ 是 $\boldsymbol{A}$ 的属于特征值 λ_1 的一个单位特征向量,再选 $n-1$ 个非零向量 $\boldsymbol{y}_2,\boldsymbol{y}_3,\cdots,\boldsymbol{y}_n$ 使得 $\boldsymbol{x}_1,\boldsymbol{y}_2,\cdots,\boldsymbol{y}_n$ 线性无关.然后经过施密特正交化方法将其正交化并单位化,得到 n 个两两正交的单位向量 $\boldsymbol{x}_1,\boldsymbol{x}_2,\cdots,\boldsymbol{x}_n$,即 $\boldsymbol{x}_1,\boldsymbol{x}_2,\cdots,\boldsymbol{x}_n$ 是一组正交单位向量组.再以 $\boldsymbol{x}_1,\boldsymbol{x}_2,\cdots,\boldsymbol{x}_n$ 为列向量构成矩阵

$$\boldsymbol{S}=(\boldsymbol{x}_1,\boldsymbol{x}_2,\cdots,\boldsymbol{x}_n),$$

则 $\boldsymbol{S}$ 为正交矩阵,即 $\boldsymbol{S}^{\mathrm{T}}=\boldsymbol{S}^{-1}$.由于 $\boldsymbol{x}_1$ 是 $\boldsymbol{A}$ 的属于特征值 λ_1 的一个特征向量,于是

$$\begin{aligned}\boldsymbol{A}\boldsymbol{S}&=\boldsymbol{A}(\boldsymbol{x}_1,\boldsymbol{x}_2,\cdots,\boldsymbol{x}_n)=(\boldsymbol{A}\boldsymbol{x}_1,\boldsymbol{A}\boldsymbol{x}_2,\cdots,\boldsymbol{A}\boldsymbol{x}_n)\\&=(\lambda_1\boldsymbol{x}_1,\boldsymbol{A}\boldsymbol{x}_2,\cdots,\boldsymbol{A}\boldsymbol{x}_n).\end{aligned}$$

记 $\boldsymbol{Ax}_2=\boldsymbol{b}_2,\boldsymbol{Ax}_3=\boldsymbol{b}_3,\cdots,\boldsymbol{Ax}_n=\boldsymbol{b}_n$.于是

$$\boldsymbol{AS}=(\lambda_1\boldsymbol{x}_1,\boldsymbol{b}_2,\cdots,\boldsymbol{b}_n),$$

$$\boldsymbol{S}^{\mathrm{T}}\boldsymbol{AS}=\begin{pmatrix}\boldsymbol{x}_1^{\mathrm{T}}\\\boldsymbol{x}_2^{\mathrm{T}}\\\vdots\\\boldsymbol{x}_n^{\mathrm{T}}\end{pmatrix}(\lambda_1\boldsymbol{x}_1,\boldsymbol{b}_2,\cdots,\boldsymbol{b}_n)$$

$$=\begin{pmatrix}\lambda_1\boldsymbol{x}_1^{\mathrm{T}}\boldsymbol{x}_1 & \boldsymbol{x}_1^{\mathrm{T}}\boldsymbol{b}_2 & \cdots & \boldsymbol{x}_1^{\mathrm{T}}\boldsymbol{b}_n\\\lambda_1\boldsymbol{x}_2^{\mathrm{T}}\boldsymbol{x}_1 & \boldsymbol{x}_2^{\mathrm{T}}\boldsymbol{b}_2 & \cdots & \boldsymbol{x}_2^{\mathrm{T}}\boldsymbol{b}_n\\\vdots & \vdots & & \vdots\\\lambda_1\boldsymbol{x}_n^{\mathrm{T}}\boldsymbol{x}_1 & \boldsymbol{x}_n^{\mathrm{T}}\boldsymbol{b}_2 & \cdots & \boldsymbol{x}_n^{\mathrm{T}}\boldsymbol{b}_n\end{pmatrix}$$

$$=\begin{pmatrix}\lambda_1 & b_{12} & \cdots & b_{1n}\\0 & b_{22} & \cdots & b_{2n}\\\vdots & \vdots & & \vdots\\0 & b_{n2} & \cdots & b_{nn}\end{pmatrix}.$$

又由于 $\boldsymbol{S}^{\mathrm{T}}\boldsymbol{AS}$ 是对称矩阵,所以 $b_{12}=0,b_{13}=0,\cdots,b_{1n}=0$,且

$$\boldsymbol{B}_{n-1}=\begin{pmatrix}b_{22} & b_{23} & \cdots & b_{2n}\\b_{32} & b_{33} & \cdots & b_{3n}\\\vdots & \vdots & & \vdots\\b_{n2} & b_{n3} & \cdots & b_{nn}\end{pmatrix}$$

是 $n-1$ 阶对称矩阵.由归纳假设,存在 $n-1$ 阶正交矩阵 $\boldsymbol{S}_{n-1}$,使得

$$\boldsymbol{S}_{n-1}^{-1}\boldsymbol{B}_{n-1}\boldsymbol{S}_{n-1}=\boldsymbol{S}_{n-1}^{\mathrm{T}}\boldsymbol{B}_{n-1}\boldsymbol{S}_{n-1}=\begin{pmatrix}\lambda_2 & & & \\ & \lambda_3 & & \\ & & \ddots & \\ & & & \lambda_n\end{pmatrix}.$$

于是

$$\begin{pmatrix}1 & \boldsymbol{0}\\\boldsymbol{0} & \boldsymbol{S}_{n-1}^{-1}\end{pmatrix}\boldsymbol{S}^{\mathrm{T}}\boldsymbol{AS}\begin{pmatrix}1 & \boldsymbol{0}\\\boldsymbol{0} & \boldsymbol{S}_{n-1}\end{pmatrix}$$

$$=\begin{pmatrix}1 & \boldsymbol{0}\\\boldsymbol{0} & \boldsymbol{S}_{n-1}^{\mathrm{T}}\end{pmatrix}\begin{pmatrix}\lambda_1 & \boldsymbol{0}\\\boldsymbol{0} & \boldsymbol{B}_{n-1}\end{pmatrix}\begin{pmatrix}1 & \boldsymbol{0}\\\boldsymbol{0} & \boldsymbol{S}_{n-1}\end{pmatrix}$$

$$=\begin{pmatrix}\lambda_1 & \boldsymbol{0}\\\boldsymbol{0} & \boldsymbol{S}_{n-1}^{\mathrm{T}}\boldsymbol{B}_{n-1}\end{pmatrix}\begin{pmatrix}1 & \boldsymbol{0}\\\boldsymbol{0} & \boldsymbol{S}_{n-1}\end{pmatrix}$$

$$=\begin{pmatrix}\lambda_1 & \boldsymbol{0}\\\boldsymbol{0} & \boldsymbol{S}_{n-1}^{\mathrm{T}}\boldsymbol{B}_{n-1}\boldsymbol{S}_{n-1}\end{pmatrix}$$

$$=\begin{pmatrix}\lambda_1 & & & \\ & \lambda_2 & & \\ & & \ddots & \\ & & & \lambda_n\end{pmatrix}.$$

令

$$\begin{pmatrix} 1 & \mathbf{0} \\ \mathbf{0} & \boldsymbol{S}_{n-1} \end{pmatrix} = \boldsymbol{P},$$

容易看出 $\boldsymbol{P}$ 是一个 n 阶正交矩阵.又 $\boldsymbol{SP}$ 是两个正交矩阵的乘积,故仍是正交矩阵,记 $\boldsymbol{Q}=\boldsymbol{SP}$,得

$$\boldsymbol{Q}^{-1}\boldsymbol{AQ}=\boldsymbol{Q}^{\mathrm{T}}\boldsymbol{AQ}=\begin{pmatrix} \lambda_1 & & & \\ & \lambda_2 & & \\ & & \ddots & \\ & & & \lambda_n \end{pmatrix}.$$

由于 $\boldsymbol{Q}^{-1}\boldsymbol{AQ}$ 与 $\boldsymbol{A}$ 相似,它们有相同的特征值,因而主对角线上的元素 $\lambda_1,\lambda_2,\cdots,\lambda_n$ 就是 $\boldsymbol{A}$ 的全部特征值,定理得证.

对于一个实对称矩阵 $\boldsymbol{A}$,怎样求出一个正交矩阵 $\boldsymbol{Q}$,使得

$$\boldsymbol{Q}^{-1}\boldsymbol{AQ}=\boldsymbol{Q}^{\mathrm{T}}\boldsymbol{AQ}=\begin{pmatrix} \lambda_1 & & & \\ & \lambda_2 & & \\ & & \ddots & \\ & & & \lambda_n \end{pmatrix}?$$

换句话说,就是对于一个实对称矩阵怎样使其对角化?我们可按下列步骤进行:

(1) 首先求出实对称矩阵 $\boldsymbol{A}$ 的全部特征值 $\lambda_1,\lambda_2,\cdots,\lambda_n$(可能有相同的).

(2) 求出矩阵 $\boldsymbol{A}$ 的属于每一个特征值的线性无关的特征向量(总的个数为 n).

(3) 因为属于不同特征值的特征向量是相互正交的,所以对应于每个重数为 1 的那些特征值的线性无关特征向量,只需将其单位化;对于每个重数为 r $(r>1)$ 的特征值,先求出 r 个线性无关的特征向量,然后应用施密特正交化方法将其正交化再单位化,得到属于这 r 重特征值的 r 个相互正交的单位特征向量.

(4) 把这 n 个相互正交的单位特征向量作为矩阵的列,得到一个正交矩阵 $\boldsymbol{Q}$,则有

$$\boldsymbol{Q}^{-1}\boldsymbol{AQ}=\boldsymbol{Q}^{\mathrm{T}}\boldsymbol{AQ}=\begin{pmatrix} \lambda_1 & & & \\ & \lambda_2 & & \\ & & \ddots & \\ & & & \lambda_n \end{pmatrix}.$$

例 1　设实对称矩阵

$$\boldsymbol{A}=\begin{pmatrix} 2 & -2 & 0 \\ -2 & 1 & -2 \\ 0 & -2 & 0 \end{pmatrix},$$

求正交矩阵 $\boldsymbol{Q}$,使 $\boldsymbol{Q}^{\mathrm{T}}\boldsymbol{AQ}$ 为对角矩阵.

解　首先求 $\boldsymbol{A}$ 的特征值.由

$$|\lambda\boldsymbol{E}-\boldsymbol{A}|=\begin{vmatrix} \lambda-2 & 2 & 0 \\ 2 & \lambda-1 & 2 \\ 0 & 2 & \lambda \end{vmatrix}=(\lambda-1)(\lambda-4)(\lambda+2),$$

得 $\boldsymbol{A}$ 的特征值 $\lambda_1=1,\lambda_2=4,\lambda_3=-2$.

然后求出分别属于特征值 $\lambda_1,\lambda_2,\lambda_3$ 的特征向量.为此,将 $\lambda_1=1$ 代入齐次线性方程组 $(\lambda\boldsymbol{E}-\boldsymbol{A})\boldsymbol{x}=\boldsymbol{0}$,得

$$\begin{pmatrix}-1&2&0\\2&0&2\\0&2&1\end{pmatrix}\begin{pmatrix}x_1\\x_2\\x_3\end{pmatrix}=\boldsymbol{0},$$

求出一个基础解系 $\boldsymbol{\alpha}_1=(-2,-1,2)^{\mathrm{T}}$,就是属于特征值 $\lambda_1=1$ 的特征向量.类似地可得属于 $\lambda_2=4$ 的特征向量 $\boldsymbol{\alpha}_2=(2,-2,1)^{\mathrm{T}}$ 及属于 $\lambda_3=-2$ 的特征向量 $\boldsymbol{\alpha}_3=(1,2,2)^{\mathrm{T}}$.因为 $\boldsymbol{\alpha}_1,\boldsymbol{\alpha}_2,\boldsymbol{\alpha}_3$ 是属于不同特征值的特征向量,所以它们是正交的.将 $\boldsymbol{\alpha}_1,\boldsymbol{\alpha}_2,\boldsymbol{\alpha}_3$ 单位化,得

$$\boldsymbol{\eta}_1=\left(-\frac{2}{3},-\frac{1}{3},\frac{2}{3}\right)^{\mathrm{T}},\quad \boldsymbol{\eta}_2=\left(\frac{2}{3},-\frac{2}{3},\frac{1}{3}\right)^{\mathrm{T}},\quad \boldsymbol{\eta}_3=\left(\frac{1}{3},\frac{2}{3},\frac{2}{3}\right)^{\mathrm{T}}.$$

再以 $\boldsymbol{\eta}_1,\boldsymbol{\eta}_2,\boldsymbol{\eta}_3$ 作为列,构成正交矩阵 $\boldsymbol{Q}$,即

$$\boldsymbol{Q}=(\boldsymbol{\eta}_1,\boldsymbol{\eta}_2,\boldsymbol{\eta}_3)=\begin{pmatrix}-\frac{2}{3}&\frac{2}{3}&\frac{1}{3}\\-\frac{1}{3}&-\frac{2}{3}&\frac{2}{3}\\\frac{2}{3}&\frac{1}{3}&\frac{2}{3}\end{pmatrix}.$$

于是

$$\begin{aligned}\boldsymbol{Q}^{\mathrm{T}}\boldsymbol{A}\boldsymbol{Q}&=\frac{1}{9}\begin{pmatrix}-2&-1&2\\2&-2&1\\1&2&2\end{pmatrix}\begin{pmatrix}2&-2&0\\-2&1&-2\\0&-2&0\end{pmatrix}\begin{pmatrix}-2&2&1\\-1&-2&2\\2&1&2\end{pmatrix}\\&=\begin{pmatrix}1&&\\&4&\\&&-2\end{pmatrix}.\end{aligned}$$

例 2 设实对称矩阵

$$\boldsymbol{A}=\begin{pmatrix}2&1&1\\1&2&1\\1&1&2\end{pmatrix},$$

求正交矩阵 $\boldsymbol{Q}$,使 $\boldsymbol{Q}^{\mathrm{T}}\boldsymbol{A}\boldsymbol{Q}$ 为对角矩阵.

解 首先求 $\boldsymbol{A}$ 的特征值.矩阵 $\boldsymbol{A}$ 的特征多项式

$$|\lambda\boldsymbol{E}-\boldsymbol{A}|=\begin{vmatrix}\lambda-2&-1&-1\\-1&\lambda-2&-1\\-1&-1&\lambda-2\end{vmatrix},$$

注意到 $|\lambda\boldsymbol{E}-\boldsymbol{A}|$ 每行均有 $\lambda-2,-1,-1$,故将第 2 列和第 3 列加到第 1 列上,得

$$|\lambda\boldsymbol{E}-\boldsymbol{A}|=\begin{vmatrix}\lambda-4&-1&-1\\\lambda-4&\lambda-2&-1\\\lambda-4&-1&\lambda-2\end{vmatrix}=(\lambda-4)\begin{vmatrix}1&-1&-1\\1&\lambda-2&-1\\1&-1&\lambda-2\end{vmatrix}$$

$$=(\lambda-4)\begin{vmatrix}1 & -1 & -1\\0 & \lambda-1 & 0\\0 & 0 & \lambda-1\end{vmatrix}=(\lambda-4)(\lambda-1)^2.$$

所以 $\boldsymbol{A}$ 的特征值为 $\lambda_1=\lambda_2=1,\lambda_3=4$.

将 $\lambda_1=\lambda_2=1$ 代入齐次线性方程组 $(\lambda\boldsymbol{E}-\boldsymbol{A})\boldsymbol{x}=\boldsymbol{0}$,得

$$\begin{pmatrix}-1 & -1 & -1\\-1 & -1 & -1\\-1 & -1 & -1\end{pmatrix}\begin{pmatrix}x_1\\x_2\\x_3\end{pmatrix}=\boldsymbol{0},$$

可求得一个基础解系

$$\boldsymbol{\alpha}_1=(-1,1,0)^{\mathrm{T}},\quad \boldsymbol{\alpha}_2=(-1,0,1)^{\mathrm{T}},$$

即属于特征值 $\lambda_1=\lambda_2=1$ 的线性无关的特征向量.

利用施密特正交化方法,把向量组 $\boldsymbol{\alpha}_1,\boldsymbol{\alpha}_2$ 正交化,有

$$\boldsymbol{\beta}_1=\boldsymbol{\alpha}_1=(-1,1,0)^{\mathrm{T}},$$

$$\boldsymbol{\beta}_2=\boldsymbol{\alpha}_2-\frac{(\boldsymbol{\alpha}_2,\boldsymbol{\beta}_1)}{(\boldsymbol{\beta}_1,\boldsymbol{\beta}_1)}\boldsymbol{\beta}_1=(-1,0,1)^{\mathrm{T}}-\frac{1}{2}(-1,1,0)^{\mathrm{T}}$$

$$=\left(-\frac{1}{2},-\frac{1}{2},1\right)^{\mathrm{T}}.$$

再将向量 $\boldsymbol{\beta}_1,\boldsymbol{\beta}_2$ 单位化,得

$$\boldsymbol{\eta}_1=\frac{1}{\|\boldsymbol{\beta}_1\|}\boldsymbol{\beta}_1=\frac{1}{\sqrt{2}}(-1,1,0)^{\mathrm{T}}=\left(-\frac{1}{\sqrt{2}},\frac{1}{\sqrt{2}},0\right)^{\mathrm{T}},$$

$$\boldsymbol{\eta}_2=\frac{1}{\|\boldsymbol{\beta}_2\|}\boldsymbol{\beta}_2=\frac{\sqrt{2}}{\sqrt{3}}\left(-\frac{1}{2},-\frac{1}{2},1\right)^{\mathrm{T}}=\left(-\frac{1}{\sqrt{6}},-\frac{1}{\sqrt{6}},\frac{2}{\sqrt{6}}\right)^{\mathrm{T}}.$$

将 $\lambda_3=4$ 代入齐次线性方程组 $(\lambda\boldsymbol{E}-\boldsymbol{A})\boldsymbol{x}=\boldsymbol{0}$,得

$$\begin{pmatrix}2 & -1 & -1\\-1 & 2 & -1\\-1 & -1 & 2\end{pmatrix}\begin{pmatrix}x_1\\x_2\\x_3\end{pmatrix}=\boldsymbol{0},$$

可求得属于特征值 $\lambda_3=4$ 的特征向量 $\boldsymbol{\alpha}_3=(1,1,1)^{\mathrm{T}}$.将 $\boldsymbol{\alpha}_3$ 单位化,得

$$\boldsymbol{\eta}_3=\frac{1}{\|\boldsymbol{\alpha}_3\|}\boldsymbol{\alpha}_3=\left(\frac{1}{\sqrt{3}},\frac{1}{\sqrt{3}},\frac{1}{\sqrt{3}}\right)^{\mathrm{T}}.$$

令矩阵

$$\boldsymbol{Q}=(\boldsymbol{\eta}_1,\boldsymbol{\eta}_2,\boldsymbol{\eta}_3)=\begin{pmatrix}-\frac{1}{\sqrt{2}} & -\frac{1}{\sqrt{6}} & \frac{1}{\sqrt{3}}\\ \frac{1}{\sqrt{2}} & -\frac{1}{\sqrt{6}} & \frac{1}{\sqrt{3}}\\ 0 & \frac{2}{\sqrt{6}} & \frac{1}{\sqrt{3}}\end{pmatrix},\quad \boldsymbol{\Lambda}=\begin{pmatrix}1 & & \\ & 1 & \\ & & 4\end{pmatrix},$$

则

$$\boldsymbol{Q}^{\mathrm{T}}\boldsymbol{A}\boldsymbol{Q}=\boldsymbol{\Lambda}.$$

例 3 设三阶实对称矩阵 $\boldsymbol{A}$ 的特征值为 $\lambda_1=-7,\lambda_2=\lambda_3=2$，$\boldsymbol{A}$ 的属于 λ_1 的特征向量为 $\boldsymbol{\alpha}_1=(1,2,-2)^{\mathrm{T}}$.求矩阵 $\boldsymbol{A}$.

解 设 $\boldsymbol{A}$ 的属于特征值 $\lambda_2=\lambda_3=2$ 的特征向量为 $\boldsymbol{\alpha}=(x_1,x_2,x_3)^{\mathrm{T}}$，则 $\boldsymbol{\alpha}$ 与 $\boldsymbol{\alpha}_1$ 正交，于是内积 $(\boldsymbol{\alpha},\boldsymbol{\alpha}_1)=0$，即

$$x_1+2x_2-2x_3=0.$$

解此齐次线性方程组，得基础解系

$$\boldsymbol{\alpha}_2=(-2,1,0)^{\mathrm{T}},\quad \boldsymbol{\alpha}_3=(2,0,1)^{\mathrm{T}}.$$

用施密特正交化方法，将向量组 $\boldsymbol{\alpha}_2,\boldsymbol{\alpha}_3$ 正交化，有

$$\begin{aligned}\boldsymbol{\beta}_2&=\boldsymbol{\alpha}_2=(-2,1,0)^{\mathrm{T}},\\ \boldsymbol{\beta}_3&=\boldsymbol{\alpha}_3-\frac{(\boldsymbol{\alpha}_3,\boldsymbol{\beta}_2)}{(\boldsymbol{\beta}_2,\boldsymbol{\beta}_2)}\boldsymbol{\beta}_2=(2,0,1)^{\mathrm{T}}+\frac{4}{5}(-2,1,0)^{\mathrm{T}}\\ &=\left(\frac{2}{5},\frac{4}{5},1\right)^{\mathrm{T}}.\end{aligned}$$

再将 $\boldsymbol{\beta}_2,\boldsymbol{\beta}_3$ 单位化，得

$$\boldsymbol{\eta}_2=\frac{1}{\|\boldsymbol{\beta}_2\|}\boldsymbol{\beta}_2=\frac{1}{\sqrt{5}}(-2,1,0)^{\mathrm{T}}=\left(-\frac{2}{\sqrt{5}},\frac{1}{\sqrt{5}},0\right)^{\mathrm{T}},$$

$$\boldsymbol{\eta}_3=\frac{1}{\|\boldsymbol{\beta}_3\|}\boldsymbol{\beta}_3=\frac{\sqrt{5}}{3}\left(\frac{2}{5},\frac{4}{5},1\right)^{\mathrm{T}}=\left(\frac{2}{3\sqrt{5}},\frac{4}{3\sqrt{5}},\frac{5}{3\sqrt{5}}\right)^{\mathrm{T}}.$$

另外，将 λ_1 的特征向量 $\boldsymbol{\alpha}_1=(1,2,-2)^{\mathrm{T}}$ 单位化，得

$$\boldsymbol{\eta}_1=\frac{1}{\|\boldsymbol{\alpha}_1\|}\boldsymbol{\alpha}_1=\frac{1}{3}(1,2,-2)^{\mathrm{T}}=\left(\frac{1}{3},\frac{2}{3},-\frac{2}{3}\right)^{\mathrm{T}}.$$

于是 $\boldsymbol{\eta}_1,\boldsymbol{\eta}_2,\boldsymbol{\eta}_3$ 为正交单位向量组.令 $\boldsymbol{Q}=(\boldsymbol{\eta}_1,\boldsymbol{\eta}_2,\boldsymbol{\eta}_3)$，$\boldsymbol{\Lambda}=\operatorname{diag}(-7,2,2)$，则 $\boldsymbol{Q}$ 为正交矩阵，且 $\boldsymbol{Q}^{-1}\boldsymbol{A}\boldsymbol{Q}=\boldsymbol{Q}^{\mathrm{T}}\boldsymbol{A}\boldsymbol{Q}=\boldsymbol{\Lambda}$.于是

$$\begin{aligned}\boldsymbol{A}=\boldsymbol{Q}\boldsymbol{\Lambda}\boldsymbol{Q}^{\mathrm{T}}&=\begin{pmatrix}\frac{1}{3}&-\frac{2}{\sqrt{5}}&\frac{2}{3\sqrt{5}}\\ \frac{2}{3}&\frac{1}{\sqrt{5}}&\frac{4}{3\sqrt{5}}\\ -\frac{2}{3}&0&\frac{5}{3\sqrt{5}}\end{pmatrix}\begin{pmatrix}-7&&\\&2&\\&&2\end{pmatrix}\begin{pmatrix}\frac{1}{3}&\frac{2}{3}&-\frac{2}{3}\\ -\frac{2}{\sqrt{5}}&\frac{1}{\sqrt{5}}&0\\ \frac{2}{3\sqrt{5}}&\frac{4}{3\sqrt{5}}&\frac{5}{3\sqrt{5}}\end{pmatrix}\\ &=\begin{pmatrix}1&-2&2\\-2&-2&4\\2&4&-2\end{pmatrix}.\end{aligned}$$

例 4 已知二次型 $f(x_1,x_2,x_3)=3x_1^2+4x_2^2+3x_3^2+2x_1x_3$，

(1) 求正交变换 $\boldsymbol{x}=\boldsymbol{Q}\boldsymbol{y}$ 将 $f(x_1,x_2,x_3)$ 化为标准形；

(2) 证明 $\min\limits_{\boldsymbol{x}\neq\boldsymbol{0}}\dfrac{f(\boldsymbol{x})}{\boldsymbol{x}^{\mathrm{T}}\boldsymbol{x}}=2$.

(1) **解** 令 $\boldsymbol{A}=\begin{pmatrix}3&0&1\\0&4&0\\1&0&3\end{pmatrix}$，由

$$|\lambda \boldsymbol{E}-\boldsymbol{A}|=\begin{vmatrix}\lambda-3 & 0 & -1\\ 0 & \lambda-4 & 0\\ -1 & 0 & \lambda-3\end{vmatrix}=(\lambda-4)^2(\lambda-2)=0$$

得 $\boldsymbol{A}$ 的特征值为 $\lambda_1=\lambda_2=4,\lambda_3=2$.

当 $\lambda_1=\lambda_2=4$ 时，$(4\boldsymbol{E}-\boldsymbol{A})\boldsymbol{x}=\boldsymbol{0}$ 的基础解系为 $\boldsymbol{\alpha}_1=(0,1,0)^{\mathrm{T}},\boldsymbol{\alpha}_2=(1,0,1)^{\mathrm{T}}$；

当 $\lambda_3=2$ 时，$(2\boldsymbol{E}-\boldsymbol{A})\boldsymbol{x}=\boldsymbol{0}$ 的基础解系为 $\boldsymbol{\alpha}_3=(-1,0,1)^{\mathrm{T}}$.

$\boldsymbol{\alpha}_1$ 与 $\boldsymbol{\alpha}_2$ 已经正交，将 $\boldsymbol{\alpha}_1,\boldsymbol{\alpha}_2$ 和 $\boldsymbol{\alpha}_3$ 单位化，得到

$$\boldsymbol{\gamma}_1=\frac{\boldsymbol{\alpha}_1}{\|\boldsymbol{\alpha}_1\|}=(0,1,0)^{\mathrm{T}},$$

$$\boldsymbol{\gamma}_2=\frac{\boldsymbol{\alpha}_2}{\|\boldsymbol{\alpha}_2\|}=\frac{1}{\sqrt{2}}(1,0,1)^{\mathrm{T}},$$

$$\boldsymbol{\gamma}_3=\frac{\boldsymbol{\alpha}_3}{\|\boldsymbol{\alpha}_3\|}=\frac{1}{\sqrt{2}}(-1,0,1)^{\mathrm{T}}.$$

令

$$\boldsymbol{Q}=\begin{pmatrix}0 & \frac{1}{\sqrt{2}} & -\frac{1}{\sqrt{2}}\\ 1 & 0 & 0\\ 0 & \frac{1}{\sqrt{2}} & \frac{1}{\sqrt{2}}\end{pmatrix},$$

则 $\boldsymbol{Q}^{\mathrm{T}}\boldsymbol{A}\boldsymbol{Q}=\begin{pmatrix}4 & & \\ & 4 & \\ & & 2\end{pmatrix}$. 在正交变换 $\boldsymbol{x}=\boldsymbol{Q}\boldsymbol{y}$ 下，二次型的标准形为 $4y_1^2+4y_2^2+2y_3^2$.

(2) **证** $\boldsymbol{x}^{\mathrm{T}}\boldsymbol{x}=(\boldsymbol{Q}\boldsymbol{y})^{\mathrm{T}}(\boldsymbol{Q}\boldsymbol{y})=\boldsymbol{y}^{\mathrm{T}}\boldsymbol{Q}^{\mathrm{T}}\boldsymbol{Q}\boldsymbol{y}=\boldsymbol{y}^{\mathrm{T}}\boldsymbol{y}$，则

$$\frac{f(\boldsymbol{x})}{\boldsymbol{x}^{\mathrm{T}}\boldsymbol{x}}=\frac{f(\boldsymbol{y})}{\boldsymbol{y}^{\mathrm{T}}\boldsymbol{y}}=\frac{4y_1^2+4y_2^2+2y_3^2}{y_1^2+y_2^2+y_3^2}=2+\frac{2y_1^2+2y_2^2}{y_1^2+y_2^2+y_3^2}.$$

因此当 $y_1=y_2=0,y_3\neq 0$ 时，$\dfrac{f(\boldsymbol{x})}{\boldsymbol{x}^{\mathrm{T}}\boldsymbol{x}}$ 最小，最小值为 2.

例 5 设三阶实对称矩阵 $\boldsymbol{A}$ 的特征值是 1,2,3；矩阵 $\boldsymbol{A}$ 的属于特征值 1,2 的特征向量分别是 $\boldsymbol{\alpha}_1=(-1,-1,1)^{\mathrm{T}},\boldsymbol{\alpha}_2=(1,-2,-1)^{\mathrm{T}}$.

(1) 求 $\boldsymbol{A}$ 的属于特征值 3 的特征向量；

(2) 求矩阵 $\boldsymbol{A}$.

解 (1) 设 $\boldsymbol{A}$ 的属于特征值 3 的特征向量为 $\boldsymbol{\alpha}_3=(x_1,x_2,x_3)^{\mathrm{T}}$，因为 $\boldsymbol{\alpha}_1,\boldsymbol{\alpha}_2,\boldsymbol{\alpha}_3$ 是实对称矩阵 $\boldsymbol{A}$ 的属于不同特征值的特征向量，所以 $\boldsymbol{\alpha}_1,\boldsymbol{\alpha}_2,\boldsymbol{\alpha}_3$ 两两正交，故

$$(\boldsymbol{\alpha}_1,\boldsymbol{\alpha}_3)=\boldsymbol{\alpha}_1^{\mathrm{T}}\boldsymbol{\alpha}_3=0,\quad (\boldsymbol{\alpha}_2,\boldsymbol{\alpha}_3)=\boldsymbol{\alpha}_2^{\mathrm{T}}\boldsymbol{\alpha}_3=0,$$

即 x_1,x_2,x_3 是齐次线性方程组

$$\begin{cases}-x_1-x_2+x_3=0,\\ x_1-2x_2-x_3=0\end{cases}$$

的非零解,解得其基础解系为$(1,0,1)^{\mathrm{T}}$.于是,$\boldsymbol{A}$ 的属于特征值 3 的特征向量为 $k(1,0,1)^{\mathrm{T}}$(k 为任意非零常数).

(2) 令矩阵

$$\boldsymbol{P}=(\boldsymbol{\alpha}_1,\boldsymbol{\alpha}_2,\boldsymbol{\alpha}_3)=\begin{pmatrix}-1&1&1\\-1&-2&0\\1&-1&1\end{pmatrix},$$

则有 $\boldsymbol{P}^{-1}\boldsymbol{AP}=\begin{pmatrix}1&&\\&2&\\&&3\end{pmatrix}$,故 $\boldsymbol{A}=\boldsymbol{P}\begin{pmatrix}1&&\\&2&\\&&3\end{pmatrix}\boldsymbol{P}^{-1}$,而

$$\boldsymbol{P}^{-1}=\begin{pmatrix}-\frac{1}{3}&-\frac{1}{3}&\frac{1}{3}\\\frac{1}{6}&-\frac{1}{3}&-\frac{1}{6}\\\frac{1}{2}&0&\frac{1}{2}\end{pmatrix},$$

所以

$$\boldsymbol{A}=\begin{pmatrix}-1&1&1\\-1&-2&0\\1&-1&1\end{pmatrix}\begin{pmatrix}1&0&0\\0&2&0\\0&0&3\end{pmatrix}\begin{pmatrix}-\frac{1}{3}&-\frac{1}{3}&\frac{1}{3}\\\frac{1}{6}&-\frac{1}{3}&-\frac{1}{6}\\\frac{1}{2}&0&\frac{1}{2}\end{pmatrix}=\frac{1}{6}\begin{pmatrix}13&-2&5\\-2&10&2\\5&2&13\end{pmatrix}.$$

***例 6** 设三阶实对称矩阵 $\boldsymbol{A}$ 的特征值为 $\lambda_1=1,\lambda_2=2,\lambda_3=-2$,且 $\boldsymbol{\alpha}_1=(1,-1,1)^{\mathrm{T}}$ 是 $\boldsymbol{A}$ 的属于 λ_1 的一个特征向量.记 $\boldsymbol{B}=\boldsymbol{A}^5-4\boldsymbol{A}^3+\boldsymbol{E}$,其中 $\boldsymbol{E}$ 为三阶单位矩阵.

(1) 验证 $\boldsymbol{\alpha}_1$ 是矩阵 $\boldsymbol{B}$ 的特征向量,并求 $\boldsymbol{B}$ 的全部特征值与特征向量;

(2) 求矩阵 $\boldsymbol{B}$.

解 (1) 由 $\boldsymbol{A\alpha}_1=\lambda_1\boldsymbol{\alpha}_1$,知

$$\boldsymbol{B\alpha}_1=(\boldsymbol{A}^5-4\boldsymbol{A}^3+\boldsymbol{E})\boldsymbol{\alpha}_1=(\lambda_1^5-4\lambda_1^3+1)\boldsymbol{\alpha}_1=-2\boldsymbol{\alpha}_1,$$

故 $\boldsymbol{\alpha}_1$ 是 $\boldsymbol{B}$ 的属于特征值-2 的一个特征向量.

因为 $\boldsymbol{A}$ 的全部特征值为 $\lambda_1,\lambda_2,\lambda_3$,所以 $\boldsymbol{B}$ 的全部特征值为 $\lambda_i^5-4\lambda_i^3+1\ (i=1,2,3)$,即 $\boldsymbol{B}$ 的全部特征值为$-2,1,1$.

由 $\boldsymbol{B\alpha}_1=-2\boldsymbol{\alpha}_1$,知 $\boldsymbol{B}$ 的属于特征值-2 的全部特征向量为 $k_1\boldsymbol{\alpha}_1$,其中 k_1 是不为零的任意常数.

因为 $\boldsymbol{A}$ 是实对称矩阵,所以 $\boldsymbol{B}$ 也是实对称矩阵.设$(x_1,x_2,x_3)^{\mathrm{T}}$ 为 $\boldsymbol{B}$ 的属于特征值 1 的任一特征向量.因为实对称矩阵属于不同特征值的特征向量正交,所以$(x_1,x_2,x_3)\boldsymbol{\alpha}_1=0$,即

$$x_1-x_2+x_3=0,$$

解得该方程组的基础解系为

$$\boldsymbol{\alpha}_2=(1,1,0)^{\mathrm{T}},\quad \boldsymbol{\alpha}_3=(-1,0,1)^{\mathrm{T}}.$$

故 $\boldsymbol{B}$ 的属于特征值 1 的全部特征向量为 $k_2\boldsymbol{\alpha}_2+k_3\boldsymbol{\alpha}_3$，其中 k_2,k_3 为不全为零的任意常数.

(2) 令

$$\boldsymbol{P}=(\boldsymbol{\alpha}_1,\boldsymbol{\alpha}_2,\boldsymbol{\alpha}_3)=\begin{pmatrix}1&1&-1\\-1&1&0\\1&0&1\end{pmatrix},$$

那么

$$\boldsymbol{P}^{-1}=\begin{pmatrix}\frac{1}{3}&-\frac{1}{3}&\frac{1}{3}\\\frac{1}{3}&\frac{2}{3}&\frac{1}{3}\\-\frac{1}{3}&\frac{1}{3}&\frac{2}{3}\end{pmatrix}.$$

因为

$$\boldsymbol{P}^{-1}\boldsymbol{B}\boldsymbol{P}=\begin{pmatrix}-2&0&0\\0&1&0\\0&0&1\end{pmatrix},$$

所以

$$\boldsymbol{B}=\boldsymbol{P}\begin{pmatrix}-2&0&0\\0&1&0\\0&0&1\end{pmatrix}\boldsymbol{P}^{-1}=\begin{pmatrix}0&1&-1\\1&0&1\\-1&1&0\end{pmatrix}.$$

例 7 选择题.

下列矩阵中不能相似于对角矩阵的是(　　).

(A) $\boldsymbol{A}=\begin{pmatrix}1&1&a\\1&2&0\\a&0&3\end{pmatrix}$　　(B) $\boldsymbol{B}=\begin{pmatrix}1&1&a\\0&2&2\\0&0&3\end{pmatrix}$

(C) $\boldsymbol{C}=\begin{pmatrix}1&1&a\\0&2&0\\0&0&2\end{pmatrix}$　　(D) $\boldsymbol{D}=\begin{pmatrix}1&1&a\\0&2&2\\0&0&2\end{pmatrix}$

解 矩阵 $\boldsymbol{A}$ 为实对称矩阵，故 $\boldsymbol{A}$ 可对角化.

矩阵 $\boldsymbol{B}$ 有 3 个不同的特征值 1,2,3，故 $\boldsymbol{B}$ 可对角化.

矩阵 $\boldsymbol{C}$ 的特征值为 1,2,2，而特征值 2 的线性无关的特征向量个数为 $3-r(2\boldsymbol{E}-\boldsymbol{C})=2$，与特征值 2 的重数相同，故可对角化.

矩阵 $\boldsymbol{D}$ 特征值为 1,2,2，但 2 的线性无关的特征向量个数为 $3-r(2\boldsymbol{E}-\boldsymbol{D})=1\neq2$，故不可对角化.

故选择(D).

习题五

(A)

1. 设矩阵

$$A=\begin{pmatrix}1&-1&1\\1&3&-1\\1&1&1\end{pmatrix},$$

试证向量 $\boldsymbol{\alpha}=(-1,1,1)^{\mathrm{T}}$ 为矩阵 $\boldsymbol{A}$ 的属于特征值 $\lambda=1$ 的特征向量.

2. 求数量矩阵 $A=\begin{pmatrix}a&0&0\\0&a&0\\0&0&a\end{pmatrix}$ 的特征值和特征向量.

3. 若 λ_0 是矩阵 $\boldsymbol{A}$ 的一个特征值，m 是正整数，试证 λ_0^m 是矩阵 $\boldsymbol{A}^m$ 的一个特征值.

4. 若 λ_0 是矩阵 $\boldsymbol{A}$ 的一个特征值，试证：

(1) $\lambda_0^2+\lambda_0-2$ 是 $\boldsymbol{A}^2+\boldsymbol{A}-2\boldsymbol{E}$ 的特征值；

(2) 若 $\boldsymbol{A}^2+\boldsymbol{A}-2\boldsymbol{E}=\boldsymbol{O}$，则 $\boldsymbol{A}$ 的特征值只能等于 -2 或 1.

5. 若矩阵 $\boldsymbol{A}$ 满足等式 $\boldsymbol{A}^2=\boldsymbol{E}$，试证 $\boldsymbol{A}$ 的特征值只能等于 1 或 -1.

6. 若 $\boldsymbol{B}=\boldsymbol{C}^{-1}\boldsymbol{A}\boldsymbol{C}$，$\boldsymbol{\alpha}$ 是矩阵 $\boldsymbol{A}$ 的属于特征值 λ_0 的特征向量，试证 $\boldsymbol{C}^{-1}\boldsymbol{\alpha}$ 是矩阵 $\boldsymbol{B}$ 的属于 λ_0 的特征向量.

7. 求下列矩阵的特征值与特征向量：

(1) $A=\begin{pmatrix}-3&2\\-2&2\end{pmatrix}$；　　(2) $A=\begin{pmatrix}2&1\\-1&4\end{pmatrix}$；

(3) $A=\begin{pmatrix}2&0&0\\1&1&1\\1&-1&3\end{pmatrix}$；　　(4) $A=\begin{pmatrix}1&1&1\\1&1&1\\1&1&1\end{pmatrix}$；

(5) $A=\begin{pmatrix}0&0&1\\0&1&0\\1&0&0\end{pmatrix}$；　　(6) $A=\begin{pmatrix}-1&4&-2\\-3&4&0\\-3&1&3\end{pmatrix}$.

8. 设 $\boldsymbol{A}$ 为三阶矩阵，满足 $|\boldsymbol{E}-\boldsymbol{A}|=0$，$|\boldsymbol{E}+\boldsymbol{A}|=0$，$|3\boldsymbol{E}-2\boldsymbol{A}|=0$，求：

(1) $\boldsymbol{A}$ 的特征值；

(2) $\boldsymbol{A}$ 的行列式 $|\boldsymbol{A}|$.

9. 已知矩阵

$$A=\begin{pmatrix}7&4&-1\\4&7&-1\\-4&-4&x\end{pmatrix}$$

的特征值为 $\lambda_1=\lambda_2=3$，$\lambda_3=12$，求 x 的值，并求矩阵 $\boldsymbol{A}$ 的特征向量.

10. 设三阶矩阵 $\boldsymbol{A}$ 的特征值互不相同，且 $|\boldsymbol{A}|=0$，试证 $\boldsymbol{A}$ 的秩 $r(\boldsymbol{A})=2$.

11. 设 λ_0 为 n 阶可逆矩阵 $\boldsymbol{A}$ 的特征值，$\boldsymbol{A}^*$ 为 $\boldsymbol{A}$ 的伴随矩阵. 若 $\lambda_0=2$，$|\boldsymbol{A}|=4$，求矩阵 $5(\boldsymbol{A}^*)^2-$

$3A^* + 2E$ 的一个特征值.

12. 设三阶矩阵 A 的特征值为 $-2,-1,3$,矩阵 $B=A^2-5A+3E$,求矩阵 B 的行列式 $|B|$.

13. 设矩阵 $A=\begin{pmatrix} a & -1 & c \\ 5 & b & 3 \\ 1-c & 0 & -a \end{pmatrix}$,其行列式 $|A|=-1$,又 A 的伴随矩阵 A^* 有一个特征值 λ_0,属于 λ_0 的一个特征向量为 $\alpha=(-1,-1,1)^T$,求 a,b,c 和 λ_0 的值.

14. 设矩阵 $A=\begin{pmatrix} a & -2 & 0 \\ b & 1 & -2 \\ 0 & -2 & 0 \end{pmatrix}$ 有特征值 $\lambda_1=-2,\lambda_2=1$ 和 λ_3,求 a,b 和 λ_3 的值.

15. 若矩阵 A 与 B 相似,试证:

(1) kA 与 kB 相似,其中 k 为任意常数;

(2) A^T 与 B^T 相似.

16. 设矩阵 A 与 B 相似,试证:

(1) A^m 与 B^m 相似,其中 m 为正整数;

(2) $tE-A$ 与 $tE-B$ 相似,其中 t 为任意常数.

17. 设 A 为 n 阶可逆矩阵,且 A 相似于 B,试证:

(1) B 为可逆矩阵;

(2) A^{-1} 相似于 B^{-1}.

18. 若矩阵 A 与 B 相似,试证:

(1) $r(A)=r(B)$; (2) $\operatorname{tr} A=\operatorname{tr} B$.

19. 已知三阶矩阵 A 与 B 相似,A 的特征值为 $\frac{1}{2},\frac{1}{3},\frac{1}{4}$,求行列式 $|B^{-1}-E|$.

20. 下列矩阵 A 是否可对角化?若可对角化,试求出可逆矩阵 P,使 $P^{-1}AP$ 为对角矩阵.

(1) $A=\begin{pmatrix} 1 & 4 \\ 2 & -1 \end{pmatrix}$; (2) $A=\begin{pmatrix} 2 & 1 \\ -1 & 4 \end{pmatrix}$;

(3) $A=\begin{pmatrix} 2 & 0 & 0 \\ 0 & 0 & 1 \\ 0 & 1 & 0 \end{pmatrix}$; (4) $A=\begin{pmatrix} 1 & -3 & 3 \\ 3 & -5 & 3 \\ 6 & -6 & 4 \end{pmatrix}$;

(5) $A=\begin{pmatrix} 3 & -1 & 1 \\ 2 & 0 & 1 \\ 1 & -1 & 2 \end{pmatrix}$; (6) $A=\begin{pmatrix} 1 & 2 & -1 \\ 2 & 1 & 0 \\ -1 & 0 & 1 \end{pmatrix}$.

21. 设 A 为 n 阶非零矩阵,且 $A^2=O$,试证 A 不能相似于对角矩阵.

22. 设三阶矩阵 A 的特征值为 $\lambda_1=-2,\lambda_2=1,\lambda_3=2$,对应的特征向量依次为 $\alpha_1=(1,1,1)^T,\alpha_2=(1,1,0)^T,\alpha_3=(0,1,1)^T$,求矩阵 A.

23. (1) 设二阶矩阵 $A=\begin{pmatrix} 2 & -4 \\ -3 & 3 \end{pmatrix}$,求 A^n(n 为正整数);

(2) 设三阶矩阵 $A=\begin{pmatrix} 1 & 4 & 2 \\ 0 & -3 & 4 \\ 0 & 4 & 3 \end{pmatrix}$,求 A^n(n 为正整数).

24. 试证:若正交矩阵有实特征值,则该特征值等于 1 或 -1.

25. 若 A 为奇数阶的正交矩阵,且 $|A|=1$,试证 1 是 A 的一个特征值.

26. 若 A 为 n 阶正交矩阵,且 $|A|=-1$,试证 -1 是 A 的一个特征值.

27. 若 $\lambda(\lambda\neq 0)$ 是正交矩阵 $\boldsymbol{A}$ 的特征值，试证 $\dfrac{1}{\lambda}$ 也是 $\boldsymbol{A}$ 的一个特征值.

28. 下列矩阵 $\boldsymbol{A}$ 为实对称矩阵，求正交矩阵 $\boldsymbol{Q}$，使 $\boldsymbol{Q}^{\mathrm{T}}\boldsymbol{A}\boldsymbol{Q}$ 为对角矩阵.

(1) $\boldsymbol{A}=\begin{pmatrix}-1 & 2\\ 2 & -1\end{pmatrix}$； (2) $\boldsymbol{A}=\begin{pmatrix}1 & 1 & 1\\ 1 & 1 & 1\\ 1 & 1 & 1\end{pmatrix}$； (3) $\boldsymbol{A}=\begin{pmatrix}2 & -1 & -1\\ -1 & 2 & -1\\ -1 & -1 & 2\end{pmatrix}$.

(B)

1. 填空题.

(1) 矩阵 $\boldsymbol{A}=\begin{pmatrix}1 & 2\\ 3 & 4\end{pmatrix}$ 的特征值为__________；

(2) n 阶对角矩阵 $\boldsymbol{A}=\mathrm{diag}(a_1,a_2,\cdots,a_n)$ 的 n 个特征值为__________；

(3) 已知矩阵 $\boldsymbol{A}=\begin{pmatrix}1 & -1\\ a & 2\end{pmatrix}$ 的特征值 λ_0 对应的特征向量为 $\boldsymbol{\alpha}_1=(3,1)^{\mathrm{T}}$，则 $a=$________，$\lambda_0=$________；

(4) 已知 $\boldsymbol{\alpha}=(1,1,-1)^{\mathrm{T}}$ 是矩阵 $\boldsymbol{A}=\begin{pmatrix}2 & -1 & 2\\ 5 & a & 3\\ -1 & b & -2\end{pmatrix}$ 的属于特征值 λ_0 的特征向量，则 $a=$________，$b=$________，$\lambda_0=$________；

(5) 若 $\boldsymbol{A}$ 为 n 阶可逆矩阵，且 $\boldsymbol{A}$ 有特征值 λ_0，则 $(\boldsymbol{A}^{-1})^2+3\boldsymbol{A}^{-1}+\boldsymbol{E}$ 必有特征值__________；

(6) 已知三阶矩阵 $\boldsymbol{A}$ 的特征值 $\lambda_1=-1,\lambda_2=1,\lambda_3=2$，矩阵 $\boldsymbol{B}=\boldsymbol{A}^2+5\boldsymbol{A}-3\boldsymbol{E}$，则 $\boldsymbol{B}$ 的特征值为__________，$|\boldsymbol{B}|=$__________；

(7) 设 $\boldsymbol{A}$ 为三阶矩阵，且 $|\boldsymbol{A}|=0$，$|\boldsymbol{E}+\boldsymbol{A}|=0$，$|2\boldsymbol{E}-\boldsymbol{A}|=0$，则 $|3\boldsymbol{A}+2\boldsymbol{E}|=$________；

(8) 若矩阵 $\boldsymbol{A}$ 相似于 $\boldsymbol{B}$，且 $\boldsymbol{A}^m=\boldsymbol{A}$，其中 m 为正整数，则 $\boldsymbol{B}^m=$________.

2. 单项选择题.

(1) 设 $\boldsymbol{A}$ 为 n 阶矩阵，则下列结论正确的是(　　)；

(A) $\boldsymbol{A}$ 有 n 个线性无关的特征向量　　(B) $\boldsymbol{A}$ 的特征值皆不为零

(C) $\boldsymbol{A}$ 与 $\boldsymbol{A}^{\mathrm{T}}$ 有相同的特征值　　(D) $\boldsymbol{A}$ 与 $\boldsymbol{A}^{\mathrm{T}}$ 有相同的特征向量

(2) 设 $\boldsymbol{A}=(a_{ij})$ 为 n 阶矩阵，$\lambda_1,\lambda_2,\cdots,\lambda_n$ 为 $\boldsymbol{A}$ 的特征值，则下列结论未必正确的是(　　)；

(A) $\lambda_1\lambda_2\cdots\lambda_n=|\boldsymbol{A}|$

(B) $\lambda_1+\lambda_2+\cdots+\lambda_n=a_{11}+a_{22}+\cdots+a_{nn}$

(C) 若 $\boldsymbol{A}$ 为可逆矩阵，则 $\lambda_1,\lambda_2,\cdots,\lambda_n$ 皆不为零

(D) $\lambda_1,\lambda_2,\cdots,\lambda_n$ 为两两不相等的数

(3) 设 $\boldsymbol{A}$ 为 n 阶矩阵，$\boldsymbol{A}$ 与对角矩阵相似的充要条件为(　　)；

(A) $\boldsymbol{A}$ 有 n 个两两不等的特征值

(B) $\boldsymbol{A}$ 有 n 个线性无关的特征向量

(C) $\boldsymbol{A}$ 的特征值皆不为零

(D) $\boldsymbol{A}$ 有 n 个两两正交的特征向量

(4) 设 $\boldsymbol{A},\boldsymbol{B}$ 为 n 阶矩阵，且 $\boldsymbol{A}\sim\boldsymbol{B}$，则下列结论不正确的是(　　)；

(A) $|\boldsymbol{A}|=|\boldsymbol{B}|$　　(B) $r(\boldsymbol{A})=r(\boldsymbol{B})$

(C) $\boldsymbol{A}^2\sim\boldsymbol{B}^2$　　(D) $\boldsymbol{A},\boldsymbol{B}$ 必相似于对角矩阵

(5) 设 $\boldsymbol{A}$ 为 n 阶实对称矩阵，则下列结论不正确的是(　　).

(A) $\boldsymbol{A}$ 的 n 个特征向量线性无关

(B) $\boldsymbol{A}$ 的 n 个特征向量必是单位正交向量组

(C) $\boldsymbol{A}$ 的特征值必是实数

(D) $\boldsymbol{A}$ 的属于不同特征值的特征向量必正交

3. 已知二阶实可逆矩阵 $\boldsymbol{A}$ 的特征值为整数 λ_1,λ_2，若矩阵 $\boldsymbol{B}$ 的特征值为 $-5,7$，且 $\boldsymbol{B}=(\boldsymbol{A}^{-1})^2-6\boldsymbol{A}^{-1}$，求 λ_1 和 λ_2.

4. 设三阶矩阵 $\boldsymbol{A}$ 的特征值 $\lambda_1=1,\lambda_2=2,\lambda_3=3$，$\boldsymbol{B}=(\boldsymbol{A}-\boldsymbol{E})(\boldsymbol{A}-2\boldsymbol{E})(\boldsymbol{A}-3\boldsymbol{E})$，试证 $\boldsymbol{B}=\boldsymbol{O}$.

5. 设矩阵 $\boldsymbol{A}=\begin{pmatrix}2&0&1\\3&1&x\\4&0&5\end{pmatrix}$ 相似于对角矩阵，求 x 的值.

6. 已知 $\boldsymbol{\alpha}=(1,1,-1)^{\mathrm{T}}$ 是 $\boldsymbol{A}=\begin{pmatrix}2&-1&2\\5&a&3\\-1&b&-2\end{pmatrix}$ 的一个特征向量.问 $\boldsymbol{A}$ 能否相似于对角矩阵？并说明理由.

7. 设矩阵 $\boldsymbol{A}=\begin{pmatrix}1&-1&1\\x&4&y\\-3&-3&5\end{pmatrix}$，已知 $\boldsymbol{A}$ 有 3 个线性无关的特征向量，$\lambda=2$ 是 $\boldsymbol{A}$ 的二重特征值，试求可逆矩阵 $\boldsymbol{P}$，使得 $\boldsymbol{P}^{-1}\boldsymbol{A}\boldsymbol{P}$ 为对角矩阵.

8. 设三阶实对称矩阵 $\boldsymbol{A}$ 的秩为 2，$\lambda_1=\lambda_2=6$ 是 $\boldsymbol{A}$ 的二重特征值，若 $\boldsymbol{\alpha}_1=(1,1,0)^{\mathrm{T}}$，$\boldsymbol{\alpha}_2=(2,1,1)^{\mathrm{T}}$，$\boldsymbol{\alpha}_3=(-1,2,-3)^{\mathrm{T}}$ 都是 $\boldsymbol{A}$ 的属于特征值 6 的特征向量.求：

(1) $\boldsymbol{A}$ 的另一个特征值和对应的特征向量；

(2) 矩阵 $\boldsymbol{A}$.

*9. 设三阶实对称矩阵 $\boldsymbol{A}$ 的各行元素之和均为 3，向量 $\boldsymbol{\alpha}_1=(-1,2,-1)^{\mathrm{T}}$，$\boldsymbol{\alpha}_2=(0,-1,1)^{\mathrm{T}}$ 是线性方程组 $\boldsymbol{A}\boldsymbol{x}=\boldsymbol{0}$ 的两个解.求：

(1) $\boldsymbol{A}$ 的特征值与特征向量；

(2) 正交矩阵 $\boldsymbol{Q}$ 和对角矩阵 $\boldsymbol{\Lambda}$，使得 $\boldsymbol{Q}^{\mathrm{T}}\boldsymbol{A}\boldsymbol{Q}=\boldsymbol{\Lambda}$.

第五章
自测题

第五章
典型例题
讲解

矩阵特征值
与特征向量
的简要
发展史

第六章　二次型

本章介绍二次型的基本理论，它起源于解析几何里二次曲线和二次曲面的化简和分类问题.例如，在平面解析几何中，为了讨论平面上的二次曲线，需利用坐标变换把曲线方程 $ax^2+2bxy+cy^2+2dx+2ey+f=0$ 化为标准方程，一般地可以通过坐标系的旋转变换消去交叉项(即 xy 项)，再将坐标系平移就可以得到二次曲线的标准方程.在空间中，对二次曲面也有同样的问题.此类问题在数学各个分支，乃至自然科学、工程技术、经济管理中的许多领域都会遇到，往往需要把一个二次齐次多项式化为仅含有完全平方项的和的形式，以便进行分类，并研究有关的性质.另外，二次型与实对称矩阵有密切关系，二次型可通过对称矩阵表示.因此，对二次型某些性质的研究可以转化为对相应的对称矩阵的研究.这些就是本章要讨论的主要内容.

§6.1　二次型及其矩阵表示

一、二次型的概念及其矩阵表示

定义 6.1　含有 n 个变量 $x_1,x_2,\cdots,x_n$ 的二次齐次多项式

$$\begin{aligned}f(x_1,x_2,\cdots,x_n)=&a_{11}x_1^2+2a_{12}x_1x_2+2a_{13}x_1x_3+\cdots+2a_{1n}x_1x_n+\\&a_{22}x_2^2+2a_{23}x_2x_3+\cdots+2a_{2n}x_2x_n+\cdots+a_{nn}x_n^2\end{aligned}\tag{6.1}$$

称为 n 元二次型，简称二次型.

注　定义中“二次”是指该多项式中最高次项为二次项，“齐次”是指每项的次数都相同.由此可见，$f(x_1,x_2)=x_1^2+3x_1x_2-5x_2^2+6x_1-7$，$f(x_1,x_2)=3x_1^3-2x_1^2-x_2+8$ 均不是二次型.

若令 $a_{ij}=a_{ji}$，有 $2a_{ij}=a_{ij}+a_{ji}\ (i,j=1,2,\cdots,n)$，于是 n 元二次型可记为

$$\begin{aligned}f(x_1,x_2,\cdots,x_n)=&a_{11}x_1^2+a_{12}x_1x_2+a_{13}x_1x_3+\cdots+a_{1n}x_1x_n+\\&a_{21}x_1x_2+a_{22}x_2^2+a_{23}x_2x_3+\cdots+a_{2n}x_2x_n+\cdots+\\&a_{n1}x_1x_n+a_{n2}x_2x_n+a_{n3}x_3x_n+\cdots+a_{nn}x_n^2.\end{aligned}\tag{6.2}$$

再利用求和符号，二次型可简记为

$$f(x_1,x_2,\cdots,x_n)=\sum_{i=1}^{n}\sum_{j=1}^{n}a_{ij}x_ix_j.\tag{6.3}$$

当 $a_{ij}(i,j=1,2,\cdots,n)$ 为复数时，称 $f(x_1,x_2,\cdots,x_n)$ 为复二次型；当 $a_{ij}(i,j=1,2,\cdots,n)$ 为实数时，称 $f(x_1,x_2,\cdots,x_n)$ 为实二次型.由于本书只讨论实二次型，以下凡二次型均表示实二次型.

利用矩阵及其运算，二次型 $f(x_1,x_2,\cdots,x_n)$ 可以表示为矩阵的形式.由(6.2)式有

$$\begin{aligned}f(x_1,x_2,\cdots,x_n)&=x_1(a_{11}x_1+a_{12}x_2+\cdots+a_{1n}x_n)+\\&\quad x_2(a_{21}x_1+a_{22}x_2+\cdots+a_{2n}x_n)+\cdots+\\&\quad x_n(a_{n1}x_1+a_{n2}x_2+\cdots+a_{nn}x_n)\\&=(x_1,x_2,\cdots,x_n)\begin{pmatrix}a_{11}x_1+a_{12}x_2+\cdots+a_{1n}x_n\\a_{21}x_1+a_{22}x_2+\cdots+a_{2n}x_n\\\vdots\\a_{n1}x_1+a_{n2}x_2+\cdots+a_{nn}x_n\end{pmatrix}\\&=(x_1,x_2,\cdots,x_n)\begin{pmatrix}a_{11}&a_{12}&\cdots&a_{1n}\\a_{21}&a_{22}&\cdots&a_{2n}\\\vdots&\vdots&&\vdots\\a_{n1}&a_{n2}&\cdots&a_{nn}\end{pmatrix}\begin{pmatrix}x_1\\x_2\\\vdots\\x_n\end{pmatrix}.\end{aligned}$$

如果记

$$\boldsymbol{x}=\begin{pmatrix}x_1\\x_2\\\vdots\\x_n\end{pmatrix},\quad \boldsymbol{A}=\begin{pmatrix}a_{11}&a_{12}&\cdots&a_{1n}\\a_{21}&a_{22}&\cdots&a_{2n}\\\vdots&\vdots&&\vdots\\a_{n1}&a_{n2}&\cdots&a_{nn}\end{pmatrix},$$

其中 $\boldsymbol{x}\in\mathbf{R}^n$，$a_{ij}=a_{ji}(i,j=1,2,\cdots,n)$，即 $\boldsymbol{A}^{\mathrm{T}}=\boldsymbol{A}$，则二次型的矩阵形式为

$$f(x_1,x_2,\cdots,x_n)=\boldsymbol{x}^{\mathrm{T}}\boldsymbol{A}\boldsymbol{x}. \tag{6.4}$$

将实对称矩阵 $\boldsymbol{A}$ 称为二次型 $f(x_1,x_2,\cdots,x_n)$ 的矩阵，矩阵 $\boldsymbol{A}$ 的秩 $r(\boldsymbol{A})$ 称为二次型的秩.由此，对于任意给定的一个 n 元二次型 $f(x_1,x_2,\cdots,x_n)=\boldsymbol{x}^{\mathrm{T}}\boldsymbol{A}\boldsymbol{x}$，可以唯一地确定一个 n 阶实对称矩阵 $\boldsymbol{A}$，反之，对于任意给定的一个 n 阶实对称矩阵 $\boldsymbol{A}$，就可以唯一地确定一个 n 元二次型 $f(x_1,x_2,\cdots,x_n)=\boldsymbol{x}^{\mathrm{T}}\boldsymbol{A}\boldsymbol{x}$.这样，在 n 元二次型与 n 阶实对称矩阵之间建立了一个一一对应关系.

例 1 设二次型

$$f(x_1,x_2)=2x_1^2-4x_1x_2+3x_2^2,$$

写出二次型的矩阵形式及二次型的秩.

解 二次型的矩阵 $\boldsymbol{A}$ 是一个对称矩阵，其主对角线上元素 a_{11}，a_{22} 分别为 $f(x_1,x_2)$ 中 x_1^2，x_2^2 项的系数，非主对角线上元素 a_{12} 为 $f(x_1,x_2)$ 中 x_1x_2 项系数的一半.因此，二次型的矩阵为

$$\boldsymbol{A}=\begin{pmatrix}2&-2\\-2&3\end{pmatrix}.$$

于是，二次型的矩阵形式为

$$f(x_1,x_2)=\boldsymbol{x}^{\mathrm{T}}\boldsymbol{A}\boldsymbol{x}=(x_1,x_2)\begin{pmatrix}2&-2\\-2&3\end{pmatrix}\begin{pmatrix}x_1\\x_2\end{pmatrix}.$$

二次型矩阵 $\boldsymbol{A}$ 的秩就是二次型的秩，由于

$$|\boldsymbol{A}|=\begin{vmatrix}2&-2\\-2&3\end{vmatrix}=2\neq 0,$$

所以 $r(\boldsymbol{A})=2$，于是二次型的秩等于 2.

例 2 设对称矩阵

$$\boldsymbol{A}=\begin{pmatrix}3&1&-2\\1&2&-1\\-2&-1&-1\end{pmatrix},$$

求 $\boldsymbol{A}$ 对应的二次型 $f(x_1,x_2,x_3)=\boldsymbol{x}^{\mathrm{T}}\boldsymbol{A}\boldsymbol{x}$.

解 根据二次型系数与其矩阵之间的关系(如上例所述)，可直接写出

$$f(x_1,x_2,x_3)=3x_1^2+2x_1x_2-4x_1x_3+2x_2^2-2x_2x_3-x_3^2.$$

例 3 写出二次型

$$f(x_1,x_2,\cdots,x_n)=2\sum_{i=1}^{n-1}x_ix_{i+1}$$

的矩阵形式.

解 $f(x_1,x_2,\cdots,x_n)=2\sum\limits_{i=1}^{n-1}x_ix_{i+1}=2x_1x_2+2x_2x_3+\cdots+2x_{n-1}x_n$

$$=(x_1,x_2,\cdots,x_n)\begin{pmatrix}0&1&0&\cdots&0&0\\1&0&1&\cdots&0&0\\0&1&0&\cdots&0&0\\\vdots&\vdots&\vdots&&\vdots&\vdots\\0&0&0&\cdots&0&1\\0&0&0&\cdots&1&0\end{pmatrix}\begin{pmatrix}x_1\\x_2\\\vdots\\x_n\end{pmatrix}.$$

例 4 设 $\boldsymbol{A}$ 是 n 阶对称矩阵，对任意向量 $\boldsymbol{x}$ 均有 $\boldsymbol{x}^{\mathrm{T}}\boldsymbol{A}\boldsymbol{x}=0$，证明 $\boldsymbol{A}$ 是零矩阵.

证 设 n 阶对称矩阵 $\boldsymbol{A}=(a_{ij})_{n\times n}$，因为对任意 n 维向量 $\boldsymbol{x}=(x_1,x_2,\cdots,x_n)^{\mathrm{T}}$，有 $\boldsymbol{x}^{\mathrm{T}}\boldsymbol{A}\boldsymbol{x}=0$，分别取 $\boldsymbol{x}$ 等于 $\boldsymbol{e}_1=(1,0,\cdots,0)^{\mathrm{T}},\boldsymbol{e}_2=(0,1,\cdots,0)^{\mathrm{T}},\cdots,\boldsymbol{e}_n=(0,0,\cdots,1)^{\mathrm{T}}$，代入 $\boldsymbol{x}^{\mathrm{T}}\boldsymbol{A}\boldsymbol{x}=0$，可以得到

$$a_{11}=0,\quad a_{22}=0,\quad \cdots,\quad a_{nn}=0.$$

再分别取 $\boldsymbol{x}$ 为 $\boldsymbol{e}_i+\boldsymbol{e}_j=(0,\cdots,0,1,0,\cdots,1,\cdots,0)^{\mathrm{T}}$，代入 $\boldsymbol{x}^{\mathrm{T}}\boldsymbol{A}\boldsymbol{x}=0$，可以得到 $a_{ij}=0\ (i\neq j,\ i,j=1,2,\cdots,n)$，所以 $\boldsymbol{A}=\boldsymbol{O}$.

二、二次型的变量替换

我们先看一个具体的例子.

例 5 设变量 x_1,x_2 的二次型

$$f(x_1,x_2)=x_1^2-3x_1x_2+5x_2^2,$$

如果变量 y_1,y_2 与 x_1,x_2 之间有下列线性关系

$$\begin{cases}x_1=y_1+\dfrac{3}{2}y_2,\\x_2=y_2.\end{cases}$$

将变量 x_1,x_2 代入原二次型，再化简，得

$$
\begin{aligned}
f(x_1,x_2)&=\left(y_1+\frac{3}{2}y_2\right)^2-3\left(y_1+\frac{3}{2}y_2\right)y_2+5y_2^2\\
&=y_1^2+3y_1y_2+\frac{9}{4}y_2^2-3y_1y_2-\frac{9}{2}y_2^2+5y_2^2\\
&=y_1^2+\frac{11}{4}y_2^2.
\end{aligned}
$$

这样,原来关于变量 x_1,x_2 的二次型,经过变量替换变成了关于变量 y_1,y_2 的二次型.在讨论 n 元二次型时,需引入一般的线性替换的概念.

定义 6.2 设变量 $x_1,x_2,\cdots,x_n$ 可以用变量 $y_1,y_2,\cdots,y_n$ 表示为

$$
\begin{cases}
x_1=c_{11}y_1+c_{12}y_2+\cdots+c_{1n}y_n,\\
x_2=c_{21}y_1+c_{22}y_2+\cdots+c_{2n}y_n,\\
\qquad\cdots\cdots\cdots\cdots\\
x_n=c_{n1}y_1+c_{n2}y_2+\cdots+c_{nn}y_n,
\end{cases}
\tag{6.5}
$$

则称(6.5)式为由 $x_1,x_2,\cdots,x_n$ 到 $y_1,y_2,\cdots,y_n$ 的线性替换(或线性变换).

若记

$$
\begin{pmatrix}x_1\\x_2\\\vdots\\x_n\end{pmatrix}=\boldsymbol{x},\quad
\begin{pmatrix}y_1\\y_2\\\vdots\\y_n\end{pmatrix}=\boldsymbol{y},\quad
\begin{pmatrix}c_{11}&c_{12}&\cdots&c_{1n}\\c_{21}&c_{22}&\cdots&c_{2n}\\\vdots&\vdots&&\vdots\\c_{n1}&c_{n2}&\cdots&c_{nn}\end{pmatrix}=\boldsymbol{C},
$$

则(6.5)式,即由 $x_1,x_2,\cdots,x_n$ 到 $y_1,y_2,\cdots,y_n$ 的线性替换可以写成矩阵形式

$$\boldsymbol{x}=\boldsymbol{C}\boldsymbol{y},$$

而且称 $\boldsymbol{C}$ 为线性替换(6.5)的矩阵.此时,如果 $\boldsymbol{C}$ 为可逆矩阵,那么称这个线性替换是非退化的(可逆的).如果线性替换

$$\boldsymbol{x}=\boldsymbol{C}\boldsymbol{y}$$

为非退化的,那么 $\boldsymbol{y}=\boldsymbol{C}^{-1}\boldsymbol{x}$ 称为 $\boldsymbol{x}=\boldsymbol{C}\boldsymbol{y}$ 的逆替换.如果线性替换 $\boldsymbol{x}=\boldsymbol{C}\boldsymbol{y}$ 的矩阵 $\boldsymbol{C}$ 为正交矩阵,则称此线性替换为正交替换.

三、合同矩阵

对于二次型 $f(x_1,x_2,\cdots,x_n)=\boldsymbol{x}^{\mathrm{T}}\boldsymbol{A}\boldsymbol{x}$,如果作一个非退化的线性替换 $\boldsymbol{x}=\boldsymbol{C}\boldsymbol{y}$,则

$$
\begin{aligned}
f(x_1,x_2,\cdots,x_n)&=\boldsymbol{x}^{\mathrm{T}}\boldsymbol{A}\boldsymbol{x}=(\boldsymbol{C}\boldsymbol{y})^{\mathrm{T}}\boldsymbol{A}(\boldsymbol{C}\boldsymbol{y})\\
&=\boldsymbol{y}^{\mathrm{T}}(\boldsymbol{C}^{\mathrm{T}}\boldsymbol{A}\boldsymbol{C})\boldsymbol{y}=\boldsymbol{y}^{\mathrm{T}}\boldsymbol{B}\boldsymbol{y},
\end{aligned}
$$

其中 $\boldsymbol{B}=\boldsymbol{C}^{\mathrm{T}}\boldsymbol{A}\boldsymbol{C}$.因为矩阵 $\boldsymbol{A}$ 为对称矩阵,即 $\boldsymbol{A}^{\mathrm{T}}=\boldsymbol{A}$,所以

$$\boldsymbol{B}^{\mathrm{T}}=(\boldsymbol{C}^{\mathrm{T}}\boldsymbol{A}\boldsymbol{C})^{\mathrm{T}}=\boldsymbol{C}^{\mathrm{T}}\boldsymbol{A}^{\mathrm{T}}(\boldsymbol{C}^{\mathrm{T}})^{\mathrm{T}}=\boldsymbol{C}^{\mathrm{T}}\boldsymbol{A}\boldsymbol{C}=\boldsymbol{B}.$$

故 $\boldsymbol{B}$ 仍是对称矩阵,那么 $\boldsymbol{y}^{\mathrm{T}}\boldsymbol{B}\boldsymbol{y}$ 仍是二次型,而且它的矩阵 $\boldsymbol{B}=\boldsymbol{C}^{\mathrm{T}}\boldsymbol{A}\boldsymbol{C}$.又由于 $\boldsymbol{C}$ 为可逆矩阵,所以 $\boldsymbol{C}^{\mathrm{T}}\boldsymbol{A}\boldsymbol{C}$ 与 $\boldsymbol{A}$ 的秩相同.综上所述得到如下定理.

定理 6.1 二次型 $f(x_1,x_2,\cdots,x_n)=\boldsymbol{x}^{\mathrm{T}}\boldsymbol{A}\boldsymbol{x}$ 经非退化线性替换 $\boldsymbol{x}=\boldsymbol{C}\boldsymbol{y}$ 后变为新二次型

$$f(x_1,x_2,\cdots,x_n)=\boldsymbol{y}^{\mathrm{T}}\boldsymbol{B}\boldsymbol{y},$$

其中 $\boldsymbol{B}=\boldsymbol{C}^{\mathrm{T}}\boldsymbol{A}\boldsymbol{C}$，并且原二次型 $\boldsymbol{x}^{\mathrm{T}}\boldsymbol{A}\boldsymbol{x}$ 与新二次型 $\boldsymbol{y}^{\mathrm{T}}\boldsymbol{B}\boldsymbol{y}$ 的秩相同，即 $r(\boldsymbol{A})=r(\boldsymbol{B})$.

本定理可简记为

$$f=\boldsymbol{x}^{\mathrm{T}}\boldsymbol{A}\boldsymbol{x}\xrightarrow[|\boldsymbol{C}|\neq 0]{\boldsymbol{x}=\boldsymbol{C}\boldsymbol{y}}f=\boldsymbol{y}^{\mathrm{T}}(\boldsymbol{C}^{\mathrm{T}}\boldsymbol{A}\boldsymbol{C})\boldsymbol{y}=\boldsymbol{Y}^{\mathrm{T}}\boldsymbol{B}\boldsymbol{y}.$$

定义 6.3 两个 n 元二次型 $\boldsymbol{x}^{\mathrm{T}}\boldsymbol{A}\boldsymbol{x}$ 及 $\boldsymbol{y}^{\mathrm{T}}\boldsymbol{B}\boldsymbol{y}$，如果用一个非退化线性替换可将其中一个化为另一个，那么称这两个二次型 $\boldsymbol{x}^{\mathrm{T}}\boldsymbol{A}\boldsymbol{x}$，$\boldsymbol{Y}^{\mathrm{T}}\boldsymbol{B}\boldsymbol{y}$ 是等价的.

例 6 设二次型

$$f(x_1,x_2)=x_1^2+4x_1x_2+3x_2^2=(x_1,x_2)\begin{pmatrix}1&2\\2&3\end{pmatrix}\begin{pmatrix}x_1\\x_2\end{pmatrix}=\boldsymbol{x}^{\mathrm{T}}\boldsymbol{A}\boldsymbol{x}.$$

对二次型 f 作非退化线性替换

$$\begin{pmatrix}x_1\\x_2\end{pmatrix}=\begin{pmatrix}1&-2\\0&1\end{pmatrix}\begin{pmatrix}y_1\\y_2\end{pmatrix},$$

记为 $\boldsymbol{x}=\boldsymbol{C}\boldsymbol{y}$，于是

$$\begin{aligned}f(x_1,x_2)&=(x_1,x_2)\begin{pmatrix}1&2\\2&3\end{pmatrix}\begin{pmatrix}x_1\\x_2\end{pmatrix}\\&=(y_1,y_2)\begin{pmatrix}1&-2\\0&1\end{pmatrix}^{\mathrm{T}}\begin{pmatrix}1&2\\2&3\end{pmatrix}\begin{pmatrix}1&-2\\0&1\end{pmatrix}\begin{pmatrix}y_1\\y_2\end{pmatrix}\\&=(y_1,y_2)\begin{pmatrix}1&0\\0&-1\end{pmatrix}\begin{pmatrix}y_1\\y_2\end{pmatrix}\\&=y_1^2-y_2^2=\boldsymbol{y}^{\mathrm{T}}\boldsymbol{B}\boldsymbol{y}.\end{aligned}$$

原二次型的矩阵 $\boldsymbol{A}=\begin{pmatrix}1&2\\2&3\end{pmatrix}$，新二次型的矩阵 $\boldsymbol{B}=\begin{pmatrix}1&0\\0&-1\end{pmatrix}$，非退化线性替换 $\boldsymbol{x}=\boldsymbol{C}\boldsymbol{y}$ 的矩阵 $\boldsymbol{C}=\begin{pmatrix}1&-2\\0&1\end{pmatrix}$，矩阵 $\boldsymbol{A},\boldsymbol{B},\boldsymbol{C}$ 满足等式

$$\boldsymbol{B}=\boldsymbol{C}^{\mathrm{T}}\boldsymbol{A}\boldsymbol{C}\quad\text{及}\quad r(\boldsymbol{A})=r(\boldsymbol{B}).$$

一般地，给出矩阵合同的概念.

定义 6.4 设 $\boldsymbol{A},\boldsymbol{B}$ 为 n 阶矩阵，如果存在 n 阶可逆矩阵 $\boldsymbol{C}$，使得

$$\boldsymbol{B}=\boldsymbol{C}^{\mathrm{T}}\boldsymbol{A}\boldsymbol{C},$$

则称矩阵 $\boldsymbol{A}$ 合同于矩阵 $\boldsymbol{B}$，记为 $\boldsymbol{A}\simeq\boldsymbol{B}$.

利用矩阵合同的定义，定理 6.1 可以叙述为：n 元二次型 $f=\boldsymbol{x}^{\mathrm{T}}\boldsymbol{A}\boldsymbol{x}$ 经过非退化线性替换 $\boldsymbol{x}=\boldsymbol{C}\boldsymbol{y}$，化为二次型 $f=\boldsymbol{y}^{\mathrm{T}}\boldsymbol{B}\boldsymbol{y}$，而且矩阵 $\boldsymbol{A}$ 与 $\boldsymbol{B}$ 合同（$\boldsymbol{B}=\boldsymbol{C}^{\mathrm{T}}\boldsymbol{A}\boldsymbol{C}$）.

矩阵的合同是矩阵之间的一个关系，它满足下列性质：

(1) 反身性：对任意 n 阶矩阵 $\boldsymbol{A}$，有 $\boldsymbol{A}\simeq\boldsymbol{A}$.

事实上，因为 $\boldsymbol{A}=\boldsymbol{E}^{\mathrm{T}}\boldsymbol{A}\boldsymbol{E}$，所以 $\boldsymbol{A}\simeq\boldsymbol{A}$.

(2) 对称性：若 $\boldsymbol{A}\simeq\boldsymbol{B}$，则 $\boldsymbol{B}\simeq\boldsymbol{A}$.

事实上，因为 $\boldsymbol{A}\simeq\boldsymbol{B}$，按合同的定义，存在可逆矩阵 $\boldsymbol{C}$，使得 $\boldsymbol{B}=\boldsymbol{C}^{\mathrm{T}}\boldsymbol{A}\boldsymbol{C}$，于是 $\boldsymbol{A}=(\boldsymbol{C}^{\mathrm{T}})^{-1}\boldsymbol{B}\boldsymbol{C}^{-1}=(\boldsymbol{C}^{-1})^{\mathrm{T}}\boldsymbol{B}\boldsymbol{C}^{-1}$，可见 $\boldsymbol{B}\simeq\boldsymbol{A}$.

(3) 传递性：若 $\boldsymbol{A}\simeq\boldsymbol{B}$，$\boldsymbol{B}\simeq\boldsymbol{C}$，则 $\boldsymbol{A}\simeq\boldsymbol{C}$.

事实上,因为 $\boldsymbol{A}\simeq\boldsymbol{B},\boldsymbol{B}\simeq\boldsymbol{C}$,按合同定义,存在可逆矩阵 $\boldsymbol{C}_1,\boldsymbol{C}_2$,使得 $\boldsymbol{B}=\boldsymbol{C}_1^{\mathrm{T}}\boldsymbol{A}\boldsymbol{C}_1,\boldsymbol{C}=\boldsymbol{C}_2^{\mathrm{T}}\boldsymbol{B}\boldsymbol{C}_2$.于是

$$\begin{aligned}\boldsymbol{C}&=\boldsymbol{C}_2^{\mathrm{T}}(\boldsymbol{C}_1^{\mathrm{T}}\boldsymbol{A}\boldsymbol{C}_1)\boldsymbol{C}_2=(\boldsymbol{C}_2^{\mathrm{T}}\boldsymbol{C}_1^{\mathrm{T}})\boldsymbol{A}(\boldsymbol{C}_1\boldsymbol{C}_2)\\&=(\boldsymbol{C}_1\boldsymbol{C}_2)^{\mathrm{T}}\boldsymbol{A}(\boldsymbol{C}_1\boldsymbol{C}_2).\end{aligned}$$

因为 $\boldsymbol{C}_1,\boldsymbol{C}_2$ 均可逆,所以 $\boldsymbol{C}_1\boldsymbol{C}_2$ 可逆,于是 $\boldsymbol{A}\simeq\boldsymbol{C}$.

§ 6.2 二次型的标准形与规范形

由二次型等价的定义知,等价的二次型其矩阵合同.反之,分别以两个合同的对称矩阵为矩阵的二次型是等价的.这是由于,从对称矩阵 $\boldsymbol{A}$ 与 $\boldsymbol{B}$ 合同知,存在可逆矩阵 $\boldsymbol{C}$,使得 $\boldsymbol{B}=\boldsymbol{C}^{\mathrm{T}}\boldsymbol{A}\boldsymbol{C}$.于是作非退化线性替换 $\boldsymbol{y}=\boldsymbol{C}\boldsymbol{x}$,便得到

$$\boldsymbol{x}^{\mathrm{T}}\boldsymbol{A}\boldsymbol{x}=(\boldsymbol{C}\boldsymbol{y})^{\mathrm{T}}\boldsymbol{A}(\boldsymbol{C}\boldsymbol{y})=\boldsymbol{y}^{\mathrm{T}}(\boldsymbol{C}^{\mathrm{T}}\boldsymbol{A}\boldsymbol{C})\boldsymbol{y}=\boldsymbol{y}^{\mathrm{T}}\boldsymbol{B}\boldsymbol{y}.$$

这说明:研究二次型的等价分类问题与研究对称矩阵的合同分类问题本质上是同一个问题.一般地,在二次型的等价类中取其形式最简单的为代表来研究二次型的本质性质.

一、二次型的标准形

定义 6.5 如果二次型

$$f(x_1,x_2,\cdots,x_n)=\boldsymbol{x}^{\mathrm{T}}\boldsymbol{A}\boldsymbol{x}$$

经过非退化线性替换 $\boldsymbol{x}=\boldsymbol{C}\boldsymbol{y}$,化为只含平方项的简单形式

$$d_1y_1^2+d_2y_2^2+\cdots+d_ny_n^2=\boldsymbol{y}^{\mathrm{T}}\boldsymbol{B}\boldsymbol{y},\tag{6.6}$$

则称其为该二次型 $f=\boldsymbol{x}^{\mathrm{T}}\boldsymbol{A}\boldsymbol{x}$ 的标准形(或法式).

显然,二次型的标准形的矩阵 $\boldsymbol{B}=\boldsymbol{C}^{\mathrm{T}}\boldsymbol{A}\boldsymbol{C}$,且矩阵 $\boldsymbol{B}$ 为对角矩阵,即

$$\boldsymbol{B}=\mathrm{diag}(d_1,d_2,\cdots,d_n)=\begin{pmatrix}d_1&&&\\&d_2&&\\&&\ddots&\\&&&d_n\end{pmatrix}.$$

由此可见,二次型 $f(\boldsymbol{x})=\boldsymbol{x}^{\mathrm{T}}\boldsymbol{A}\boldsymbol{x}$ 化为标准形的问题,等价于该二次型矩阵 $\boldsymbol{A}$ 合同于一个对角矩阵的问题,而二次型的秩等于该对角矩阵主对角线上非零元素的个数.

如何将二次型化为标准形? 我们介绍以下几种方法.

1. 正交替换法化二次型为标准形

由定理 5.11 知,任意一个 n 阶实对称矩阵 $\boldsymbol{A}$ 一定能正交相似于一个同阶对角矩阵,即存在正交矩阵 $\boldsymbol{Q}$,使得

$$\boldsymbol{Q}^{\mathrm{T}}\boldsymbol{A}\boldsymbol{Q}=\boldsymbol{Q}^{-1}\boldsymbol{A}\boldsymbol{Q}=\mathrm{diag}(\lambda_1,\lambda_2,\cdots,\lambda_n),$$

其中 $\lambda_1,\lambda_2,\cdots,\lambda_n$ 是 $\boldsymbol{A}$ 的全部特征值,在 § 5.4 中还给出了正交矩阵 $\boldsymbol{Q}$ 的求法.

将定理 5.11 用二次型的语言叙述如下.

定理 6.2 对于任意一个二次型 $f(x_1x_2,\cdots,x_n)=\boldsymbol{x}^{\mathrm{T}}\boldsymbol{A}\boldsymbol{x}$,一定能找到一个正交矩阵 $\boldsymbol{Q}$,使得正交线性替换 $\boldsymbol{x}=\boldsymbol{Q}\boldsymbol{y}$ 把它化为标准形

$$\lambda_1 y_1^2+\lambda_2 y_2^2+\cdots+\lambda_n y_n^2,$$

其中 $\lambda_1,\lambda_2,\cdots,\lambda_n$ 是二次型矩阵 $\boldsymbol{A}$ 的所有特征值,$\boldsymbol{Q}$ 的列向量就是 $\boldsymbol{A}$ 的相应的两两正交的单位特征向量.

例 1 用正交替换法化二次型

$$f(x_1,x_2,x_3)=2x_1^2+2x_1x_2+2x_1x_3+2x_2^2+2x_2x_3+2x_3^2$$

为标准形,并求所作的正交替换.

解 所给二次型矩阵就是 § 5.4 中例 2 的对称矩阵

$$\boldsymbol{A}=\begin{pmatrix}2&1&1\\1&2&1\\1&1&2\end{pmatrix},$$

它的特征值为 1,1,4,即存在正交矩阵 $\boldsymbol{Q}$,使得 $\boldsymbol{Q}^{\mathrm{T}}\boldsymbol{A}\boldsymbol{Q}=\boldsymbol{\Lambda}$,其中 $\boldsymbol{\Lambda}=\begin{pmatrix}1&&\\&1&\\&&4\end{pmatrix}$,所以二次型的标准形为 $f=y_1^2+y_2^2+4y_3^2$.用相应的两两正交单位特征向量为列作矩阵

$$\boldsymbol{Q}=\begin{pmatrix}-\dfrac{1}{\sqrt{2}}&-\dfrac{1}{\sqrt{6}}&\dfrac{1}{\sqrt{3}}\\\dfrac{1}{\sqrt{2}}&-\dfrac{1}{\sqrt{6}}&\dfrac{1}{\sqrt{3}}\\0&\dfrac{2}{\sqrt{6}}&\dfrac{1}{\sqrt{3}}\end{pmatrix},\quad \boldsymbol{Q}^{-1}=\boldsymbol{Q}^{\mathrm{T}},$$

则 $\boldsymbol{Q}$ 为正交矩阵,且在正交替换 $\boldsymbol{x}=\boldsymbol{Q}\boldsymbol{y}$ 下,

$$\begin{aligned}f(x_1,x_2,x_3)&=\boldsymbol{x}^{\mathrm{T}}\boldsymbol{A}\boldsymbol{x}=\boldsymbol{y}^{\mathrm{T}}(\boldsymbol{Q}^{\mathrm{T}}\boldsymbol{A}\boldsymbol{Q})\boldsymbol{y}\\&=(y_1,y_2,y_3)\begin{pmatrix}1&&\\&1&\\&&4\end{pmatrix}\begin{pmatrix}y_1\\y_2\\y_3\end{pmatrix}\\&=y_1^2+y_2^2+4y_3^2.\end{aligned}$$

例 2 用正交替换法化二次型

$$f(x_1,x_2,x_3)=x_1^2-4x_1x_2-8x_1x_3+4x_2^2-4x_2x_3+x_3^2$$

为标准形,并求所作的正交替换.

解 二次型 f 的矩阵

$$\boldsymbol{A}=\begin{pmatrix}1&-2&-4\\-2&4&-2\\-4&-2&1\end{pmatrix},$$

$\boldsymbol{A}$ 的特征多项式

$$|\lambda\boldsymbol{E}-\boldsymbol{A}|=\begin{vmatrix}\lambda-1&2&4\\2&\lambda-4&2\\4&2&\lambda-1\end{vmatrix}=(\lambda-5)^2(\lambda+4),$$

所以 $\boldsymbol{A}$ 的特征值为 $\lambda_1=-4,\lambda_2=\lambda_3=5$.即存在正交矩阵 $\boldsymbol{Q}$,使得 $\boldsymbol{Q}^{\mathrm{T}}\boldsymbol{A}\boldsymbol{Q}=\boldsymbol{\Lambda}$,其中

$$\boldsymbol{\Lambda}=\begin{pmatrix}-4 & & \\ & 5 & \\ & & 5\end{pmatrix}.$$

所以二次型的标准形为

$$f=-4y_1^2+5y_2^2+5y_3^2.$$

对于特征值 $\lambda_1=-4$,解齐次线性方程组 $(-4\boldsymbol{E}-\boldsymbol{A})\boldsymbol{x}=\boldsymbol{0}$,由

$$-4\boldsymbol{E}-\boldsymbol{A}=\begin{pmatrix}-5 & 2 & 4\\ 2 & -8 & 2\\ 4 & 2 & -5\end{pmatrix}\to\begin{pmatrix}-1 & -14 & 8\\ 2 & -8 & 2\\ 0 & 18 & -9\end{pmatrix}\to\begin{pmatrix}-1 & -14 & 8\\ 0 & -36 & 18\\ 0 & 2 & -1\end{pmatrix}$$

$$\to\begin{pmatrix}1 & 14 & -8\\ 0 & 2 & -1\\ 0 & 0 & 0\end{pmatrix}\to\begin{pmatrix}1 & 0 & -1\\ 0 & 1 & -\dfrac{1}{2}\\ 0 & 0 & 0\end{pmatrix},$$

得 $(-4\boldsymbol{E}-\boldsymbol{A})\boldsymbol{x}=\boldsymbol{0}$ 的同解方程组

$$\begin{cases}x_1=x_3,\\ x_2=\dfrac{1}{2}x_3,\end{cases}$$

求得属于特征值 $\lambda_1=-4$ 的特征向量 $\boldsymbol{\alpha}_1=(2,1,2)^{\mathrm{T}}$,单位化得

$$\boldsymbol{\eta}_1=\frac{1}{\|\boldsymbol{\alpha}_1\|}\boldsymbol{\alpha}_1=\frac{1}{3}\begin{pmatrix}2\\1\\2\end{pmatrix}=\begin{pmatrix}\dfrac{2}{3}\\ \dfrac{1}{3}\\ \dfrac{2}{3}\end{pmatrix}.$$

对于特征值 $\lambda_2=\lambda_3=5$,解齐次线性方程组 $(5\boldsymbol{E}-\boldsymbol{A})\boldsymbol{x}=\boldsymbol{0}$,为此,由

$$5\boldsymbol{E}-\boldsymbol{A}=\begin{pmatrix}4 & 2 & 4\\ 2 & 1 & 2\\ 4 & 2 & 4\end{pmatrix}\to\begin{pmatrix}2 & 1 & 2\\ 0 & 0 & 0\\ 0 & 0 & 0\end{pmatrix},$$

得

$$2x_1+x_2+2x_3=0.$$

于是得属于特征值 $\lambda_2=\lambda_3=5$ 的特征向量

$$\boldsymbol{\alpha}_2=(1,-2,0)^{\mathrm{T}},\quad \boldsymbol{\alpha}_3=(1,0,-1)^{\mathrm{T}}.$$

利用施密特正交化方法,将 $\boldsymbol{\alpha}_2,\boldsymbol{\alpha}_3$ 正交化,令

$$\boldsymbol{\beta}_2=\boldsymbol{\alpha}_2=(1,-2,0)^{\mathrm{T}},$$

$$\boldsymbol{\beta}_3=\boldsymbol{\alpha}_3-\frac{(\boldsymbol{\beta}_2,\boldsymbol{\alpha}_3)}{(\boldsymbol{\beta}_2,\boldsymbol{\beta}_2)}\boldsymbol{\beta}_2=\begin{pmatrix}1\\0\\-1\end{pmatrix}-\frac{1}{5}\begin{pmatrix}1\\-2\\0\end{pmatrix}=\begin{pmatrix}\frac{4}{5}\\\frac{2}{5}\\-1\end{pmatrix},$$

再将 $\boldsymbol{\beta}_2,\boldsymbol{\beta}_3$ 单位化,得

$$\boldsymbol{\eta}_2=\frac{1}{\|\boldsymbol{\beta}_2\|}\boldsymbol{\beta}_2=\begin{pmatrix}\frac{\sqrt{5}}{5}\\-\frac{2\sqrt{5}}{5}\\0\end{pmatrix},\quad \boldsymbol{\eta}_3=\frac{1}{\|\boldsymbol{\beta}_3\|}\boldsymbol{\beta}_3=\begin{pmatrix}\frac{4}{15}\sqrt{5}\\\frac{2}{15}\sqrt{5}\\-\frac{\sqrt{5}}{3}\end{pmatrix}.$$

令

$$\boldsymbol{Q}=(\boldsymbol{\eta}_1,\boldsymbol{\eta}_2,\boldsymbol{\eta}_3)=\begin{pmatrix}\frac{2}{3}&\frac{\sqrt{5}}{5}&\frac{4\sqrt{5}}{15}\\\frac{1}{3}&-\frac{2\sqrt{5}}{5}&\frac{2\sqrt{5}}{15}\\\frac{2}{3}&0&-\frac{\sqrt{5}}{3}\end{pmatrix},$$

则 $\boldsymbol{Q}$ 为正交矩阵,所作的正交变换为 $\boldsymbol{x}=\boldsymbol{Q}\boldsymbol{y}$.

例 3 填空题.

已知实二次型 $f(x_1,x_2,x_3)=a(x_1^2+x_2^2+x_3^2)+4x_1x_2+4x_1x_3+4x_2x_3$ 经正交变换 $\boldsymbol{x}=\boldsymbol{P}\boldsymbol{y}$ 可化成标准形 $f=6y_1^2$,则 $a=$________.

解 **方法 1** 二次型 f 经正交变换化成标准形 $f=6y_1^2$,故知 f 所对应的实对称矩阵的特征值应为 6,0,0.

另一方面,该实对称矩阵为

$$\boldsymbol{A}=\begin{pmatrix}a&2&2\\2&a&2\\2&2&a\end{pmatrix},$$

$$|\lambda\boldsymbol{E}-\boldsymbol{A}|=\begin{pmatrix}\lambda-a&-2&-2\\-2&\lambda-a&-2\\-2&-2&\lambda-a\end{pmatrix}$$

$$=(\lambda-a-4)(\lambda-a+2)^2=0,$$

故知 $a+4=6,a-2=0$.所以 $a=2$.

方法 2 由标准形 $f=6y_1^2$ 知,$\boldsymbol{A}$ 的秩应为 1,为此计算 $\boldsymbol{A}$ 的行列式

$$|\boldsymbol{A}|=(a+4)\begin{vmatrix}1&2&2\\1&a&2\\1&2&a\end{vmatrix}=(a-2)^2(a+4).$$

令$|\boldsymbol{A}|=0$得$a=2$或$a=-4$.当$a=2$时,$r(\boldsymbol{A})=1$;当$a=-4$时,$r(\boldsymbol{A})=2$.所以$a=2$.

例 4 选择题.

设二次型$f(x_1,x_2,x_3)$在正交变换$\boldsymbol{x}=\boldsymbol{P}\boldsymbol{y}$下的标准形为$2y_1^2+y_2^2-y_3^2$,其中$\boldsymbol{P}=(\boldsymbol{p}_1,\boldsymbol{p}_2,\boldsymbol{p}_3)$.若$\boldsymbol{Q}=(\boldsymbol{p}_1,-\boldsymbol{p}_3,\boldsymbol{p}_2)$,则$f(x_1,x_2,x_3)$在正交变换$\boldsymbol{X}=\boldsymbol{Q}\boldsymbol{y}$下的标准形为(　　).

(A) $2y_1^2-y_2^2+y_3^2$　　(B) $2y_1^2+y_2^2-y_3^2$

(C) $2y_1^2-y_2^2-y_3^2$　　(D) $2y_1^2+y_2^2+y_3^2$

解 因为

$$\boldsymbol{Q}=(\boldsymbol{p}_1,-\boldsymbol{p}_3,\boldsymbol{p}_2)=(\boldsymbol{p}_1,\boldsymbol{p}_2,\boldsymbol{p}_3)\begin{pmatrix}1&0&0\\0&0&1\\0&-1&0\end{pmatrix}$$

$$=\boldsymbol{P}\begin{pmatrix}1&0&0\\0&0&1\\0&-1&0\end{pmatrix},$$

所以

$$\boldsymbol{x}=\boldsymbol{Q}\boldsymbol{y}=\boldsymbol{P}\begin{pmatrix}1&0&0\\0&0&1\\0&-1&0\end{pmatrix}\begin{pmatrix}y_1\\y_2\\y_3\end{pmatrix}=\boldsymbol{P}\begin{pmatrix}y_1\\y_3\\-y_2\end{pmatrix}.$$

又因为$f(x_1,x_2,x_3)$在正交变换$\boldsymbol{x}=\boldsymbol{P}\boldsymbol{y}$下的标准形为$2y_1^2+y_2^2-y_3^2$,所以$f(x_1,x_2,x_3)$在正交变换$\boldsymbol{x}=\boldsymbol{Q}\boldsymbol{y}$下的标准形为

$$2y_1^2+y_3^2-(-y_2)^2=2y_1^2-y_2^2+y_3^2.$$

所以应选择(A).

例 5 设二次型$f(x_1,x_2,x_3)=\sum\limits_{i=1}^{3}\sum\limits_{i=1}^{3}ijx_ix_j$.

(1) 求二次型的矩阵;

(2) 求正交矩阵$\boldsymbol{Q}$,使得二次型经正交变换$\boldsymbol{x}=\boldsymbol{Q}\boldsymbol{y}$化为标准形;

(3) 求$f(x_1,x_2,x_3)=0$的解.

解 (1) 据题意,

$$f(x_1,x_2,x_3)=\sum_{i=1}^{3}\sum_{j=1}^{3}ijx_ix_j=x_1^2+4x_2^2+9x_3^2+4x_1x_2+6x_1x_3+12x_2x_3,$$

故$\boldsymbol{A}=\begin{pmatrix}1&2&3\\2&4&6\\3&6&9\end{pmatrix}$.

(2) 易得$\boldsymbol{A}$的特征值为14,0,0.

当$\lambda_1=14$时,解$(14\boldsymbol{E}-\boldsymbol{A})\boldsymbol{x}=\boldsymbol{0}$,由

$$14\boldsymbol{E}-\boldsymbol{A}=\begin{pmatrix}13&-2&-3\\-2&10&-6\\-3&-6&5\end{pmatrix}\to\begin{pmatrix}1&-5&3\\0&-63&42\\0&21&-14\end{pmatrix}\to\begin{pmatrix}1&-5&3\\0&3&-2\\0&0&0\end{pmatrix}$$

得$\lambda_1=14$对应的特征向量为$\boldsymbol{\alpha}_1=(1,2,3)^{\mathrm{T}}$.

当 $\lambda_2=\lambda_3=0$ 时，解 $\boldsymbol{A}\boldsymbol{x}=\boldsymbol{0}$，得 $\lambda_2=\lambda_3=0$ 对应的特征向量为 $\boldsymbol{\alpha}_2=(-2,1,0)^{\mathrm{T}}$ 和 $\boldsymbol{\alpha}_3=(-3,0,1)^{\mathrm{T}}$，实对称矩阵不同特征值对应的特征向量正交，故只需将 $\boldsymbol{\alpha}_2,\boldsymbol{\alpha}_3$ 正交化，得

$$\boldsymbol{\xi}_2=(-2,1,0)^{\mathrm{T}},\quad \boldsymbol{\xi}_3=(-3,-6,5)^{\mathrm{T}}.$$

将 $\boldsymbol{\alpha}_1,\boldsymbol{\xi}_2,\boldsymbol{\xi}_3$ 单位化，得

$$\boldsymbol{\gamma}_1=\frac{1}{\sqrt{14}}(1,2,3)^{\mathrm{T}},\quad \boldsymbol{\gamma}_2=\frac{1}{\sqrt{5}}(-2,1,0)^{\mathrm{T}},\quad \boldsymbol{\gamma}_3=\frac{1}{\sqrt{70}}(-3,-6,5)^{\mathrm{T}}.$$

令 $\boldsymbol{Q}=(\boldsymbol{\gamma}_1,\boldsymbol{\gamma}_2,\boldsymbol{\gamma}_3)$，经正交变换 $\boldsymbol{x}=\boldsymbol{Q}\boldsymbol{y}$，将 f 化为标准形 $14y_1^2$.

(3) 在正交变换 $\boldsymbol{x}=\boldsymbol{Q}\boldsymbol{y}$ 下，$f(x_1,x_2,x_3)$ 化为 $14y_1^2$，由 $f(x_1,x_2,x_3)=0$，得 $y_1=0$ 则

$$\boldsymbol{x}=(\boldsymbol{\gamma}_1,\boldsymbol{\gamma}_2,\boldsymbol{\gamma}_3)\begin{pmatrix}0\\y_2\\y_3\end{pmatrix}=y_2\boldsymbol{\gamma}_2+y_3\boldsymbol{\gamma}_3=k_1(-2,1,0)^{\mathrm{T}}+k_2(-3,-6,5)^{\mathrm{T}},$$

其中 k_1,k_2 为任意常数.

2. 配方法化二次型为标准形

首先我们通过例题来介绍配方法.

例 6 用配方法化二次型

$$f(x_1,x_2,x_3)=x_1^2+2x_1x_2+2x_1x_3+2x_2^2+4x_2x_3+x_3^2$$

为标准形，并写出对应的非退化线性替换.

解 第一步，将含 x_1 的各项归并在一起，并配成完全平方式：

$$\begin{aligned}f(x_1,x_2,x_3)&=[x_1^2+2x_1(x_2+x_3)]+2x_2^2+4x_2x_3+x_3^2\\&=(x_1+x_2+x_3)^2-(x_2+x_3)^2+2x_2^2+4x_2x_3+x_3^2\\&=(x_1+x_2+x_3)^2-x_2^2-2x_2x_3-x_3^2+2x_2^2+4x_2x_3+x_3^2\\&=(x_1+x_2+x_3)^2+x_2^2+2x_2x_3.\end{aligned}$$

再对后两项中含 x_2 的项配方，得

$$\begin{aligned}f(x_1,x_2,x_3)&=(x_1+x_2+x_3)^2+x_2^2+2x_2x_3^2+x_3^2-x_3^2\\&=(x_1+x_2+x_3)^2+(x_2+x_3)^2-x_3^2.\end{aligned}$$

令

$$\begin{cases}y_1=x_1+x_2+x_3,\\y_2=x_2+x_3,\\y_3=x_3,\end{cases}$$

则原二次型的标准形为

$$f=y_1^2+y_2^2-y_3^2,$$

且由变量 x_1,x_2,x_3 到变量 y_1,y_2,y_3 的线性替换为

$$\begin{cases}x_1=y_1-y_2,\\x_2=y_2-y_3,\\x_3=y_3,\end{cases}\quad 即\quad \begin{pmatrix}x_1\\x_2\\x_3\end{pmatrix}=\begin{pmatrix}1&-1&0\\0&1&-1\\0&0&1\end{pmatrix}\begin{pmatrix}y_1\\y_2\\y_3\end{pmatrix}.$$

而矩阵

$$C=\begin{pmatrix}1&-1&0\\0&1&-1\\0&0&1\end{pmatrix}$$

为可逆矩阵，所以线性替换 $\boldsymbol{x}=\boldsymbol{C}\boldsymbol{y}$ 为非退化线性替换.

例 7 用配方法化二次型

$$f(x_1,x_2,x_3)=x_1x_2-4x_1x_3+6x_2x_3$$

为标准形，并写出对应的非退化线性替换.

解 二次型中没有平方项只有交叉项，可适当选择非退化线性替换，使其化成有平方项的二次型，再按上例的方法将其化成标准形.具体做法如下：作线性替换

$$\begin{cases}x_1=y_1+y_2,\\x_2=y_1-y_2,\\x_3=y_3,\end{cases}$$

即 $\boldsymbol{x}=\boldsymbol{C}_1\boldsymbol{y}$，其中

$$\boldsymbol{C}_1=\begin{pmatrix}1&1&0\\1&-1&0\\0&0&1\end{pmatrix},$$

而且 $|\boldsymbol{C}_1|=-2\neq0$.原二次型化为

$$\begin{aligned}f(x_1,x_2,x_3)&=(y_1+y_2)(y_1-y_2)-4(y_1+y_2)y_3+6(y_1-y_2)y_3\\&=(y_1+y_3)^2-y_2^2-10y_2y_3-y_3^2\\&=(y_1+y_3)^2-(y_2+5y_3)^2+24y_3^2.\end{aligned}$$

令

$$\begin{cases}z_1=y_1+\ y_3,\\z_2=y_2+5y_3,\\z_3=y_3,\end{cases}$$

得

$$\begin{cases}y_1=z_1-\ z_3,\\y_2=z_2-5z_3,\\y_3=z_3.\end{cases}$$

记为 $\boldsymbol{y}=\boldsymbol{C}_2\boldsymbol{z}$，其中

$$\boldsymbol{C}_2=\begin{pmatrix}1&0&-1\\0&1&-5\\0&0&1\end{pmatrix},$$

而且 $|\boldsymbol{C}_2|=1\neq0$.于是得到二次型的标准形为

$$f=z_1^2-z_2^2+24z_3^2.$$

从变量 $x_1,x_2,\cdots,x_n$ 到变量 $z_1,z_2,\cdots,z_n$ 的非退化线性替换为 $\boldsymbol{x}=\boldsymbol{C}_1\boldsymbol{y}=\boldsymbol{C}_1\boldsymbol{C}_2\boldsymbol{z}=\boldsymbol{C}\boldsymbol{z}$，其中

$$\boldsymbol{C}=\boldsymbol{C}_1\boldsymbol{C}_2=\begin{pmatrix}1&1&0\\1&-1&0\\0&0&1\end{pmatrix}\begin{pmatrix}1&0&-1\\0&1&-5\\0&0&1\end{pmatrix}=\begin{pmatrix}1&1&-6\\1&-1&4\\0&0&1\end{pmatrix},$$

所以对应的非退化线性替换为

$$\begin{cases}x_1=z_1+z_2-6z_3,\\x_2=z_1-z_2+4z_3,\\x_3=z_3.\end{cases}$$

对于一般 n 元二次型,例 6 或例 7 中的方法完全适用.换句话说,任何一个二次型都可以用配方法将其化为标准形.

定理 6.3 对任何一个 n 元二次型

$$f(x_1,x_2,\cdots,x_n)=\sum_{i=1}^{n}\sum_{j=1}^{n}a_{ij}x_ix_j \quad (a_{ij}=a_{ji};i,j=1,2,\cdots,n), \tag{6.7}$$

存在非退化的线性替换

$$\begin{cases}x_1=c_{11}y_1+c_{12}y_2+\cdots+c_{1n}y_n,\\x_2=c_{21}y_1+c_{22}y_2+\cdots+c_{2n}y_n,\\\cdots\cdots\cdots\cdots\\x_n=c_{n1}y_1+c_{n2}y_2+\cdots+c_{nn}y_n,\end{cases} \tag{6.8}$$

使得二次型经此线性替换化为标准形.

证明略.有兴趣读者可参见文献[6].

二、二次型的规范形

对于二次型,如果选择不同的非退化线性替换,那么二次型的标准形未必相同,即二次型的标准形是不唯一的.

例如,二次型 $f(x_1,x_2,x_3)=2x_1x_2+2x_1x_3-6x_2x_3$ 经过线性替换

$$\begin{pmatrix}x_1\\x_2\\x_3\end{pmatrix}=\begin{pmatrix}1&1&3\\1&-1&-1\\0&0&1\end{pmatrix}\begin{pmatrix}y_1\\y_2\\y_3\end{pmatrix}$$

得到标准形 $f(\boldsymbol{y})=2y_1^2-2y_2^2+6y_3^2$,而经过线性替换

$$\begin{pmatrix}x_1\\x_2\\x_3\end{pmatrix}=\begin{pmatrix}1&-\frac{1}{2}&1\\1&\frac{1}{2}&-\frac{1}{3}\\0&0&\frac{1}{3}\end{pmatrix}\begin{pmatrix}z_1\\z_2\\z_3\end{pmatrix}$$

就得到另一个标准形 $f(\boldsymbol{z})=2z_1^2-\frac{1}{2}z_2^2+\frac{2}{3}z_3^2$.那么,同一个二次型的两个不同的标准形有

没有共同的性质？进一步考察就会发现，这两个标准形中所含的正、负平方项的个数是对应相同的.为了得出一般的结果，我们进一步讨论二次型的规范形.

定义 6.6　如果二次型 $f(x_1,x_2,\cdots,x_n)=\boldsymbol{x}^{\mathrm{T}}\boldsymbol{A}\boldsymbol{x}\ (\boldsymbol{A}^{\mathrm{T}}=\boldsymbol{A})$，经过非退化的线性替换化为

$$y_1^2+\cdots+y_p^2-y_{p+1}^2-\cdots-y_r^2\quad(p\leqslant r\leqslant n),\tag{6.9}$$

则称(6.9)式为该二次型的规范形.

定理 6.4(惯性定理)　任意二次型 $f(x_1,x_2,\cdots,x_n)$ 都可以经过非退化线性替换化为规范形，且规范形是唯一的.

证　根据定理 6.3，任意一个二次型经过适当的非退化线性替换，可以化为标准形，再适当交换变量的次序(也是非退化线性替换)可得到如下的标准形：

$$d_1y_1^2+d_2y_2^2+\cdots+d_py_p^2-d_{p+1}y_{p+1}^2-\cdots-d_ry_r^2\quad(p\leqslant r\leqslant n),$$

其中 $d_i>0\ (i=1,2,\cdots,r)$.二次型 $f(x_1,x_2,\cdots,x_n)$ 的秩为 r.将上述线性替换记为 $\boldsymbol{x}=\boldsymbol{C}_1\boldsymbol{y}$.再继续作非退化线性替换

$$\begin{cases}y_1=\dfrac{1}{\sqrt{d_1}}z_1,\\ \cdots\cdots\cdots\cdots\\ y_r=\dfrac{1}{\sqrt{d_r}}z_r,\\ y_{r+1}=z_{r+1},\\ \cdots\cdots\cdots\cdots\\ y_n=z_n,\end{cases}$$

即

$$\begin{pmatrix}y_1\\y_2\\\vdots\\y_r\\y_{r+1}\\\vdots\\y_n\end{pmatrix}=\begin{pmatrix}\frac{1}{\sqrt{d_1}}&&&&&&\\&\frac{1}{\sqrt{d_2}}&&&&&\\&&\ddots&&&&\\&&&\frac{1}{\sqrt{d_r}}&&&\\&&&&1&&\\&&&&&\ddots&\\&&&&&&1\end{pmatrix}\begin{pmatrix}z_1\\z_2\\\vdots\\z_r\\z_{r+1}\\\vdots\\z_n\end{pmatrix},$$

并记为 $\boldsymbol{y}=\boldsymbol{C}_2\boldsymbol{z}$，于是二次型 $f(x_1,x_2,\cdots,x_n)$ 经非退化线性替换 $\boldsymbol{x}=\boldsymbol{C}_1\boldsymbol{y}=(\boldsymbol{C}_1\boldsymbol{C}_2)\boldsymbol{z}$ 化为规范形

$$f=z_1^2+z_2^2+\cdots+z_p^2-z_{p+1}^2-\cdots-z_r^2.$$

可以证明规范形是唯一的，即正平方项的个数 p 及负平方项的个数 $r-p=q$ 是唯一确定的(证明略，有兴趣读者可参阅文献[6]).

定义 6.7　在一个二次型 $f(x_1,x_2,\cdots,x_n)$ 的规范形中，系数为 $+1$ 的平方项的个数 p 称为 $f(x_1,x_2,\cdots,x_n)$ 的正惯性指数；系数为 -1 的平方项的个数 $r-p$ 称为 $f(x_1,x_2,\cdots,$

x_n)的负惯性指数;正惯性指数减去负惯性指数 $p-(r-p)=2p-r$ 称为 $f(x_1,x_2,\cdots,x_n)$ 的符号差.

按此定义,惯性定理亦可叙述如下.

定理 6.5 两个 n 元二次型等价的充要条件是它们的秩相等,并且它们的正惯性指数也相等.

惯性定理还可以用矩阵的语言叙述如下.

定理 6.6 任一实对称矩阵 $\boldsymbol{A}$ 合同于对角矩阵

$$\boldsymbol{\Lambda}=\begin{pmatrix}1 & & & & & & & & 0\\ & \ddots & & & & & & & \\ & & 1 & & & & & & \\ & & & -1 & & & & & \\ & & & & \ddots & & & & \\ & & & & & -1 & & & \\ & & & & & & 0 & & \\ & & & & & & & \ddots & \\ 0 & & & & & & & & 0\end{pmatrix}=\begin{pmatrix}\boldsymbol{E}_p & & \\ & -\boldsymbol{E}_{r-p} & \\ & & \boldsymbol{O}\end{pmatrix},$$

其中 $+1$ 和 -1 的个数之和等于 $\boldsymbol{A}$ 的秩 $r(\boldsymbol{A})$,$+1$ 的个数由 $\boldsymbol{A}$ 唯一确定,它是 $\boldsymbol{A}$ 的正惯性指数 p.

例 8 求二次型

$$f(x_1,x_2,x_3)=x_1x_2-4x_1x_3+6x_2x_3$$

的规范形.并写出对应的非退化线性替换.

解 本题二次型 $f(x_1,x_2,x_3)$ 系本节例 7 的二次型.首先将二次型 f 通过非退化线性替换化成标准形,这在例 7 中已经得到,为

$$f=z_1^2-z_2^2+24z_3^2.$$

对应的非退化线性替换为 $\boldsymbol{x}=\boldsymbol{C}\boldsymbol{z}$,其中

$$\boldsymbol{C}=\begin{pmatrix}1 & 1 & -6\\ 1 & -1 & 4\\ 0 & 0 & 1\end{pmatrix}.$$

再继续作非退化线性替换

$$\begin{cases}z_1=w_1,\\ z_2=w_3,\\ z_3=\dfrac{1}{2\sqrt{6}}w_2,\end{cases}$$

记为 $\boldsymbol{z}=\boldsymbol{F}\boldsymbol{w}$,其中 $\boldsymbol{F}=\begin{pmatrix}1 & 0 & 0\\ 0 & 0 & 1\\ 0 & \dfrac{1}{2\sqrt{6}} & 0\end{pmatrix}$,且 $|\boldsymbol{F}|=-\dfrac{1}{2\sqrt{6}}\neq 0$.于是得 f 的规范形为

$$f=w_1^2+w_2^2-w_3^2.$$

例 9 选择题.

设 $\boldsymbol{A}=\begin{pmatrix}1 & 2\\ 2 & 1\end{pmatrix}$，则在实数域上与 $\boldsymbol{A}$ 合同的矩阵为(　　).

(A) $\begin{pmatrix}-2 & 1\\ 1 & -2\end{pmatrix}$　　(B) $\begin{pmatrix}2 & -1\\ -1 & 2\end{pmatrix}$

(C) $\begin{pmatrix}2 & 1\\ 1 & 2\end{pmatrix}$　　(D) $\begin{pmatrix}1 & -2\\ -2 & 1\end{pmatrix}$

解 两个同阶实对称矩阵合同的充要条件是它们有相同的秩及相同的正惯性指数.经计算，矩阵 $\boldsymbol{A}$ 的秩 $r(\boldsymbol{A})=2$，其正惯性指数为 1，而选项(D)的矩阵 $\begin{pmatrix}1 & -2\\ -2 & 1\end{pmatrix}$ 的秩为 2，且其正惯性指数为 1，所以矩阵 $\boldsymbol{A}$ 与矩阵 $\begin{pmatrix}1 & -2\\ -2 & 1\end{pmatrix}$ 合同，应选(D).

例 10 选择题.

二次型 $f(x_1,x_2,x_3)=(x_1+x_2)^2+(x_2+x_3)^2-(x_3-x_1)^2$ 的正惯性指数与负惯性指数依次为(　　).

(A) 2,0　　(B) 1,1　　(C) 2,1　　(D) 1,2

解 $f(x_1,x_2,x_3)=(x_1+x_2)^2+(x_2+x_3)^2-(x_3-x_1)^2$

$$=2x_2^2+2x_1x_2+2x_2x_3+2x_1x_3,$$

即 $\boldsymbol{A}=\begin{pmatrix}0 & 1 & 1\\ 1 & 2 & 1\\ 1 & 1 & 0\end{pmatrix}$.故令特征多项式 $|\lambda\boldsymbol{E}-\boldsymbol{A}|=\begin{vmatrix}\lambda & -1 & -1\\ -1 & \lambda-2 & -1\\ -1 & -1 & \lambda\end{vmatrix}=\lambda(\lambda+1)(\lambda-3)=0$，可得特征值为 $0,-1,3$，即二次型的正惯性指数为 1，负惯性指数为 1.应选(B).

例 11 选择题.

设二次型

$$f(x_1,x_2,x_3)=a(x_1^2+x_2^2+x_3^2)+2x_1x_2+2x_2x_3+2x_1x_3$$

的正、负惯性指数分别为 1,2，则(　　).

(A) $a>1$　　(B) $a<-2$　　(C) $-2<a<1$　　(D) $a=1$ 或 $a=-2$

解 由假设知二次型的矩阵为

$$\boldsymbol{A}=\begin{pmatrix}a & 1 & 1\\ 1 & a & 1\\ 1 & 1 & a\end{pmatrix},$$

因为 $f(x_1,x_2,x_3)$ 的正、负惯性指数分别为 1,2，所以存在可逆矩阵 $\boldsymbol{C}$，使得

$$\boldsymbol{C}^{\mathrm{T}}\boldsymbol{A}\boldsymbol{C}=\begin{pmatrix}1 & 0 & 0\\ 0 & -1 & 0\\ 0 & 0 & -1\end{pmatrix},$$

从而得

$$|\boldsymbol{C}^{\mathrm{T}}\boldsymbol{A}\boldsymbol{C}|=\begin{vmatrix}1&0&0\\0&-1&0\\0&0&-1\end{vmatrix}=1.$$

又由$|\boldsymbol{C}^{\mathrm{T}}\boldsymbol{A}\boldsymbol{C}|=|\boldsymbol{C}^{\mathrm{T}}||\boldsymbol{A}||\boldsymbol{C}|=|\boldsymbol{C}|^2|\boldsymbol{A}|$,即$|\boldsymbol{C}|^2|\boldsymbol{A}|=1$,而

$$|\boldsymbol{A}|=\begin{vmatrix}a&1&1\\1&a&1\\1&1&a\end{vmatrix}=a^3-3a+2$$
$$=(a+2)(a-1)^2>0,$$

得 $a>-2$ 且 $a\neq 1$.

另外,当 $a=1$ 时,二次型 $f(x_1,x_2,x_3)$的正惯性指数为 1,负惯性指数为 0;当 $a>1$ 时,二次型 $f(x_1,x_2,x_3)$为正定二次型(见 §6.3),均不符合要求,故得 $a<1$.综上可得 a 的取值范围为$-2<a<1$.所以应选(C).

例 12 选择题.

二次型 $f(x_1,x_2,x_3)=(x_1+x_2)^2+(x_1+x_3)^2-4(x_2-x_3)^2$ 的规范形为(   ).

(A) $y_1^2+y_2^2$　　(B) $y_1^2-y_2^2$

(C) $y_1^2+y_2^2-4y_3^2$　　(D) $y_1^2+y_2^2-y_3^2$

解 首先求出二次型 $f(\boldsymbol{x})=f(x_1,x_2,x_3)$的矩阵 $\boldsymbol{A}$,为此,有

$$\begin{aligned}f(x_1,x_2,x_3)&=(x_1+x_2)^2+(x_1+x_3)^2-4(x_2-x_3)^2\\&=x_1^2+2x_1x_2+x_2^2+x_1^2+2x_1x_3+x_3^2-4x_2^2+8x_2x_3-4x_3^2\\&=2x_1^2-3x_2^2-3x_3^2+2x_1x_2+2x_1x_3+8x_2x_3\\&=(x_1,x_2,x_3)\begin{pmatrix}2&1&1\\1&-3&4\\1&4&-3\end{pmatrix}\begin{pmatrix}x_1\\x_2\\x_3\end{pmatrix}\\&=\boldsymbol{x}^{\mathrm{T}}\boldsymbol{A}\boldsymbol{x},\end{aligned}$$

故二次型矩阵为

$$\boldsymbol{A}=\begin{pmatrix}2&1&1\\1&-3&4\\1&4&-3\end{pmatrix},$$

再求矩阵 $\boldsymbol{A}$ 的特征值,有 $\boldsymbol{A}$ 的特征多项式

$$f(\lambda)=|\lambda\boldsymbol{E}-\boldsymbol{A}|=\begin{vmatrix}\lambda-2&-1&-1\\-1&\lambda+3&-4\\-1&-4&\lambda+3\end{vmatrix}=\begin{vmatrix}\lambda&-\lambda&-\lambda\\0&\lambda+7&-\lambda-7\\-1&-4&\lambda+3\end{vmatrix}$$
$$=\begin{vmatrix}\lambda&0&0\\0&\lambda+7&-\lambda-7\\-1&-5&\lambda+2\end{vmatrix}=\lambda[(\lambda+7)(\lambda+2)-5(\lambda+7)]$$
$$=\lambda(\lambda+7)(\lambda-3),$$

得特征值 $\lambda_1=3,\lambda_2=-7,\lambda_3=0$.

于是 $f(x_1,x_2,x_3)$的规范形为 $f(\boldsymbol{y})=y_1^2-y_2^2$.应选(B).

*例 13 选择题.

设二次型 $f(x_1,x_2,x_3)=x_1^2+x_2^2+x_3^2+4x_1x_2+4x_1x_3+4x_2x_3$，则 $f(x_1,x_2,x_3)=2$ 在空间直角坐标下表示的二次曲面为(　　).

(A) 单叶双曲面　　(B) 双叶双曲面

(C) 椭球面　　(D) 柱面

解 因为

$$\begin{aligned}f(x_1,x_2,x_3)&=x_1^2+x_2^2+x_3^2+4x_1x_2+4x_1x_3+4x_2x_3\\&=(x_1+2x_2+2x_3)^2-3\left(x_2+\frac{2}{3}x_3\right)^2-\frac{5}{3}x_3^2,\end{aligned}$$

作可逆线性变换

$$\begin{cases}y_1=x_1+2x_2+2x_3,\\y_2=x_2+\dfrac{2}{3}x_3\\y_3=x_3,\end{cases}$$

则曲面 $f(x_1,x_2,x_3)=2$ 的标准形曲面方程为 $y_1^2-3y_2^2-\dfrac{5}{3}y_3^2=2$，故该曲面为双叶双曲面.
所以，应该选(B).

例 14 已知二次型

$$f(x_1,x_2,x_3)=x_1^2+2x_2^2+2x_3^2+2x_1x_2-2x_1x_3,$$
$$g(y_1,y_2,y_3)=y_1^2+y_2^2+y_3^2+2y_2y_3.$$

(1) 求可逆变换 $\boldsymbol{x}=\boldsymbol{P}\boldsymbol{y}$，将 $f(x_1,x_2,x_3)$ 化为 $g(y_1,y_2,y_3)$.

(2) 是否存在正交变换 $\boldsymbol{x}=\boldsymbol{Q}\boldsymbol{y}$，将 $f(x_1,x_2,x_3)$ 化为 $g(y_1,y_2,y_3)$.

解 (1) 利用配方法将 $f(x_1,x_2,x_3)$ 和 $g(y_1,y_2,y_3)$ 化为规范形，从而建立两者的关系.
先将 $f(x_1,x_2,x_3)$ 化为规范形.

$$\begin{aligned}f(x_1,x_2,x_3)&=x_1^2+2x_2^2+2x_3^2+2x_1x_2-2x_1x_3\\&=(x_1+x_2-x_3)^2+x_2^2+x_3^2+2x_2x_3\\&=(x_1+x_2-x_3)^2+(x_2+x_3)^2.\end{aligned}$$

令

$$\begin{cases}z_1=x_1+x_2-x_3,\\z_2=x_2+x_3,\\z_3=x_3,\end{cases}\quad 即\quad \begin{pmatrix}z_1\\z_2\\z_3\end{pmatrix}=\begin{pmatrix}1&1&-1\\0&1&1\\0&0&1\end{pmatrix}\begin{pmatrix}x_1\\x_2\\x_3\end{pmatrix},$$

则 $f(x_1,x_2,x_3)=z_1^2+z_2^2$.

再将 $g(y_1,y_2,y_3)$ 化为规范形，

$$g(y_1,y_2,y_3)=y_1^2+y_2^2+y_3^2+2y_2y_3=y_1^2+(y_2+y_3)^2.$$

令

$$\begin{cases}z_1=y_1,\\z_2=y_2+y_3,\\z_3=y_3,\end{cases}\quad 即\quad \begin{pmatrix}z_1\\z_2\\z_3\end{pmatrix}=\begin{pmatrix}1&0&0\\0&1&1\\0&0&1\end{pmatrix}\begin{pmatrix}y_1\\y_2\\y_3\end{pmatrix},$$

则 $g(y_1,y_2,y_3)=z_1^2+z_2^2$.

从而有

$$\begin{pmatrix}z_1\\z_2\\z_3\end{pmatrix}=\begin{pmatrix}1&1&-1\\0&1&1\\0&0&1\end{pmatrix}\begin{pmatrix}x_1\\x_2\\x_3\end{pmatrix}=\begin{pmatrix}1&0&0\\0&1&1\\0&0&1\end{pmatrix}\begin{pmatrix}y_1\\y_2\\y_3\end{pmatrix},$$

于是可得 $\begin{pmatrix}x_1\\x_2\\x_3\end{pmatrix}=\boldsymbol{P}\begin{pmatrix}y_1\\y_2\\y_3\end{pmatrix}$，其中 $\boldsymbol{P}=\begin{pmatrix}1&1&-1\\0&1&1\\0&0&1\end{pmatrix}^{-1}\begin{pmatrix}1&0&0\\0&1&1\\0&0&1\end{pmatrix}=\begin{pmatrix}1&-1&1\\0&1&0\\0&0&1\end{pmatrix}$ 为所求矩阵，可将 $f(x_1,x_2,x_3)$ 化为 $g(y_1,y_2,y_3)$.

(2) 二次型 $f(x_1,x_2,x_3)$ 和 $g(y_1,y_2,y_3)$ 的矩阵分别为

$$\boldsymbol{A}=\begin{pmatrix}1&1&-1\\1&2&0\\-1&0&2\end{pmatrix},\quad \boldsymbol{B}=\begin{pmatrix}1&0&0\\0&1&1\\0&1&1\end{pmatrix}.$$

由题意知，若存在正交变换 $\boldsymbol{x}=\boldsymbol{Q}\boldsymbol{y}$，则 $\boldsymbol{Q}^{\mathrm{T}}\boldsymbol{A}\boldsymbol{Q}=\boldsymbol{Q}^{-1}\boldsymbol{A}\boldsymbol{Q}=\boldsymbol{B}$，可得 $\boldsymbol{A}$ 和 $\boldsymbol{B}$ 相似.易知 $\operatorname{tr}\boldsymbol{A}=5$，$\operatorname{tr}\boldsymbol{B}=3$，从而 $\boldsymbol{A}$ 和 $\boldsymbol{B}$ 不相似，于是不存在正交变换 $\boldsymbol{x}=\boldsymbol{Q}\boldsymbol{y}$，使得 $f(x_1,x_2,x_3)$ 化为 $g(y_1,y_2,y_3)$.

§6.3 二次型与对称矩阵的正定性

在考察一个二元实函数在其驻点处是否有极值的问题时，需要讨论一个二元实二次型是否总是正数或者总是负数的问题.这就是二次型是否正定或者负定的问题.由于任意一个二次型总可以通过非退化线性替换化为标准形或规范形，而且规范形是唯一的.因此可以利用二次型的规范形对二次型进行分类.

定义 6.8 设 n 元二次型 $f(x_1,x_2,\cdots,x_n)=\boldsymbol{x}^{\mathrm{T}}\boldsymbol{A}\boldsymbol{x}$，其中 $\boldsymbol{A}$ 为 n 阶实对称矩阵，如果对于任意一组不全为零的实数 $c_1,c_2,\cdots,c_n$，都有

$$f(c_1,c_2,\cdots,c_n)>0,$$

或者 $\forall\,\boldsymbol{x}\in\mathbf{R}^n$ 且 $\boldsymbol{x}\neq\boldsymbol{0}$，有 $\boldsymbol{x}^{\mathrm{T}}\boldsymbol{A}\boldsymbol{x}>0$，则称该二次型为正定二次型，称该二次型的矩阵 $\boldsymbol{A}$ 为正定矩阵.

例 1 判断下列二次型是否正定.

(1) $f(x_1,x_2,x_3)=x_1^2+x_2^2+x_3^2$;

(2) $f(x_1,x_2,x_3)=x_1^2+x_2^2-x_3^2$;

(3) $f(x_1,x_2,x_3)=x_1^2+x_2^2$.

解 (1) 因为对任意一组不全为零的数 c_1,c_2,c_3，都有 $f(c_1,c_2,c_3)=c_1^2+c_2^2+c_3^2>0$，所以 $f(x_1,x_2,x_3)$ 是正定的.

(2) 取 $\boldsymbol{x}=(0,0,1)^{\mathrm{T}}\neq\boldsymbol{0}$，而 $f(0,0,1)=-1<0$，所以 $f(x_1,x_2,x_3)$ 不是正定的.

(3) 取 $\boldsymbol{x}=(0,0,1)^{\mathrm{T}}\neq\boldsymbol{0}$，而 $f(0,0,1)=0$，所以 $f(x_1,x_2,x_3)$ 不是正定的.

定理 6.7 正定二次型经非退化线性替换后仍为正定的，即非退化线性替换不改变二次型的正定性.

证 设 $f(x_1,x_2,\cdots,x_n)=\boldsymbol{x}^{\mathrm{T}}\boldsymbol{A}\boldsymbol{x}$ 为正定二次型，经非退化线性替换 $\boldsymbol{x}=\boldsymbol{C}\boldsymbol{y}$ 化为

$$f(\boldsymbol{y})=(\boldsymbol{C}\boldsymbol{y})^{\mathrm{T}}\boldsymbol{A}(\boldsymbol{C}\boldsymbol{y})=\boldsymbol{y}^{\mathrm{T}}(\boldsymbol{C}^{\mathrm{T}}\boldsymbol{A}\boldsymbol{C})\boldsymbol{y}.$$

对任意 $\boldsymbol{y}=(y_1,y_2,\cdots,y_n)^{\mathrm{T}}\neq\boldsymbol{0}$，由于 $\boldsymbol{C}$ 为可逆矩阵，所以 $\boldsymbol{x}\neq\boldsymbol{0}$. 而 $\boldsymbol{x}^{\mathrm{T}}\boldsymbol{A}\boldsymbol{x}$ 为正定二次型，所以

$$\boldsymbol{y}^{\mathrm{T}}(\boldsymbol{C}^{\mathrm{T}}\boldsymbol{A}\boldsymbol{C})\boldsymbol{y}=(\boldsymbol{C}\boldsymbol{y})^{\mathrm{T}}\boldsymbol{A}(\boldsymbol{C}\boldsymbol{y})=\boldsymbol{x}^{\mathrm{T}}\boldsymbol{A}\boldsymbol{x}>0.$$

故二次型 $f(\boldsymbol{y})=\boldsymbol{y}^{\mathrm{T}}(\boldsymbol{C}^{\mathrm{T}}\boldsymbol{A}\boldsymbol{C})\boldsymbol{y}$ 为正定二次型.

定理 6.8 n 元二次型 $f(x_1,x_2,\cdots,x_n)=\boldsymbol{x}^{\mathrm{T}}\boldsymbol{A}\boldsymbol{x}$ 正定的充要条件是它的正惯性指数等于 n.

***证** 充分性. 设 $\boldsymbol{x}^{\mathrm{T}}\boldsymbol{A}\boldsymbol{x}$ 的正惯性指数等于变量个数 n，则可以作非退化线性替换 $\boldsymbol{x}=\boldsymbol{C}\boldsymbol{y}$，将其化成如下规范形

$$y_1^2+y_2^2+\cdots+y_n^2.$$

任取 $\boldsymbol{x}_0=(x_1,x_2,\cdots,x_n)^{\mathrm{T}}\neq\boldsymbol{0}$，记 $\boldsymbol{C}^{-1}\boldsymbol{x}_0=\boldsymbol{y}_0=(b_1,b_2,\cdots,b_n)^{\mathrm{T}}$，则 $\boldsymbol{x}_0=\boldsymbol{C}\boldsymbol{y}_0$，且 $\boldsymbol{y}_0\neq\boldsymbol{0}$，于是有

$$\boldsymbol{x}_0^{\mathrm{T}}\boldsymbol{A}\boldsymbol{x}_0=b_1^2+b_2^2+\cdots+b_n^2>0,$$

所以 $\boldsymbol{x}^{\mathrm{T}}\boldsymbol{A}\boldsymbol{x}$ 是正定的.

必要性. 设 $\boldsymbol{x}^{\mathrm{T}}\boldsymbol{A}\boldsymbol{x}$ 是正定的，作非退化线性替换 $\boldsymbol{x}=\boldsymbol{C}\boldsymbol{y}$，把 $\boldsymbol{x}^{\mathrm{T}}\boldsymbol{A}\boldsymbol{x}$ 化成规范形 $f(\boldsymbol{y})$. 如果 $\boldsymbol{x}^{\mathrm{T}}\boldsymbol{A}\boldsymbol{x}$ 的正惯性指数不等于 n，则 $f(\boldsymbol{y})$ 中的 y_n^2 的系数为 0 或 -1. 取 $\boldsymbol{y}_0=(0,0,\cdots,1)^{\mathrm{T}}$，令 $\boldsymbol{x}_0=\boldsymbol{C}\boldsymbol{y}_0$，因 $\boldsymbol{C}$ 可逆，有 $\boldsymbol{x}_0\neq\boldsymbol{0}$，并且有

$$\boldsymbol{x}^{\mathrm{T}}\boldsymbol{A}\boldsymbol{x}=f(\boldsymbol{y}_0)=0\text{ 或 }-1,$$

这与 $\boldsymbol{x}^{\mathrm{T}}\boldsymbol{A}\boldsymbol{x}$ 是正定的矛盾.

上述定理可等价地叙述为

定理 6.9 n 元二次型 $\boldsymbol{x}^{\mathrm{T}}\boldsymbol{A}\boldsymbol{x}$ 正定的充要条件是它的规范形为 $y_1^2+y_2^2+\cdots+y_n^2$，或者它的标准形为 $d_1y_1^2+d_2y_2^2+\cdots+d_ny_n^2$，其中 $d_i>0\ (i=1,2,\cdots,n)$.

将定理 6.9 对应到二次型的矩阵上，可等价地叙述为

推论 1 实对称矩阵 $\boldsymbol{A}$ 为正定矩阵的充要条件是 $\boldsymbol{A}$ 合同于单位矩阵 $\boldsymbol{E}$，即存在可逆矩阵 $\boldsymbol{C}$，使得

$$\boldsymbol{A}=\boldsymbol{C}^{\mathrm{T}}\boldsymbol{E}\boldsymbol{C}=\boldsymbol{C}^{\mathrm{T}}\boldsymbol{C}.$$

由推论 1 不难看出

推论 2 实对称矩阵 $\boldsymbol{A}$ 为正定矩阵的充要条件是存在可逆矩阵 $\boldsymbol{C}$，使得 $\boldsymbol{A}=\boldsymbol{C}^{\mathrm{T}}\boldsymbol{C}$.

推论 3 若 n 阶实对称矩阵 $\boldsymbol{A}$ 为正定矩阵，则 $|\boldsymbol{A}|>0$.

事实上，由推论 2 知存在可逆矩阵 $\boldsymbol{C}$，使得 $\boldsymbol{A}=\boldsymbol{C}^{\mathrm{T}}\boldsymbol{C}$，故 $|\boldsymbol{A}|=|\boldsymbol{C}^{\mathrm{T}}\boldsymbol{C}|=|\boldsymbol{C}|^2>0$.

推论 4 n 阶实对称矩阵 $\boldsymbol{A}$ 为正定矩阵的充要条件是存在 n 阶对角矩阵

$$\boldsymbol{B}=\mathrm{diag}(d_1,d_2,\cdots,d_n)=\begin{pmatrix}d_1&&&\\&d_2&&\\&&\ddots&\\&&&d_n\end{pmatrix},$$

其中 $d_i>0\ (i=1,2,\cdots,n)$，使得 $\boldsymbol{A}\simeq\boldsymbol{B}$.

定理 6.10 实对称矩阵 $\boldsymbol{A}$ 为正定矩阵的充要条件是 $\boldsymbol{A}$ 的所有特征值都是正数.

证 实对称矩阵 $\boldsymbol{A}$ 对应的二次型为

$$f(x_1,x_2,\cdots,x_n)=\boldsymbol{x}^{\mathrm{T}}\boldsymbol{A}\boldsymbol{x}.$$

由定理 6.2 知，存在正交矩阵 $\boldsymbol{Q}$，使得 $f(x_1,x_2,\cdots,x_n)$ 经正交变换 $\boldsymbol{x}=\boldsymbol{Q}\boldsymbol{y}$ 化为标准形

$$\lambda_1 y_1^2+\lambda_2 y_2^2+\cdots+\lambda_n y_n^2,$$

其中 $\lambda_1,\lambda_2,\cdots,\lambda_n$ 为 $\boldsymbol{A}$ 的全部特征值. 又由定理 6.9 知二次型 $\boldsymbol{x}^{\mathrm{T}}\boldsymbol{A}\boldsymbol{x}$ 为正定的充要条件为 $\lambda_i>0\ (i=1,2,\cdots,n)$，即实对称矩阵 $\boldsymbol{A}$ 为正定矩阵的充要条件是所有特征值都大于零.

例 2 设 $\boldsymbol{A},\boldsymbol{B}$ 都是 n 阶正定矩阵，证明 $\boldsymbol{A}+\boldsymbol{B}$ 是正定矩阵.

证 因为 $\boldsymbol{A},\boldsymbol{B}$ 都是 n 阶正定矩阵，显然 $\boldsymbol{A}+\boldsymbol{B}$ 是实对称矩阵.

对任何 n 维非零列向量 $\boldsymbol{x}$，有

$$\boldsymbol{x}^{\mathrm{T}}(\boldsymbol{A}+\boldsymbol{B})\boldsymbol{x}=\boldsymbol{x}^{\mathrm{T}}\boldsymbol{A}\boldsymbol{x}+\boldsymbol{x}^{\mathrm{T}}\boldsymbol{B}\boldsymbol{x}.$$

又由 $\boldsymbol{A},\boldsymbol{B}$ 是正定矩阵，故

$$\boldsymbol{x}^{\mathrm{T}}\boldsymbol{A}\boldsymbol{x}>0,\quad \boldsymbol{x}^{\mathrm{T}}\boldsymbol{B}\boldsymbol{x}>0.$$

于是 $\boldsymbol{x}^{\mathrm{T}}(\boldsymbol{A}+\boldsymbol{B})\boldsymbol{x}>0$. 从而 $\boldsymbol{A}+\boldsymbol{B}$ 是正定矩阵.

例 3 设 $\boldsymbol{A}$ 是正定矩阵，证明 $\boldsymbol{A}^{-1}$ 也是正定矩阵.

证 **方法 1** 因为 $\boldsymbol{A}$ 正定，由定理 6.9 的推论 1 知 $\boldsymbol{A}\simeq\boldsymbol{E}_n$，即存在可逆矩阵 $\boldsymbol{C}$，使得 $\boldsymbol{C}^{\mathrm{T}}\boldsymbol{A}\boldsymbol{C}=\boldsymbol{E}$，等式两边求逆矩阵，得

$$(\boldsymbol{C}^{-1})\boldsymbol{A}^{-1}(\boldsymbol{C}^{\mathrm{T}})^{-1}=\boldsymbol{C}^{-1}\boldsymbol{A}^{-1}(\boldsymbol{C}^{-1})^{\mathrm{T}}=\boldsymbol{E},$$

即 $\boldsymbol{A}^{-1}\simeq\boldsymbol{E}$，再由定理 6.9 的推论 1 得 $\boldsymbol{A}^{-1}$ 是正定的.

方法 2 因为 $\boldsymbol{A}$ 正定，由定理 6.9 的推论 2 知，存在可逆矩阵 $\boldsymbol{C}$，使得 $\boldsymbol{A}=\boldsymbol{C}^{\mathrm{T}}\boldsymbol{C}$，于是 $\boldsymbol{A}^{-1}=(\boldsymbol{C}^{-1})(\boldsymbol{C}^{\mathrm{T}})^{-1}$，即 $\boldsymbol{A}^{-1}=(\boldsymbol{C}^{-1})(\boldsymbol{C}^{-1})^{\mathrm{T}}$. 由定理 6.9 的推论 2 知 $\boldsymbol{A}^{-1}$ 正定.

方法 3 因为 $\boldsymbol{A}$ 正定，由定理 6.10 知 $\boldsymbol{A}$ 的特征值 $\lambda_1,\lambda_2,\cdots,\lambda_n$ 皆大于零，故 $\boldsymbol{A}^{-1}$ 的特征值 $\lambda_1^{-1},\lambda_2^{-1},\cdots,\lambda_n^{-1}$ 也都大于零. 由定理 6.10 知 $\boldsymbol{A}^{-1}$ 正定.

方法 4 因为 $\boldsymbol{A}$ 为正定矩阵，且 $\boldsymbol{A}$ 是对称矩阵，即 $\boldsymbol{A}^{\mathrm{T}}=\boldsymbol{A}$ 且 $|\boldsymbol{A}|>0$. 故 $\boldsymbol{A}$ 可逆. 于是 $\boldsymbol{A}=\boldsymbol{A}^{\mathrm{T}}\boldsymbol{A}^{-1}\boldsymbol{A}$，即 $\boldsymbol{A}^{-1}$ 合同于 $\boldsymbol{A}$. 由假设 $\boldsymbol{A}$ 为正定矩阵，而与正定矩阵合同的实对称矩阵也是正定的，所以 $\boldsymbol{A}^{-1}$ 正定.

***例 4** 设 $\boldsymbol{A}$ 为 $m\times n$ 实矩阵，且 $\boldsymbol{A}$ 的秩 $r(\boldsymbol{A})=n$，证明 $\boldsymbol{A}^{\mathrm{T}}\boldsymbol{A}$ 为正定矩阵.

证 因为 $(\boldsymbol{A}^{\mathrm{T}}\boldsymbol{A})^{\mathrm{T}}=\boldsymbol{A}^{\mathrm{T}}\boldsymbol{A}$，故 $\boldsymbol{A}^{\mathrm{T}}\boldsymbol{A}$ 为实对称矩阵. 又 $r(\boldsymbol{A})=n$，可知齐次线性方程组 $\boldsymbol{A}\boldsymbol{x}=\boldsymbol{0}$ 仅有零解，所以对于任意的 $\boldsymbol{x}=(x_1,x_2,\cdots,x_n)^{\mathrm{T}}\neq\boldsymbol{0}$，必有 $\boldsymbol{A}\boldsymbol{x}\neq\boldsymbol{0}$. 于是

$$\boldsymbol{x}^{\mathrm{T}}(\boldsymbol{A}^{\mathrm{T}}\boldsymbol{A})\boldsymbol{x}=(\boldsymbol{A}\boldsymbol{x})^{\mathrm{T}}(\boldsymbol{A}\boldsymbol{x})>0,$$

即二次型 $\boldsymbol{x}^{\mathrm{T}}(\boldsymbol{A}^{\mathrm{T}}\boldsymbol{A})\boldsymbol{x}$ 为正定二次型，实对称矩阵 $\boldsymbol{A}^{\mathrm{T}}\boldsymbol{A}$ 为正定矩阵.

***例 5** 设矩阵 $\boldsymbol{A}=\begin{pmatrix}1&0&1\\0&2&0\\1&0&1\end{pmatrix}$，矩阵 $\boldsymbol{B}=(k\boldsymbol{E}+\boldsymbol{A})^2$，其中 k 为实数，$\boldsymbol{E}$ 为单位矩阵，证明当 $k\neq-2$ 且 $k\neq0$ 时 $\boldsymbol{B}$ 为正定矩阵.

证 由

$$|\lambda\boldsymbol{E}-\boldsymbol{A}|=\begin{vmatrix}\lambda-1&0&-1\\0&\lambda-2&0\\-1&0&\lambda-1\end{vmatrix}=\lambda(\lambda-2)^2,$$

得 $\boldsymbol{A}$ 的特征值 $\lambda_1=\lambda_2=2,\lambda_3=0$. 记对角矩阵

$$\boldsymbol{D}=\begin{pmatrix}2&0&0\\0&2&0\\0&0&0\end{pmatrix},$$

因为 $\boldsymbol{A}$ 是实对称矩阵，所以存在正交矩阵 $\boldsymbol{T}$，使得 $\boldsymbol{T}^{\mathrm{T}}\boldsymbol{A}\boldsymbol{T}=\boldsymbol{D}$，于是

$$\boldsymbol{A}=(\boldsymbol{T}^{\mathrm{T}})^{-1}\boldsymbol{D}\boldsymbol{T}^{-1}=\boldsymbol{T}\boldsymbol{D}\boldsymbol{T}^{\mathrm{T}},$$

故

$$\begin{aligned}\boldsymbol{B}&=(k\boldsymbol{E}+\boldsymbol{A})^2=(k\boldsymbol{T}\boldsymbol{T}^{\mathrm{T}}+\boldsymbol{T}\boldsymbol{D}\boldsymbol{T}^{\mathrm{T}})^2\\&=[\boldsymbol{T}(k\boldsymbol{E}+\boldsymbol{D})\boldsymbol{T}^{\mathrm{T}}][\boldsymbol{T}(k\boldsymbol{E}+\boldsymbol{D})\boldsymbol{T}^{\mathrm{T}}]\\&=\boldsymbol{T}(k\boldsymbol{E}+\boldsymbol{D})^2\boldsymbol{T}^{\mathrm{T}}=\boldsymbol{T}\begin{pmatrix}(k+2)^2&&\\&(k+2)^2&\\&&k^2\end{pmatrix}\boldsymbol{T}^{\mathrm{T}}.\end{aligned}$$

由此可得

$$\boldsymbol{\Lambda}=\begin{pmatrix}(k+2)^2&&\\&(k+2)^2&\\&&k^2\end{pmatrix}.$$

由上述结果可得：当 $k\neq-2$ 且 $k\neq0$ 时，$\boldsymbol{B}$ 的所有特征值均大于零，这时 $\boldsymbol{B}$ 为正定矩阵.

定义 6.9 设 n 阶矩阵 $\boldsymbol{A}=(a_{ij})$，$\boldsymbol{A}$ 的 k 阶子式

$$|\boldsymbol{A}_k|=\begin{vmatrix}a_{11}&a_{12}&\cdots&a_{1k}\\a_{21}&a_{22}&\cdots&a_{2k}\\\vdots&\vdots&&\vdots\\a_{k1}&a_{k2}&\cdots&a_{kk}\end{vmatrix}\quad(k=1,2,\cdots,n)$$

称为矩阵 $\boldsymbol{A}$ 的 k 阶顺序主子式.

定理 6.11 实对称矩阵 $\boldsymbol{A}$ 为正定矩阵的充要条件是 $\boldsymbol{A}$ 的所有顺序主子式全大丁零，即

$$|\boldsymbol{A}_1|=a_{11}>0,\quad |\boldsymbol{A}_2|=\begin{vmatrix}a_{11}&a_{12}\\a_{21}&a_{22}\end{vmatrix}>0,\cdots,$$

$$|\boldsymbol{A}_n|=|\boldsymbol{A}|=\begin{vmatrix}a_{11}&a_{12}&\cdots&a_{1n}\\a_{21}&a_{22}&\cdots&a_{2n}\\\vdots&\vdots&&\vdots\\a_{n1}&a_{n2}&\cdots&a_{nn}\end{vmatrix}>0.$$

证明从略.

例 6 判断二次型

$$f(x_1,x_2,x_3)=x_1^2+2x_2^2+4x_3^2+2x_1x_2+2x_1x_3$$

是否为正定二次型.

解 方法 1 用二次型矩阵 $\boldsymbol{A}$ 的各阶顺序主子式来判断正定性. 二次型 $f=\boldsymbol{x}^{\mathrm{T}}\boldsymbol{A}\boldsymbol{x}$，其矩阵 $\boldsymbol{A}=\begin{pmatrix}1&1&1\\1&2&0\\1&0&4\end{pmatrix}$，它的各阶顺序主子式

$$|1|=1>0,\quad \begin{vmatrix}1&1\\1&2\end{vmatrix}=1>0,\quad \begin{vmatrix}1&1&1\\1&2&0\\1&0&4\end{vmatrix}=2>0.$$

由定理 6.11 知 $\boldsymbol{A}$ 为正定矩阵,故对应的二次型为正定二次型.

方法 2 用配方法将二次型化为标准形.

$$\begin{aligned}f(x_1,x_2,x_3)&=x_1^2+2x_1(x_2+x_3)+(x_2+x_3)^2-(x_2+x_3)^2+2x_2^2+4x_3^2\\&=(x_1+x_2+x_3)^2+x_2^2+3x_3^2-2x_2x_3\\&=(x_1+x_2+x_3)^2+(x_2-x_3)^2+2x_3^2.\end{aligned}$$

令

$$\begin{cases}y_1=x_1+x_2+x_3,\\y_2=x_2-x_3,\\y_3=x_3,\end{cases}$$

故二次型的标准形为

$$f=y_1^2+y_2^2+2y_3^2.$$

可见二次型的正惯性指数为 3,等于变量个数,所以该二次型为正定二次型.

习题六

(A)

1. 写出下列二次型的矩阵:

(1) $f(x_1,x_2)=2x_1^2+3x_1x_2+x_2^2$;

(2) $f(x_1,x_2)=2x_1x_2$;

(3) $f(x_1,x_2,x_3)=5x_1^2+2x_2^2-x_3^2+4x_1x_2-3x_2x_3$;

(4) $f(x_1,x_2,x_3)=2x_1x_2-2x_1x_3+2x_2x_3$;

(5) $f(x_1,x_2,x_3)=x_1^2-4x_1x_2-x_2^2$.

2. 写出下列实对称矩阵对应的二次型:

(1) $\boldsymbol{A}=\begin{pmatrix}1&-1\\-1&1\end{pmatrix}$;　　(2) $\boldsymbol{A}=\begin{pmatrix}0&2\\2&0\end{pmatrix}$;

(3) $\boldsymbol{A}=\begin{pmatrix}1&0&0\\0&2&0\\0&0&3\end{pmatrix}$;　　(4) $\boldsymbol{A}=\begin{pmatrix}0&-1&2\\-1&0&3\\2&3&0\end{pmatrix}$;

(5) $\boldsymbol{A}=\begin{pmatrix}2&3&0\\3&1&0\\0&0&0\end{pmatrix}$.

3. 求二次型

$$f(x_1,x_2,x_3)=x_1^2-2x_2^2+x_3^2+2x_1x_2-4x_1x_3-10x_2x_3$$

的秩.

4. 已知二次型

$$f(x_1,x_2)=x_1^2+4x_1x_2+tx_2^2$$

的秩等于 1，求 t 的值.

5. 试证矩阵 $\boldsymbol{A}=\begin{pmatrix}a_1 & 0\\ 0 & a_2\end{pmatrix}$ 与 $\boldsymbol{B}=\begin{pmatrix}a_2 & 0\\ 0 & a_1\end{pmatrix}$ 合同.

6. 用配方法化下列二次型为标准形，并写出所作的非退化线性替换：

(1) $f(x_1,x_2)=3x_1^2-7x_1x_2+x_2^2$；

(2) $f(x_1,x_2)=x_1x_2$；

(3) $f(x_1,x_2,x_3)=x_1^2+2x_2^2-x_3^2+4x_1x_2-4x_1x_3-4x_2x_3$；

(4) $f(x_1,x_2,x_3)=4x_1x_2+4x_1x_3-12x_2x_3$.

7. 用正交变换化下列二次型为标准形，并写出相应的正交变换：

(1) $f(x_1,x_2,x_3)=2x_1^2+x_2^2-4x_1x_2-4x_2x_3$；

(2) $f(x_1,x_2,x_3,x_4)=2x_1x_2-2x_3x_4$.

8. 判定下列二次型是否为正定二次型：

(1) $f(x_1,x_2,x_3)=4x_1^2+3x_2^2+5x_3^2-4x_1x_2-4x_1x_3$；

(2) $f(x_1,x_2,x_3)=2x_1^2+x_2^2-3x_3^2+6x_1x_2-2x_1x_3+5x_2x_3$.

9. 当 t 取何值时，下列二次型为正定二次型？

(1) $f(x_1,x_2,x_3)=x_1^2+x_2^2+5x_3^2+tx_1x_2-2x_1x_3$；

(2) $f(x_1,x_2,x_3)=x_1^2+2x_2^2+4x_3^2+2x_1x_2+2tx_1x_3$.

10. 设 $\boldsymbol{A}$ 为 n 阶正定矩阵，试证 $|\boldsymbol{A}+\boldsymbol{E}|>1$.

(B)

1. 填空题.

(1) 二次型 $f(x_1,x_2)=\boldsymbol{x}^{\mathrm{T}}\begin{pmatrix}-1 & 2\\ 2 & 3\end{pmatrix}\boldsymbol{x}$ 的矩阵是________，秩是________；

(2) 二次型 $f(x_1,x_2)=3x_1^2-4x_1x_2-5x_2^2$ 的矩阵是________，秩是________；

(3) 二次型 $f(x_1,x_2)=(x_1+x_2)^2+(x_1-x_2)^2$ 的矩阵是________，秩是________，规范形为________；

(4) 二次型 $f(x_1,x_2,x_3)=x_1^2+x_2^2+x_3^2-4x_1x_2$ 的正惯性指数 $p=$________，负惯性指数 $q=$________，秩 $r=$________；

(5) 若二次型 $f(x_1,x_2,x_3)=5x_1^2+5x_2^2+\lambda x_3^2-2x_1x_2+6x_1x_3-6x_2x_3$ 的秩为 2，则$\lambda=$________；

(6) 若二次型 $f(x_1,x_2,x_3)=x_1^2+4x_2^2+4x_3^2+2\lambda x_1x_2-2x_1x_3+4x_2x_3$ 为正定二次型，则 λ 的取值范围是________.

2. 单项选择题.

(1) 设 $\boldsymbol{A},\boldsymbol{B}$ 为 n 阶矩阵，且 $\boldsymbol{A}$ 合同于 $\boldsymbol{B}$，则(　　)；

(A) $|\boldsymbol{A}|=|\boldsymbol{B}|$

(B) $\boldsymbol{A}\sim\boldsymbol{B}$

(C) $\boldsymbol{A},\boldsymbol{B}$ 均可逆

(D) $r(\boldsymbol{A})=r(\boldsymbol{B})$

(2) 设 $\boldsymbol{A},\boldsymbol{B}$ 为 n 阶实对称矩阵，则 $\boldsymbol{A},\boldsymbol{B}$ 合同的充要条件是(　　).

(A) $\boldsymbol{A},\boldsymbol{B}$ 有相同的特征值

(B) $\boldsymbol{A},\boldsymbol{B}$ 有相同的正惯性指数及秩

(C) $\boldsymbol{A},\boldsymbol{B}$ 皆合同于单位矩阵

(D) $\boldsymbol{A},\boldsymbol{B}$ 皆相似于对角矩阵

3. 设 $\boldsymbol{A},\boldsymbol{B}$ 均为 n 阶正定矩阵，试证 $k\boldsymbol{A}$（$k>0$），$\boldsymbol{A}^*$ 及 $\boldsymbol{A}+\boldsymbol{B}$ 也是正定矩阵.

4. 设 $\boldsymbol{A}$ 是实对称矩阵，且 $\boldsymbol{A}$ 的任意特征值 λ 满足条件 $|\lambda|<2$，试证 $2\boldsymbol{E}+\boldsymbol{A}$ 是正定矩阵.

第六章
自测题

第六章
典型例题
讲解

二次型的
简要发展史

习题参考答案

期末复习题及参考答案

参考书目

［1］ 陈宝谦，张源.经济数学基础（Ⅱ）——线性代数［M］.天津：天津大学出版社，1993.

［2］ 肖马成.线性代数学习指导与提高（经济类）［M］.北京：北京航空航天大学出版社，2002.

［3］ 肖马成，周概容.线性代数、概率论与数理统计证明题500例解析［M］.北京：高等教育出版社，2008.

［4］ 徐兵，肖马成，周概容.考研数学焦点概念与性质［M］.北京：高等教育出版社，2006.

［5］ 杨奇，孟道骥.线性代数教程［M］.天津：南开大学出版社，2004.

［6］ 北京大学数学系前代数小组.高等代数［M］.5版.王萼芳，石生明，修订.北京：高等教育出版社，2019.

［7］ 同济大学数学科学学院.工程数学——线性代数［M］.7版.北京：高等教育出版社，2023.

［8］ 胡显佑.线性代数［M］.北京：中国商业出版社，2006.

［9］ 刘三阳，马建荣，杨国平.线性代数［M］.2版.北京：高等教育出版社，2009.

［10］ 张乃一，曲文萍，刘九兰.线性代数［M］.天津：天津大学出版社，2000.

［11］ 教育部教育考试院.全国硕士研究生招生考试数学考试分析：2025年版［M］.北京：人民教育出版社，2024.

［12］ 肖马成，孙慧，郭强辉.线性代数学习指导与习题精解［M］.天津：南开大学出版社，2018.